선학재총서 ❶

지역고전학의 시각

선학재총서 ❶

지역고전학의 시각

김승룡 지음

학자원

‖ 책을 펴내며 ‖

'지역고전학'을 화두로

나는 고전학을 공부하고 있다. 주로 한문으로 이뤄진 고전을 보면서 사유를 깊게 하고 실천적 지혜를 구하고자 노력하고 있다. 그런데 자료를 읽을수록 하나의 공안公案처럼 나를 짓누르는 것이 있었다. 고전은 언제나 지금 이곳이라는 특정한 시간과 공간에 규정되고, 그것은 사람과 자연과 세태와 사상을 묶어 세웠다. 고전은 과거에 태어났음에도 과거에만 매이지 않았다. 지금도 존재하고 미래에도 그럴 것으로 추측된다. 그 이유는 분명하다. 과거든, 현재든, 미래든 그 시기의 '지금 이곳'의 삶에 의미 있는 지혜를 전해주고 있어서였다. 우리는 그런 텍스트를 흔히 '고전'으로 호명해왔다. 즉 고전은 상대적인 존재로서, 그것이 놓인 환경, 즉 전경典境에 따라 살아 움직이기도 하고 박제되기도 하며 사라지기도 한다.

그런 점에서 고전은 「지역」에 복무한다. 「지역」은 지금 이곳의 다른 말로서, 환경에 의해 규정되는 인간의 삶 자체를 뜻하기 때문이다. 우리는 '지역地域'의 '지地'로 인해, 지역을 공간의 문제로만 환치하여 이해하곤 한다. 그렇다면 지와 병칭되는 천天은 시간적 개념인가 공간적 개념인가? 또 천과 지와 함께 삼재三才로 불리는 인人은 시간적 존재인가 공간적 존재인가? 천과 지와 인은 모두 시간과 공간을 공유하는 개념이다. 나는 「지역」을 공간적 개념으로만 이해하는 것은 편면적片面的이고 부당하다고 생각한다.

「지역」은 사람의 삶이 실질적으로 구현되는 3차원적 좌표를 가진 인문적, 인간적 영역이다. 그 자체로 온전한 존재론적 경역境域인 것이다. 그래서 가설假設된 절대적 중심에 의해 주변이 되고 부수가 되는 것은 불공평하다. 사실이 아니기 때문이다. 「지역」에서 태어난 「고전」은 무엇이든 존재론적 의미가 있다. 고전은 저마다 경역 주체들의 삶과 지혜, 이성과 감성을 함유하고 있다. 따라서 사람의 삶을 기준으로 하여 「지역」과 「고전」을 하나로 붙이고 '지역고전'으로 부르며 「지역」의 모든 인문적, 인간적 산물을 주목하는 것은 적절한 학문적 시각이라고 생각한다. 이 순간, 그 고전은 학연이든 지연이든 권력이든 소용이든 남녀로든 규모로든 어떤 이유로도 차별받지 않고 평등한 가치를 갖게 된다.

나는 이제 「지역」에서 생산된 「고전」을 학문적으로 연구하고자 한다. 이를 '지역고전학'으로 부르기로 한다. '지역고전학'은 '지역의' 고전학이 아니라, '지역고전'의 학문적 탐구를 의미한다. 이는 하나의 실체이면서 시각이자 방법이자 이론이다. 왜냐하면 고전을 실제로 일구었던 고전지식인의 삶을 긍정하고 바라보며 살피고 논리화하기 때문이다.

이 책은 십수년간 숙제처럼 주어진 요구에 부응하느라 성급하게 쓴 글들을 모았다. 고창, 거창, 김해, 사천, 의령, 성주, 진주, 포항, 의성 등지 지식인들을 다루며 고맙게도 그 사이에 「지역」의 내포를 살필 용기와 「고전」을 다시 바라볼 시각視角을 얻었다. 「지역고전」은 혈연, 지연, 학연의 총화로 존재한다. 결국 사람을 총체적으로 이해하는 것이 관건이었다. 앞으로 이들에 대한 탐구를 어떻게 아름답게 접근할지 고민하고자 한다. 아울러 새로운 학문적 과제를 부여한 지금 이곳의 삶에 대해 고마운 마음뿐이다. 나와 낯선 곳의 삶을 같이해준 아내와 두 딸, 나를 편안하게 품어준 이곳 사람들, 나에게 공부의 기회를 주었던 선배와 학형들, 나의 글을 읽고 정리해준 동학들, 난삽한 원고를 예쁘게 다듬어 준 편집자 등 모두에게 고마운 인사를 드린다. 그러나 아직 갈 길이 멀다. 이제 희미했던 스케치에 굵은 실선 하나 그었을 뿐이다. 바다 위 윤슬과 그 아래 심연의 굴곡을 생각하면서 뜻있는 분들의 질정을 바란다.

2024년 12월

이른 아침, 차가운 바다가 바라뵈는 창가에서

‖ 차례 ‖

제1장

관포灌圃 어득강魚得江의 자아와 공간

1. 퇴계의 기억

본고는 어득강魚得江(성종1, 1470～명종5, 1550. 향년 81세, 자는 자유子游, 호는 혼돈산인混沌山人, 관포灌圃)의 한시가 지닌 국면 가운데 자의식, 자아상, 지식인으로서의 모습 등을 드러내는 공간을 수복하여 그의 시를 읽어보고자 한다.[1] 어득강은 퇴계退溪 이황李滉의 선배 세대로서 농암聾巖 이현보李賢輔와 함께 이황이 존경했던 사람이다. 일견하기에 이황의 도학적 시풍과 다르다는 점에서 이황의 경외는 뜻밖의 사실로 여겨진다. 게다가 이황은 어득강을 위하여 문집에 발문까지 써 주었다. 그 경외가 혹여 사적인 친분에 의해서라고 한껏 양보하더라도 이황의 위치가 조선 사회에서 만만치 않다는 점에서 쉽게 보아

1 어득강에 대한 연구는 소략한 편인데, 최석기, 「관포집 해제」, 『남명학연구』 6, 경상대 남명학연구소, 1996; 최재남, 「어득강의 쌍계팔영과 그 차운시에 대하여」, 『지역문학연구』 1, 경남지역문학회, 1997; 최재남, 「어득강의 삶과 시의 특성에 대한 일고」, 『한국한시연구』 11, 2003 등이 참조할 만하다. 그 외 고소설 〈어득강전〉에 대한 연구가 있다. 어득강과 직접적인 관계는 없지만 그의 해학적 성격을 극대화한 것으로서, 방계의 자료로 삼을 수는 있겠다. 『관포시집』은 한국문집총간 속1집(연세대소장본)에 수록되어 있으며, 『국역 함종세고』(2001)에도 들어있다. 본고에서 어득강에 대한 생평 및 특징에 대한 서술은 위 참고문헌으로 대신한다.

넘길 문제는 아니라고 생각한다. 따라서 어득강의 시세계를 이해하기에 앞서, 이황의 발문을 검토하는 것은 의미 있는 일이라 여겨진다. 이 글은 어득강의 한시를 이해하는 단초이면서 털어버려야 할 각질殼質이기도 하다.

"고금을 통하여 전하는 시집은 많지만, 그중에서 뛰어나 세상을 울린 것은 시대마다 몇 사람에 불과하고 여기에서 처진 것은 그 득실의 비평을 면치 못한다. 대개 시는 잘되었지만 취하지 못할 사람이 있고, 사람은 훌륭하나 시는 형편없는 것이 있으니, 이 같은 걸 과연 세상에 전할 수 있겠는가? 그 시를 읽고 기뻐할 수 있으며 그 사람을 구해 사모할 수 있다면 이 같은 것은 과연 세상에 전하는 데 어찌 부족함이 있으리요? 관포 어 선생은 태어나면서부터 세속에 벗어난 인품을 가지면서 난세에도 완전히 물러나지 않고 치세에도 출세를 구하지 않았다. 또한 나아가서 옥당 금마가 되어도 기뻐하지 않았고 굽혀져 하찮은 자리로 가도 부끄러워하지 않았다. 한음의 망기와 동방삭의 해학에다 자연을 즐기는 습관으로 끝까지 그 즐거움을 누렸으니, 그 사람됨이 어떠한가? 시에 있어서는 특히 율시에 능했고 절구에 이따금 두소릉의 절박節拍이 있었다. 또 그의 시는 기고능려奇古凌厲하고 호건돈좌豪健頓挫하여 세속의 비린내나 먼지의 기운이 없었으니 그 시의 격이 또 어떠한가? …… 아아, 사람이나 시에 있어서 권하지 못할 것을 권하는 것은 마치 그 사람에게는 병이 될 뿐이요, 전할 만한 것을 전하지 않음은 후대 사림의 책임이다. 이 시집을 전하지 않으면 안 된다는 것은 전부터 공론이 있었고 이번에 감사공이 이 일을 한 것은 사림의 책임을 벗어나야겠다는 것을 알았던 때문이다. 선생은 함종 사람으로서 고성 혼돈촌에 우거하며 자호를 관포장인이라고 하였다. 운운."[2]

---

2 魚得江, 跋, 『灌圃詩集』, "古今詩集之傳多矣 其間傑然而鳴世者 代不過數人 其下於此者 或不免於得失之評焉 蓋有詩工而於人無取者 有人優而於詩未至

이황의 발언을 요약하면 크게 두 가지 측면을 지적할 수 있다. 첫째, 어득강의 사람됨과 시와의 관계를 규정하고 있다. 그에 의하면 어득강은 사람됨과 시가 한결같은 사람이다. 세속을 벗어난 듯한 인품과 속티 없는 시가 괴리되지 않는다고 한다. 어득강은 난세라 하여 굳이 몸을 피하지 않았었고, 그렇다고 치세라 하여 애써 벼슬을 구하지도 않았으며, 청요직을 지내든지 외직을 지내든지 그에 매이지 않았다고 하였다. 이런 인품을 지녔기에 그의 시 역시 속티가 없었다고 하였다. 시에 드러나는 '속티(世俗腥腐塵埃之氣)'의 구체적인 의미가 분명하진 않지만, 현실에 매이지 않는 집착하지 않고 자유분방한 도가적 풍모가 시에 나타나는 점과 관계가 있을 것으로 보인다. 여하튼 시와 사람의 일치를 거론하는 이 부분은 이른바 '풍격'에 대한 논의로서, 시를 시로만 보지 말도록 요구한다. 곧 시는 사람됨의 외현外現으로서 그 근저에 놓인 '사람됨'을 읽도록 제시하고 있는 것이다. 그런 점에서 이황이 제시한 어득강의 사람됨 세 가지, 즉 망기忘機·해학諧謔·연하락煙霞樂은 주목된다. 차후 그의 시에서 기심機心 없는 정직함, 유머 있는 밝은 마음, 그리고 자연과의 합일을 꾀하는 여유로움 등 이 세 가지가 어떤 모습으로 시세계를 구성할는지 추적하는 일이 필요하리라 본다. 이황은 어득강에게서 '시' 자체보다는 '사람됨'에 방

者 若是者果可以傳世乎 讀其詩而可喜 求其人而可慕 若是者果不足以傳世乎 灌圃魚先生 生有拔俗之標 亂不全退 治不求進 進之以玉堂金馬非喜也 屈之以主縣米鹽非恥也 漢陰之忘機 東方之詼諧 有山水煙霞之癖 而從享其樂 其爲人何如耶 於詩於詩尤長於律 而絶句往往有杜少陵之節拍 奇古凌厲 豪健頓挫 無世俗腥腐塵埃之氣 其爲詩又何如耶……噫 人與詩不足傳而傳者 適爲其人之病也 可傳而莫之傳者 爲後來士林之策也 是集之不可不傳 故自有公論 而監司公(:吳謙) 之爲是擧 其知免於士林之策矣 先生咸從人也 寓居於固城之混沌村 自號灌圃丈人云"

점을 두고 '자기화'하고 있다는 느낌이 강하다.

다음으로, 어득강 시세계의 대강을 제시하고 있다. 즉, 이황은 어득강의 시를 읽는 데 주요한 키워드를 제공하고 있다. 그것을 요약하면, 첫째, 율시가 뛰어나다는 점, 둘째, 절구 가운데 두보의 절박節拍이 있는 시도 있다는 점. 셋째, 풍격이 기고능려奇古凌厲하고 호건돈좌豪健頓挫하며 속티가 없다는 점 등이다. 첫째는 어득강 한시의 장처가 율시에서 발현되고 있다는 뜻이고, 둘째는 절구에 두보 시가 갖고 있는 침울돈좌沈鬱頓挫와 같은 시적 파랑波浪과 리듬을 가진 시가 있다는 뜻이며, 셋째는 그 시의 풍격이 '기고능려' 즉, 시가 내용적으로 상상력이 참신하고 상투적 감각에 머물지 않는, 그러면서 속도감을 갖고 진행되고, '호건돈좌', 즉 기세가 거침없이 파란波瀾을 만들면서 굴곡진 흐름을 갖고 있음을 짚어내고 있다는 것이다. 이는 이른바 '두소릉의 절박'과 관련 있는 언급이다. 이를 통해 구현된 시는 세상의 속티가 없는 순박한 모습을 이루고 있다고 보았다. 어득강의 시를 접근해 들어갈 때 형식과 풍격에 있어서 주목해야 할 부분이다.

그런데 위 지적 못지않게 이황은 어득강을 이해하는 데에 있어 또 다른 단서를 묻어놓았다. 하나는 문집의 간행과 관련해서이고, 다른 하나는 어득강의 별호와 관련해서이다. 이황은 어득강의 문집을 엮어 간행하는 것은 '사림의 책임'으로서 '공론'이 있었다고 하였다. 즉 『관포시집』의 간행은 사적 차원의 현양이 아니라, 사림이라는 '집단지성'의 주체적인 논의에 의한 안배였다는 것이다. 이 부분은 조선 중기 지성사에서 중요한 부분이다. 이황의 앞세대에 농암 이현보와 관포 어득강이 사람됨으로서 표상되는 지점이 그저 일시적인 논의가 아니라 당대 집단지성들의 논의결과였다는 점을 알려주고 있기 때문이다. 물론 이황이 그 정점에 서 있기는 하지만, 어득강의 비중을 일깨워주는 언급이 아닐 수 없다.

그런데 지성사적 맥락을 고려할 때, 어득강의 최종 우거처 이름은 다소 생뚱맞다. '혼돈混沌' 이 말은 『장자』에 나오는 '혼돈'에서 유래한다. 본래 하나의 온전한 생명체였던 '그'는 남을 잘 도와주었던 선한 성격의 소유자였다. 그에게 도움을 받았던 이들은 그에게 구멍이 없는 것을 보고, '그'의 의사와는 상관없이 자기들 마음대로 이리저리 구멍을 뚫어주었다. '그'는 결국 남들이 뚫어준 구멍으로 인해 본래의 면목을 잃고 생명을 잃고 말았다. '구멍'이란 '호명呼名'이다. 그 자체로 온전했던 존재가, 외부의 '호명'으로 이리저리 휘둘리다가 끝내 자신의 생명력이 고갈되어 쓰러졌다는 이야기이다. 그곳에 삶의 귀착처를 마련한 어득강의 속심에는 '호명'으로 상징되는 세상으로부터 일탈해 보겠다는 의지를 보여주고 있는 게 아닌가 한다. 도학적 프레임으로는 선뜻 동의할 수 없는 '혼돈'을, 또한 그런 취향의 인물을 위해 아낌없이 발문을 써주었던 이황의 마음이 궁금해진다. 어쩌면 이황을 그동안 차가운 도학적 인물로만 여겼던 데에서도 이런 오해가 있을지도 모르겠다. 본래 도학이 가진 학문적 엄밀함과 인간적 풍성함을 곡해하고 있었을지도 모를 일이다.

어쨌든 우리는 이황의 발언을 통하여 어득강의 시를 탐사할 방향을 대략 확보하게 되었다. 시를 읽는 방법은 수없이 많이 있다. 특히 아직 작가론적 연구가 충분하지 않은 어득강의 경우, 그의 생평에 대한 재구가 무엇보다 우선적으로 요구된다. 본고 역시 이 문제의식 하에 조선왕조실록 및 각종 필기류, 문집류에 보이는 관포에 대한 기억들을 모아 간보簡譜를 작성하고, 그에 따라 그의 한시의 주제적 국면은 향학 교육의 실천, 지방 풍물의 구체적 일상화, 자연공간의 내면화, 해학과 정감의 인간애 표현 등을 포착하여 일단의 스케치를 하였다. 그러나 무엇보다 그의 한시를 이해하기 위해서는 그의 시 속에 나타나는 의상意象을 온전히 이해하지 않으면, 표면적 소재 차원의 이해에 머물 수밖에 없음을 집필 과정에서 확인하게 되었다. 따라서 본고의 서술 방향을 관포의 자의식, 자아상, 지식인으로서의 모습을 드러내는 부분, 특히 공간들에 초점을 맞추어 그가 어떤 사람됨을 시 속에 오롯하게 구현하고 있었던가를 점검하게 되었다. 어쩌면 이 논의는 본격적인 어득강 한시 연구를 위한 서설에 해당하게 될는지 모르겠다.[3]

또 하나 필자는 어득강의 한시를 마주하면서 사상적 범주로 그를 가둬두지 않으려는 전략을 쓰고자 한다. 어득강은 시인이다. 그는 유학을 공부하였지만 유가적 상상력 안에 자신을 가둬두지 않았다. 그의 시어에 자주 등장하는 '혼돈混沌'이나 '도원道院'이라는 술어에서 보듯이, 그는 도가적 상상력으로 자신의 공간을 재창조하려고 노력하였다. 유가적 소양과 도가적 상상력과 표현, 이념적 프레임으로는 화해할 수 없는 것이지만, '시'라는 감성적 영역에서는 어우러질 수 있다. 그래서 학문과 이념의 각도에서 어득강의 시를 읽는 것을 최대한 자제하였다. 한시 자체에 즉하여, 그 시가 갖고 있는 형상들, 그들이 지어내는 질감, 구조적 층차, 언어적 묘미 등을 살펴보려고 한다. 이를 통해 얻어진 성과가 거꾸로 그의 학문적 성격이나 사상적 특징을 구명하는 데 도움이 될 것이다. 어쩌면 이 시도도 또한 어득강을 어느 한 면에 가둬두는 오류를 범할지도 모를 일이다. 끝으로 우리는 그의 시를 모두 읽어낼 수는 없다. 대표적인 시 몇 수를 골라 읽은 뒤, 그것을 종합하면서 어득강 시의 한 국면을 조망하고자 한다.

---

3 어득강의 한시에 대하여 최재남의 논의에 많은 빚을 졌다. 그는 어득강의 한시를 '溪山과 강호에서의 삶'과 '사림지향의 의지와 廉退의 절개 및 실천'으로 요약한다.

2. 산빛을 닮은 지식인: 청수淸瘦와 환홀還笏

어득강의 시를 접하면서 든 생각은 과연 그는 어떻게 생긴 사람일까 하는 것이었다. 어떤 사람이길래 이황이 유례없이 칭찬하였을 것인가? 실제 초상화를 본 적이 없는 상황에서 그의 시만을 보고 상상할 수밖에 없었다. 혹시 그는 무엇을 닮고 싶었을까? 『주역』에 "같은 소리는 서로 호응하고, 같은 기는 서로 찾는다(同聲相應, 同氣相求)"라고 하였듯이, 항용 비슷한 기운을 가진 존재들은 서로를 끌어당긴다. 어득강의 시에 유달리 많이 나타나는 의상이나 의경은 그가 끌어당기든, 그리고 끌려갔든, 둘 사이의 관계는 긴밀하지 않을 수 없다. 그러다 문득 눈에 들어온 시가 다음 시였다.

> 처마 사이로 산빛을 마주하니 여위었고
> 창으로 눈 덮인 산을 머금으니 차가와라.
> 창백하기는 내가 더욱 심하거니와
> 담담하게 날마다 서로 본다오.
> 軒對山顔瘦　窓含雪嶺寒
> 淸羸吾更甚　冷淡日相看[4]

1502년(연산8, 33세), 어득강은 산음현감이 되었다. 이후 6년간 재직하게 되는데, 이 때 〈산음십이영山陰十二詠〉을 읊는다. 위 시는 그 가운데 제10수이다. '유산楡山'은 산음의 남산으로서, 이 남쪽에 진주가 있고 단속사斷俗寺가 가까이 있다.

제1구의 '헌軒'과 제2구의 '창窓'을 통해 '산안山顔'을 '대對'하고 '설

4 魚得江, 〈山陰十二詠〉, 楡山對雪, 『灌圃詩集』.

령雪嶺'을 '함含'한 뒤로 '수瘦'하고 '한寒'하게 되었다. 눈이 쌓인 유산의 '한寒'·'수瘦'에 비해 '오吾'는 더욱 청리하다. '청리淸羸'는 청수淸瘦한 모습이다. 맑은 기운을 가지고 조금은 마른 듯 여위어 있다. 이 여윔은 맑은 정신에서 유래한다.

시상은 '수瘦'와 '한寒'이 3구의 '청리淸羸'를 안받침하면서, 4구의 '냉담冷淡'으로 발전하며 극대화된다. '대對'가 수평적으로, '함含'은 액자적으로 시선을 투시하며 나와 산의 거리를 확보해 놓았다. 특히 제1, 2구는 두보가 〈절구絶句 4수〉에서 "창은 서산의 천년설을 머금었고, 문은 동오로 만 리 떠날 배를 붙이었네(窓含西嶺千秋雪, 門泊東吳萬里船)"라고 한 것과 닮아있다. 이황이 거론했듯, '두소릉의 절박'이 느껴지는 부분이다.

그런데 '대'와 '함'으로 거리를 두고 있던 '오吾'와 '산山', '설雪'과 의 공백은 '일상간日相看'을 통해서 가까워진다. 헌창軒窓 안의 나는 청수한 모습으로 냉정하게, 무심하게 날마다 산을 바라본다. 그러면서 점점 산빛을 닮아가는 것이리라. 비록 '상相'자 역시 '오'와 '산', '설' 사이의 관계를 엮는 허사이겠지만, '산', '설'도 또한 '오'를 바라보고 있다는 뜻으로도 읽을 수 있다. 서로 바라보며 서로를 닮아가, 끝내 하나가 된다는 의미이다. 어득강은 눈 덮인 산에서 맑고 꼿꼿한 정신을 보고 있었던 것이다.

이와 짝을 이루는 시가 하나 있다. 바로 '동주도원東州道院'을 두고 노래한 시의 제3수이다.

> 산음 서원에서 한가롭던 시절 떠올려보니
> 시 읊조릴 때면 날마다 유산을 마주하였지.
> 학봉은 어인 일도 또 청수한가

도처에 집 삼는 산빛이 내 얼굴 닮았네.
憶在山陰書院閑　吟頭日日對楡山
鶴峰何事亦淸瘦　到處家山似我顔[5]

‘유산楡山’은 산음현 남쪽 10리에 있는 산이고, ‘학봉鶴峰’은 홍해에 있는 산 이름이다. 홍해에서 시를 지으면서 산음 시절 유산을 마주하였던 기억을 떠올리고 있는 것이다. 앞시에서 유산을 ‘청리淸羸’하다고 하였는데, 여기선 학봉을 ‘청수淸瘦’하다고 말한다. 1524년(중종19, 55세) 어득강은 홍해 군수로 나갔다. 그해 세자시강원의 필선, 군기시부정, 병조 참지가 되었지만, 외직으로 ‘폄직’되어 나가게 된 것이다. 허나 그에 아랑곳하지 않고 하나의 세계를 발견한다. 그것이 ‘도원道院’이다.(다음 절에서 살펴본다) 도원에서 그는 또 하나의 산빛을 발견하고, 그 산빛과 자신이 닮아있음을 확인하고 있는 것이다. 흥미로운 것은 산빛이 ‘사아안似我顔’하다는 것이다. 앞서 산음에서는 여윈(瘦) 산빛을 보고 있었지만, 오늘 홍해에서는 그 산빛이 내 낯빛을 닮아 청수하다는 것이다. 산빛과 닮은 나를 확인하고, 또 나와 닮은 산빛을 확인하고 있다. 그와 ‘산’이 그대로 하나가 되어있음을 보여준다. 또한 서로 다른 지역에서 바라본 산빛이 별개가 아니라 ‘청수’한 풍격을 갖는 의상으로 ‘통일’시키고 있는 점도 주의를 끈다. 그에게 청수한 산빛은 ‘지역의 차이’를 불문하고 언제고 한결같은 하나의 의상으로 자리잡고 있는 것이다.

‘청수’는 본래 창백한 느낌을 갖고 있다. 흡사 차가운 이성을 가진 냉정한 지식인의 모습이기도 하다. 풍채 좋고 여유로운 호기豪氣와는 다소 동떨어진 기운이 느껴진다. 이처럼 내부가 외부에 흔들리고 싶

5 魚得江, 〈東州道院十六絶〉 第3首, 『灌圃詩集』.

지 않은 마음은, 한편으로 조화로운 세계를 깨뜨리고 싶지 않으려는 마음과도 통한다. 청수한 산빛을 닮은 그는 자연의 평화와 질서를 그대로 두고 싶어 하는 마음을 갖는다. 그가 일흔을 넘긴 나이에 쓴 시에서 그 마음을 읽을 수 있다.

> 오직 우리 배 위의 금을 타도록 할 뿐
> 여인들더러 호수 안을 굽어보게 하지 말라
> 다만 시름하노니 모래밭 새들 놀라 일어나고
> 머리 내민 물고기 다시 깊이 들어가면 어쩔꼬
> 但使彈吾船上琴　休教粉黛俯湖心
> 只愁驚起沙汀鳥　闖水游魚更入深[6]

어득강은 나이 70세에 밀양부사를 지냈다. 끊임없이 조정에서는 원로로서 대우받아 서용되었다가 체직되는 일을 반복하던 차였다. 이 시의 원주에 "나이 일흔을 넘기면서 작년부터 시를 짓지 않았었다. 명홍정 주인이 시 지으라는 독촉이 심하여 억지로 몇 수를 지어서 전에 먹었던 마음을 어겼다(年過七十, 自前年不作詩, 冥鴻主人索題甚苛, 强作數首敗盟)"라 하였다. '명홍정冥鴻亭' 주인은 조윤손曺潤孫이다. 조윤손은 창녕 사람으로 1502년 무과에 급제하여 갑산부사, 평안도 병마절도사, 병조판서 등을 지낸 인물이다.

시 내용은 다소 유머스럽다. 호수에서 뱃놀이를 하는데, 배 안에 분대粉黛, 즉 여인들을 함께 태웠다. 그런데 관포는 그들에게 금琴을 연주하도록 시킬 뿐, 호수 안을 들여다보지 말도록 한다. 그 이유는 '사정조沙汀鳥'와 '유어游魚'가 '경기驚起'할까봐 였다. 비록 배를 타고 있

6 魚得江, 〈書冥鴻亭湖船〉 第1首, 『灌圃詩集』.

지만 호수 안의 조화를 깨뜨리는 행위는 용납하지 않으려는 마음에서 비롯된 말이다. 산빛을 닮아 청수했던 어득강은, 자연의 조화를 유지하는 것은 물론 자신 역시 외계에 흔들리지 않는 평화를 갈구했다. 한가롭게 지내고픈 소박한 바람을 해학적 분위기로 표현하고 있었던 것이다. 같은 제목의 제2수는 그 마음이 지향하는 정신경계가 제시된다. 그 시를 들어본다.

> 낭묘에서 어이 눈 아픈 근심 견디랴
> 일흔 되자 그예 한가롭게 지내노라.
> 조복이며 홀이며 어대를 돌려주고
> 맑은 못과 백구를 바꿔 얻었다오.
> 廊廟何堪蒿目憂　稀年始可事優游
> 脫還袍笏兼魚袋　換得澄潭與白鷗[7]

'호목우蒿目憂'와 '사우유事優游'로 대비되는 두 가지 세계 사이에서 어득강은 후자를 취하고 있다. 만년의 선택이지만 아직은 벼슬살이를 하고 있다는 점에서 진정성이 떨어지는 점이 없지는 않다. 어쩌면 상투적인 술회에 그칠지도 모르겠다. 그러나 제3, 4구는 눈여겨볼 필요가 있다. '포홀袍笏'과 '어대魚袋'는 벼슬을 상징한다. '포홀'은 조복과 홀을, '어대'는 5품 이상에게 주는 '어부魚符'를 담는 주머니이다. 이들을 벗어 돌려주고[8] '징담澄潭'과 '백구白鷗'를 얻었다고 했다. '백구'는 연하락을 표상하는 새이다. 흔히 '백구맹白鷗盟'으로 시가에 많이 등

---

7 魚得江, 〈書冥鴻亭湖船〉 第2首, 『灌圃詩集』.

8 〈書害舜卿致虞詩軸〉의 "只緣將母今還笏 大勝懷章昔返鄉"에서 보듯이 '還笏'은 '返鄉'의 의미이기도 하다. 그러나 어득강에겐 '반향'을 넘어서 煙霞樂의 지향이 엿보인다.

장하는 표현이기도 하다.

특히 벼슬살이한다는 공식적인 증표로서, 훗날 왕의 앞에서 자기 직무를 보고하기 위하여 반드시 요구되는 물건인 홀에는 왕사王事의 엄숙함과 공적인 일의 지엄함이 담겨 있고, 관리로서의 책임감도 배어있다. 그런데 이 홀을 대하는 어득강의 태도가 해학적이다.

> 문서처리하고 틈이 나 홀로 누관에 올랐을 때
> 술 깨어 읊조리다 나도 모르게 홀을 괴었네.
> 주위 집들은 무뢰하게도 높아서
> 서산의 상쾌한 기운 반쯤 이지러졌네.
> 簿領餘閑獨上時　醒吟不覺笏支頤
> 旁邊院宇高無賴　爽氣西山一半虧[9]

어득강은 바쁜 정사를 틈타 술을 마셨고, 술이 깨면서 시를 읊조리면서 턱을 괴었다. 그런데 그 턱에 고인 것이 바로 홀이었던 것, 그렇다고 다시 자세를 곧추 잡아 홀을 갈무리하지 않는다. 그 광경이 참으로 우스꽝스럽다. '주홀拄笏'은 왕희지의 고사에 기인하는바, 비록 술에 기대어서 홀을 몸을 고이는 막대기로 사용하지만, 그에게 '홀'은 어쩌면 벗어버리고픈, 잊어버리고픈 물건이었을지도 모를 일이다. 그래서일까? 제2구의 자재로운 상황에서 그가 시주詩酒에 기대자, '상기爽氣'가 찾아온다. 높은 누각에서 맞이하는 세상의 상쾌한 기운이 아쉽게도 주위가 높아서 반은 이지러진 채 전해져 온다. 불완전한 상기이긴 하지만, 바로 '술 깨어 읊조리다 나도 모르게 홀을 괴었던(醒吟不覺笏支頤)' 상황이 가져다 준 선물이었던 것이다.

---

9 魚得江, 〈題羅州西淸觀〉 第3首, 『灌圃詩集』.

이처럼 산빛을 닮았던 어득강은 '환홀'을 감행하며 연하락을 추구하고픈 지식인이었다. 그 꿈은 비록 속세의 벼슬을 떠난 적은 없지만, 자신이 벼슬하고 있는 공간을 연하락을 즐길 수 있는 공간으로 만들려고 하였다. 그래서 그는 지방의 수령이 되었을 때 그곳을 하나의 도원으로 삼았다.

3. 세속적 공간의 경계: 도원道院

1470년에 태어난 어득강은 1550년 81세로 졸할 때까지 벼슬살이를 그만둔 적은 없었다. 23세 진사시, 27세 문과에 급제한 뒤, 30세 홍문관弘文館 정자正字를 시작으로, 33세 산음 현감, 39세 영천永川 군수, 41세 사헌부 장령, 44세 함안咸安 군수, 47세 홍문관 교리, 49세 사간원 헌납, 52세 홍문관 부응교, 교리, 사헌부 장령, 54세 사헌부 집의, 55세 세자시강원 필선, 군기시 부정, 병조참지, 흥해興海 군수, 60세 사간원 대사간, 63세 곤양昆陽 군수, 64세 대사성, 70세 밀양 부사, 71세 이현보와 함께 재서용再敍用의 가납을 받았음(직책은 미확인), 73세 부사과副司果, 80세 상호군上護軍으로 사직하였다. 비록 그는 정승에까지 오르지는 못했고, 오랫동안 한 자리에 머물지 않았어도 늦은 나이까지 벼슬살이를 하였던 것이다. 다만 조정의 직책은 주로 언관에 있다가 탄핵되어 체직되는 경우가 많았고, 상대적으로 외직 생활이 길었다고 할 수 있다.

이런 그의 행력은 스스로에게는 어떤 의미를 가졌을까? 다시 이황의 기억에 의지해보면, "나아가서 옥당 금마가 되어도 기뻐하지 않았고 굽혀져 하찮은 자리로 가도 부끄러워하지 않았다"고 하였다. '희喜'

도 '치恥'도 아니었다는 지적은, 벼슬에 집착하지 않은 자유로운 영혼을 거론한 것이다. 그래서 어득강은 외직으로 만난 고장에 새로운 의미를 부여할 수 있었다. 다음 시를 보도록 하자.

> 온나라 산수로 천하에 알려졌으니
> 하늘이 시선더러 주인노릇 시켰네.
> 스물 네 고을 모두 도원이라
> 오히려 속티를 다시 순정하게 하리라.
> 一邦山水聞天下　天與詩仙作主人
> 二十四州皆道院　猶將塵垢使還淳[10]

성세창成世昌(1481~1548, 호 둔재遯齋)이 강원도 관찰사로 가는 것을 송별한 시이다. 성세창은 김굉필의 문인으로 1522년 약관 42세 나이로 도백이 되었다. 이후 좌의정까지 오른 인물이다. 관포는 성세창을 시선詩仙이라고 부르면서,[11] 시선인 그가 관찰사가 되니, 그곳이 모두 도원이라고 하였다. 게다가 그곳은 시선의 감화로 더욱 순정하게 될 것이다. '도원道院'은 도를 닦는 집이란 뜻으로 도가적 용어이다. 그러나 관포는 이 용어를 연하煙霞와 함께 하는 공간으로서 활용하여 사용한다. 그래서 '도원'은 이념적 학문을 닦는 공간이 아니라, 속세와 동떨어진, 소박한 연하의 공간이 된다. '도원'이 가장 극대화된 형태로 나타난 경우는 '동주도원東州道院'에서다. '동주'는 홍해를 두고 말한 것인데, 관포는 1524년(중종 19, 55세) 홍해 군수가 되어, 그곳의 풍물

---

10 魚得江, 〈送成蕃仲世昌按關東〉 第2首, 『灌圃詩集』.

11 어득강은 자신의 벗들을 '詩仙'이니 '詩狂'이니 불러주곤 하였다. 산음현감 鄭仁雄의 換鵝亭을 두고 쓴 시 〈題道士觀〉에서 '시광'이라고 불렀었고, 또 知非翁 金世弼을 두고 '詩人'이라고도 불러준 바 있다.(〈和寄知非翁四首〉)

을 16수의 칠언절구에 담아놓았다. 그 첫수에 홍해를 마주한 심회를 이렇게 밝혀놓았다.

> 벼슬 그만두고 한참 산속의 정승이었다가
> 조서 받고 다시 도관의 신선 되었다오.
> 일찌감치 이 고장 백성일 간소한 줄 알았다면
> 십년 전에 찾아올 걸 한스러워라.
> 休官久作山中相　應詔還爲道觀仙
> 早識此邦民事簡　懷章恨不十年前[12]

'산중상山中相'은 벼슬을 살지 않고 야인으로 지냄을 뜻한다. '도관선道觀仙'은 도관에서 도를 닦는 사람이란 뜻일 터인데, 그 계기가 '응조應詔'라는 것이 뜻밖이다. 조명에 응하여 나라의 벼슬을 사는데 '도관선'이라니! 이곳의 '도관'도 본래 도인들이 신선술을 배우는 집을 뜻하지만, '도원'과 같은 의미로 쓰인 것이다. 앞서 성세창에게 '스물 네 고을 모두 도원이라(二十四州皆道院)'고 해준 것과 일맥상통한다. 관포는 자신이 머무는 곳을 '도원'으로 여기고, 그 안에 자신을 편안히 놓아두었다. 관포의 시에서 도원은 쉼 없이 나오는 시어이다.

> 일이 한가하면 열흘에 아홉 번 루에 올랐고
> 물고기와 새를 잊는 지 여섯 해를 지났네.
> 풍토는 정녕 도원이라 이름할 만하니
> 산속의 우객羽客들도 와서 노니누나.
> 官閑十日九登樓　魚鳥相忘過六秋
> 風土可名爲道院　山中羽客亦來遊[13]

---

12 魚得江, 〈東州道院十六絶〉 第1首, 『灌圃詩集』.

동주에 온지도 벌써 네 해라
구름을 따라서 함께 맑게 놀았지.
관청은 도원처럼 한가로와 일이 없고
그저 고향 그리고 한양 생각이라오.
待罪東州已四秋　追隨雲將共淸遊
官如道院閑無事　只有思鄕戀闕愁[14]

그런데 위 시를 살펴보면, '도원'의 의경은 '한閑'과 무관하지 않음을 발견할 수 있다. 첫째 시에서는 '관한官閑'하여 어조魚鳥를 잊을 정도로 망기忘機하였음을 말하고 있고, 둘째 시에서도 '한무사閑無事'하여 '운장雲將'을 좇으며 청유하였다고 하였다. '운장'은 『장자』의 우언 속에 나오는 구름의 주장이다.[15] '어조상망魚鳥相忘'과 '운장청유雲將淸遊'가 가능했던 것은 고을살이하는 태도가 번잡하지 않고 한가로운 데 있었다. 즉 벼슬이 한갓져서가 아니라, 어득강 스스로 그 공간을 '어조상망'하고 '운장청유'할 수 있는 공간으로 만들어 놓은 것이다.

여기서 주의할 점이 있다. 고을살이는 '연하' 자체가 아니며, 둘은 이른바 속세와 자연으로 뚜렷하게 구분되는 공간이다. 어득강 역시 속세를 완전히 떠나거나 초월할 수는 없었다. 당시 지식인들의 일반적인 모습이다. 따라서 이들이 속세를 떠날 것을 도모한다는 것은 결국 실패로 끝날 이상일지도 모른다. 그래서 어득강은 고을살이를 한가롭게 경영하고, 그 공간을 새롭게 재구성하려 한다. 동일한 세속적 공간에서 세속을 넘어서는 공간을 희구하였던 것으로, 그 결과 세속

---

13 魚得江, 〈題道士觀〉 第2首, 『灌圃詩集』.
14 魚得江, 〈和寄聖與〉 第1首, 『灌圃詩集』.
15 〈在宥〉, 『莊子』, "雲將東遊 過扶搖之枝 而適遭鴻濛"

적 공간 안에 이상적 삶의 지향을 담아 넣은 경계적 공간을 구성하였다. 그곳이 '도원'이다. 실제로 고을살이 하는 영지領地인 곳을 도를 닦는 수행공간으로 명명하고, 그 안에서 '한'의 정취와 의경을 구현한 것이다. 어득강이 곤양 군수로 있던 시절(중종 27, 1532, 63세), 성 동쪽에 임완정臨完亭을 세우고 지은 시에서 "고즈넉한 한가로움을 도원이라 이름할 수 있으니, 나 백발로 수령이 된 것 부끄러워라(可把幽閑名道院, 慚吾白髮作遨頭)"[16]라고 한데서도 '도원'이란 공간이 추구하는 의경이 '한閑'에 닿고 있음을 확인할 수 있다. 앞장에서 살펴본 바, 홀을 턱에 기대어 시를 읊을 수 있는 자유로운 어득강의 모습도 이런 경계적 공간에서야 가능한 풍경일 것이다.

4. 자재自在로운 공간, 관포당灌圃堂

옛 지식인에게 '연하락煙霞樂'은 비극적 이상이다. 간절히 소망하나 끝내 이룰 수 없다는 점에서 그렇다. 그들은 항용 입만 떼면 자연과의 합일을 꾀한다고 하고, 강호에서 노닐고 싶다고 하며, 또 선상船上에서 그런 자연을 완상하기를 소망한다. 하다못해 자신의 정원에 가산을 구성하고 그 안에서 스스로 신선으로 행세하기까지 한다. 그러나 정도에 있어서 차이가 난다 해도 대부분 상상의 공간에서 이뤄지는 가상의 체험이요, 설령 직접 체험한다 하더라도 다시 세속적 현실로의 귀가를 전제로 한 유락일 뿐이다. 벼슬을 살면서도 늘 산수를 그리워하고, 출세를 위해 조정에서 있으면서도 고향의 산천을 그리워하는

16 魚得江, 〈臨完亭〉 第4首, 『灌圃詩集』.

게 사실이었다. 이는 지식인의 가식성을 드러내려는 것이 아니다. 앞서 '비극적 이상'이라는 점을 강조하기 위해서이다. 그래서 그들의 '연하락'은 이뤄지지 않고, 저들은 영원히 꿈만 꿀 뿐이다. 저들은 참으로 아름답고 따스하며 인간적인 모습의 공간을 꿈꾼다. 허나 그 꿈은 깨어지고, 그들은 여전히 연하와 먼 도심 한 복판에 서 있다. 그런 점에서 어득강이 세속적 공간을 '도원'으로 재구성하고 호명하고자 하였던 심사를 이해할 수 있다.

그런데 그는 여기서 한걸음 더 나아간다. 즉 자신이 살고 있던 고향, 고성의 산을 '혼돈混沌'이라 명명하고, 그 산자락 시내를 '관계灌溪'라고 부르며, 그 곁에 '관포灌圃'라는 채마밭을 마련한 뒤 '관암灌庵'을 짓고 스스로 혼돈장인混沌丈人, 관포옹灌圃翁으로 불렀다. 더구나 '관포'라는 자호는 젊은 시절부터 종년까지 일관되었다. 그런 점에서 그는 벼슬을 그만둔 뒤 전원으로 회귀하였던 이들과는 구분된다. 그는 일찌감치 강산과 자아가 하나 되는 세상을 꿈꾸고 있었던 것이다. 비교적 이른 시기에 쓰인 다음 시를 보도록 하자.

> 호남의 승지를 모두 보고 돌아왔지만
> 이곳 대관이 참으로 아름다울시고.
> 호남의 산빛 보면 그림 같거니와
> 강에 뜨는 것 마다하고 나를 따라오네.
> 觀盡湖南勝地回　此邦臺館亦佳哉
> 湖南山色看如畫　不肯浮江逐我來[17]

이 시의 원주에 현감 김균金鈞은 경오년 무과에서 장원한 사람이라

17 魚得江, 〈題河東竹亭〉 第4首, 『灌圃詩集』.

고 붙어있다. 무장 출신의 현감이라서 다스리는 병법에 능하기에 고을살이도 잘 하리라는 기대를 담아놓았다. 이 시에서 어득강은 호남의 산빛에 대하여 단순하면서도 분명하게 표현하고 있다. 결구의 '부강浮江'과 '축아래逐我來'는 산빛을 바라보는 시인의 시선임에도, 산빛을 주체로 만들어서 내가 산빛을 따르는 것이 아니라 산빛이 나를 따라오고 있다고 표현하였다. '부강浮江'은 강에 비친 산빛을 말한다. 산빛은 움직이지 않는다. 그저 물에 담겨 그 자리에 있고, 내가 움직이면서 산빛을 바라볼 뿐이다. 그런데 산빛이 물에 비쳐 흐르는 것을 두고, 나를 따라오고 있다고 표현했으니, 기발한 착상이 아닐 수 없다. 시상의 주체와 객체가 전도되어 나를 산빛의 '주인'으로 만들어 놓았다. 어득강이 산빛을 마주하는 순간, 그 산빛은 그의 것이 되어버린 것이다. 앞서 산빛을 마주하고 있는 어득강을 지적한 바 있다. 그에게 산빛은 자신과 하나인 존재였다. 이처럼 자연과의 하나를 노래하던 어득강은 또하나의 공간을 창조한다. 그곳이 '관포당'이다.

'관포당'은 어득강 자신이 최종 거처로 삼은 집이었다. 그 공간을 자재로운 자아가 활발발活潑發하게 살 수 있도록 재배치를 하고 있다. 그 내용을 노래한 시가 〈관포당팔영灌圃堂八詠〉이다. 그는 관포당灌圃堂, 교채헌咬菜軒, 상우당尙友堂, 송궁문送窮門, 세연지洗硯池, 종과원種菓園, 매죽오梅竹塢, 연국당蓮菊塘 등으로 공간을 배치했다. 세부공간마다 시 한 수씩 지어놓았는데, 각 수마다 주제도 새롭지만, 여덟 수가 엮어지며 하나의 시상을 구성하기도 한다.

> 무단히 두 개의 물줄기를 끌어 문 앞에 흘리고
> 동산과 울타리, 그리고 논밭에도 물을 대었네.
> 콸콸 흘러 일찍이 가뭄 걱정하지 않았거니

가난한 집 길이 풍년을 누리도다.
武貪兩水聒門前　灌得園籬及稻田
混混不曾憂大旱　貧家長得享豐年[18]

물을 두 줄기 끌어다 문 앞을 흐르도록 하고, 그 물이 흘러 동산과 울타리, 밭까지 이어지도록 하였다. 제1구의 '탐貪'은 사실 탐욕이 아니라 찾는다는 뜻이다. 그 물을 찾아서 '괄문전聒門前'한 이유는 집안에서 물소리만 들리도록 하여 집밖과 경계를 두기 위해서인 듯하다. 세상의 시비소리가 싫어서 독서당 주위로 물을 둘렀다는 최치원의 안배가 떠오르는 대목이다. '양수兩水'는 안과 밖을 구분하는 경계이자 동산의 채마나 밭작물이 자라도록 해주는 생명 근원이다.

교채당 안에 햇볕이 서려있고
가락이 절로 치아 사이에서 나오네.
그저 온갖 일로 하기 어렵다 불평할 뿐
세상에 박자 두드리며 보는 이 없네.
咬菜堂中日照盤　宮商自出齒牙間
只緣百事病難做　世上無人擊節看[19]

'가락이 절로 치아 사이에서 나오네(宮商自出齒牙間)', 입으로 씹어 먹는 데서 가락을 들을 수 있다는 발상이 참신하다. 제4구의 '격절擊節'은 박자를 맞추거나 장단을 맞춰주는 일이다. 시인은 어떻게 먹는가에 관심을 갖고 있다. 이리저리 다른 일로 핑계를 대면서 가락이 나도록 흥겹고 절주 있게 먹는 행위는 사람을 건강하게 만드는 법이요,

18 魚得江, 〈灌圃堂八詠〉 第1首 '灌圃堂', 『灌圃詩集』.
19 魚得江, 〈灌圃堂八詠〉 第2首 '咬菜軒', 『灌圃詩集』.

따스한 햇볕 아래에서 건강하게 식사하는 것도 조섭調攝의 기본이다.

> 집은 비록 가난해도 책은 부자라
> 손이 오면 오직 이것을 늘어놓지.
> 뉘라서 알랴, 일개 동한의 선비가
> 위로 황조 이상의 현인과 벗한 것을.
> 家則雖貧書則富　客來唯用此陳編
> 誰知一箇東韓士　上友皇朝以上賢[20]

제1수 제4구의 '빈가貧家'를 이어받아 시상을 전개시켰다. 살림살이는 가난해도 책은 넉넉하여, 책을 통하여 옛 현인들을 배울 수 있음을 말하고 있다. 관포에게 '책'은 남다른 기억들과 연결된다. 그는 1510년(중종5, 41세) 사헌부 장령으로 있을 때 서사書肆의 설치를 주장했었고, 다시 1522년(중종17, 53세) 다시 사헌부 장령이 되었을 때에도 역시 서사書肆의 설치를 제기했으며, 1542년(중종37, 73세) 부사과副司果로 상소를 할 때에도 서사설치를 올렸었다. 서사를 통한 책의 소통과 지식의 전파, 유생들의 학업 신장 등을 꾀했던 것이다. 벼슬살이 내내 언관으로 제기한 일은 실록에서도 보기 드문 예이다. 소일거리를 넘어선 지식의 축적과 소통은 일개 동한의 지식인이 황조의 옛 선인들과 대화하는 이유였다.

> 맑고 얇아 성근 그림자 비낄 만하고
> 그윽한 집에서 글씨 쓰니 눈 더욱 밝아라.
> 아침마다 벼루 씻으면 몹시 살벌해지지만
> 먹빛 빠지고 봄이 오면 미나리도 자란다오.

---

20 魚得江, 〈灌圃堂八詠〉 第3首 '尙友堂', 『灌圃詩集』.

清淺可容疏影橫　幽軒臨帖眼增明
朝朝洗硯殺風景　緇盡春來蘸水英[21]

제5수이다. '소영疏影'은 수풀이나 꽃그림자를 뜻한다. '횡橫'은 나부끼듯 기우듬히 비치는 모양이다. '청천淸淺'의 안온함과 '유헌幽軒'의 고즈넉함이 문득 '세연洗硯'을 통해 조화가 무너진다. 그래서 '살풍경'이라고 했다. 그러나 먹물빛이 다하고 봄이 오면 탁한 물에서도 강한 생명력을 가진 미나리가 자랄 수 있다고 하였다. 벼루를 씻는 못이니 작은 물이 담겨 있을 뿐이다. 그래도 그 안에 소영을 담아낼 수 있다 했으니, 방촌의 마음에 세상을 담아낼 수 있는 것과 같다. 본래 미나리는 논두렁같이 흐린 물에서 잘 자라는 식물이지만, 관포의 삶의 일상이 구체적으로 보이는 듯하여 미소가 지어진다. 팔영 가운데 한 수만 더 보기로 한다.

매화는 형이 되고, 대는 동생되어
단에 올라 좋이 세한의 맹서를 맺었네.
시수가 불쑥 끼어 읊조려도 꺼리지 않고
냉담하게 서로 한평생을 보노라.
木母爲兄竹爲弟　登壇好結歲寒盟
不妨添得吟詩叟　冷淡相看了一生[22]

매화와 대를 심어놓은 작은 언덕을 표현했다. 이들을 의인화하여 '세한맹歲寒盟'을 맺었노라 하였지만, 사실은 자신의 의지를 다지는 것이다. 그래서 제3구에서 어김없이 '시수詩叟'가 등장한다. 시인 자신

21 魚得江, 〈灌圃堂八詠〉 第5首 '洗硯池', 『灌圃詩集』.
22 魚得江, 〈灌圃堂八詠〉 第7首 '梅竹塢', 『灌圃詩集』.

이다. 그러거나 말거나, 매화와 대는 서로 무심하게 바라보며 자신의 삶을 살아간다. 세한맹을 지키면서. 이 시는 연꽃과 국화를 함께 심어 놓은 방당方塘(方塘一鏡落堦前, 隱逸花中君子蓮)[23]과 함께 시인이 지향하는 삶의 방향을 보여준다. 유자들이 항용 거론하는 매화, 대, 연꽃, 국화 등이긴 하지만, 시인은 이를 자신의 자재로운 공간의 지향처로서 안배하고 있는 것이다.

〈관포당팔영〉은 정치하게 조직된 연작시는 아니지만, 아주 무관하게 벌려있는 것도 아니다. 이를테면 제1수에서 관포당의 수리水利와 구성을 보여주고, 제2수(〈교채헌〉)에서 음식 먹는 것과 가락(청각)을 통해 '나'를 등장시키며, 제3수(〈상우당〉)에서 내가 세상과 만나는 방법, 독서를 들고, 제4수(〈송궁문〉)에서 살림은 가난하나 운산雲山을 안게 된 넉넉함을 보여주고, 제5수(〈세연지〉)에서 그 운산을 담아내었던 연지가 미나리를 키울 수 있음을 표현하고, 제6수(〈종과원〉)에서 아예 과수를 심은 뜰로 살림을 암시하며, 나아가 제7수(〈매죽오〉)와 제8수(〈연국당〉)에서 삶의 지향을 밝혀서, 관포당의 삶이 끝내 군자다운 삶을 이루기 위한 포국布局임을 표현하고 있다. 내용이 조금씩 맞물리면서 하나의 시상처럼 이어진 셈이다.

이 관포당은 '혼돈산混沌山' 자락에 있다. 본시 대둔산인 것을 '혼돈산'으로 호명하고 자신마저 혼돈장인이라고 자칭하였다. 앞서 거론했듯, 『장자』의 혼돈은 세상이 원하는 방식으로 이리저리 휘둘리다 죽음에 이르게 된다. 사실 혼돈이 베푼 선의에 세상 또한 선의로 보답하여 구멍을 뚫어준 것이었지만, 그것이 오히려 혼돈을 죽음에 이르게 하였던 것이다. 왜냐하면 그것은 혼돈의 생리와 상관없는, 세상 잣대

23 魚得江, 〈灌圃堂八詠〉 第8首 '蓮菊塘', 『灌圃詩集』.

의 소산이었기 때문이다. 관포가 '혼돈'으로 자처한 것 또한 마찬가지이다. 세상의 치란과 호명에 흔들리지 않는 주체의 강한 자의식을 확보하고 유지하기 위하여 혼돈산으로, 그리고 그 안에 자신만의 자재로운 공간을 조영하였던 것으로 보인다.

5. 공간의 의미

공간은 간단히 물리적 공간에 머물지 않는다. 욕망과 탈주가 교차하는 공간이다. 어득강은 세속적 현실을 떠나 살 수는 없었다. 어쩌면 인간이란 세속적 욕망을 벗어나 삶을 영위한다는 것은 영원한 로망이 아닐까 싶다. 거룩한 신념으로 종교적 수행을 하는 이들조차 세속적 욕망의 번뇌를 끊는 것이 그들의 영원한 목표가 아니던가. 이즈음에서 다시 이황이 어득강을 두고 평가했던 말을 상기할 필요가 있다.

> "태어나면서부터 세속에 벗어난 인품을 가지면서 난세에도 완전히 물러나지 않고 치세에도 출세를 구하지 않았다. 또한 나아가서 옥당 금마가 되어도 기뻐하지 않았고 굽혀져 하찮은 자리로 가도 부끄러워하지 않았다. 한음의 망기와 동방삭의 해학에다 자연을 즐기는 습관으로 그 즐거움을 누렸으니, 그 사람됨이 어떠한가?"[24]

실제 현실 속에 발을 딛고 서 있으면서도 치란治亂의 환경에 흔들리지 않는 주체, 세속적 욕망의 실현 여부에 좌우되지 않는 항상성!

---

24 魚得江, 跋, 『灌圃詩集』, "生有拔俗之標 亂不全退 治不求進 進之以玉堂金馬非喜也 屈之以主縣米鹽非恥也 漢陰之忘機 東方之詼諧 有山水煙霞之癖 而從享其樂 其爲人何如耶"

이황이 파악한 어득강의 사람됨은 '나'를 곧추세워서 외부의 자극에 힘겨워하지 않는 모습이었던 것이다. 이를 유지할 수 있었던 어득강의 비결로, 망기忘機와 해학諧謔, 연하락煙霞樂이었다. 망기로 세속적 명리로 향하는 욕망을 끊고, 해학으로 따스한 인간애를 유지하며, 연하락으로 자연과 어우러진 몸과 마음을 가다듬었던 것이다. 이 세 가지는 어득강의 시적 공간에서 서로 착종하며 나타나며 그의 시세계를 구성한다. 산빛을 만나고 홀을 괴는 순간이든, '도원'을 재구성하든, '관포당'을 창조하든, 언제 어디서나 잠재적으로든 돌출적으로든 배어 있는 것이다. 그런 점에서 어득강에 대한 이황의 지적은 타당한 면이 있다.

한편, 관포의 공간으로 거론되었어야 하는 것이 '사찰'이었다. 사찰은 그에게 두 가지 의미가 있었다. 하나는 수학修學의 공간으로, 다른 하나는 심아尋我의 공간이었다. 전자는 향교 제생들의 학습공간으로 활용되었던 데에서 기인하며, 후자는 본래 비각 찾았던 길에 속티를 멀리하라는 충고를 받는 데서 기인한다. 그렇다고 사찰에 귀의하거나 그곳에서 생활하지는 않는다. 하나의 계기적 공간으로 존재할 뿐이다. 이 부분은 뒷날 그의 교육관(그는 조정에서 학생들의 강경講經과 학업에 대한 건의를 수차례 한 바 있다.)과 함께 주제적 국면의 분석 자리에서 다뤄질 필요가 있다. 또한 '기고능려奇古凌厲 호건돈좌豪健頓挫'라는 풍격과 관련하여 실제 작품을 검증하는 것도 요구된다. 후고를 기약해본다.

끝으로 이황과 어득강과의 만남에 대한 『퇴계집』의 기억을 정리해 보면 다음과 같다.[25] 1532년 겨울, 당시 곤양 군수로 재직하고 있던

25 이 내용은 정석태 선생의 『退溪先生年表月日條錄』 1(퇴계학연구원)에 기대어

어득강(당시 63세)이 이황에게 편지를 보내 계사년(1533년, 이황 33세)에 지리산 쌍계사를 유람하지 않겠냐는 제의를 하였다. 그래서 이황은 그 이듬해 1월 29일부터 예안 집을 떠나 남행(경상남도 여행)길에 오른다. 의령, 함안, 창원, 마산, 진주, 곤양(지금의 사천시 곤양면) 등지를 여행하였다. 그해 3월 28일, 곤양 객관에 묵었는데, 그때 어득강이 흥해 군수로 있을 적에 지었던 〈동주도원 절구16수 東州道院十六絶〉을 보여주며 차운하라고 하여, 그 시에 차운한 시 〈곤양에서 어관포의 '동주도원절구16수'에 차운하다 昆陽次魚灌圃東州道院十六絶〉를 지었다.[26] 이황은 어득강을 모시고 곤양군 남산에 올라 바다를 구경하였고, 작도鵲島에서 놀며 조수의 이치에 대하여 논의하였다. 그런데 예안 집에서 온 편지를 받고 이황은 지리산 쌍계사 여행은 취소한 채 고향 예안으로 돌아가게 되었다. 본래 목표로 했던 곳은 결국 가지 못했던 것이다. 어득강은 완사계浣沙溪(지금의 사천 덕천강德川江)에서 전별해주었다. 그 후로 두 사람은 서로 만나지 못했다. 뒷날 이황 나이 58세에 경상도 관찰사였던 오겸吳謙(자 경부敬夫, 호 지족암知足庵, 1496~1582)이 어득강의 시집을 간행하려고 초고를 보내와 글을 산정해주고, 발문도 지어줄 것을 부탁하였다. 이에 이황은 어득강의 시집을 편차한 뒤 발문까지 지어 보냈다. 이렇게 보면, 어득강의 시집은 이황이 직접 편차를

정리한 것이다.

26 〈東州道院十六絶〉에 대한 차운시는, 이황 이외에도 金世弼(1473~1533)의 〈和魚子游東州道院十五首〉(『十淸軒集』 卷2), 金克成(1475~1540)의 〈東州道院十六絶, 贈灌圃〉(『金先生憂亭集』 卷1), 金安國(1478~1543)의 〈次興海魚使君子游東州道院十六絶韻〉(『慕齋先生集』 卷5), 金安老(1481~1537)의 〈次韻灌圃堂東州道院十六絶〉(『希樂堂文稿』 卷2), 李荇(1478~1534)의 〈次魚子游東州道院韻〉(『容齋先生集』 卷1) 등이 있다. 당대 '東州道院' 열풍이라도 말할 정도로 화운이 이루어졌던 것이다. 어득강의 위치를 짐작하게 해준다.

잡아준 특별한 서물書物임을 알 수 있다. 앞서 언급했듯, 이황은 이 시집의 간행은 사림의 책임이라고까지 강조하였었다. 책의 편집은 물론 발문에 간행까지 자임한 경우는 이황의 행력에도 무척 보기 드문 예가 아닐 수 없다. 어득강의 지성사적 위치가 한결 궁금해진다. 그의 시는 오언절구 4제, 칠언절구 158제, 오언율시 23제, 칠언율시 24제로 500여 수가 넘는다. 본고는 그 편린만 엿보았을 뿐이다. 차후로 어득강의 시 전체를 조망할 기회를 다시 한 번 가져보고자 한다.

제2장

괴당槐堂 이만승李曼勝의 자수自修와 상처의 내면화

1. 자취와 정감의 사이에서

이 글은 괴당의 삶과 시세계에 대한 내면적 스케치를 목적으로 한다.[1] 우리는 괴당의 자취를 읽어내기 위해서 1차적으로 서문(류치명柳致明, 하겸진河謙鎭), 발문(류치호柳致皓, 장석영張錫英, 이태식李泰植), 행장(조선적曺善迪), 행록(장승택張升澤), 묘갈명(곽종석郭鍾錫), 묘비명(정인보鄭寅普, 안효제安孝濟), 제문, 만사[2] 등등을 주목할 필요가 있다. 비록 타자의 시선과 정리이지만, 이를 통해 괴당의 삶의 대강과 주축을 짐작할 수 있겠기 때문이다. 그러나 이 글은 다소 탐사 방법을 달리하였다.

타자의 기억과 시선을 통해 대체적인 인간상의 그림을 그리되, 실

---

1 이 글은 2017년 12월 19일 의령문화원·남명학연구소의 공동학술대회인 「의령의 인물과 학문4」에서 발표되었다. 당시 토론에 참여해준 토론자 및 좌중의 유림들, 그리고 논문의 심사를 맡아준 익명의 심사위원들의 도움으로 글을 완성할 수 있었다. 이에 감사의 인사를 드린다.

2 〈서문〉 이하의 글들은 『槐堂集』 卷2 '附錄'에 수록되어 있다.

제 괴당의 정감세계가 어떠하였는지를 시부詩賦를 통하여 집중하고자 하였다. 항용 특정한 인물의 문학작품을 그려내는 방식은 그의 사상 혹은 자취를 앞세우고, 그에 걸맞거나 어울리는 시문을 뒤에 배치함으로써, 인물의 행적과 정감세계 사이의 일관성을 추구해왔다. 그런 논리적 서술방식과 다른 전략을 취하고자 하는 이유는 크게 두 가지이다. 사상 혹은 행적과 정감세계가 반드시 일치할 것인가 하는 의문이 하나이고, 사상 혹은 행적에 선차적 시선을 주느라고 문학적 정감세계의 특징과 미학을 오롯하게 집중할 겨를이 충분하지 않았었다는 반성이 또 하나이다.

물론 사상 혹은 행적과 정감세계 사이에 공백이 있을 수도, 없을 수도 있으며, 문학적 정감세계에 대한 주목만으로 한 인물의 삶과 시세계를 공정하게 서술하거나 평가할 수 있겠느냐 하는 의문도 든다. 그런 점에서 이 글은 다소 시론적이고, 위험하기도 하다. 게다가 이 글은 괴당의 시부 작품(부 1편, 시 13수)만을 집중하여 다루고 있다. 곧 한 인물의 문학적 정감세계를 다룰 만큼 충분한 자료를 확보하고 있지 못하다. 그래서 『괴당집』의 자료 한계를 감안하더라도 더욱 논리적 허점이 많다. 그러나 『괴당집』의 내용 대부분이 타자의 기억과 주변 기록이라는 점에서, 괴당을 오롯하게 드러내는 방법은 그의 시부 작품을 곧추세워 살펴볼 수밖에 없었다.

그동안 괴당에 대한 논의는 거의 없었다. 다행스럽게도 허권수 교수의 손을 통해 『괴당집』이 번역됨으로써 괴당의 삶과 문학세계에 대한 정확한 논의가 가능해졌다. 아울러 번역서의 모두에 실린 〈해제〉를 통해 괴당의 행적에 대한 대강을 파악할 수 있게 되었다. 이 글은 괴당의 '내면적 접근'이라는 방법을 취하였다. 이는 현재 기존 〈해제〉 이상을 넘어설 수 있는 자료 확보가 쉽지 않은 상황에서 선택한 것이었다. 그러나 덕분에 우리는 괴당의 정감세계를 직시할 수 있는 용기를 갖게 되었다.

괴당은 유학적 소양을 갖추었으되, 학문적 성취라고 할 수 있는 것은 남기지 않았다. 일찍이 개인적으로, 국가적으로 난국을 만나 과거 공부에 대한 생각을 접었던 탓도 있으리라. 그럼에도 난리에 의병을 조직하고, 임금의 승하에 노구를 이끌고 달려가 통곡하였으니, 이는 학문에 기댄 것이 아니라, 괴당이 자득自得한 의리의 실천이었음을 알 수 있다. 괴당의 의리자득은 그의 시세계 곳곳에서도 드러난다. 사람은 '자취'로 자신을 기억시키지만, 그가 순간마다 보였던 '정감'의 결을 통해서 다른 사람에게 자신의 마음을 감염感染시켰다고 본다. 동지를 규합하여 의병에 나설 수 있었던 것, 정암鼎巖을 두고 벗들과 연구시聯句詩(집구시)를 같이 지었던 것, 사후 그에 바쳐진 수많은 제문과 만사들, 묘지명 등을 통해서 볼 때, 괴당은 동지적 유대를 확보하고 있었음을 알 수 있다. 이를 두고 '괴당의 정감을 공유, 공감하고 있었다'고 말할 수는 없을까? 도대체 괴당의 정감은 어떤 빛깔이었을까? 또 그것은 어떤 비유와 상징을 통해 표현되었을까? 그 표현은 다른 사람을 감동시켰을까? 등등이 궁금하다.

이를 위해 괴당의 시부를 찬찬히 읽고 그 속에 담긴 마음의 논리를 찾아내고자 하였다. 방법적으로 특히 괴당의 시에 등장하는 관건어에 주목하고자 한다. 관건어를 추출하여, 그 관건어를 중심으로 모아지는 시인의 마음과, 그 마음들 사이의 논리적 맥락을 추적하고자 한다. 관건어는 이른바 주제나 표현 국면의 풍격을 표현하는 술어와 연관되기는 하지만, 그렇다고 반드시 동일하지는 않다. 작가의 내면은 대단히 복잡하고 미묘하다. 마치 수면에 가라앉은 빙산처럼 그 일각만을 시어로 보여줄 뿐이다. 시어 자체가 작가의 내면 전체일 리 만무한 이유가 바로 여기에 있다. 그러나 그의 내면을 들어가기 위해서는 그 '일각'에 의존하지 않을 수 없는 노릇이다.[3]

이 글은 아울러 괴당을 포함한 당대 지식인들의 마음을 맥락적으로 읽으려는 전망을 확보하고자 한다. 그들이 누구와 만났고, 어떤 세상을 꿈꾸었으며, 무엇을 말하고자 했는지 알고 싶다. 시는 여타 산문적 장르와 달리 즉흥적이고 인상적이다. 그래서 논리화하기가 어려운 점이 있다. 그러나 오히려 역설적으로 사람의 마음이 갖는 '순간적 진실'을 가장 정직하게 보여주는 문학이다. 비록 동일한 사람이 지은 작품들이라도 혹은 밋밋하고 혹은 날카로우며, 혹은 부드럽거나 거칠어서 어느 하나의 단일한 특징을 포착하여 서술하기 어려운 점이 있지만, 찬찬히 시어의 구사와 안배 및 말하는 정황을 살펴보면, 저들이 말하고자 하는 마음을 짐작해 볼 수 있을 것이라 생각한다.

차후 논의를 위해서, 『괴당집』을 바탕으로 괴당의 생애를 간보로 간략하게 아래에 제시하면 다음과 같다.

간보簡譜

□ 휘는 만승曼勝, 자는 숙망叔望, 호는 괴당槐堂, 본관은 철성鐵城. 시조는 철령군鐵嶺君 황璜.

□ 1590(1), 부친은 백암柏菴 지旨이고, 모친은 진주 류씨柳氏이다. 의령현 부곡리孚谷里에서 태어남.

□ 1592(3). 모친상을 당함. 당시 28세였음.

□ 1594(5). 부친상을 당함. 당시 37세였음. 이후 늙은 여종이 길러줌.

□ 1596(7)~1597(8). 어른처럼 노비들을 다스림.

---

3 졸고, 「容軒 李原의 한시에 나타난 몇 가지 마음에 대하여」, 『동양한문학연구』 42, 동양한문학회, 2015.

□ 1598(9). 문익창文益昌에게 글을 배움.

□ 1602(13). 이종영李宗榮에게 『통감강목』 『성리대전』을 배움. 과거공부는 하지 않음.

□ 1603(14). 집안 전답문건을, 백모 정씨鄭氏가 서사위 곽재우郭再祐와 같이 관아에서 증명을 받음.

□ 1605(16). 남평 문씨文氏 홍원弘遠의 딸과 혼인. ○광주로 가서 부친의 원수를 갚음. ○부친의 삼년상을 뒤늦게 치름.

□ 1609(20). 화의문기和議文記(분재기)를 만듦.(據〈遺二子書〉) ○삼년상 이후, 낙동강 가에 초가를 짓고 '관란觀瀾'이라 편액을 붙임. 따라 공부하는 사람이 60여 명이었음. ○박인朴絪, 조임도趙任道 등과 왕래하며 강학하고, 허목許穆과도 교분이 좋았음.

□ 1635(46). 〈여박백화인與朴伯和絪〉을 씀. 박인이 『남명선생사우록』을 편찬하고 있었는데, 백부의 행록을 찾아서 보내줌.

□ 1636(47). 병자호란. 의병모집. 의병대장에 임명됨. 화의가 이뤄져 통곡하고 돌아옴.

□ 1637(48). 의병대장으로서 〈상호소사上號召使〉를 씀.

□ 1639(50). 〈여조치원임도與趙致遠任道〉를 씀. 중부의 행장을 위해 생애를 말함. ○3자를 잃음. 당시 14세였음.

□ 1640(51). 3월 16일. 〈유이자서遺二子書〉를 씀. 분재 및 집안 제사에 대한 내력을 말하고 당부함. 백부, 중부를 같이 제사해야 한다고 함. ○〈만한학사자원挽韓學士子遠〉시를 씀.

□ 1644(55), 〈정암연구鼎巖聯句〉를 지음.

□ 1645(56). 〈여유갈은백증與兪渴隱伯曾〉을 씀. 군자의 도리를 말함.

□ 1646(57). 〈제권동계선생도문祭權東溪先生禱文〉을 씀. ○〈제박무민당백화문祭朴無悶堂伯和文〉을 씀.

□ 1647(58). 충효로 추천되어 태릉참봉 제수. ○10일 후, 선공감 가감역.

□ 1648(59). 〈제정학포언승문祭鄭學圃彦昇文〉을 씀.

□ 1649(60). 상의원(尙衣院) 별제(別提). ○이경석李景奭, 오준吳竣, 유백증兪伯曾 등과 교류. ○대곡大谷으로 돌아와 '호연浩然'으로 당호를 붙임.

□ 1652(63). 효종3년. 〈응지진언소應旨進言疏〉를 씀. 7조목의 우시책憂時策을 건의함.

□ 1659(70). 효종 승하. 천리를 달려가 통곡함. 병이 남. ○12월 15일 세상을 떠남. 의령현 정골리正骨里 문산文山 자좌子坐에 안장됨.

2. 자수自修의 성찰과 자의식

괴당은 자수自修의 성찰을 통해 지식인으로서의 자의식을 다져나가고, 역사의 아픔과 상처를 끊임없이 반추하며 시간의 흐름을 의식하고 있었다. 그는 아울러 물상을 찬찬히 들여다보면서 그 안에 있는 물성物性에 대하여 진지하게 모색하고 있는바, 남다르게 자신을 다독이며 '자아'를 다지고 있는데, 가장 눈에 띄는 작품은 장편의 부賦이다. 부는 시와 산문의 중간 형식의 장르로서 호흡이 긴 표현양식이다. 그 작품으로부터 논의를 시작하도록 한다.

1) 자수自修의 성찰

괴당은 자신을 성찰하고 지식인으로서의 자의식을 간직하고 있었다. 이를 잘 보여주는 작품이 바로 〈덕고훼래부德高毁來賦〉[4]이다. 덕이 높으면 반드시 훼손되어진다는, 가슴 아픈 시이다. 그 시를 들어본다. 모두 62행으로 이뤄진 장편으로, 논의의 편의를 위해 7단으로 나누어 의미를 따라가기로 한다. 『괴당집』에서 가장 특이한 작품으로, 창작된 정황은 정확히 알 수 없다.

---

4 李曼勝, 〈德高毁來賦〉, 『槐堂集』 卷1.

나무가 등림에서 솟으매
바람이 반드시 흔들고
돌이 황하 가운데서 솟으매
강물이 반드시 부딪힌다네.
사물이 다 그렇고 사람은 더욱더 그렇나니
덕이 높으면 헐뜯음이 이른다는 걸 개탄한다네.
이런 선비는 성인도 싫어하는 바이라
여러 사람들의 헐뜯음이 다투어 일어나는구나.
木秀鄧林兮　風必撼之
石聳河中兮　水必激之
物皆然人爲甚兮　吾歎夫德卲而毁之
玆彦聖人所娼嫉兮　宜衆謗之競起

제1단(1~8행)으로, 서사이다. '목木'과 '풍風', '석石'과 '수水'를 대조적으로 보이고, 사물은 태어남과 동시에 시련을 겪음을 말하고 있다. 문제는 인간사는 그 시련이 더욱 증폭된다는 점이다. 작자는 '덕德'이 높으면 '훼毁'가 자연이 찾아오며, 이런 '자언玆彦'은 성인조차도 시기한다고 했다. '자언玆彦'은 품성이 착하고 현명하게 통달한 사람을 두고 말한다. '덕德'이 높은 사람이다. 그러하니 사람들의 비방이 일어나는 것도 당연한 일이다. '혜兮'는 부賦에서 항용 사용되는 말로서 감정의 격발에 충실했던 초사楚辭에서 유래한다. 괴당은 이를 통해 시적 주체의 격앙된 감정을 탄성적歎聲的으로 내보이고 싶었던 듯하다. 우리는 그 강렬한 감정의 분출을 목도하게 된다.

우뚝한 저 군자여!
아름다운 덕이 좋군요.
덕이 높아지면 아주 조심해야

실천이 순수하고 독실해진다네.
우뚝이 서고 행실이 홀로 뛰어나니
뜻은 세속과는 길을 달리 하네.
무리에서 뛰어남이여!
진실로 높은 산을 우러러 보는 듯하네.
卓彼君子兮　好是懿德
懋卲克愼兮　踐履純篤
立之特兮行之獨　志與俗而殊致
出類而拔萃兮　允高山之仰止

제2단(9~18행)으로, '덕고德高'를 제시하고 있다. '호시의덕好是懿德' 한 '군자君子'를 칭송하는가 싶더니, '극신克愼'을 강조하고 있다. 그 이유는 군자의 행실이 남달리 뛰어나고 뜻이 세상의 속된 무리들과 결을 달리하기 때문이다. 높은 산을 바라보듯 우러러만 보이는 군자의 존재와 품격은 참으로 존경스럽기 그지없는 모습이다. '호시의덕'은 『시경』 대아 〈증민烝民〉에서 유래한다. "하늘이 백성들을 낳으니, 사물이 있으면 법칙이 있네. 백성이 떳떳한 덕을 쥐고, 아름다운 덕성을 좋아하네(天生烝民, 有物有則. 民之秉彛, 好是懿德)"라고 하여, 사람들이 아름다운 덕을 좋아한다고 했다. '의덕懿德'을 좋아할 수 있는 '전제'는 바로 사람들의 '병이秉彛'이다. 비록 속풍俗風과 달라 보여도 높은 덕은 존경해주고 좋아해주는 법이다.

아아! 사람들은 사람들이 이룬 것 꺼리나니
질투 속에서 헐뜯는 말이 나오네.
말이 충성스럽고 미더우면
교묘하고 간사하다 지목하고
행실이 돈독하고 경건하면

명예를 구한다고 공격하네.
정직한 사람을 가리켜 간사하다 하고
청렴하고 깨끗한 사람을 싫어하여 더러운 사람이라 말하네.
털을 불어 헤쳐 흠을 찾으려 하니
참소하는 말이 쌓여 사람의 뼈를 녹이네.
그 어찌 다른 까닭이 있겠는가?
덕이 높은 것을 미워하기 때문이네.
嗟人心忌人所修兮　毁自來於妒疾
言乎忠信兮　目之以巧黠
行焉篤敬兮　刺之以干譽
指正直而爲邪兮　惡廉潔而謂汚疵
已求於吹毛兮　讒亦積於銷骨
夫豈有佗故兮　迺德高之爲疾

제3단(19~30행)으로, '훼래毁來'의 구체적 현상을 보여주고 있다. 괴당은 '차嗟'를 시작으로 안타까운 상황을 서술해 나간다. '덕고德高'는 인심의 시기猜忌를 부르고, '투질妒疾'은 다시 '훼'를 초래한다. 그 내용인즉슨 이렇다. '충신忠信'한 말은 '교힐巧黠'하다고 지목하고, '독경篤敬'한 행실은 '간예干譽'한다고 모함하며, '정직正直'은 '사邪'하다고 하고, '염경廉潔'은 '오자汚疵'라고 덮어씌운다. 그게 가능할까 싶지만, 취모멱자吹毛覓疵의 집요함과 '쇄골'시킬 정도로 잔인한 참소가 그것을 현실로 만들어낸다. 진짜와 가짜를 구분하지 못하는 분별력의 문제가 아니라, 덕고 자체를 미워하는 인간의 마음에서 비롯한다고 했다. 미움 받는 덕고의 내용을 요약하면 '충신', '독경', '정직', '염결' 등으로 정리된다. 이들은 기본적 수덕修德의 과정에서 체득된 것들이다. 이 점이 중요하다. 천부적으로 타고난 것이 아니라 수신을 통해 이뤄졌다.

> 옛날 성현들도 큰 덕이 있었으나
> 여러 소인들에게 노여움을 샀지.
> 해와 달과 같은 공자孔子께서도
> 숙손무숙叔孫武叔의 지껄임을 받았고
> 태산처럼 험준한데도
> 장창臧倉의 저지를 받았네.
> 안자는 밥을 훔쳤다는 비방을 들었고
> 증자는 사람을 죽였다는 무함을 입었네.
> 이는 다 재주와 덕행이 보통 사람들보다 뛰어나
> 진실로 허물을 부르고 손해를 보게 되는 법이라네.
> 뛰어난 분들의 바른 말씀에
> 덕이 있는 사람이 훼방 당하는 것을 슬퍼했었지.
> 昔聖賢有大德兮　幾見慍於群小
> 尼丘日月兮　招叔孫之啁
> 泰山巖巖兮　受臧倉之沮
> 顔竊飯之被謗兮　曾殺人之見誣
> 玆皆才德之出衆兮　固招尤而速累
> 肆山斗之格言兮　悼有德之罹毁

제4단(31~42행)으로, 덕고훼래의 고사를 거론하고 있다. 공자와 숙손무숙, 맹자와 장창의 관계가 그러하고, 안자나 증자도 비방과 무함을 입었다. 안자는 짓고 있던 밥에 들어간 티끌을 거둬내다가 밥을 먼저 몰래 먹는다고 욕을 들었고, 증자의 어머니는 아들이 살인했다는 이야기를 세 차례 듣고 난 뒤 정말 살인을 저지른 줄 알았었다. 물론 동명이인이 저지른 일이었지만, 당사자로서는 억울했을 것이다. 괴당은 유가의 성현을 들어, 덕고와 훼래 사이가 예부터 있어왔던 상례였다고 '자위'하고 있다. 누구나 그렇듯이, 예부터 그래왔다고 한다면 비록 견디기 벅차도 인내할 수 있는 마음을 낼 수 있지 않았을까?

> 아! 사람들의 마음은 실로 시기가 많음이여
> 자기보다 나은 사람은 반드시 질투한다네.
> 사악함이 바른 것을 해치고 굽은 것이 곧은 것을 싫어함이여!
> 물 흘러가듯 그런 추세가 그치지 않으니 어찌할까나.
> 噫人情固多猜忌兮　必有疾乎勝己
> 邪害正而枉惡直兮　奈滔滔而不休

제5단(43~46행)으로, 주제를 반복 제시하고 있다. 제4단에서 과거의 고사를 들며 차분히 서술하던 작자는 '희噫'로 탄성을 지르며 자신의 고조된 감정을 표현하고 있다. 인정이란 본래 '시기猜忌'가 많았던 법, 자신보다 나은 것에 대한 미움은 반드시 있어왔다. 그러나 미움은 그저 시샘에 머물지 않는다. 작자는 이를 '사邪'와 '정正', '왕枉'과 '직直'과 같이 화해할 수 없는 대립항으로 느끼고 있다. 게다가 도도하게 흘러가는 강물처럼 그칠 리가 없는 형세를 가지고 있다. '내奈'라고 반문하며 절박한 심정을 드러내고 있다.

> 그러나 자신을 지키는 데 방도가 있나니
> 그 요점은 자신에게 돌이켜서 구하는 것에서 벗어나지 않는다네.
> 나에게 있어서 부끄러움이 없다면
> 저들의 훼방이 어떻게 하겠는가?
> 선비가 사람들 가운데 있는 것은
> 구릿대와 난초처럼 특이한 자질이 빼어난 것이라네.
> 타고난 참된 자질을 가졌는데

많은 사람들이 말로 번갈아 배척하는 것이 걱정스럽네.
비록 소인들이 성내는 것은 그치지 않았지만
자신의 명성은 떨어지지 않는다네.
然自守之有道兮　要不外乎反求
苟在我之無愧兮　彼之毁兮何若
若有士兮人之中　挺茝蘭之異質
抱天賦之一眞兮　憫多口之交擯
雖不殄乎厥慍兮　冀不隕乎厥聞

제6단(47~56행)으로, 자수自守의 방법을 밝히고 있다. 그 요체는 '반구저기反求諸己'이다. 『맹자』에서 유래했는바, "인이란 활쏘기와 같다. 활쏘기는 자신을 바룬 뒤에 발사한다. 발사하여 적중하지 않더라도 자신을 이긴 자를 원망하지 않으며, 돌이켜 자신에게 원인을 찾아 구할 뿐이다(仁者如射. 射者正己而後發, 發而不中, 不怨勝己者, 反求諸己而已矣)"(〈공손추 상〉)"라고 했다. '부원승기不怨勝己'는 제5단의 '질호승기疾乎勝己'와 대조를 이룬다. 작자의 착안이 『맹자』에 근거했음을 볼 수 있다. 맹자는 '반구저기'하여 자신을 바루면 천하 사람들이 그에게 귀의한다고도 말했었다.("行有不得者, 皆反求諸己, 其身正而天下歸之", 〈이루 상〉) 이는 선비가 사람들 사이에서 빼어난 자질과 참된 모습으로 존재하며 세상 사람들의 귀감이 되는 이유이기도 하다.

드디어 경계하며 말하노니
다른 사람들이 헐뜯어도 내 덕은 그대로 있다네.
진실로 덕이 나에게 있다면
헐뜯어도 무엇이 부끄러우랴?
옛 사람들에게 방법이 있었나니

헐뜯음을 그치게 하는 것은 스스로 몸을 닦는 것 만한 것이 없다네.
遂爲之戒曰　在人者毁在我者德
德苟在我　毁之何恧
古人有猷兮　止謗莫如自修

제7단(57~62행)으로, 자계自戒하고 있다. 자계의 전략은 '훼毁'와 '덕德'의 '주체'가 다르다는 점을 확인하는 것이다. 즉 덕을 갖추는 것은 내가 하는 일이지만, 헐뜯는 것은 내가 하는 일이 아니라는 것이다. 이때 내가 할 수 있는 것은 '자수自修'하여 나의 덕을 닦아나갈 뿐이다. 물론 비방 자체를 없앨 수는 없는 노릇이다. 무엇이 근본적인 것인가, 지금 주어진 상황에서 삶의 주체로서 내가 할 수 있는 일이 무엇인가를 곰곰이 살펴 도달한 결론이다. 말미에 제시한 "지방막여자수止謗莫如自修"는 예전부터 있어왔던 속담 같은 말이다.(『중론中論 · 허도虛道』나 『삼국지三國志 · 위지魏志』 등에서도 확인할 수 있다.) 그렇지만 이미 알고 있던 말을 재차 되새기고 사무치도록 깨치는 것은 또 다른 일이다. 괴당이 이 글을 어떤 상황에서 지었는지는 확실하지 않다. 그러나 그의 시에 보이는 지식인으로서의 모습과 견주어보면, 자계自戒와 자수自修의 실천적 인물이었음을 짐작할 수 있다. 다음 시에서도 확인할 수 있다.

2) 지식인으로서의 자의식과 절의

괴당은 지식인으로서의 자의식을 보여주는 시들을 종종 지었다. 자신을 지식인으로 명언名彦으로 자처한 적은 없지만, 시에 드러나는 의식은 남다른 면모를 보여준다. 그는 나이 55세(1644)에 '정암鼎巖'을 두고 집구시를 지었던 적이 있었다. 정암은 지금 의령 군청에서 남쪽으로 10리쯤 되는 곳에 있는, 남강 가운데 있는 바위 이름이다. 시의 원주에 "고을원 구암 황덕유, 찰방 몽탄 강이흥, 참봉 역옹 강현승, 좌랑 간송 조임도, 별제 괴당 이만승(主倅久菴黃德柔, 察訪夢灘姜以興, 參奉櫟翁姜顯昇, 佐郎澗松趙任道, 別提槐堂李曼勝)" 등이 참여했다고 했다. 시에 드러난 생각의 일단을 엿보기로 한다.

집구시는 한 사람이 기존의 시에서 시구를 뽑아 짓기도 하지만, 여러 사람이 모여서 각자 돌아가며 연구聯句를 내놓기도 한다. 완편完篇의 시가 주는 정돈된 서정이나 서사가 들어있지 않고 단편적인 언술에 그치고 있어서 내면에 접근하기가 쉽지 않지만, 수차례 돌아가면서 짓는 동안 저마다의 생각이 어디로 닿아있는지 확인할 수는 있다.

[1] 조물주가 산의 뼈대를 만들면서
우람하게 물속의 바위 만들었네.
化翁冶山骨　鼎鼎水中巖

[2] 위로는 푸른 이끼 낀 절벽에 의지하고
바닥은 태고적 골짜기에 붙어 있네.
顚倚蒼苔壁　跟著太始嵌

[3] 위의 뚜껑은 신선의 손바닥이요
가운데는 비어 선녀의 상자 같네.
上蓋仙人掌　中虛玉女函

[4] 빚어 만든 것이 어찌 그리 솜씨 있게 되었나?
기세 좋은 것은 보통보다 훨씬 뛰어나네.
陶鑄何工巧　磅礴超常凡

5 우뚝한 것은 흘러내리는 물살에 버티는 기둥 같고
아득한 옛날부터 의령과 함안을 지켜왔네.
屹如頹波柱　終古殿宜咸

이 시는 다섯 사람이 네 차례 순번을 돌면서 창작되었다. 비록 유희적으로 지어졌지만, 남강에 솟아있는 정암을 두고 각각 어떻게 바라보고 있는지를 확인할 수 있다는 점에서 흥미롭다. 1은 황덕유, 2는 강이홍, 3은 강현승, 4는 조임도, 5는 이만승의 연구이다. 각자 절구시를 지었다고 보면, 이 부분은 제1구에 해당한다. 우리는 서두에서 각자 정암의 어디에 시선을 두고 있는지를 비교해 볼 수 있다. 일단 위 인용된 부분을 살펴보면, 1은 정암의 창조가 조물주에 의해 이뤄졌음을 드러냈고, 2는 정암을 상하로 보면서 절벽에 기대고 골짝에 뿌리내렸음을 표현했으며, 3은 선계와 연계하여 정암의 형상을 표현했고, 4는 형상의 안에 담겨 있는 정암의 기세를 그렸다. 대부분 정암의 유래와 형상 등 외면적인 부분에 주목하였다.

한편 괴당은 5에서 정암이 우뚝하게 솟아 물살에 버티고 있으며, 예부터 지금까지 지내온 세월을 노래하고 있다. 바로 '정암의 시간'을 그리고 있다. 시간은 누구나에게 공평하게 주어진다. 그것을 어떤 모습으로 신체화 하는가가 바로 삶의 자취일 터다. 정암은 강물에 솟아있다. 끊임없이 흘러내리는 물살에 부딪히며 살아왔고, 살아낼 것이다. 정암의 삶이 그러한 것이다. 다시 말해 괴당은 정암의 삶을 주목하고 있다.

6 팽려호 같은 그릇을 만들어내어
수군의 배를 다니게 할 수 있을까?
鐣金笞彭蠡鍾　謾漏水師帆

> 7 들을 때는 솥에도 귀 있다는 것 생각해야 하고
> 말할 때 금인金人의 입을 세 번 묶은 것 경계해야 하리.
> 有聽思鐺耳　發語戒金緘

이들은 모두 괴당의 연구聯句이다. 세 번째, 네 번째로 지어졌다. 6은 솥 형상의 바위를 두고, 음식 조리로서의 용도를 넘어 수군의 배가 다닐 수 있는 스케일로 확장시키고 있다. 대단한 상상력이다. 이에 비해 마지막 연구인 7은 뜻밖의 결말을 보여준다. 그동안 정암의 시간들, 별처럼 환하게 빛나는 모습, 수군의 배를 담을 만한 스케일 등을 말하던 괴당은, 정암의 솥귀를 들추어내며, 인간사에서 경계하는 마음을 다시 돋우고 있다. 솥에 귀가 있듯이 말을 꺼낼 때에는 조심스러워야 한다는 것이다. 앞서 살펴보았듯, 괴당은 〈덕고훼래부〉 서두에서 황하 가운데 솟아있는 바위가 물살에 부딪히는 시련을 겪음을 언급한 바 있다. 그에게 강물 속의 우뚝 솟은 바위는 남에게 잘 드러나는 존재이며, 남보다 뛰어난 사물이다. 그 덕분에 훼래가 초래되지만, 가장 중요한 것은 결국 자신이 자수하는 데 달려있음을 말했었다. 7도 그와 연동되어 있는 듯하다. 다만 부賦에서는 그 이치를 말하였다면, 여기서는 '정암'을 통해 나를 경계하자는 것이 다를 뿐이다.

괴당의 자의식은 개인적 지평에 머물지 않는다. 그가 호란胡亂의 전후를 살았던 데 그 이유가 있을 수 있겠지만, 꼭 그렇지만도 않다. 전쟁은 우리를 격동 속에서 요동치도록 하지만, 절연絶緣의 심연深淵 속으로 밀어 넣기도 하기 때문이다. 괴당은 젊은 시절 과거 공부를 그만두고 의령에서 '관란觀瀾'하면서 주위의 젊은이들과 공부했다. 애써 세상에 대한 욕망을 끊은 채 자수自修의 경역境域에 머물렀던 것이다. 그럼에도 병자호란이 났을 때 의병을 조직하여 나섰을 만큼, 그는 세상이 바르게 되기를 바라는 데에서 시선을 거두지 않았다. 그의 〈조어釣魚〉는 괴당의 처신과 그 내면 사이에 여백을 보여 준다.

> 난간 밖으로 너른 물결이 매우 맑은데
> 종일토록 낚싯대 잡고 스스로 마음 즐겁게 한다네.
> 어부는 끝내 쓸데없다고 말하지 말게나
> 낚싯줄 하나로 기우는 한漢나라의 운명을 붙들었나니.[5]
> 檻外滄浪水至淸　把竿終日自怡情
> 休言漁父終無賴　一絲能扶漢鼎傾

괴당은 〈여유갈은백증與兪渴隱伯曾〉에서 유백증에게 자신의 속내를 드러낸 바 있다. 유백증은 병자호란 때 인조를 호종하여 남한산성에 있었고, 화의를 반대했던 인물이다. 유백증은 병자호란 때 의병을 일으킨 괴당에게 자신이 임금에게 올리려던 상소를 보여주었고, 괴당은 그 내용에 감복한 이후로 유백증과 마음을 나누게 되었다. "나라에 사람이 있으니 사직의 복이고 백성들의 다행입니다"라고 하면서 의령에 돌아와서도 늘 그를 흠모했다고 했다. 그때 괴당은 서신에서 이렇게 말했었다.

> "옛날의 유학자가 말하기를, '동강桐江의 낚싯줄 하나가 한나라의 운명을 붙들었다'라고 했습니다. 합하閤下의 말은 비록 쓰이지 못했지만 합하의 위엄은 이미 모함하고 질투하는 사람들에게 행해졌고, 그로 인해서 국가가 의지하여 넘어지지 않을 것입니다. 이 어찌 동강의 한 가닥 낚시줄 정도일 뿐이겠습니까? 합하의 공도 천하 후세에 어찌 말이 없을 수 있겠습니까?"[6]

---

5 李曼勝, 〈釣魚〉, 『槐堂集』 卷1.

이 서신에 기대보면, 위 〈조어釣魚〉는 이즈음 지어진 시가 아닐까 추정된다. 내용상 서신에 인용된 부분과 시의 주된 고사가 거의 일치하기 때문이다. 시에서 제1, 2구는 창랑에서 낚시한다는 서사 이외에도 '수지청水至淸'과 '자이정自怡情'이 묘한 대조를 이룬다. 물결이 매우 맑고, 그곳에서 낚시하는 '나'는 마음이 즐겁다. 뜻밖이다. 사실 창랑수는 『어부사』에서 보듯이, 세상과 타협하도록 권하는 맥락에서 등장하거나, 아니면 굴원의 개결한 의지를 환기하기 위한 배경으로 등장하기도 한다. 이 시도 이로부터 자유롭지는 않으나, 그렇다고 특정한 입장을 내세우진 않으며, 낚시하는 배경일 뿐이다. 그러나 시대를 생각하면 낚시하는 나의 모습도 심상하지는 않다. 이미 세상은 괴당이 배웠던 천자의 나라의 아니었기 때문이다. 그의 입장에서 보면 이른바 오랑캐와의 화의가 이뤄진 상황에서 어떻게 살아낼 것인가는 늘 화두였다.

세상은 낚시하는 이를 곱게 보지 않았다. 쓸데없는 짓이라는 소리도 들린 모양이다. 이에 대하여 괴당은 선유들의 말을 들어 반박했다. 시 속의 '일사一絲'는 엄자릉을 가리키고 '구정九鼎'은 국가를 가리킨다. 명리를 탐하지 않고 권세에 두려워하지 않았던 엄자릉이 사직을 보존하고 고상한 행실을 갖추었다는 이야기이다. 이 고사는 특히 절의가 얼마나 세상에 이로운가를 보여주는 것으로 원용되곤 한다. '구정九鼎'을 지탱할 일사一絲'를 끌어오기 위하여 '어부漁夫'의 '조釣'를 언급한 것이다. 어부는 세상과 무관한 듯 살아가는 은자의 모습을 하고 있지만, 그의 낚싯줄에 나라가 매여 있다 했다. 괴당은 처신과 이

---

6 李曼勝, 〈與兪渴隱(伯曾)〉, 『槐堂集』 卷1, "先儒曰 桐江一絲扶漢九鼎 閣下之言雖不見用 閣下之威已行於娼嫉之人 則國家賴而不顚 是豈特桐江一絲而已 閣下之功亦豈無辭於天下後世乎"

상 사이의 불일치(여백)를 낚시하는 어부의 형상에 담아놓은 것이다.

3. 춘春/추秋의 정감과 시대의 상처 내면화

계절은 인간의 감성을 자극하고, 그 자극은 새로운 정감으로 시 속에 표현된다. 스치듯 지나가는 계절에 대한 느낌도, 인간의 삶의 영역에 들어오면 삶의 굴곡을 표현하는 정취가 되고 만다. 주로 봄과 가을을 노래하고 있는 시들은, 그 창작 정황을 또렷하게 알 수는 없지만, 괴당이 지닌 인간세계에 대한 아쉬움을 대변해 준다. 흔히 춘/추는 계절의 시작과 수확을 상징하기에 시간의 흐름을 빗대어 이야기하고자 할 때 많이 쓰인다.

괴당의 시에서 시절(춘/추)에 대한 감흥이 유독 많이 나오는 것은 시대의 변화와 관련되리라 짐작된다. 즉 단순한 창작배경을 넘어서는 지점이 있을 터인데 지금으로서는 그 이유를 알기 어렵다. 흡사 심각한 내용을 던지고 있음에도 그 창작 정황을 알 수 없었던 〈덕고훼래부德高毁來賦〉가 겹쳐져 보이는 것은 그 때문이다.

1) 춘추春秋의 정감과 내면의 갈등

나루터엔 가을 잎이 울리는데
추워지는 소리에 말발굽이 묻히네.
산새는 나그네가 이른 것에 놀라
울음이 그치자 앞 시내를 지나가네.[7]
渡口鳴秋葉　寒聲沒馬蹄

7 李曼勝, 〈自洛還江亭吟〉, 『槐堂集』 卷1.

山禽驚客至　啼罷過前溪

괴당이 한양을 다녀온 것은 60세(1649) 이후이다. 그는 59세에 충효로 추천되어 태릉 참봉에 제수되었고, 이후 열흘도 안 되어 선공감 가감역으로 승진했다. 그 이듬해 상의원 별제를 지내며, 이경석 등과 교분을 나누었고, 사간원의 추천까지도 받았지만, 이내 의령으로 돌아와 대곡 가에 집을 짓고 '호연浩然'이라고 이름 붙인 뒤, 자기 자신을 수양하며 학생을 가르쳤다. 이 시는 그 즈음 지어진 듯하다.

가을은 조락의 계절인 탓에 쉽사리 애상에 젖곤 한다. 흔히 '비추悲秋'의 창작 전통을 거론하듯이, 그 정서를 벗어나는 작품은 드물었다. 이 시 역시 그로부터 자유롭지는 않다. 시의 내용은 이러하다. 가을이 되어 나뭇잎이 바람에 떨어지고, 가을이 한창 깊어가고 있다. 바람결에 스치는 나뭇잎들이 어느 하나 바스락 울지 않는 잎이 없다. 그 사이로 내가 말을 타고 지나간다. 그런데 나뭇잎 소리가 얼마나 요란하고 숲 지천인지 내가 타고 가는 말발굽 소리마저 묻힐 정도이다. 가을 풍경 속에 완연히 들어선 화자의 모습이 연상된다. 소리 감각을 통하여 경景의 시야를 열어놓았다. 게다가 '추秋'라 하여 계절의 감각까지 담아놓아서 은연중에 '비悲'의 정서도 살짝 묻혀놓았다. 그런데 그(객客)는 낯선 존재였다. 낯선 이방인의 침입에 놀란 산새들이 아우성을 친다. 그 소동이 끝나는 것은 이방인이 두려워 침묵하기 아니면 그를 받아들일 때에야 가능하다.

괴당은 어떤 존재였을까? 제4구에 단서를 남겨놓았다. '제파과전계啼罷過前溪'에서 '과過'의 주체는 말을 타고 있던 작자이다. '과過'는 지나가다 혹은 찾아가다는 뜻이다. 여기서는 작자가 '객客'의 존재이기에 어느 것도 괜찮다. 문제는 '제파啼罷'와 '과전계過前溪' 사이의 의미의 여백이 있다는 것이다. 울음을 끝내는 주체와 앞 시내를 지나가는 주체는 다르다. 각각 '산금山禽'와 '객客'이다. 객은 산새가 울기를 멈추고 나서야 시내를 지나간다. 즉 객은 기다려주었다. 산새가 자신을 받아주기를, 그리하여 편안해지기를 기다렸다. 작자의 조심스러운 태도를 엿보여준다. 사실 객이 들어선 곳은 본래 객의 것이 아니었다. 이미 '한성寒聲'이 '마제馬蹄 성聲'을 파묻어버릴 정도로 낯선 이를 압도하는 곳이었다. 그 안에 들어서면서 객은 자신을 내세우기보다는, 저들이 나를 받아주고 같이 할 수 있기를 원했다. 그래서 제3구의 '지至'와 제4구의 '과過'는 다소 의미의 차이를 전제해야 한다. 즉 '지至'가 외부로부터 도착한 낯선 단계라면, '과過'는 이미 내부에 있는 낯익은 단계이다. 작자가 강정江亭으로 돌아오는 과정에 겪었던 마음의 갈등과 그 해소가 엿보인다. 이렇게 계절을 편안하게 맞이할 수 없는 모습은 '봉춘逢春'의 기쁨을 표현하는 데서도 불쑥불쑥 드러나고 있다.

1 산의 꽃은 어찌 그리 흐드러졌으며
시냇가 버들은 한창 휘늘어졌도다.
봄날 흥취가 넉넉한 것은 모르고
시와 술로 그저 시대를 슬퍼한다네.
山花何爛漫　溪柳正參差
不知春興足　詩酒謾傷時

2 아침엔 산 서쪽의 고사리 캐고
저녁엔 물 가운데 고기를 낚네.
산과 물의 맛난 것 아울러 갖추었는데
무슨 마음으로 눈물이 옷자락에 방울방울 지나?[8]
朝採山西蕨　夕釣水中魚

有味兼山水　何心淚滴裾

두 수의 시에서 공통적으로 전반부는 하냥 맞이하는 춘경이 드러나며 그 속에서 편안히 살아가는 작자의 모습이 보인다. [1]의 제1, 2구는 '산화山花'와 '계류溪柳'를 견주면서 제멋에 겨운 모습을 보여주고 있다. 주목되는 것은 '하何'와 '정正'을 대조하고 있는 부분이다. 제3자는 5언에서 안자眼字에 해당한다. '하何'는 반어적으로, '정正'은 정면으로 감정이 고조되었음을 입체적으로 보여준다. 대조를 통한 풍경의 돋움은 괴당 시의 장처인 듯하다. [2]에서도 제1, 2구는 '조채朝採'와 '석조夕釣', '산山'과 '수水', '서西'와 '중中', '궐蕨'과 '어魚'로 거의 완벽하게 대구를 이루고 있다.

그런데 아름다운 풍경을 바라보는 작자의 마음은 착잡하다. 두 수 모두 제3구에서 분위기가 일변한다. 먼저 [1]을 보자. '산화山花'와 '계류溪柳'가 만들어낸 '춘흥春興'은 풍족하기 짝이 없건만 작자는 '시주詩酒'로 '상시傷時'하고 있을 뿐이다.('상시傷時'는 후술한다.) 제4구의 '만謾'이 흥미롭다. '만謾'은 부질없다, 하릴없다 등으로 해석되며, 부사로는 그저, 하냥 정도로 옮길 수 있다. 소용없는 일인 줄 알면서도 '상시傷時'할 수밖에 없는 상황, 봄날 경치가 무르익어 화사하건만, 작자의 마음은 그에 어울리지 못한다. 그래서 작자의 심태를 보여주는 '만謾'으로 객관세계와 내면 사이의 어긋난 모습을 표현했다.

[2]도 마찬가지다. 제1, 2구에 보이는 '채궐採蕨'과 '조어釣魚'의 안온한 모습은 사실 제4구의 '누적거淚滴裾'를 위해 예비되었다. 제3구에서 말하듯, 산수의 맛을 모두 겸비했음에도 눈물방울이 옷자락에 떨어지

8 李曼勝, 〈逢春述懷 二首〉, 『槐堂集』 卷1.

는 것은 왜일까? '하심何心'에서 보듯이, 반어적으로 의문을 표하면서 침울한 마음을 드러내고 있다. 그는 화사하고 편안한 분위기 속에 답답한 심사를 담아놓은 채, 아무렇지도 않게 고사리 캐고 물고기를 낚는 행위와 달리 마음자락에 자리한 슬픔을 감추어 둔 것이다. 즉 행위와 심사 사이의 해소되지 않는 불일치가 '적루滴淚'로 방울지며 표출되었다.

계절이 주는 느낌과 달리, 작자의 마음속은 늘 계절과 어긋나는 속내를 갖고 있었다. 춘추는 누구에게나, 언제나 반복적으로 주어진다. 벗어날 수 없는 굴레처럼, 늘 그랬듯이 우리에게 다가온다. 괴당도 그것을 잘 알고 있었다. 그래서 아무렇지도 않게, 특별한 의도 없이 가을산을 들어서고, 봄 든 산수에서 나물 캐고 낚시한다. 여기서 애써 '채궐採蕨'에 백이伯夷의 고사를, '조어釣魚'에 여상呂尙의 고사를 원용할 필요는 없을 듯하다. 이미 일상의 공기처럼 한시 속에 육화되었기 때문이다. 그럼에도 괴당이 내비치는 속내의 갈등은 심상치 않다. 그의 시선이 개인적 지평을 넘어서고 있기 때문이다.

2) 시대의 상처 내면화: 탄시歎時와 우국

괴당의 삶을 떠도는 하나의 화두는 '시時'였다. 『괴당집』에는 혹은 시로, 혹은 소疏로, 혹은 서書로 괴당의 마음을 담아놓았다. 괴당 자신의 목소리만이 아니라, 그를 기억하는 지인들의 만사挽詞나 제문祭文, 그리고 척독尺牘 등을 통해서도 비추어 볼 수 있다. 일단 여기서는 그의 글을 주목하도록 하자. 우리는 그의 시문에서 우시憂時, 탄시歎時, 상시傷時 등의 단어를 쉽게 볼 수 있다. 하진의 죽음을 슬퍼한 만사에서 '상시'로 그의 삶을 요약한 바 있다. 괴당의 착목처가 어디인지를 짐작하게 해준다.

> 병이 든 것이지 현명하신 임금님이 버린 건 아니었고
> 시대를 슬퍼하여 몇 번이나 가의賈誼의 눈물 뿌렸던가?
> 어찌 알았으리요? 하늘 위의 혜성이 움직일 줄을.
> 인간 세상에 다시는 바른 논의가 없겠구나.[9]
> 一病非緣明主棄　傷時幾灑賈生淚
> 那知天上箕星動　無復人間有正議

하진河溍은 1658년에 세상을 떴으니, 이 작품은 그 무렵에 지은 것임을 알 수 있다. 괴당의 나이 69세 때이다. 하진은 괴당보다 7년 연하이다. 그 역시 병자호란이 일어나자 의병장에 추대되어 상주에 이르렀던 적이 있었고, 부친의 상을 마친 뒤 병조낭관·헌납·지평을 지내다가 모친의 봉양을 이유로 사임했다. 이후 효종이 즉위한 뒤 다시 지평으로 나간 적이 있다. 언젠가 하진은 괴당에게 헤어진 지 여러 해라서 그리워하고 있으며, 병든 자신을 위해 한번 찾아주었으면 좋겠다는 편지를 보낸 적도 있었다.

> "여러 해 동안 떨어져 애써 그리워하는 마음이 극도에 이르렀다가 베개를 나란히 하여 자게 되어 다행이었는데, 도로 번개처럼 헤어지니, 서운한 마음 비유하기 어렵습니다.……그런데 그믐 전에 멀리 떠나려는 마음이 많이 있으니, 형이 처음부터 끝까지 일을 돌봐주는 힘이 아니면 만류하기가 어려울 것 같습니다. 형께서는 이 병든 아우를 위해서 읍내 행차를 한 번 더 해줄 수 없겠습니까?"[10]

---

9 李曼勝, 〈挽河台溪二首〉 第2首, 『槐堂集』 卷1.

10 河溍, 〈知舊往復書〉, 『槐堂集』 卷2, "隔年戀思之極連枕幸矣 而旋作電別惘然之懷難以爲喩……而晦前多有遠去之意 非兄成始成終之力 似難挽之 兄未可

그의 죽음을 두고 괴당은 만시 2수를 지었다. 그 가운데 제2수이다. 괴당의 추모 방식은 다소 특이하다. '일병一病'과 '명주기明主棄'를 견주면서, 하진의 죽음은 군주에게 버림받은 것이 아니라 병 때문이라고 '굳이' 밝혀준다. 이 대조는 주제구인 제2구의 의미를 증폭시키기 위한 장치이다. 곧 하진은 상시傷時했고, 충언으로 일관했던 가생의 눈물을 수차례 뿌렸던 것이다. 이 '가생루賈生淚'는 제4구의 '정의正議'와 연동되면서, 하진의 삶을 짧지만 강렬하게 요약해 낸다. 이런 직언이 가능했던 것은 바로 '상시傷時'였다. 시대를 아파했다는 것인데, 사실 이는 괴당 자신이 늘 갖고 있던 마음이었다. 하진의 죽음을 맞기 6년 전 임금에게 올렸던 7조목의 상소문을 쓰면서도 그는 "시대를 걱정하며 미친 마음을 드러냈다憂時發狂"[11]라고 고백한 바 있었다.

흔히 사대부는 누구보다 앞서 천하를 근심걱정하고, 누구보다 뒤늦게 천하의 즐거움을 즐거워한다고 했다. 그렇다고 옛 지식인 모두가 시대의 상처를 자기화하지는 않는다. 지금도 그러하듯이. 하진의 만사를 통해 내보였던 괴당의 '상시傷時'는 그가 앞서 지었던 다른 시에서도 확인할 수 있다.

> 곤궁하게 유학으로 일찍부터 몸을 일으키려 했으니
> 하얀 이 밝은 눈동자의 미녀와는 친하지 않았다네.
> 노년에 시골 자연 속에서 불우한 것을 달갑게 여기나니
> 서쪽에는 그래도 그리워하는 사람이 있다네.[12]
> 酸寒儒術早謀身　皓齒明眸不許親

爲病弟更作一番邑內之行耶"

11 李曼勝, 〈應旨進言疏〉, 『槐堂集』 卷1.

12 李曼勝, 〈題義旅冊後〉, 『槐堂集』 卷1.

湖海晚年甘落拓　西方猶有所懷人

시제를 확인하지 않으면 으레 지어졌던 '연군지사戀君之詞'에 다름 아니다. 이 시는 괴당의 학문적 근거가 무엇이고, 평소 어떻게 생활했는지를 드러내 주고 있다. 비록 '산한酸寒'한 처지에서도 '유술儒術'로 일찍부터 자신을 가다듬으려고 노력했으며, '호치명모皓齒明眸'로 상징되는 세속의 속물적 삶은 가까이하지 않았다고 했다. 과거 공부를 하지 않았던 괴당이었지만, 삶의 학문적 근거는 유술이었다. 지금은 낙척한 신세로 있지만, 그래도 마음으로 그리워하는 사람이 있다고 했다. '서방西方'은 한양을 가리킨다. 비록 호해에 있는 처지이지만, 임금의 안위를 생각하며 나라의 안녕을 생각하고 있었다는 것이다. 그런데 이 시는 제목에서 보듯이 『의려책』의 뒤에 붙어 있는 작품이었다.

1763년 의령현감을 지냈던 서명서徐命瑞의 〈제의려성책후題義旅成冊後〉에 의거해 보면, 이 책은 괴당을 필두로 모두 아홉의 의병장이 수록되어 있고, 각 고을에서 모집된 병사 및 지원내용이 기록되어 있었다. 의령이 첫머리에 있으니 괴당이 앞서 봉기했음을 짐작할 수 있으리라. 서명서는 『의려책』 말미에 절구시 두 편이 수록되어 있다고 했다. 이 두 수는 다음과 같다. 위의 '제의려책후題義旅冊後'는 아니다.

천지에 봄이 돌아와 옛날과 같은데
흰 머리에 나그네로 떠도는 사람을 보고 놀라네.
숭정 연호에서 정축년을 볼 수 있었는데
명나라 왕통王統이 어찌 무인년에 끊어졌는가?[13]

---

13 李曼勝, 〈戊寅見新曆感作二絶〉 第1首, 『槐堂集』 卷1.

天地春回依舊日　白頭驚歎旅遊人
崇禎猶得看丁丑　大統胡爲絶戊寅

‘무인년戊寅年’은 1638년으로, 병자호란을 겪은 뒤이다. 이때 반포한 책력에 ‘숭정’이란 글자가 쓰이지 않았음에 격분하며 자신의 심회를 편 것이다. 여느 봄처럼 다시 천지에 봄기운이 돌지만, 나그네(즉, 작자)는 깜짝 놀라고 만다. ‘경탄驚歎’의 이유는 제3, 4구에 나온다. 바로 전해인 정축년(1637)에는 ‘숭정’ 연호를 보았건만, 무인년, 올해의 책력에는 사라진 것이다. 그 이유를 괴당은 ‘교로驕虜’가 더욱 강해지고 ‘우인愚人’이 세상을 해치고 어지럽히기 때문이라고 했다.“(天憎驕虜還强虜, 地養愚人反害人)”[14] 괴당은 난리가 끝난 뒤 한양에 있다가 쓴 시에서도 이렇게 노래한 바 있다.

(…전략…)
아아! 지금은 천지가 침몰되어
하늘의 해가 강남 지방에 옮겨 가 있네.
풍경은 다르지 않지만 산하山河는 바뀌어
예의 지키는 동쪽 나라에서 옷만 입은 것 부끄럽도다.
간장干將이나 막야鏌鎁 같은 좋은 칼 시험해 보지도 못하고
칼집 속에 넣어두었으니 장한 기운에 괜히 흐느끼기만 한다네.
아아! 어디로 돌아갈 것인가? 내 마음 슬프네
석양에 눈물 뿌리면서 홀로 머뭇거린다네.[15]
嗚乎宇宙今陸沈　江南天日移所居
風景不殊山河改　禮義東方愧衣裾

14 李曼勝, 〈戊寅見新曆感作二絶〉 第2首, 『槐堂集』 卷1.
15 李曼勝, 〈亂後在洛 有一友人思母作詩示余 感而有作〉, 『槐堂集』 卷1.

干將鏌鎁未能試　匣中壯氣空唏噓
嗚乎曷歸余懷悲　灑淚斜陽獨躊躇

누군가 자신의 모친을 그리워하면서 시를 지어 괴당에게 보여주었다. 그 시를 받아든 괴당은 부모님에 대한 그리움을 견디지 못해 이 시를 지었는데, 그 말미에서 시대가 준 상처를 위와 같이 표현했다. 괴당은 다섯 살 때 양친을 잃었고, 삼년상도 곱게 지낼 수 없었던바, 부모에 대한 지독한 그리움과 자신의 처지를 38행의 고시에 절절히 담아두었다. 그런데 그 시의 말미에 위와 같이 시대에 대한 근심으로 마무리 짓고 있으니, 그의 상시傷時는 어느새 그의 삶 전체를 스미며 내면화되었음을 알 수 있다. 그의 〈탄시歎時〉는 이 부분을 절록하여 지은 듯할 정도이다. 끝으로 그 시를 들어본다.

대명의 해와 달은 어두워졌으니
천지는 누구의 집인가?
나에게 서릿발 같은 칼이 있지만,
간들 어떻게 하겠는가?[16]
大明日月晦　天地是誰家
我有霜鋩在　磨之正爾何

4. 삶의 오롯한 복원을 위하여

지역의 인물을 연구한다는 것은 쉽지 않은 일이다. 이른바 벌열閥閱과 같은 화려함과도 거리가 있고, 정치적 비중과 문화적 위치와 같

16 李曼勝, 〈歎時〉, 『槐堂集』 卷1.

은 이른바 무게감과도 동떨어져 있기 때문이다. 그 탓에 향용 지역의 한문학자산에 대한 연구는 소시민적 자위와 자족에 머무는 경우가 많다. 이 글이 빠질 수 있는 함정도 바로 이것이다. 괴당의 문집을 열어본 순간부터 가졌던 의문이었다. 과연 괴당은 한문학적으로 의미 있는 인물인가? 의령 지역의 주요한 인물이라는 점을 넘어서 객관적으로 학문적 모색을 경주할 만한 가치가 있는 것인가? 고민이 본격적으로 시작된 순간 이래, 괴당의 작품을 직접 들여다보면서, 그가 느꼈던 감정을 느껴가면서 알 수 없는 희열이 떠돌기 시작했다. 모든 존재하는 것은 다 이유가 있으며, 그것이 크든 작든, 무겁든 가볍든, 많든 적든 존엄한 생명체요, 의미체라는 점을 재차 각성하게 되었기 때문이다. 이런 이야기를 흔히 입에 떠올리면서도 왜 학술연구의 장에서는 소홀했던 것일까? 아마 연구대상의 권위에 기대어 연구자가 자신의 성가를 높이려는 의도가 잠복해 있었던 것은 아닐까? 괴당이 안겨준 선물은 바로 이것이었다. 의령의 수백 년 된 인물의 진지한 자기 성찰과 올곧았던 태도, 소박하지만 정직한 정감 세계는 분명 주의 깊게 살펴볼 필요가 있었다. 특히 〈덕고훼래부〉와 같은 장편의 부는 내용의 심각성에 비하여 구체적인 창작정황을 알 수 없어, 내용의 해설에 그칠 수밖에 없었던 점이 아쉬울 뿐이다. 게다가 남아 있는 작품이 소졸하여, 괴당의 삶과 시세계에 대하여 겨우 스케치에 그치게 됨은 더욱 안타깝다. 일찍이 괴당의 문집의 서문을 써주었던 류치명柳致明은 이렇게 말한 바 있다.

"괴당 이공은 송암 선생의 훌륭한 전통을 이었으므로, 그 가학 연원의 바름은 진실로 전할 만한 것이 많았을 것이다. 그러나 지은 시와 문장은 겨우 몇 편만 전하니, 그 온축한 바를 거의 볼 수가 없다. 이에 일을

행한 자취를 고찰하여 논하고자 한다."[17]

괴당을 마주할 때 겪는 당혹감은 바로 남아 있는 시문의 소졸함에 기인한다. 따라서 이 글의 한계도 여실하다. 논의를 풍부하게 만들 수 있는 시문이 별로 없기 때문이다. 그럼에도 괴당의 정감을 살펴보려고 했던 것은 앞서 말했듯 논리적 자취와 다른 순간적 정감의 결을 확인해보고 싶었기 때문이다. 이를 통해 우리는 괴당은 자수自修를 통해 끊임없이 지식인으로서의 자의식을 되새기고 시대의 불안과 혼란을 아파하는 한편, 춘추의 정감을 통해 인생의 유한함과 가족의 그리움을 되새기며 인간적 정회를 드러내었음을 확인할 수 있었다. 특히 후자는 일찍 부모를 여의었던 개인사와 종중을 돌봐야 했던 책임 기저에 놓인 인간적 면모를 확인시켜주기에 심상하지 않다. 이 글은 차후 의병활동을 비롯한 자취 및 괴당에 대한 당대 및 후대의 기억들, 즉 타자의 시선과 기억을 재편하는 한편, 괴당의 생애와 작품들 사이를 치밀하게 연계지어 그의 삶과 정신세계를 더욱 풍부하게 복원할 필요가 있다.

---

17 柳致明, 〈舊刊文集序〉, 『槐堂集』 卷2, "槐堂李公承松巖先生令緖 家學淵源之正固宜多可傳 而所著詩若文僅若干 殆無以見其蘊也 於是考論其行事之跡"

제3장

반구당反求堂 임여백林汝栢의 자경自警과 반구反求의 정신

1. 한시 독법의 고민

이 글은 반구당反求堂 임여백林汝栢(1614~1685)의 시세계를 이해하기 위하여 준비되었다. 무엇보다 아직 학계에 본격적으로 소개되기 전이라는 점에서, 이 글은 많은 책임을 갖고 있으며 아울러 한계도 갖고 있다. 처음 소개되는 만큼 그에 대한 기본적인 정보들, 이를테면 생평을 비롯하여 학문과 사상, 교유와 같은 인적 네트워크들, 시문에 대한 구체적인 분석 등등, 다양한 분야에서 차근한 안내가 필요할 것이다. 그래서 항용 특정한 인물에 대한 최초의 논문은 비슷한 방식으로 서술되곤 한다. 인물의 생평, 학문적, 사상적 지향들, 시나 문 가운데 특징적인 국면들, 지역적 혹은 지성사적 위치에 대한 비정批定의 순서를 갖는 것이 그것이다. 이 글도 이로부터 자유롭지는 않다. 본고 역시 반구당에 대하여 초보적 수준의 접근을 진행하고 있는 형편이라 기본적인 사항에 대한 학습과 정리, 안내가 반드시 필요하다.

그럼에도 이 글은 살짝 방향을 바꿔서 서술하려고 한다. 즉 이 글은 평상시의 논문 서술방식과 달리, 반구당의 시세계를 직접 처음부터 노출시키면서 그런 작품이 나오게 된 이유를 추정하는 순서로 서술하고자 한다. 무엇보다도 그의 시를 논문의 중심테마로 올리기 위함이다. 즉 가문이나 학식 및 관직을 전제로 하는 시 분석 논고의 경우, 많은 경우 가문의 전통, 사상적 특징, 공직에서의 경륜 등을 앞서 서술한 뒤, 그 문학적 표출을 살펴보는 논리 구조를 갖고 있다. 이는 벌열閥閱을 이룬 가문의 경우, 특정한 사상의 중추로 서 있는 인물들, 과거를 통하여 공직을 시작하고, 나아가 국가를 경영하는 경험을 가진 사람의 분석에는 나름 효과가 있는 방법이다. 한시는 개인적 서정성이 상대적으로 강한 장르이다. 이를 사회적 경험의 볼(bowl) 안에서 살펴보는 것은 시적 정서가 개별적 경험 차원으로 치부하지 않고 객관적 보편적 성격을 부여할 수 있는 기회가 된다. 그런 점에서 기존의 논리구조는 상당히 의미 있다.

그런데, 지역 고전(local classics)을 마주했을 경우에는 다소 당황하게 된다. 주로 특정한 지역 안에서의 제한된 사회적 경험을 갖고 있을 뿐이고, 이른바 국가적, 시대적 소명을 살피기엔 한계가 엿보이기 때문이다. 과연 이런 작품은 어떻게 분석하고 평가할 것인가? 평가의 문제는 다소 어려우니 차치하고라도, 지역 고전 작품을 정당하게 바라볼 수 있는 방법은 무엇일까? 이는 내가 늘 고민으로 갖고 있던 과제였다. 나는 살아있는 모든 것은 다 존재의 이유가 있고, 그들 사이의 실존적 가치는 동등하다고 생각한다. 즉 혈연이든, 지연이든, 학연이든, 경력이든, 각각이 가지고 있는 경험은 소중하며, 각각의 경험 빛깔이 그 시대와 공간을 아름답게 수놓는다고 생각한다. 가까이 가서 들여다보면 들쭉날쭉 거칠고 난삽하지만, 약간 시간적-공간적 거리를 두고 살펴보면, 저마다 멋진 나무가 되고 그들로 이뤄진 하나의 아름다운 정원을 이룬다고 생각한다. 내가 지역 고전을 마주하는 기본적인 태도이다. 그렇다면 반구당의 경우는 어떠한가?

반구당은 17세기 중반을 살았던 학인이다. 『반구당집反求堂集』을 일별하면, 분량은 적지만 그의 학적 지향과 언술이 만만치 않음에 놀라게 된다. 대략 시詩 139수, 부賦 1편, 찬贊 1편, 잠箴 3편, 명銘 1편, 제문祭文 및 산문류 17편 등으로서, 이 가운데 거론되는 길재吉再(〈야은화상冶隱畵像〉, 〈야은집차남귀정생자운冶隱集次南龜亭生字韻〉), 정몽주鄭夢周(〈포은선생화상찬圃隱先生畵像贊〉), 김종직金宗直(〈점필재집차영자佔畢齋集次營字〉) 등과 같이 조선유학의 통서와 맞닿아 있고, 〈태극변太極辨〉·〈답동문答童問〉·〈제성학십도병장후題聖學十圖屛幛後〉·〈선악개아사善惡皆我師〉·〈수맹자지광안택이불거사정로이불유유감授孟子至曠安宅而不居舍正路而不由有感〉 등과 같이 유학의 특정한 주제에 대하여 논변을 시도할 정도로 학문적 축적을 이루었으며, 〈구계서원청액소龜溪書院請額疏〉 등과 같이 지역 사림士林의 지도자로서 소임을 충실히 수행하는 등, 그의 시문이 사적인 친교와 관계에만 머물지 않고 있음을 확인할 수 있다. 곧 창작지평은 제법 사회적 차원으로 열린 편이라고 할 수 있다. 그러나 아쉽게도 그는 시명時命의 불운으로 폐거廢擧한 뒤, 지역의 학인들과 교류하며 사인을 가르치는 일에 전념하였고, 그의 저술은 『반구당집』 단권으로 수렴되었을 뿐이라는 점에서 논의에는 많은 괄호가 필요하다. 그렇지만 반구당의 삶은 그냥 흘려버릴 수 없는 지점들이 있어서, 본격적인 거론을 준비할 필요가 있다고 생각한다.

앞서 말했듯, 이 글은 주로 반구당의 시세계를 조망하는 데에 초점을 맞추고자 한다. 그의 학문적 축적과 식견을 엿볼 수 있는, 즉 사상가로서의 면모를 확인하기엔 필자의 준비도, 자료의 확보도 아직 충분하지 않기 때문이다. 이 부분은 별도의 논구가 필요하다. 특히 17세기 지역고전학의 전반적 추세들, 특히 영남 유학의 면모들과 견주어서 그의 학적 편린이 갖는 의미를 다시금 재론할 필요가 있다.

그러나 이 글은 이를 논하지 않는다. 논제를 '학문적 지향'으로 하지 않고 '학적 지향'으로 제한한 것도 바로 이 이유에서다. 시세계 속에 보이는 반구당의 정서情緖를 추적하고, 그것이 그의 학적 온축과 상관이 있을 것이라는 추정에서 머물고자 한다. 무엇보다 반구당의 시를 선입견 없이 그 속의 의경들, 정조들에 집중하여 읽어가고자 한다. 이후 그것이 그의 어떤 정신세계와 맞닿아있을 지에 대하여 추정하도록 한다. 먼저 〈행장〉의 기록을 거론하는 것으로 논의를 시작하도록 하자.[1]

> "문장을 지을 때는 기벽한 것을 숭상하지 않았고 기미한 것을 좋아하지 않았다. 명백하면서도 평실하여 마치 콩이나 좁쌀 같은 소박한 맛이 있었다. 시도 또한 충담 전아하였는데, 궁벽한 전고를 찾아내려 하지 않았다. 문, 잡저 약간 권이 집안에 소장되어 있다."[2]

---

1 반구당의 생평에 대한 안내는 부록의 〈行狀要約과 簡譜〉로 대신하고자 한다. 이 논고는 기획발표(林谷 林眞怤와 그의 후예들, 2019. 5. 17. 경상대 남명학연구소)를 통하여 발표되었다. 당시 허권수 교수의 「임곡 인진부 후예들의 학문활동」을 비롯한 제 논고를 통하여, 반구당의 가문 내 학술적 위치가 중심부에 있음을 확인하였다. 아직 필자는 이를 본격적으로 논의할 준비가 되어 있지 않다. 추후 더 나은 논의로 반구당의 가문 내 학술적 위상은 물론 17세기 조선 지식인사, 특히 영남지역에서 어떤 위치를 차지할 것인지에 대하여 대답을 하기로 기약해 본다. 아울러 귀중한 문중 자료를 제공해주신 임영주님에게도 고마운 마음을 드린다. 아울러 이 논고를 위해 다음의 논문을 통해 은진임씨의 가계와 학문 전승을 이해했음을 밝혀둔다. 허권수(2018), 「安義縣의 학문전통과 瞻慕堂 林芸 가문의 형성과 전개」; 강정화(2018), 「임곡 임진부의 삶과 시세계」; 강동욱(2018), 「은진 임씨 가문의 계승과 변천」.

2 林汝栢, 〈行狀〉, 『反求堂集』, "其爲文不尙奇僻 不好綺靡 明白平實 有如菽粟之味 詩韻亦沖淡典雅 絶去鉤棘掐擢之習 有文雜著若干卷藏于家"

2. 우음偶吟: 갈등하는 내면의 진솔한 토로

『반구당집』을 열면 두 수의 시가 눈에 먼저 들어온다. 〈사회寫懷〉와 〈우음偶吟〉이다. 모두 자신의 속마음을 털어놓고 있는 작품이다. '사회寫懷'가 '우음偶吟'보다는 더 의지적으로 속마음을 내보이는 뜻을 갖고는 있지만, 두 수 모두 작자가 특별한 상황에 맞게 의례적으로 쓴 작품은 아니다. 즉 이 시들은 의식儀式을 위하여, 이를테면 친교나 연회, 혹은 특정한 사건에 대한 의견 개진 등과 같은 '목적성'을 띠지는 않는다. '사寫'는 쏟아내다(즉 사瀉)는 뜻이 강하고, '음吟'은 입에서 나오는 대로 써낸다는 뜻이 있어, 그 강렬도는 다소 차이가 있을 순 있다. 그러나 우리의 논의에서 그 차이는 그다지 중요하지 않다. 모두 작자가 자신의 속마음을 '정직하게' 직서直敍하고 있음을 주목하도록 하자. 먼저, 〈사회寫懷〉를 보면 다음과 같다.

> 나의 걸음이 어이해 이곳까지 이르렀나
> 떠도는 쑥솜처럼 이 삶을 내맡겼지.
> 온 가족이 궁벽한 산 아래에 머물고
> 형제들 먼 물가로 옮겼다네.
> 하늘은 정녕 마음이라도 있는가?
> 세상 이치일랑 제일齊一하기 어려워라.
> 누구는 복을 받고 누구는 화를 당하는지
> 깊이 읊조리나니 눈물만 절로 떨어지네.
> 我行何到此　蓬轉任生涯
> 盡室窮山下　荊枝遠水湄
> 蒼穹寧有意　物理直難齊
> 誰福而誰禍　沉吟淚自垂[3]

제3, 4구를 보면, 작자의 가족이 산하山下, 수미水湄에 복거하게 되었고, 봉전蓬轉하며 살아온 삶에 대하여 슬퍼하는 모습을 볼 수 있다. 과연 하늘이 나를 생각해 주는 마음이라도 있었는지, 도대체 세상 이치는 어떻게 이해할 지에 대하여 의문을 던지고 있다. 제7, 8구의 직서直敍는 너무 노골적이어서 시적 긴장을 떨어뜨렸다는 혐의가 있을 수 있지만, 사실 감정의 가감 없는 노출을 통해 속마음의 진솔함을 드러내었다고 볼 수 있다. 시제에 충실한 셈이다. 작자는 시 전체에 걸쳐서 반복과 대조를 통해 감정의 기복을 강렬하게 표출하고 있다, 즉, '아행我行'과 '봉전蓬轉', '궁산하窮山下'와 '원수미遠水湄', '창궁蒼穹'과 '물리物理' '수복誰福'과 '수화誰禍' 등 대조를 통하여 시적 긴장을 유지하고 있는바, 이런 반복으로 작자의 마음속 갈등은 더 넓은 진폭을 갖게 되었고, 그 결과 눈물이 '자수自垂'하게 되었다.

인심은 흔들리는 등불을 좇나니
세상의 맛도 시든 짜든 배불리 맛보았지.
오랫동안 문원文園의 병을 안았거니와
□□□은 견디기 어려울시고.
나는 강산의 주인이라
본성은 명리를 탐하지 않노라.
아침저녁사이 그윽하게 흥취가 일어나니
때때로 붓 끝에 기대어 보노매라.

人情隨轉燭　世味飽酸醎
久抱文園病　難堪魏歲□
江山吾是主　名利性非饞
朝暮悠然趣　時憑筆舌尖[4]

3 林汝栢, 〈寫懷〉, 『反求堂集』.

이 시는 제1, 2, 3, 4구와 5, 6, 7, 8구 전반, 후반으로 나뉜다. 전반은 작자가 살아온 삶을 '간단하게 요약하고 있다.' 한마디로 기쁨과 슬픔을 모두 겪고, 세상과 인정을 알게 되었다고 말했다. 그 스스로도 병을 안고 살았으니, 참으로 궁한 모습이 아닐 수 없다. '문원병文園病'은 사마상여司馬相如가 평생 앓았던 소갈증消渴症을 말하며, 이로 인해 세상과 거리를 둔 채 살았음을 표현한다. 이는 작자가 병으로 고생했던 것과 맞닿아있다. 특히 사마상여는 문인으로서의 재주를 갖고서도 세상에 쓰이지 못한 인물의 대명사이니, 이를 통해 작자는 자신의 불행을 아파하고 있음을 볼 수 있다.[5]

다시 찬찬히 보도록 하자. 제1, 2구에서 '인정人情'과 '세미世味'를 대조하면서 인간세상의 차가운 마음들, 변덕스런 태도들, 그리고 신맛, 짠맛을 모두 맛보았을 정도로 세상의 온갖 역경을 겪었음을 내보이고 있다. 바람에 흔들리는 등불은 신뢰할 수 없고, 그 등불을 탓할 수도 없다. 수많은 경험을 '강요'하는 세상에 대해서 불평할 수도 없다. 아니 굳이 불평할 필요도 없다. 본래 '인人'과 '세世'는 그런 법이니깐! 시의 서두에 이를 거론하는 이유는, 세상과 사람을 비판하기 위해서는 아니었다. 어쩌면 후반에서 말하고 싶은 '달관(깨달음)'을 강조하기 위해 츤대儭對한 것이 아닐까 생각한다.

후반은 전반의 우울한 모습과는 달리, 다소 정돈되어 있다. 우환憂患은 오히려 자신이 어떤 존재이고, 본성은 어떤 취향이었는지를 알 수 있게 해주었다. 제5구의 '오吾'와 제6구의 '성性'은 작자가 작시를 통해 확보한 지점을 명쾌하게 보여준다. 즉 그는 자신이 '강산江山'의

---

4 林汝栢, 〈偶吟－用進退格〉, 『反求堂集』.

5 이 점에서 〈哀時命賦〉를 주목할 필요가 있다. 그러나 이곳에선 논의하진 않는다. 별도의 논의를 필요로 할 만큼 분량이 만만치 않기 때문이다.

'주主'인임을 자각하고, '성性'은 명리를 탐하지 않음을 확인하게 된다. 뜻밖의 변전이다.

사실 『반구당집』에 위 두 수가 병치並置되어 있는 것은 우연일 것이다. 시를 수습하는 과정에서 같이 놓인 데 불과하지만, 반구당의 시세계를 이해할 수 있는 묘한 관건을 잠복시켜 놓은 것이 아닐까 생각할 정도로 특이하다. 하나는 우울한 정조 속에서 자신이 맞닥뜨린 불행을 '화禍'로까지 생각하며 눈물짓고 있지만, 다른 하나는 내편이 되지 않았던 세상인심을 그대로 '수긍'한 채, 오히려 그 안에서 내가 강산과 명리에 대하여 어떤 태도로 살아야 할 것인지를 보여주고 있다. 즉 대조적인 정조를 유사한 시제로 담아서 비교시켜놓은 것이다. 이들 시는 각각 지어진 시기가 다를 듯하다. 〈사회寫懷〉는 반구당이 〈애시명부哀時命賦〉를 지을 즈음(약 36세)으로 생각되고, 〈우음偶吟〉은 폐거하고 학업에 전념하여 위기爲己를 이룬 생애 후반부로 보인다. 그러나 이 또한 확실하진 않다. 흔히 체제별 창작 순으로 편집되는 상례를 생각하면, 비슷한 즈음으로 간주할 수도 있다. 창작배경이 다른 만큼 비교의 한계도 명확하다. 그럼에도 이곳에 보이는 두 가지 정조는 반구당의 시세계를 이해하는 프레임을 제공한다. 즉 반구당은 두 가지의 시적 정서 사이에서 '방황'하고 있다. 한 번 더 확인하도록 하자.

> 노둔한 자질에 병까지 많을 사
> 올해로 마흔 남짓이 되었어라.
> 내 삶은 종래 무미건조했고
> 어리석어 시서詩書에 어두웠지.
> 할미새 벌판에 놓였음을 몇 번이나 탄식했던가
> 학처럼 머리세고 성글음에 흠칫 놀라노라.

걱정하는 마음은 되레 취한 듯하거니
눈물이 떨어져 어느새 옷깃을 적시누나.
魯鈍仍多病　今年四十餘
生涯從淡泊　稚子昧詩書
幾嘆鴒原隔　偏驚鶴髮疏
憂心還似醉　零淚忽沾裾[6]

제2구를 보면, 작자는 40세 남짓 되었을 즈음에 이 시를 지었다. 행장에 의하면, 이 즈음 부친의 죽음을 맞이하게 된다. '영원격鴒原隔'은 『시경』 소아 〈당체棠棣〉의 고사를 원용한 것으로 형제간에 서로 떨어져 있음을 표현한다. 제6구의 '학발소鶴髮疏'는 자신의 처지를 표현한 것인데, '영鴒'과 '학鶴'을 대구하고 있음이 특이하다. 사실 제6구는 특별한 고사를 원용한 것은 아니니 엄밀하게 보면 대를 이루지 못하지만, 조대鳥對를 통해 표현의 묘미를 살리고 있다. 사실 제5, 6구는 '기幾'와 '편偏', '탄嘆'과 '경驚', '격隔'과 '소疏'도 각각 대를 이루고 있다.

제7, 8구에서 보듯, 이 시는 앞의 〈사회寫懷〉의 정조와 그 결을 같이하고 있다. '우심憂心'이라 하여 자신의 마음상태를 직서하였고, '영루零淚'라 하여, 앞 시의 '루淚(자自)수垂'와 연동된다.

하루 종일 오직 이만 잡고 있고
어이 한번인들 세무世務를 입에 올렸던가.
남쪽의 기러기는 어느새 북녘에 머물거니와
같은 형제면서 다시 셋으로 나뉘었구나.
갈옷을 걸쳤어도 몸은 오히려 안온하고
산나물을 먹지만 입에 또한 달구나.

---

6 林汝栢, 〈病裏寫懷〉, 『反求堂集』.

먼지바람이 눈뜨는 것을 가리지만
숲속에 기특한 남자는 뉘시더뇨?
終日惟捫虱　何曾世務談
南鴻已滯北　一室又分三
布褐身猶穩　山蔬口亦甘
風塵迷擧目　林下孰奇男[7]

제3, 4구를 보면, 가족들이 뿔뿔이 흩어져 살 무렵으로, 부친의 상을 만난 뒤의 가솔들과 떨어져 지내는 한편, 병든 어머니를 모셨던 즈음으로 생각된다.[8]

가장 주목되는 부분은 제5, 6구이다. '포갈布褐'과 '산소山蔬'가 몸에 맞고 입에 달게 느껴진다. 이는 베옷을 입고 사는 것이 익숙해졌고, 산나물을 먹고 살아도 달게 느낄 정도로 이런 생활이 편안해졌음을 뜻한다. 그런데 사실 역설적으로 이해하는 것도 가능하다. 원래 그렇지는 않았는데, 산속의 생활이 익숙해질 정도로, 자신의 처지가 '야野' 해졌다는 것이다. 그런데 제7, 8구를 보면, 이런 후자의 상상은 여지

---

7 林汝栢, 〈山中獨坐〉, 『反求堂集』.

8 林汝栢, 〈行狀〉, 『反求堂集』, 丁酉(1657), "遭先府君喪 宿病之餘 奄罹大故 驚隕氣絶 幸而得甦 以病不能執喪 獨陪母夫人 居一房 母子之間相與慰常曰 爲人子而不能自盡於親喪 是天地一罪人也 仍嗚咽折塞不能言 聞者悲之 雖在病痼中 孝思尤切 歷叙先府君言行實錄 永銘於眉叟許斯文 欲竪墓道而遷就 未果 是第一含恨事也 庚子(1660)以後 伯氏陪母夫人 寓居縣北松楸後鷄鳴山 相距稍間 是時公病漸愈 雖未能挈眷 陪侍往來親側 殆無虛日 常以離居勞心 憂形於色 甲辰(1664)以後 母夫人耄病轉深 恒侍湯藥 未肯離側 時長姊鄭氏家亦移居來寓 一室之內兄弟俱處 極其護養之方 至乙巳(1665)春 母夫人竟不起疾 哀毁孺慕 一遵禮制 與伯氏同守殯 跨夏涉秋 葬期遷延 水飮累月 不食菜果 人皆以爲慮 而竟保無恙 此非所感者天耶 其冬葬母夫人于知禮西面杜谷之原 返魂後 伯氏卽守墓居廬 公與子姪守殯以終三年"

없이 깨진다. 제5, 6구처럼 살아가는 사람을 '기남奇男'으로 적시하고, 숲속에 살아가는 그가 바로 자신임을 확인하고 있다. 자신을 궁벽한 산속의 삶을 '온穩'·'감甘'하는 '기남奇男'으로 자각한 것이다. '온穩'과 '감甘'은 마음의 흡족함, 편안한 태도, 수긍하는 모습을 보여주는 글자들이다. 그런 점에서 작자는 '독좌獨坐'한 지금 대단히 만족스러워하고 있다.

3. 임우霖雨: 동제이감同題異感, 그리고 새로운 기회

반구당은 을미년(1655)에 〈우중고우화제공寓中苦雨和諸公〉이란 장편시를 지은 적이 있다. 이 시는 "황천분사시皇天分四時, 한서질상종寒暑迭相從"으로 시작하여 "추요성소택芻蕘聖所擇, 당념여오농倘念如吳儂"으로 끝나기까지, 64운韻으로 이뤄졌으며, 고우苦雨를 두고, 비와 관련 있는 고사를 원용하여 지었다. 말미의 '오농吳儂'은 원래 오나라 사람을 부르는 말이지만, 여기서는 반구당(및 제공諸公)을 두고 하는 말이다. 즉 나무꾼의 말이라도 옳으면 성인께서 가리셨으니, 나 같은 사람의 말이라도 굽어 살펴주기를 바라는 것이다.

『반구당집』에 자주 등장하는 의경은 '임우霖雨' 등 비가 내리는 풍경 속의 우울하거나 고독한 모습이다. '풍설風雪'(〈풍설우음風雪偶吟〉)[9]처럼 인간사에 재앙처럼 다가오는 천기天氣이다. 수개월간 지속되는 비는 참으로 고통스럽다. 마치 감옥과도 같다. 이 임우霖雨를 두고 반구

9 林汝栢, 〈行狀〉, 『反求堂集』. "獰雪驅雪下飄飄 入耳江聲暮更驕 爽氣襲人寒透骨 淸光纈眼白凌綃 千峰削玉山增態 萬樹春銀鳥失條 病客獨吟仍獨坐 一年生意此時消"

당은 두 편의 시를 남겨두었다. 또렷하진 않지만, 그 안에 담겨 있는 마음이 다소 이질적인 부분이 있어서 같이 다뤄보고자 한다. 먼저 〈임우독좌霖雨獨坐〉이다.

단비가 되레 고우苦雨가 될 줄이야
뜨락의 빗물이 조수로 바뀌었네.
시름하며 초라한 옷을 걸쳤는데
병 안에 든 쌀마저 떨어졌네.
상우尙友하느라 책 천 권을 읽었고
안빈安貧하며 표주박 하나 지켰다오.
작은 서재에 날 다가도록 앉았자니
먹이를 찾는 새들 다투어 우는고야.

甘雨還歸苦　庭潦變作潮
愁邊披短葛　甁裏乏長腰
尙友溫千卷　安貧守一瓢
小齋終日坐　得食鳥爭呺[10]

처음에 비가 내릴 즈음에 '감우甘雨'인줄 알았는데, 그것이 '고우苦雨'가 되었고, 끝내 고인 물은 조수처럼 집안(뜨락)을 삼켜버릴 정도가 되었다. 그 때문에 혹시나 하여 '단갈短褐'을 걸치고, 피난을 갈 생각으로 쌀도 병에 담아두었다. 작자의 얼굴엔 수심이 가득하다. 사실 그는 그 동안 책을 읽고, 옛사람과 벗을 하면서(상우尙友), 애써 가난을 벗어나려 하기보다는, 그 안에서 도를 즐기는 삶을 살아왔다. 그런데 이 작은 집에 온종일 앉아서 비가 그치기를 기다리는 신세라니! 비는 작자 자신을 괴롭게 만들기도 했지만, 새들도 먹이를 찾아 울도록 만

10 林汝栢, 〈霖雨獨坐〉, 『反求堂集』.

들었다. 이 부분은 다소 슬픈 느낌을 주기도 한다. 지식인으로서 살아가고픈 반구당의 귀에 먹을 걸 찾아 우는 새 울음소리는 어쩌면 자신의 처지에서 불가피하게 요구되는 생존의 욕망이 투사된 것일 수도 있기 때문이다.

제3, 4구의 대조가 눈길을 끈다. '변邊'과 '리裏', '단短'과 '장長'. 출구는 입성을, 대구는 먹성을 두고 표현했다. 장맛비가 어느새 먹성, 입성을 걱정하거나 의식할 정도로 재난 수준이 된 것이다. 작자의 불안한 마음이 생생하게 드러나고 있다. 그러나 반구당의 다른 '임우시霖雨詩'는 사뭇 다른 정조를 보여준다.

> 몇 달 장맛비가 괴로이도 걷히지 않아
> 온종일 빈 서재에 앉았자니 수인囚人같을시고.
> 잦은 병 탓에 옛 친구들 차츰 멀어지고
> 시름 씻으려 새로 담근 술을 자주 여네.
> 우주는 십년 지나면 인사도 바뀌건만
> 강호땅 천 리에 이 몸은 덧없이 살았어라.
> 어젯밤 뜨락 반나마 오동잎이 나부끼더니
> 오늘 아침 천지가 다시 가을빛이네.
> 數月淫霖苦不收　空齋盡日坐如囚
> 舊交漸遠緣多病　新釀頻開爲滌愁
> 宇宙十年人事變　江湖千里此生浮
> 半庭昨夜飄梧葉　天地今朝又一秋[11]

제1구의 '수월음림고불수數月淫霖苦不收'는 앞 시의 제1, 2구 '감우환귀고甘雨還歸苦, 정료변작조庭潦變作潮'와 유사하고, 제2구의 '공재

11 林汝栢, 〈霖雨詠懷〉, 『反求堂集』.

진일좌여수空齋盡日坐如囚'는 앞 시의 제7구 '소재종일좌小齋終日坐'와 유사하다. 비슷한 창작배경을 갖고 있을 듯하지만 확실하진 않다. 그래서 여기선 그 표현의 유사성만 확인하도록 하자. 동일한 작가의 작품을 전체적으로 살펴보면, 표현상 반복되거나 변주되는 것을 확인할 수 있다. 이 글은 그 부분에 주목하고 있는 셈이다. 반복과 변주는 작자의 창작개성이 체현되었을 가능성이 높기 때문이다.

그런데 이 시에서 '임우霖雨'는 제1, 2구의 표현에만 나오면서 시의 전체적인 '배경'이 될 뿐, 주인공은 되지 못한다. 제3, 4구를 보면, 상황은 더욱 심각하다. 장맛비만이 그를 괴롭힐 뿐만 아니라, 잦은 병으로 인하여 '구교舊交'는 더욱 멀어져만 가고, 시름을 달래기 위해 겨우 술에 의지할 뿐이다. 술은 익어야 제 맛이다. 그 술이 익기도 전에, 막 담은 술독을 '빈개頻開'하는 심정은, 취기로 누르거나 달래야만 멎는 절절한 시름이 작자를 감싸고 있음을 보여준다.

제5, 6구에서 작자의 시야는 시간과 공간으로 확장된다. 즉 강산도 변한다는 십년의 시간과 천리나 뻗어있는 강호의 공간 안에 작자 자신을 곧추 세워두고 있다. 이전에는 보지 못했던 모습이다. '상우尙友'와 '안빈安貧'에 매달렸던 것도 훌륭한 일이지만, '우주宇宙'와 '강호江湖'로 '십년十年' '천리千里'를 의식하는 순간, 작자는 자연을 있는 그대로 인식하게 되었다. 마지막 구의 '천지금조우일추天地今朝又一秋'는 그 절정이다. 문면으로는 이제 가을로 접어들었다는 뜻에 지나지 않지만, '금조今朝'에서 '작야昨夜'(제7구)와의 변화를 읽고, 가을이란 새로운 시간-공간으로 변한다는 자연의 질서(시간적이든, 공간적이든)를 읽어내고 있는 것이다. 변화는 늘 존재한다. 우리의 곁에 늘 변화하고 있건만, 그것을 '자각'하느냐에 따라 '새로움'으로 여겨질 수도 있고, 그저 그런 움직임으로 느낄 수 있다. '일추一秋'는 바로 '하나인 세계로서의 가을', '이전과는 달리 온 세상으로 다가온 가을'이다. 흡사 꽃잎 하나 열리는 데서 '하나의 하늘(새로운 세계)'이 개벽하는 것을 읽어내듯이! 과연 이런 자각의 변화는 어떻게 가능하게 되었을까? 혹여 '임우霖雨'는 한갓 고통스러운 것만은 아니고, 새로운 가능성을 부여했던 것은 아닐까? 그의 시 〈독서유감讀書有感〉을 읽어보자.

4. 독서를 통한 자경적自警的 주체의 정립

하루 종일 어둑어둑 비가 내리거든
소리 높여 제요帝堯를 읽노매라.
차라리 자로처럼 고궁할 일이요
그저 안연처럼 도를 즐길 것이네.
나 이미 세상을 찾지 않거니와
저들 가운데 뉘라서 같은 마음이리오.
오직 내 몸을 반성하며 안으로 다툴지니
이 밖에 모름지기 구하지 말 것이네.
終日冥冥雨　高聲讀帝堯
固窮寧季慍　樂道只顔瓢
我旣無世求　人誰與同調
反躬徒內訟　餘外不須徼[12]

〈독서유감讀書有感〉은 〈임우독좌霖雨獨坐〉와 병치되어 있다. 아마도 같은 시기에 지어졌을 것으로 추정된다. 공교롭게도 '우雨'는 작자에게 독서의 기회를 제공하였다. 작자는 하루 종일 내리는 비를 보고,

12 林汝栢, 〈讀書有感〉, 『反求堂集』.

오히려 세상의 고열苦熱을 씻고, 은혜를 내려주는 제요帝堯를 떠올리며, 제요를 수록한 『서경』을 읽는다. 제1, 2구의 '독서' 행위는 고통스런 '우雨'를 자성自省의 기회로 변전시키고 있다. 게다가 '고성高聲'이라고 했으니, 작자는 의도적으로 독서를 시작한 것이다.

제2구에서 빗장을 연 '독서'는 제3, 4구에서 『논어』의 자로子路와 안연顔淵을 본받겠다는 선언으로 이어진다. '고궁固窮'과 '낙도樂道'는 반구당에게 중요한 삶의 지표가 된다. 두 가지는 모두 '궁窮'과 관련되어 있다. '고궁固窮'은 '궁窮'을 피하지 않고 지키면서 도를 닦는 것이고, '낙도樂道' 또한 (안연의 경우처럼) 가난한 삶 속에서도 도를 찾고, 그것을 적극적으로 즐거워하는 것이다. 곧 '궁窮'이란 스트레스가 주어질 때, 하나는 견뎌내는(네거티브) 방식으로, 하나는 추구하는(포지티브) 방식으로 살아갈 수 있는바, 반구당은 이를 자로와 안연을 통해 제시하고 있다.

제5, 6구에서, 작자는 한 번 더 자신은 (밖의) 세상으로 추구하지 않겠다고 하며, 이를 미련尾聯에서 '반궁反躬'과 '내송內訟'으로 적출摘出하고 있다. '반궁'도 '내송'도 모두 속마음(마음속)으로 자신의 득실을 살피고 더욱 올바른 모습을 가져가는 태도이다. 자, 이제 작자가 임우霖雨를 주요한 의상으로 채택한 이유를 짐작할 수 있다. 당시 장맛비로 고생하였던 사실이 있음은 앞서 〈우중고우화제공寓中苦雨和諸公〉 시에 '을미' 간지를 붙이고 있음에서 확인할 수 있다. 문제는 수차례 등장하는 '우중雨中'이 만들어낸 '독좌獨坐'의 화면이 그냥 스치는 장면이 아니라, 작자가 자성적自省的 공간으로 만들고 그로부터 자신의 길을 자각하고 있다는 점이다. 장맛비에 의해 흡사 '수인囚人'과 같은 처지를 변전시켜버리고 있는 통쾌함! 비록 이로부터 5년 뒤(신축辛丑, 1661)에 쓰인 시이지만, 그의 〈자경自警〉은 반구당의 시세계를 정돈하고 있다는 느낌이 강하다.

> 지난날 잘못을 알았던 거백옥의 나이를 이미 지났나니
> 몸을 어루만지며 책 속의 현인에게 많이 부끄럽네.
> 제나라 산의 아름다운 나무건만 소와 양을 치고
> 고요한 물, 참된 근원에서, 물욕으로 옮아갔구나.
> 함양涵養의 공부는 모름지기 경敬을 써야 하는 법
> 마음을 잡고 보존하는 요체는 배를 젓는 것과 같나니.
> 끝내 성인의 경지를 내가 돌아갈 곳으로 기약하고
> 늘그막에 하릴없이 자신을 가엾어 하지 말라.
> 已過知非伯玉年　撫躬多愧卷中賢
> 齊山美木牛羊牧　止水眞源物欲遷
> 涵養工夫須用敬　操存要法若撑舡
> 終敎聖域期歸宿　休向桑楡謾自憐[13]

장자莊子에 의하면, 거백옥蘧伯玉은 나이 50이 되었을 때, 49세까지의 잘못을 알았고, 60세가 되도록 매번 잘못을 고쳤다고 했다. '백옥년'은 이즈음의 나이를 가리킬 듯한데, 아마도 거백옥처럼 자신의 잘못을 고칠 줄 아는 나이를 지났다는 정도로 이해된다. 그런데 이 시에 붙여진 간지가 '신축'으로 되어 있어, 추산해보면 반구당은 당시 47세 가량이 된다. 이른바 거백옥 운운할 경우의 나이와는 다소 차이가 난다. 그 연유는 확실하지 않다. 자료가 충분치 않으니 더 자세히 논할 수는 없겠다. 다만 확실한 것은, 거백옥처럼 반구당은 늘 자신의 잘못을 반성하면서 과감하게 고칠 것으로 자신을 가다듬어 왔다는 것이다. 실제로 『반구당집』에는 〈개과잠改過箴〉이 전해오며, 반구당은 여

---

13 林汝栢, 〈自警〉, 『反求堂集』.

기서 개과에 용감할 것을 면려한 바 있다.[14]

제3, 4구는 미목이 있는 산이었건만, 우양을 놓아먹이는 바람에 민둥산이 되었다는 『맹자〉(고자告子 상)의 고사가 원용되어 있다.(『맹자』는 '우산牛山'이라고 했다.[15]) '제산미목齊山美木'의 의미는 제4구와 같이 생각하면 분명해진다. '지수진원止水眞源'과 짝을 이루는바, 곧 고요하고 참된 근원, 온전한 마음[성선性善]을 뜻한다. 즉 온전하고 참된 마음이 물욕에 의해 옮겨진 상태를 성찰하고 있다. 이를 어떻게 하면 회복할 수 있을까? 반구당은 '경敬'을 제시한다. 즉 이른바 '함양공부수용경涵養工夫須用敬'이란 일곱 자로 명제화하고 있다.[16] 아울러 자신이 귀숙歸宿할 곳으로 '성역聖域'을 설정하고 있다. 반구당에게 '경敬'은 주요한 공부 방법이었다.

> 듣자니 거경은 공부의 기초라 하니
> 처음을 이루고 끝을 이루는 데 어이 이것을 도외시하랴.
> □聞居敬學之基　成始成終豈外斯[17]

---

14 林汝栢, 〈改過箴〉, 『反求堂集』. "人非上聖 誰能無過 過而能改 是謂無過 惟彼衆人 知過爲難 知過非難 改過爲難 改之如何 曰勇而已 盍謀夬斷 吾黨小子"

15 孟子, 『孟子·告子上』. "牛山之木 嘗美矣 以其郊於大國也 斧斤伐之 可以爲美乎 是其日夜之所息 雨露之所潤 非無萌蘖之生焉 牛羊又從而牧之 是以若彼濯濯也 人見其濯濯也 以爲未嘗有材焉 此豈山之性也哉 牛山之木 嘗美矣 以其郊於大國也 斧斤伐之 可以爲美乎 是其日夜之所息 雨露之所潤 非無萌蘖之生焉 牛羊又從而牧之 是以若彼濯濯也 人見其濯濯也 以爲未嘗有材焉 此豈山之性也哉"

16 이 부분은 修心內求를 추구하였던 曾子의 공부와 흔들리지 않는 마음의 수양을 모색했던 朱熹의 〈觀書有感〉(제2수, 昨夜江邊春水生 艨艟巨艦一毛輕 向來枉費推移力 此日中流自在行)을 떠올리게 한다. 반구당의 학적 지향이 내적 성찰과 수양에 있었음을 확인할 수 있다.

17 林汝栢, 〈居敬〉, 『反求堂集』.

이 구절은 〈거경居敬〉이란 시의 첫 두 구이다.[18] 즉 거경으로 공부의 시종을 이루어야 함을 설리적說理的으로 표현하고 있다. 나 밖의 외물/풍경에 대하여 개체적 서정성을 확보하고 있었던 반구당의 시가, 이 부근에서 이어理語를 활용하면서 자신을 응시하는[내송內訟] 이취적理趣的 성격을 지니게 된다. 본디 우울憂鬱과 자각自覺의 사이에서 갈등하던 자아는 점차 내적 함양과 위기지학爲己之學의 공부를 통하여, 한층 성숙한 자성적 시적주체로 성장/변모하고 있는바, 이 부분은 그의 학적 지향과 반구의 정신세계와 유관한 것으로 생각된다. 그의 시를 두고 '충담전아沖淡典雅'로 평어를 붙인 것이 그 이유일 듯하다.(다만 〈행장〉의 언급이기에, 제한적인 의미부여가 필요하다.) 충담전아는 내적 성찰을 통해 반듯해지고 학문적 성숙을 통해 온전해진, 곧 내적 성숙과 관련된 평어이기 때문이다.

5. 학적 지향과 반구反求의 정신

반구당은 일찍이 성리학서적을 읽었고, 중년 이후에는 그로써 자경自警하고 성찰했다고 했다. 이에 대해서는 〈행장〉의 내용이 소상하다. 그 부분을 절록해 본다.

> "반구당은 천성적으로 책읽기를 좋아했다. 어려서부터 늘그막까지 한 번도 책을 버리고 보지 않은 적이 없었다. 경전의 심오한 의미에 대해서

18 이 시는 『반구당집』 6면에 있는데, 脫漏로 인해 그 이상은 알아보기 어렵다. 아울러 『반구당집』 전반부에 의론적 성격이 강한 시들이 일견 보인다는 점에서, 반구당의 정신세계를 이해하는 데에 이 부분의 복원과 분석이 필요할 듯하다.

> 꿰뚫지 않은 적이 없었고, 『서경』의 복잡하고 요긴한 부분도 또한 기어이 궁구하고 해석했으며, 특히 『논어』에 대해서 제법 자득한 부분이 있었다. 매일 닭이 첫울음을 울 때 옷을 차려입고 일어나 앉아, 『사서장구』 『소학』 등 성리서를 낭랑하게 읽었다. 일찍이 손수 〈경재잠〉·〈사물잠〉·〈심잠〉·〈숙흥야매잠〉 등을 써서 벽에 걸어두고, 하루에 한 번씩 읽었는데, 죽을 때까지 그만두지 않았다. 또 생도를 가르치는 데 잘하여서, 만일 배우길 원하는 사람이 있으면 받아들이지 않은 경우가 없었고, 재주에 따라 가르치고 개발한 바가 매우 많았다. 사람들 가운데 그의 문하에서 학업을 배운 이들이 흡사 황하에 다가서 떼 지어 물을 마시는 것과 같았다. 중년에 〈입지잠〉·〈지치잠〉·〈개과잠〉을 지어 자신을 경계하고 성찰했으며, '반구당' 3자를 써서 벽에 걸어두고 자신의 호로 삼았다. 함양의 공부가 나이 들수록 더욱 독실했으며, 원근의 사우士友로 의문을 물어오는 자들이 하나둘로 헤아릴 수 없었고, 다들 그를 사표師表로 삼았다."[19]

위 글은 반구당의 학적 지향이 어디를 향하고 있는지를 여실히 보여준다. 경서 가운데 『서경』, 『논어』가 특칭되고 있고, 날마다 주희의 『사서장구』를 비롯한 성리서를 읽었음을 말하고 있다. 그는 이외에 방안에 걸어두고 일상적인 규율을 도모하는 데에, 이른바 '숙흥야매잠夙興夜寐箴' 등과 같이 주희의 생활을 떠올리게 하는 작업을 수행했으며, 그 자신도 잠명箴銘을 짓고, 급기야 '반구당'으로 당호를 삼았다. 이는 반구당만의 특별한 행위는 아니다. 당시 이른바 주희의 삶을 사

19 林汝栢, 〈行狀〉, 『反求堂集』, "性好劬書 自少至老 未嘗去書不觀 於經傳奥旨未不融貫 書之盤錯肯綮處 亦必探究解釋 尤精於論語 頗有自得處 每夜鷄初鳴拂衣起坐 莊誦四書章句小學性理書 嘗手書敬齋箴四勿箴心箴夙興夜寐箴 揭諸壁上 日誦一遍 終身不廢 又善敎授生徒 苟有願學者無不容接 隨才誘掖開發甚衆 人之登其門而受其業者如臨河而群飮焉 中年作立志知恥改過箴以自警省 又書反求堂三字於壁上 因以爲號 涵養工程 晩來益篤 遠近士友之質疑問難者 非可一二數 皆以爲師表云"

표로 삼아 공부했던 학인들은 대개 이렇게 지냈었다. 그러니 특이한 일은 아니라고 할 수 있다.

그렇다고 해도 이 행위는 더없이 중요할 듯하다. 반구당의 처지가 과거로 입신한 사람도 아니고, 지방의 정치적/경제적으로 유력한 인물도 아니었음에도 불구하고, 자신의 생각과 말과 행위를 검속하고 다져갔다는 점에서 그렇다. 지역의 사림, 학인들은 어떻게 만들어지는가? 무엇을 기준으로, 이들은 이른바 '학인學人'·'사인士人'·'지식인'으로 지칭할 것인가?

적어도 반구당은 일상적 생활 속에서 지식인으로서의 태도를 일관되게 지속시켜나갔다. 이는 앞서 살펴보았던 시들이, 비록 일순간의 감흥에 기대어 쓰인 것이긴 하지만, 단순히 일회성 작품으로 보아선 안 되는 이유를 말해준다. 즉 반구당의 삶이 지속적인 특성을 보여주는 일관된 모습을 보여주고 있고, 일상 속의 실천을 '용감하게 실행했던' 사람이므로, 그의 시작품 사이에도 일관된 정신, 주축으로 자리잡은 코어가 있을 것으로 판단하는 것이 자연스럽다. 나는 그것으로서, 아래에 보이는 '반구당명反求堂銘'을 주목하고 있다. 일단 '반구당' 3자는 그가 자호하였다는 점에서, 임여백은 여기에 자신의 삶의 지향을 함축한 것으로 보이기 때문이다.

옛 선민을 살펴보니
공부하여 자기를 위했네.
지금은 그렇지 않아
남을 위해 할 뿐이네.
자기 위한 공부는
앞서 그 마음을 참하게 하지.

그로써 부모를 섬기사
응당 그 노력을 다할 것이요.
그로써 군주를 모시사
응당 그 절조를 다할 것이라.
형제들은 화흡和翕하고
친구들은 신뢰하네.
용덕庸德을 실행하고
용언庸言을 삼가면서
일을 따라 이치를 살피고
말을 늘이되 옳음을 돌아보라.
남을 다스림에 다스려지지 않으면
응당 그 지혜를 돌이켜보고
남을 예우하되 보답이 없으면
응당 그 공경을 돌이킬지니
일마다 돌이켜 찾는다면
그 몸은 절로 바루어지리라.
그 몸이 이미 바르게 되면
천하 사람은 인으로 돌아가고
지극히 넉넉해진 뒤에
시혜가 만민에게 미치리라.
난사를 먼저하고 수확을 뒤로 둔다면
빠르지도 더디지도 않으리.
나 마음에 새기고서
그로써 그 첫 마음을 회복하리라.
相古先民　學以爲己
今也不然　爲人而已
爲己之學　先誠其意
以之事父　當竭其力

以之事君 當盡其節
兄弟而翕 朋友而信
庸德之行 庸言之愼
隨事察理 永言顧諟
治人不治 當反其知
禮人不答 當反其敬
事事反求 其身自正
其身旣正 天下歸仁
至足之餘 施及萬民
先難後獲 匪亟匪徐
我其銘之 以復其初[20]

'명銘'은 일종의 자기다짐이다. 아울러 자신의 표상을, 혹은 자신의 표상으로 무언가를 제시하여 남에게 보이는 서술문체이기도 하다. 간단히 말하면, 이렇게 '살겠다는, 살자는' 선언인 셈이다. 다양한 방식으로 '잠명箴銘'을 연구할 수 있겠지만, 이 자리에선 핵심키워드를 찾고, 그들 사이의 연계를 확인하는 선에서 머물도록 한다. 잠명을 비롯하여 반구당의 다른 산문들을 검토할 필요가 있다. 허나 이 자리는 시세계를 읽어낼 수 있는 지점까지만 언급한다.

위 글의 핵심키워드를 제시해보면, '위기지학爲己之學'·'성의誠意'·'용덕庸德'·'용언庸言'·'고시顧諟'·'반지反知'·'반경反敬'·'반구反求'·'복초復初' 등이다. 선민처럼 '위기지학'을 이루어야 하며, 이를 위해 성의를 수행하고, 이를 바탕으로 군주와 부모를 섬기라고 했다. 이후 일상(중용)의 용언과 용덕을 삼가고, 어떤 일이 수행되지 않을 때 그

20 林汝栢, 〈反求堂銘〉, 『反求堂集』.

근원인 자신의 지혜와 공경하는 마음을 반성하자고 했다. 즉 '반구', 자신의 안으로 끊임없이 성찰하여, 혹여 잃어버렸거나 놓쳐버렸던 '처음'을 회복하기를 도모하였다.

위기지학爲己之學 운운은 〈선악개아사善惡皆我師〉에서 '고지학자古之學者'와 '금지학자今之學者'의 차이를 언급하는 데서도 재확인된다. 즉 그는 "옛날 배우는 사람은 남의 선함을 보면 그것을 따르지만, 지금의 배우는 사람들은 그것을 싫어한다. 옛날의 배우는 사람은 남의 악함을 보면 그것으로 자신의 악함을 고쳤지만, 지금의 배우는 사람들은 남의 악함을 보면 그것을 순종했다. 옛날의 배우는 사람들은 자신을 위해 공부했고, 지금의 배우는 사람들은 남을 위해 공부한다."[21] 고 했다. 이는 반구당의 신념이었던 것이다. 특히 고지학자古之學者들은 선과 악을 모두 자신의 사표로 삼았다는 점에 주목하면서, 어떤 경우든 모두 나의 지적 자산으로 만들어 반구할 수 있다면 좋은 일이라고 했다.[22] 이를 '반구反求의 정신'으로 부를 수 있을 것이다.

---

21 林汝栢, 〈善惡皆我師〉, 『反求堂集』, "古之學者見人之善則從之 今之學者見人之善則惡之 古之學者見人之惡則改之 今之學者見人之惡則順之 古之學者爲己而已 今之學者爲人而已"

22 林汝栢, 〈善惡皆我師〉, 『反求堂集』. "天下之相反者 莫如善惡 而相近者 亦莫如善惡 何者 堯舜善之極 桀紂惡之極 善惡雖二 其所以勸戒之者一也 吾嘗讀魯論 至善惡皆我師之說 未嘗不惕然而三復也 蓋純粹至善 爲天下之大經大法者舜也 舜何人哉 予何人哉 舜能如是 而我乃不能 是早夜以思去其不如舜者存其如舜者 則是見人之善而勸於爲善者也 反道敗德 爲天下之大惡大憝者紂也 惕然內省 惟恐浼己 早夜以思去其如紂者 存其不如紂者 則是見人之惡而懲於爲惡者也 然則 善固我之師也 惡亦我之師也 一念之善咫尺堯舜 一念之惡咫尺桀紂 見人之善而思齊 見人之惡而勇改 則善豈待勉 惡豈待戒哉 凡人之學太高則驕 太卑則怠 二者學者之大病也 苟思克念之作聖 則怠何自而生 又思罔念之作狂 則驕何自而生 善惡二法更相勸戒 驕怠二法更相掃除 勉勉不已 孜孜不倦 則進善之功 其有窮乎 此孔聖之所以垂訓 而顏子之得一善 則拳拳服膺者歟久矣 人之不知此理也 非惟不知善之爲可慕而又從而忘之 非惟不知惡之爲可

반구당의 시세계의 근저를 이루는 학적 지향 및 반구의 정신을 이해하기 위해서는 다른 논구가 필요하다. 〈태극변太極辨〉에서는 태극太極을 어떻게 이해하고 있는지를 통해 세상의 변화 발전 원리에 대한 관점을 확인할 수 있다. 〈답동문答童問〉에서는 '도道'를 어떻게 설명하고 있는지를 통해 그의 도학에 대한 깊이도 짐작할 수 있다. 특히 『맹자』 『논어』 등 사서에 대한 짧지만 강한 주장의 지성사적 의미를 찾아주고 그가 교유했던 인물들과 주고받은 시에서 어떤 소재를 선택하고 주제를 구현해나갔는지를 검토하며, 나아가 그가 죽었을 때 제문을 헌정했던 수많은 사람들에 대한 점검한다면 '반구당'이 혼자가 아니라 하나의 그룹(학단)을 이루고 있었던 것은 아닌지를 살필 수 있을 것이다. 특히 후자의 경우 구계서원龜溪書院의 원장院長으로서 지역의 유력한 사림 지도자였음을 상기한다면 의미 있는 결과를 도출할 것으로 생각한다.

아직도 많이 남아 있는 과제들을 떠올려 볼 때, 최초에 학적 지향과 시세계를 접목시켜서 논의하려고 한 것이 미진함을 확인할 수 있다. 그럼에도 앞서 밝혔듯이, 반구당의 시를 생애의 증명자료로 '인용'하기에 앞서, '시'로서 갖는 특징, '시'에 들어있는 마음을 읽으며, '시의 논리'만으로 반구당의 인간됨을 찾아가보려 했다는 점은 의미를 부여할 수 있겠다. 반구당의 가문이 갖고 있는 정신세계와의 관련성을 아직 탐색하진 못하였다. 이 부분에 대한 논지도 추후 과제로 남겨두고자 한다.[23] 끝으로 반구당이 남긴 길재에 대한 추억을 소개하며 마무

去而又從而成之 古之學者見人之善則從之 今之學者見人之善則惡之 古之學者見人之惡則改之 今之學者見人之惡則順之 古之學者爲己而已 今之學者爲人而已 嗟 吾黨之小子 盍亦因是而思齊而內省也哉" 이 글은 '반구의 정신'을 실천할 수 있는 방법을 제시한 것으로 읽어도 좋다.

리를 하고자 한다. 이는 반구당이 추구하는 학적 지향을 오롯하게 보여주는 것으로 보인다.

> 일찍이 우리 역사에서 고명高名으로 감읍感揖했더니
> 다시 화상畵像을 보니 내 마음 아려오네.
> 시원한 풍모는 천년의 것이건만
> 아름다운 생각, 흩날리는 머리, 뚜렷이 환하여라
> □산은 아직도 겨울소나무의 빛을 띠고 있고
> 낙수는 여전히 처사의 음성을 전하네.
> 종일토록 손을 비비며 우두커니 서 있나니
> 아이들 다투어 길 선생을 말하는구나.
> 曾於東史揖高名　更覩丹靑愴我情
> 颯爽風儀千載作　美偲鬌髮宛然明
> □山尙帶寒松色　洛水猶傳處士聲
> 盡日摩挲頑可立　兒童爭道吉先生[24]

---

23 아울러 시속의 갈등을 시인의 내적 변화과정으로 이해하면서, 당대 시인들과의 비교를 주문한 심사위원의 의견을 남겨둔다. 특히 후자는 반구당의 시세계가 갖는 가치를 평가하고 그의 시학사적 위치를 비정하는 데에 중요한 지적이다.

24 林汝栢, 〈冶隱畵像〉, 『反求堂集』.

행장요약行狀要約 및 간보簡譜

□ 1세. 公諱汝栢, 字必直, 姓林氏, 系出湖西恩津縣. 考諱眞怤, 妣東城李氏龜巖先生楨之孫, 主簿虎變之女. 以萬曆甲寅(1614)八月二十八日申時, 生公于大平里第.

□ 10세. 甲子(1624), 年十餘歲, 文理成就

□ 21세. 乙亥(1635), 公年纔二十餘時, 奉安嶧陽鄭先生于嶧川院, 公往參享祀, 執禮莫愆, 桐溪先生深加愛好.

□ 32세. 丙戌(1646), 至京師, 觀國光, 賦西征錄, 以述其事. ○其年冬, 得難名之疾, 轉輾移避於寶巖九曲之間

□ 36세. 庚寅(1650), 作哀時命賦數百餘言, 以叙平生之懷, 一自抱痾之後, 卽廢學業.

□ 40세. 甲午(1664), 作病裏寫懷(?)

□ 41세. 乙未(1655), 作寓中苦雨和諸公.

□ 43세. 丁酉(1657), 遭先府君喪. 歷叙先府君言行實錄, 永銘於眉叟許斯文, 欲竪墓道而遷就, 未果.

□ 46세. 庚子(1660)以後, 伯氏陪母夫人, 寓居縣北松楸後鷄鳴山, 相距稍間, 是時公病漸愈, 雖未能挈眷, 陪侍往來親側.

□ 47세. 辛丑(1661), 作自警

□ 50세. 甲辰(1664)以後, 母夫人耄病轉深, 時長姉鄭氏家亦移居來寓. ○春, 母夫人竟不起疾, 哀毁孺慕, 一遵禮制, 與伯氏同守殯. 其冬葬母夫人于知禮西面杜谷之原, 返魂後, 伯氏卽守墓居廬, 公與子姪守殯以終三年.

□ 53세. 丁未(1667)春, 以村患出避, 時長子東茂忽遘癘, 不救.

□ 61세. 乙卯(1675)秋, 遭內子孺人朴氏喪, 末子東野初喪, 得羸毁之疾, 未及終喪, 遂沒于眼中 ○(爲龜溪書院長) 有請額之擧. 公爲製疏, 得允特篆賜額, 又與其邑士子惓惓院事修廢之方, 其有功於斯文甚大

□ 65세. 己未(1679)冬, 第三胤東迪占司馬. 是前東遠亦參乙卯榜.

□ 71세. 乙丑(1685)夏, 奄遘疾, 沉綿累日, 藥餌無效. 六月十二日某時, 遂終于正寢, 享年七十二. 葬于縣北遮谷先壟之左亥坐巳向之原. 孺人朴氏附焉.

제4장

이재頤齋 황윤석黃胤錫의 『이재난고頤齋亂藁』와 18세기 지성사[1]

1. 이재의 발견과 종합, 그리고 재구

황윤석黃胤錫(1729~1791)은 본관은 평해平海로서 자가 영수永叟, 호는 이재頤齋, 서명산인西溟散人, 운포주인雲浦主人, 산뢰山雷, 월송외사越松外史 등이다. 영조5년(1729) 4월 28일, 전라도 흥덕현興德縣 귀수동龜壽洞에서 아버지 황전黃壥과 어머니 도강道康 김씨金氏 사이에서 3남 2녀의 차남으로 태어났다. 그는 김창협金昌協의 문인인 숙조부 귀암龜巖 황재중黃載重의 학문적 전통과 수천 권의 가장家藏 도서를 통하여 일찍부터 공부를 시작했고, 16세에 『이수신편』을 엮고 18세에 성리학을 학습하는 등 학문의 길로 접어들었으며, 31세 때 미호渼湖 김원행金元行(1702~1772)과 만나면서 중앙의 지식인들과 소통할 수 있는 기회를

1 이 글은 「이재 황윤석의 18세기 지식인 스케치」(순천대 남도문화연구소, 2015년)에서 제시했던 '인문온톨로지' 개념을 더욱 확장하여 '18세기 지성사'를 새롭게 읽을 수 있는 눈(방법)으로서의 '이재'의 가능성을 모색한 것이다. 아울러 박지원, 박제가, 이덕무, 홍대용 등 실학자를 다루어서, 이재와 실학의 관계를 해명하는 논거를 확보하고자 하였다.

얻게 되었다. 이후 38세에 은일隱逸로 추천을 받아 장릉莊陵 참봉參奉을 지낸 뒤, 의영고義盈庫 봉사奉事, 종부시宗簿寺 직장直長, 사포서司圃署 별제別提, 세자익위사世子翊衛司 익찬翊贊, 사복시司僕寺 주부主簿, 동부도사東部都事, 장릉령長陵令, 목천현감木川縣監, 장악원掌樂院 주부主簿, 창릉령昌陵令, 전생서典牲署 주부主簿, 전의현감全義縣監 등 주로 중앙과 지방의 6품 관직을 지냈다. 벼슬하는 동안 정경순鄭景淳(?~1795), 김이안金履安(1722~1791), 홍계희洪啓禧(1703~1771), 신경준申景濬(1712~1781), 홍대용洪大容(1731~1783), 이가환李家煥(1742~1801), 서명응徐命膺(1716~1787) 등 당대 유명한 지식인들과 교류하였고, 서양서적을 통해 새로운 문제의식을 촉발받기도 하였다. 59세 때 고향으로 돌아온 뒤 후학을 가르치다가 63세(정조15년, 1791)를 일기로 생을 마감하였다.

그는 노론계 기호학파 가운데 낙론계라고 할 수 있지만, 교유는 당색에 매이지 않았다. 덕분에 문학, 경학, 예학, 사학, 산학算學, 병형兵刑, 종교, 도학, 천문, 지리, 역상曆象, 언어학, 전적典籍, 예술, 의학, 음양, 풍수, 성씨姓氏, 물산 등 정치, 경제, 사회, 농업, 공업, 상업 제반 분야의 학문에 접할 수 있는 정신을 지닐 수 있었다. 그를 두고 나온 '진호남호걸지사眞湖南豪傑之士'(김원행) '남토지걸南土之傑'(이서구) '박학지사博學之士'(서명응) '박식자博識者'(영조) 등의 평가들은 바로 이런 학문적 박학성에서 기인한다.

이런 박학성은 그가 써낸 방대한 분량의 『이재난고』와 다종의 저술들에서도 확인된다. 『이재난고』는 총 57권 12,158면으로서, 10세부터 63세까지의 그의 생각과 독서, 여행, 만남, 느낌 등을 상세하게 담고 있는 기록이다. 차후 1829년 황수경黃秀瓊이 엮은 목판본 『이재유고』(26권 13책)와 1943년 황서구黃瑞九가 엮은 석판본 『이재선생유고』(12

권 6책) 『이재선생유고속』(14권 7책) 등은 모두 이곳에서 추려내어 엮어진 것들이다. 따라서 『이재난고』는 이재를 연구하는 데 있어서 가장 기초적인 자료인 셈이다.

이재가 그동안 그 이름에 걸맞은 주목을 받지 못해 온 것은 무엇보다도 그가 남긴 자료의 난독성(초서草書, 필기가 가져오는)에 그 1차적 원인이 있다고 할 수 있다. 그런 점에서 『난고』를 현대어로 옮기고, 필요한 부분에 주석을 부기하는 작업은 아무리 강조해도 지나치지 않는다. 다행히도, 『이재난고』의 탈초본(한국학중앙연구원)이 공간되고 『이재난고』 역주사업(부산대)이 시작되었으며, 이재연구소(전북대)를 통해 『이재만록』, 『이재유고』 번역 및 국내 연구 성과의 총집화叢輯化가 진행되는 등 이재 연구는 이제 본격적으로 시작되고 있다고 말할 수 있다. 근래 이뤄지는 연구 갈래를 보면, 첫째, 원전의 번역. 둘째, 공동연구 성과 제출. 셋째, 비교를 통한 이재의 위상 파악. 넷째, 미시적 연구. 다섯째, 텍스트 분석. 여섯째, 학위논문의 제출 등을 들 수 있다. 아울러 두 가지 문제를 지적할 필요가 있는데, 연구자의 연령이 낮아지고 있지만 폭넓지 못하다는 점이다. 이 점은 무척 중요한 문제이다. 텍스트를 연구할 수 있도록 만들어 놓은 전배前輩들의 성과를 이어받아야 할 연구층이 두텁지 못하다는 점은 이재연구의 전망을 흐릿하게 할 수 있기 때문이다. 이재를 주제로 한 학위논문도 제출되고 있지만, 여전히 귀한 형편이다. 아직 이재는 '발견'되지도 않은 셈이다. 많은 연구자들의 참여가 있기를 기대해본다. 또한 집중/집약적으로 '종합'하기 위한 연구기획 및 기지基地가 필요하다. 특히 남도가 갖고 있는 인문자원 가운데 가장 소중하다고 할 수 있는 이재 황윤석에 대한 연구는 보다 본격적으로 진행되어야 한다. 그런 점에서 전북대 이재연구소는 아주 중요한 연구 거점이다.

이재에 대한 연구를 검토해보면, 이재가 그간 실학담론의 영향 아래 다양한 방면으로 살펴져 왔음을 확인할 수 있다. 이는 충분히 이해되는 일이다. 한문학연구가 본격화된 1970년대는 자생적인 발전의 계기들을 찾아내는 작업이 중요했고, 그 일환으로 고안된 실학담론은 그 역할을 충실히 수행했다고 할 수 있다. 어쩌면 이재가 남긴 자료의 성격상 실학적 분석은 의미가 있다고 보인다. 노론계 보수적 문인이라고 할 수 있는 이재가 서양의 문물과 선진적인 과학적 사고에 눈을 떴다는 것은 다소 아이러니가 아닐 수 없다. 관념적 성리학을 표방했던 그가 실용적 마인드와 만나고 있는 지점을 해명하는 데에 실학담론은 유용하기 때문이다.

그 와중에 최근 새로운 연구의 변화가 보이고 있다. 즉 일상을 주목하게 된 것인데, 사실 이는 이재의 기록을 혹여 특정한 사상이나 방법으로만 바라보다가 실제의 모습을 잃어버릴 수 있는 오류를 줄여줄 수 있을 것으로 기대된다. 이를테면 『이재난고』의 내용 가운데 과거장을 낙방하고도 냉정히 돌아서지 못하는 모습이나, 복첩卜妾을 하기 위해 애쓰는 모습들, 22차례나 되도록 한양을 오가며 무언가를 도모하는 모습들은 이른바 '실학'이란 이름으로 그 이유와 의미를 해명하기에는 여간 석연치 않기 때문이다. 그래서 우리는 『이재난고』를 있는 그대로 읽어내는 방식을 선택하고자 한다. '진면목'을 알기 위해서는 다소 시간이 걸리고 더디겠지만, 그것이 인간 이재의 '난고'를 이해하는 정직한 방식이라고 생각한다. 실제로 2004년 『이재난고』의 탈초가 이뤄진 뒤 나온 성과들은 대부분 이런 문제의식에 기반하고 있다. 이 글도 이런 흐름을 타고 있다.

2. 방법으로서의 이재

사실 이재에 대한 연구는 실학적 소상塑像에의 노력에 힘입은 바 크다. 이재를 학술사에 자리매김할 수 있었던 데에는 선배학자들의 이런 노력이 아니면 가능하지 않았다. 특히 이재가 지닌 실용적, 과학적 사유 및 박학적 태도 등을 변명辨明하기에는 실학담론의 역할은 분명 일정한 역할을 수행했다고 할 수 있다. 그러나 한편 그간의 연구 결과가 당대 이재에게 바쳐졌던 송헌진宋獻鎭[2]과 조인영趙寅永[3]이 기억해 낸 모습과도 다르다는 데 주의할 필요가 있다. 왜 그럴까? 그토록 강조해마지 않았던 박학적 성과는 온전히 밝혀내지도 못하였고, 더욱이 이른바 '통유通儒'로서의 모습마저 놓쳐버린 것은 무엇 때문일까? 자료가 온전히 번역되지 않았기 때문일까? 아니면 우리의 시준視準이 잘못되었던 것일까? 혹시 우리의 방법이 조정될 필요는 없을까?

---

2 黃胤錫, 〈行狀〉, 『頤齋先生遺稿續』 卷13, "文章宏博瀜深 詩又雄健圓暢 調格超詣 中年製作 駸駸逼唐 尤長於歌行 衆體咸備 該而能整 蔚然爲大家數 當時沈副率定鎭 所謂本六經而達百家 大而不雜 細而不繁 曠世罕有 儘知言也 書不肯屑屑古 而亦自雅潔 可積自成一家 則所裒著有理藪幾卷 山雷雜攷幾卷 資知錄幾卷 歷代韻語幾卷 姓氏韻彙幾卷 性理大全註解幾卷 九經箚錄幾卷 群書訂辨幾卷 象緯指要二卷 輿地勝覽增修起例一卷 皇極經世書四象體用聲音卦數圖解一卷 國朝喪禮補編後本尺圖說一卷 輪鍾記一卷 華音方言字義解一卷 字義混訛辨一卷 海東異蹟補一卷 小學講義一卷 亂稿近百卷 文集幾十卷 藏于家……若先生殆其無矣乎"

3 黃胤錫, 〈頤齋集序〉, 『頤齋遺藁』, "以詞章名家而不能究理氣象數之原者 曰舍本而取末 以訓詁專門而不能攷名物制度之實者 曰有體而無用 皆非通儒也 儒之可通者 夫有量哉 本末該而謂之學 體用備而謂之道 博於斯二者而謂之通儒 雖然不加之以反約之工則實與聖人法門相差 此眞正吾儒之難也 以余所聞黃頤齋先生 殆庶幾焉 公以特異之姿 厲志窮格 治易既成 推其餘以及曆象樂律字義算術之類 靡不覃思研精 冥搜默會 洞貫源流 作爲著述 凡數十餘種 多有前人未發 至於性理釋義群經講義箚錄諸篇 又皆平日體認心得之程課 而一以紫陽定論爲宗者也 豈古通儒由博而反約者非耶"

그래서 이 글은 '일상의 재구再構'에 주목하고자 한다. 『이재난고』의 성격상 이 책 속의 내용 및 저자의 모습을 오롯하게 드러내기 위해서는, 기존에 수행된 담론적 논문과 함께, 또 하나의 방법/시각을 지닐 필요가 있다. 인간의 삶은 대단히 복잡하기 짝이 없다. 두루뭉술하게 '일상'이라고 운운하지만 그것만으로만 표현하기에는 너무나 다양하고 변화무쌍한 것이다. 일상은 반복되고 유동적이며 역동적인 세계를 구성하기에, 그 변화 생성하는 흐름 자체를 존중하지 않는다면 '포착한 상像'은 순간 낡은 것이 되고 다시 모호해진다. 그렇다고 자잘한 낱낱으로 환원할 수도 없다. 무언가 '(일시적이나마)스케치'가 주어지지 않는다면, 우리는 그 무엇도 규정하고 분석하며 자산으로 만들 수 없기 때문이다. 그래서 우리는 '미시'를 '거시'를 위한 사례로 전락시키지 않고, 어떤 개인이나 집단을 대상으로 그들의 생각과 행위들을 '내적 연계망의 시각'에서 분석하고 기술할 필요가 있다. 이를 통해 일반화一般化로 인한 개성적 면모의 상실을 다시 회복하고, 그들만의 독창적 면모를 밝혀냄으로써, 끝내 외부의 자극에 어떻게 반응하며 주체가 되는지를 확인해야 한다. 담론의 무게에 짓눌리지 않는 존재의 일상성을 회복하고 존재들 사이의 평등한 연계로 이뤄진 세상을 그려내되, 그 그림의 강도와 농도에 의거해 우리 논의의 성패는 결정되리라 생각한다.

이를테면 이재의 기록 가운데, 자명종이 언제 수입되었는지, 당시 그림 값은 얼마였는지를 논의하는 데서 그치지 않고, 나아가 그런 것들이 사람들의 일상을 어떻게 변화시키고 습성화되었는지를 탐구해야 한다. 사건/사물이 궁극적인 목적이 아니라 그것을 소비한 사람들이 일상의 주체이기 때문이다. 백과사전식의 항목으로 분류하고 생활을 따지는 것도 정적靜的인 모상만 포착할 뿐인 것이다. 그래서 주제도 정치, 경제, 사회 등으로 설정하기 보다는 의례, 민속, 주술, 첩, 노비, 반주인泮主人 등 주변적인 것으로 치부되는 대상을 고를 필요가 있다. 아울러 그 소주제 또한 『이재난고』가 지닌 자료적 가치를 충분히 살릴 수 있는 민감한 것을 설정하는 것이 필요하다.

그래서 우리는 이재가 18세기 지식인사회를 바라본 시선을 '찬찬히' 들여다보아야 한다고 생각한다. 사람과 문명에 대한 호기심이 많았던 지식인 이재가 읽어낸 당시 지식인들의 모습을 포착할 때, 그리하여 그간 다른 눈으로 보아왔던 세계와 어떻게 차이 나고 반복되는지가 드러날 때 이재의 시대적 몫이 자리매김되리라 기대된다. 그래서 이 글은 이재頤齋 황윤석黃胤錫이 18세기 지식인들을 어떻게 스케치하는가를 살펴볼 것이다. 이를 통해 18세기 지성사의 구도를 '흔들 수 있기를' 기대한다. 그러나 능력의 제한으로, 아주 작은 부분에 한정하여 그 가능성을 찾아보았다. 특히 이재가 실학자들을 기록하고 있는 내용을 추적하고, 이를 찬찬히 되짚어가며 그들 사이의 추억을 점검해 봄으로써 당대 사회의 한 국면을 조망할 수 있기를 희망하였다. 이 글은 차후 이재를 중심으로 18세기 지식인들이 어떤 관계망을 이루면서 당대 지성사를 형성하여 갔는지도 재구하는 것을 먼 시야에 담고 있다. 좀 더 정직하게 말하자면, 과연 '이재'라는 인물과 그 기록이 시대를 읽는 프리즘 혹은 돋보기로 의미 있을 것인가를 가늠하는 일이 오늘의 과제인 셈이다.

특정한 인물의 저작을 시대를 읽는 기준으로 삼아온 것은 꽤 전례가 있다. 이를테면 가깝게는 정약용丁若鏞과 박지원朴趾源의 시문들이 그러하며, 멀리는 이제현李齊賢과 이규보李奎報의 시문들이 그러하다. 각 시대마다 시대정신과 목소리를 담지한 인물이 존재하고, 그들이 지어낸 작품들은 그 시대의 주요한 사건을 담아내고 감정을 받아 안으면서 시대의 잔무늬를 작품의 내적 질량으로 담아낼 수 있었다. 흔히 역사학자들이 이규보를 통해 고려 중기를 재구하고, 정약용을 통해 조선 후기를 그려내는 것도 바로 그 이유에서이다. 이들의 삶을 정리하고, 그에 따른 시문을 계년화係年化하는 순간, 시대를 읽는 하나의 단서를 확보하게 된다.

그럼, 이재는 과연 시대를 읽는 데에 어떤 의미가 있을까? 사실 이 작업은 이재 자신과는 전혀 무관한 일임도 미리 전제할 필요가 있다. 이재는 하나의 벽癖이라고 할 만큼 자신의 소소한 일상 기록에 남겨놓았다. 그의 '난고亂藁'는 이름 그대로 난삽하기 그지없는 무질서 그 자체이다. 일력日曆으로 표제하면서 써 내려간 내용은, 간혹 일력이 넘나드는 경우도 있고, 시문을 기록해 놓기도 하며, 남의 글을 초록해 놓기도 한다. 한문서체 또한 수시로 달라지고, 한글까지 수록해 놓고 있어 이른바 사대부의 진서眞書가 아니라는 느낌까지 들게 한다. 그간 정돈된 문집에 익숙한 우리를 당황하게 만들기까지 한다. 게다가 글씨 또한 행서를 기본으로 초서까지 넘나들고 있으니, 그야말로 '난독'도 이만저만한 정도가 아니다.

무엇보다 이재는 자신의 저술을 '시대'와 연결 지은 적도 없었다. 그 어떤 문맥에서도 그는 자신의 저술이 가져야 할 시대적 의미를 운운한 적이 없다. 그 자신은 젊어서부터 학습을 통해 과거를 거쳐 입신할 것을 꿈꾸었지만, 자신의 저술이 시대와 어떤 관계를 맺을지에 대해 의식한 적도 없었다. 그런 점에서 그를 통해 시대를 읽는 것은 그와는 무관한 일인 것이다. 그러나 세계관에 대하여 창작방법은 뜻밖에도 새로운 승리를 거두는 법, 이재의 경우도 그러하다고 볼 수 있다.

『이재난고』를 통독하면서, 문체에 담긴 이재의 신중하고 조심스러워하는 심태心態를 걷어내고 본다면, 이 책은 당대 사회의 이모저모를 가감 없이 담아놓은 하나의 '카오스'라고 할 수 있다. 흔히 시대를 들어가는 길라잡이로 실록을 우선하곤 한다. 정사正史가 주는 안정된 문체와 정보가 공신력까지 지니면서 그 안에 담긴 내용을 진실로 믿기까지 한다. 근래 『일성록日省錄』이나 『승정원일기承政院日記』 등이 우리말로 공간되면서 실록에 대한 보완 수정이 가능해졌지만, 그 역시 포멀한 역사의 일부에 불과하다는 점을 알게 되면 다소 주춤거려지게 된다. 이에 비해 이재의 기록은 참으로 사적私的이다. 어떻게 보면, 아주 소심하면서 세상에 관심 있는 지식인이 속내를 감추지 못한 채 풀어 놓은 이야기책이라고 볼 수 있다. 매일 그때마다 기록해놓았기에 이야기는 분절적이다. 흡사 신문을 보는 듯하다. 하루 기사를 보면 무슨 내용인지 몰랐다가, 며칠간 기사를 이어 읽으면 그 맥락을 짚어낼 수 있는 것과 같기 때문이다. 그래서 이재가 기록한 글들은 집록하여 엮어 읽지 않으면 좀체 그 사연을 종잡을 수 없다. 하지만 거꾸로 특정한 주제에 집중하여 조망한다면, 그 사건의 내력은 물론 변화하는 상을 포착하는 데에 유리하다. 정돈된 논論이나 기記, 설說 등과 달리, 이재의 일기는 날마다 예측할 수 없는 일들이 전개되면서 긴장도를 더해가며 그 긴장도를 축으로 삼아 추적하다 보면, 그 변화의 흐름을 탈 수 있다. 이 글은 바로 이 점에 기반하여 『이재난고』를 시대를 읽는 바로미터로 삼고자 했다.

흔히 이재의 박학적博學的 면모에 주목하여 그의 시문 속에 들어있는 잡학적 지식을 탐내곤 한다. 이 글도 당연히 그의 그런 면모에 주의를 기울인다. 그러나 이 글은 지식 그 자체를 포월抱越하여 변화하는 상을 추적하는 데에 초점을 두고자 한다. 설령 쉽지는 않겠지만 특정한 대상에 대한 이재의 기록을 찬찬히 되뇌면서, 그가 이 주제(대상)에 대하여 어떻게 천착해 갔는지를, 그리하여 어떤 성격으로 규정지었는지를, 끝내 이재는 그를 어떤 시선으로 바라보고 있는지를 확인하고자 한다.

또한 이 글은 실학자 자체를 연구하려고 하지 않는다. 이재가 그들을 어떻게 들여다보면서 어떤 모습으로 규정해 나가는지, 그리하여 그들은 어떻게 말해지고 있는지 보려고 할 뿐이다. 이 역시 실학자들의 '진면목'과는 무관하다. 지금은 이재의 눈을 믿고, 그에 기대어 주제를 재차 확인할 뿐이다. 그러면서 이 글은 『이재난고』를 읽는 독법을 확보하고자 한다. 이 글은 미시적 흐름을 타되, 그 흐름을 규정하거나 판단하는 것은 다소 유보한다. 하나의 주제는 또 다른 주제와 이어지고, 또 다른 주제는 다시 또 하나의 주제와 이어지면서 새로운 관계망을 구축하는바, 이들을 전체적으로 조망할 수 있는 여유가 확보되는 순간 규정하거나 판단해도 그리 늦지는 않으리라.

이상에서 언급한 것을 한마디로 요약하면, 우리는 이재를 '대상'이 아니라 '방법'으로 받아들이고자 한다. 시대를 읽는 방법으로서의 '이재', 이재를 프리즘으로 하여 그가 살았던 시대를 읽는 것이다. 사실 그간 이재의 연구는 모두 시대와 관련하여, 이재가 남긴 자료를 통하여 시대적, 역사적 의미를 살펴봤다. 그럼 도대체 무엇을 하자는 것인가? 이 글은 '사람'에 주목할 필요가 있음을 환기하고자 한다. '시대'는 '사람'을 낳고, '사람'은 '시대'를 만들어 간다고 하지 않았던가. 이재의 기록 속에서는 수없이 많은 사람이 등장한다. 이들은 많은 경우 이재와 가까웠던 이들이다. 하다못해 종복從僕도 있다. 그들 하나하나가 이재를 둘러싼 18세기 사회를 이뤄간 주요한 인소因素들이었음을 인정할 필요가 있다. 끝으로 이 글의 서술 태도 및 방식에 대하여 첨언하고자 한다. 이 글은 다소 자유로운 스타일의 문체를 구사할 것이다. 위에서 언급한 독법에 걸맞게 『이재난고』에 담긴 목소리의 봉인을 풀고 그 음성과 시선을 복원하려고 했다. 덕분에 고증과 분석은 다소 소홀해졌고, 이는 이 글의 약점이 되고 말았다. 먼저 넓은 혜량을 구하는 동시에, 이를 보완할 표현 방법의 고민과 서술을 숙제로 남기고자 한다.

3. 1777년에서 1786년까지, 홍대용과 이덕무를 만나다

그럼, 이재의 눈에 비친 실학자들[4]의 기록을 재구再構해 보도록 하자. 먼저 이 글이 큰 빚을 지고 있는 글에 대하여 언급할 필요가 있다. 『이재난고』를 읽어가는 동안 수없이 미망迷妄과 좌절을 겪었고, 그때마다 25년 전에 간행된 『이재頤齋 황윤석黃胤錫－영·정시대의 호남 실학』에 수록된 하우봉 교수의 〈이재 황윤석의 사회사상〉 속의 단서를 길라잡이 삼아 길을 찾곤 했다. 이 글에서 '실학자' 운운할 수 있는 용기는 바로 여기에 기인한다. 그래서 실례를 무릅쓰고, 이 책에 수록된 내용을 때로는 인용하고, 때로는 의문을 표하면서 서술하고자 한다. 나는 아직도 이재에 대한 연구 시각과 기본틀은 하우봉 교수의 글을 넘어서지 않는다고 본다.[5] 이 장의 서술은 크게 세 가지로 구성된다. 첫째는 하우봉 교수의 언술이고, 둘째는 홍대용과 이덕무에 대한

---

4 논의를 앞서 우리의 시야에 들어오는 사람들의 생몰연대를 참고로 적어 놓았다. 황윤석 1729～1791, 이덕무 1741～1793, 홍대용 1731～1783, 박지원 1737~1805, 박제가 1750~1805.

5 이 글을 발표할 당시(2018년), 토론에 하우봉 교수님이 참여하며 의견을 주셨고, 교수님의 논지에서 불명확했던 점을 구체화한 점에 대하여 격려해 주었다. 나로서는 한편으로 선배 학자를 대면하며 직접 거론하는 것이 민망하였고, 한편으로 후학으로서는 대단히 고무적인 일이었다. 이 자리를 빌려 진심으로 감사드린다.

이재의 기억들, 셋째는 이재의 기록에 근거해 재구한 스토리이다. 가능하면 개인적인 견해를 절제하면서 기록하고자 한다.

1) 홍대용과의 기억: 상호 대등한 자생적 지식인

이재와 홍대용은 김원행 문하의 동문이었다. 이재가 31세되던 1759년 미호의 문학에 입문하였을 때 홍대용은 이미 석실서원의 핵심 멤버였다. 그런데 이재는 이미 3년 전부터 석실서원을 방문하였으므로 두 사람의 최초의 만남은 1756년경이었을 것으로 추정된다. 이미 서구 과학사상을 수용하는 한편 천문학과 수학의 연구에 상당한 경지를 개척하고 있었던 이 두 사람의 만남은 한국 과학사상 의미 있는 사건이었다. 두 사람의 관계와 교류사를 그들의 문집을 통해 찾아보면 다음과 같다.

> "이재가 미호 문하에 입문하였던 1759년 홍대용이 나경적을 만나 혼천의와 자명종 제작에 착수하던 시기이다. 그것이 완성되었을 때 이재는 천원군에 있는 홍대용의 농수각을 방문하였고, 그 후에도 가끔 농수각에 들러 그와 같이 천문기기를 관찰하면서 천문·역상·수학 등에 대해 토론하였다. 영조 52년(1776) 이재가 세자익위사 익찬으로 있을 때에는 사헌부 감찰로 있었던 홍대용을 찾아가 〈율력·상수의 설〉을 논하였으며, 청나라의 역서인 『역사고성』을 홍대용으로부터 빌려 보았다.
>
> 이상의 기사로 볼 때 두 사람은 20대 후반 처음 만난 이래 거의 평생을 두고 교류하면서 자연과학에 대해 논의했음을 알 수 있다. 이들은 특히 천문 역상과 수학에 관해 영향을 주고받았고, 자명종에 대해서도 흥미를 가져 각기 제작하기도 하였다. 이재의 〈윤종기〉를 보면, 그가 시계에 대하여 고대로부터 당시 서양에서 나온 자명종에 이르기까지 체계적으로 연구하였음을 알 수 있는데, 이것은 홍대용의 자명종 연구

와 깊은 관계가 있다. 또 이재의 『이수신편』의 〈산학입문〉, 〈산학본원〉, 〈산학문답〉 등 수학에 관한 저술에는 홍대용의 『주해수용』과 비슷한 내용이 많이 있는 것으로 보아 서로 활발한 의견교환이 있었던 것으로 추측된다."[6]

·홍대용 일지

- 1764년 6월 1일: 조헌철趙憲喆이 사충사四忠祠의 정비를 건의한데에 대하여 말하다가, 김원행은 홍대용을 언급했는데, 그가 화양의 재임齋任으로서 우암의 사당 삭거논의를 진정시켰다고 했다.[7]
- 1768년 11월 13일: 김정례가 홍대용이 연경에서 구한 『수리정온數理精蘊』을 거론하며 서양의 산법을 이야기하자, 나는 그렇다고 동의했다. 말하는 방법은 달라도 그 이치는 같다고 했다.[8]
- 1769년 4월 10일: 풍기의 이광하가 와서, 자신은 홍대용과 친하다면서

---

6 허우봉, 「이재 황윤석의 사회사상」, 『頤齋 黃胤錫－영·정시대의 호남실학』, 1994, 민음사. 인용 부분 가운데 밑줄 친 부분은 『이재난고』의 기록과 비교해서 살펴야 하는 포인트들이다. 눈여겨보고 일지를 일별하면 쉽게 비교 확인할 수 있기에 별도의 언급을 하지는 않는다.

7 『이재난고』(이하, 책명은 생략하고 연·월·일과 책·권·면만을 밝힌다. 나이는 이해를 돕기 위하여 부기해두었다.) 1764년 6월 1일 36세, 1책 4권, 373면. "昨日趙憲喆禀曰 四忠祠近頗頹傷 子孫諸議 欲於作宰處各收百兩錢 以買田地 而俞相公 方爲院長 今又來次此處(卽先生所鄰), 以此往禀如何? 先生曰 俞政丞身帶諸處院長 而處世殊圓 見敗於忠州 尤翁院中 儒生自其院 又通文華陽 凡係尤翁祠院 並擬削去 洪大容方爲華陽齋任 還送通文 幸得鎭靜耳"(是時俞公, 以百官引咎時, 不參疏錄, 罷職出城)

8 1768년 11월 13일 40세, 2책 11권, 299면. "夕後復入就報恩 相話 報恩言 近看儀禮書儀家禮 及朱子大全等書 余歷擧所疑問之 又擧家禮勒帛說話問之 參以己意 以證瓊山 退溪沙溪諸說之可疑 則報恩始乃更考家禮附註而曰 尋常只據諸賢所言看過而已 今聞盛說 其非纏足 及脛之物 而爲裹肚上所用 如帶樣者 怳然明矣 又言洪大容新購數理精蘊一帙於燕行 此是西洋算法至精處耳 余曰誠然 但此理古人已皆言之 假如古人竪說 則西洋必橫說 其好奇務新如此 竪橫雖異 而其理一也"

그에 대하여 자세히 알려주었다. 홍대용의 집은 저전동紵廛洞인데, 지금은 청주淸州의 장명리長命里에 거주하고 있다. 그는 김원행과 인척으로 일찍이 그 문하에 있었다. 그는 자질이 돈독하고 박학하며 과업科業을 일삼지 않았다. 일찍이 숙부 홍억洪檍을 따라 연경燕京에 가서 항주杭州의 엄성嚴誠·육비陸飛 등과 교유했다. 이들은 지금도 편지를 주고받는다. 그 편지를 모아 '고항유식古杭遺式'이라고 엮었다. 그는 기이한 책을 많이 갖고 있으며, 자명종自鳴鍾·혼천의渾天儀·서양철사금西洋鐵絲琴도 가지고 있다. 음율音律을 좋아하고 풍취가 진솔하여 저속하지 않다.[9]

- 1771년 3월 13일: 이현직李顯直은 홍대용을 두고 고결한 품성에 학문이 깊고 넓으며 고학에 마음을 두었고, 악률에는 더욱 정통하다고 했다. 나는 이름은 들었지만 아직 본 적이 없었다.[10]
- 1775년 3월 27일: 염영서廉永瑞는 나경적羅景績과 같이 윤종輪鐘을 제작했다. 농수각주인 홍대용을 위해 대기형大璣衡을 만들어 주었다. 비용은 3, 4만 문이었다.[11]

---

9 1769년 4월 10일 41세, 권12, 2책 383면. "入泮 則豊基李光夏甫 又來 前後一再相識 其人有文有識 退溪之仲氏大司憲瀣之後也 辛亥生 自言與洪大容甫相親 洪君家在京中紵廛洞 今居淸州之西長命里 全義木川東界數十里地也 於渼上丈席 有姻好 早遊門下 資敦學博 不事科業 亦辛亥生也 嘗從季父檍 燕京之行 須與杭州士人嚴誠陸飛等九人交遊 嚴陸二子 亦南士之秀也 一見心許 至今累年萬里通書不絶 以其書簡作帖數十卷 題曰古杭遺式 洪君又畜異書最多 有自鳴鍾渾天儀西洋鐵絲琴 喜音律 風致眞率 不俗云"

10 1771년 3월 13일 43세, 3책 17권 575면. "子敬曰 此則固然 將如之何 因言當世惟洪大容 高潔淹博 不入場屋 留心古學 如樂律尤精 常居淸州 近聞入城 在於紵廛洞後谷 實有一見之願而未及見耳 余曰 此君吾亦聞名而未之見矣"

11 1775년 3월 27일 47세, 4책 19권 103면. "瑞原廉生永瑞 松京忠敬公悌臣雲耳也 自錦城轉寓萺山 採蔘種黍以自給 餘力叔夜柳下業 嘗與羅老景績 偕製輪鐘 又偕爲籠水閣主人洪大容德保 製大璣衡于錦城館 功費四五萬文 德保有中國杭州故人陸飛者 爲記其閣 而羅老 以璣衡附見生 實有助焉 壬辰 又爲丘珍朴上舍燦璿燦瑛從兄弟所邀 赴興陽虎山 留數年爲製輪鐘二架 是其一也 二朴與德保 俱余渼上同遊 觀其所好 則其人可知 甲午十二月二十日 攜至余禫次 則初

- 1776년 2월 3일: 계방桂坊의 사령使令 이상운李尙雲이 말을 전했다. 홍대용 등이 내가 도성으로 들어왔다는 사실을 알게 되었고, 그들이 내 처지를 안스러워 하더라고 전했다. 그래서 나는 조긍존趙肯存이 형에게 편지를 보내는 편으로 편지를 보냈다.[12]
- 1777년 8월 4일: 대정동으로 홍대용을 방문했다. 나는 그와 동문이지만 한 번도 본 적이 없었다. 그러나 만나지 못했다.[13]
- 1777년 8월 5일: 다시 홍대용을 방문했다. 그는 깜짝 놀라며 역학에 대하여 물었고, 『율력연원律曆淵源』을 꺼내며 강론하며 머물기를 원했다. 나는 곧 귀향할 것이기에 사양했지만, 그가 재차 도성에 머물도록 권하자 응락했다. 이때 그는 『역상고성후편曆象考成後編』(7책)을 빌려주면서 뒷날 인편으로 보내달라고 했다. 그리고 청나라 사람 육비陸飛가 지은 〈농수각기문籠水閣記文〉을 보여주었다. 농수각 안에는 혼천의渾天儀 2좌座와 태서泰西의 〈건상곤여도乾象坤輿圖〉가 있다.[14]

面也 自言世不乏守錢家 無可語此 頃聞鳴陽柳道翼甫 與夫錦鄕輿誦 惟座下可以有之 是以來耳 余曾獲從人愛玩於京外 今旣不求自至 何可孤也 爲留四日旁圖富債 至欲典內子袡衣及其薄田 而歲大凶 一切閉出米 莫之售 僅得五百文姑贖其行 生亦喟曰 家力如此 猶眷眷獨至 使我市人也 雖求直倍蓰何怪 但重器非其人勿傳 吾又何慳 他日改理幸完 則因而有之可矣 二十四日乃去 期以三月若九月 余意其隱者流也 乃作輪鐘記 如徐子先李振之于利熊二子云"

12 1776년 2월 3일 48세, 4책 21권 305면. "桂坊使令李尙雲來謁 因言頃於陳賀日金右尹令監 適至桂坊 傳致書簡 則洪侍直(大容)諸進賜 始聞進賜主入城 皆言狼狽極矣 余又出趙生肯存抵其兄倉洞書 使之飛傳 以明曉受答以來"

13 1777년 8월 4일 49세, 4책 22권 385면. "轉訪洪監察大容德保(自桂坊 特敎陞六)于大貞洞 盖余與此君同門 而不及一識 今故相訪而不遇 可歎"

14 1777년 8월 5일 49세, 4책 22권 386면. "轉訪洪監察大容德保(渼上丈席 改字弘之)于大貞洞 德保見余驚喜 亟問易學留意處 以至律曆淵源 說話縷縷 因以出示曰 此實平生所願講者 而無人可與開口 老兄春間之行 事不偶然 而乍來旋遞已極可恨 今則春桂二坊 俱罷矣 若幸猶有公論 知老兄尙在八耋慈侍之下 而爲之牽復入京 則豈惟世道之慰 亦老兄爲養之喜 而如弟謏見 尤可有所講磨矣 因要余留宿 余辭以歸期未遠 當入泮 圖得歸資 德保又言旣欲趁卒哭參與闕外散班 則何不前一夕來留此處以待耶 地近闕下 重可便也 余諾之 是時 德保出曆象考成後編七冊 許余借歸本宅 待後便還送曰 此等文字 必付當付者 可矣 又

- 1777년 8월 7일: 홍대용이 찾아와 역범상수易範象數의 설을 논했다. 그리고 내일 자신의 집으로 찾아오도록 초청했다. 나는 응락했다.[15]
- 1777년 8월 8일: 저녁 먹고 홍대용의 집으로 갔다. 마침 이덕무李德懋가 와 있었고, 박지원朴趾源과 박제가朴齊家도 왔다. 이들은 모두 다문박식하여 같이 이야기할 만하였다.[16]
- 1777년 8월 9일: 홍대용의 집으로 갔는데, 그곳에서 이덕무, 박지원, 박제가 등과 이야기를 나누었다. 조금 있다가 홍대용이 퇴근하여 왔다. 오늘로 두 밤을 이곳에서 잤다. 날이 밝자 홍대용은 대궐로 출근했고, 아울러 이덕무, 박지원, 박제가 등과도 헤어졌다. 전날 밤 홍대용은 『역상고성曆象攷成』(상上/하下/후편後編), 『수리정온數理精蘊』, 『팔선대수표八線對數表』, 『대수천미표對數闡微表』, 『태서곤여전도泰西坤輿全圖』를 보여주었다. 또 시초蓍草도 보여주었는데, 중국인이 보내준 것으로 복희伏羲 문왕文王의 무덤 위에서 나는 대나무로 만들었다고 했다.[17]

示淸人杭州解元陸飛所撰籠水閣記文　閣卽德甫所築於淸州長命驛村　而取杜詩日月籠中鳥乾坤水上萍二句語者也 閣中有渾天儀二座 始德保大人(櫟)守羅州也 德保聞同福羅景績(本名景壎)及其門徒安處仁 略究渾儀製造運用之理 躬往邀至來衙 遂得鑄成 及丙戌 德保從其叔父檍赴燕 遇陸飛托契 至今累年 書問不絶 而索記文 有副並載羅安二君姓名 首稱洪處士湛軒 卽德保自號也 又有泰西乾象坤輿圖 其乾象圖則星躔已差五六度云"

15 1777년 8월 7일 49세, 4책 22권 393면. "是日 洪監察大容德保 來訪 再論易範象數之說 因言明日夕間 若肯來臨 則地近闕下 便於赴預散班 謹當供飯秣馬 以爲一夕穩話也 余曰 吾於平日京中士大夫家 未嘗遽許留宿 今於兄同門友也 敢不如敎"

16 1777년 8월 8일 49세, 4책 22권 394면. "夕後 赴大貞洞洪德保家 將以明曉 進參卒哭闕外哭班 卽德保不相約故也 ○旣至德保家 則李生德懋適來相話 而朴生趾源(故都正大源丈族弟)朴生齊家(故參判彛叙兄之後)亦至 三君皆潛夫 而多聞博識 可與言者"

17 1777년 8월 9일 49세, 4책 22권 395면. "因歸德保家 與李君二朴 相話 有頃 德保自闕內罷班乃歸 相話 再寢 ○平明 德保又有公 故赴闕 爲余饋以朝粥曰 旣縻一官 便違良會 誠可惜也 尊兄此去 南北便杳然 若幸復職 庶可再遇 而事未易如意 奈何奈何 又與李君二朴 相別而罷 是日 觀德保所藏曆象攷成上下後編及數理精蘊 幷八線對數表對數闡微表 又觀泰西坤輿全圖 康熙甲寅西士南懷仁

– 1777년 8월 10일: 〈정랑 김정례金正禮에게 드리는 편지〉, 나는 홍대용을 비로소 만나 서로 왕래하였기에, 이번 서울행이 헛되지 않았다고 말했다.[18]

– 1777년 11월 26일: 〈추답태인사군홍덕보대용서追答泰仁使君洪德保大容書〉, 같은 동문임을 강조하면서 이번 걸음이 허사가 되질 않기를 바란다는 뜻을 내보였다.[19]

– 1778년 2월 13일: 태인泰仁에서 고을 원님으로 와 있는 홍대용을 만났다. 이달 그믐에 서울의 서반西泮 혹은 사복시司僕寺로 황윤석을 찾겠다고 했다. 그와 헤어지면서 미상에서 예전에 공부하던 때를 회상하니

所增修者 共八疊 爲圖者二 各列赤道 半天爲一圖(德保又言 家藏蓍草 一握五十莖 卽中國人所以遠饋者云 產于伏羲文王塚上 而我國方言所謂씌양쌔也)"

18 1777년 8월 10일 49세, 4책 22권 395~396면. 〈與金正郞正禮書〉, "秋曹乍奉 亦足少復桂坊之蹄矣 奈詞牒呌聒無暇從容何 不審 日來 仕履增重 引領馳義 尤覺耿耿 胤錫千里以來 微忱旣幸犅伸 而歸資病騾 不無關念 未免略約遲遛 將以明蚤出城 從此 南北益渺然矣 僂指流年 各已老大 前期相對 寧復容易 惟願謹修先藁 因謀梓鍥 庶幾先生平日所抱而未試者 大行於新化想望之世 則敬之之賢 豈獨專美耒家哉 只恨地絶誠淺 不克少助筆硯之役耳 令咸近得安否 洪德保頃始一識相往來 今行亦不虛矣 千萬神疲 不宣 安得左右書湖南一邑 以成一會耶 伏惟下照 上狀 丙申八月十日 胤錫拜"

19 1777년 11월 26일 49세, 4책 23권, 499면. "前秋 送往何幸 覯心玆實梁摧以來 一大可慰者 歸後耿耿 久不敢忘 自聞出宰披香 東望五十里 下情益覺飛動 盖將一造鈴下 更承嘉話 而猶之未也 十數日間 獲拜八月十三下訊 開緘疾讀 重愧不敏 矧審板輿榮奉 政候增衛 區區仰德 無可喩者 錦山之會 聞更奇絶 不知讓劣 又何見念於其間也 胤錫私家不幸 荊婦患逝 杖朞之闋 纔數月耳 一兒甫成三兒未長 門內瑣細 自不免關心 此則朱先生所亦戚戚 惟八耋老慈 氣力粗康而憂冗輾轉 行墨亦稍抛荒 僂指馬牛齒 忽已四十九矣 有時蹶 奈何奈何 曆像後編 固知惠借之良厚 而因循迄今 不及入細 思量其中 線角對假諸表 又無一不相交關 而得此遺彼 尤不成頭緖 若使前編 並入於官度移來之中 則或可隨便更借以資參考耶 千萬方患頭瘋不備 姑遣家弟胄錫奉謝 渠之此行 不惟爲省先楸於治東龍頭之山 亦庶幾先修拜見得講渼上舊誼耳 伏惟特賜俯察 許其進而誨之 幸甚幸甚 謹追謝狀上 長城金進士益休士謙氏 河西先生後孫也 學問道義卓然士林間 函丈晩歲 甚荷期待 而民亦兼有歸妹之好 城主旣嘗識面矣 不審伊來 或一寓聲否 此友頃擬一進 而病涔涔不遑 大約南中同門 不過若而人 倘蒙一一書問則幸矣 丁酉十一月二十六日 民黃胤錫再拜"

더욱 서글펐다.[20]

- 1778년 2월 23일: 홍대용이 빌려주기로 한 『수리정온』은 중국본이었다. 그런데 박경유朴景兪가 보내온 것은 조선본이었다. 그래서 박경유에게 편지를 썼는데, 그는 홍대용이 조선본을 중국본으로 잘못 알고 있었다고 했다.[21]
- 1778년 3월 5일: 회덕懷德 원님 심정진沈定鎭에게 편지로 아들 잃은 데에 위로했다. 태인의 홍대용에게 그 소식을 들었었다.[22]
- 1778년 4월 22일: 장원서掌苑署 별제別提 원중거元重擧를 찾았다. 그에게 이덕무와 박제가가 3월에 사은사謝恩使 채제공蔡濟恭을 수행하여 연경에 갔으며 홍대용과 각별한 사이라고 들었다. 나는 병신년 가을에 홍대용의 집에서 그들을 보았다. 이들은 모두 중인으로서, 문학으로 이름이 났다.[23]
- 1778년 6월 15일: 중부中部 봉사奉事 박지원朴知源의 말이다. 홍대용은 나를 두고, "우리들은 한양에서 나고 자라서 희귀한 서적을 자못 보았지만, 오히려 시골에 있는 그에겐 미치지 못하네. 대개 깊고 박식함은 남보다 특출나다네. 우리의 동문일세."라고 했다.[24]

---

20 1778년 2월 13일 50세, 4책 24권 515면. "又至泰仁 見本倅洪德保 晦間當入京 訪余于西泮 或司僕寺 余旣握敍草草 旋又告別 回念渼上舊游 已勝愴然"

21 1778년 2월 23일 50세, 4책 24권, 534면. "送泰仁洪使君小札于孝敬橋南開川邊山林井洞朴書房景兪家 使覓洪使君所借數理精蘊全橨 則朴生所送 以本國活字印本精蘊 而不以洪使君所借唐本精蘊 故余乃不得已作書 更送于朴生 朴生書至 自言曾在洪使君家 見余有所酬酢 謂泰仁必置唐本於他處而忘之 誤以置渠家鄕本認 作唐本矣 因要余以渠札入泰仁遞書中相質 盖此鄕本 攷其印章 卽亡友李顯直子敬所借之金氏家藏也 更審朴札 此卽丙申八月 於泰仁本家所遇朴生齊家一夜聯話者之前後改名者耳"

22 1778년 3월 5일 50세, 난고 4책 24권 552면. "送書蓮池洞沈懷德定鎭一之 慰其喪子 蓋有二子 而第二者出後 命哭其長子 窮獨甚矣 來時 過洪泰仁德保衙上 已聞此報"

23 1778년 4월 22일 50세, 4책 24권 629면. "歷訪元別提重擧子才于掌苑署直中 歸泮○聞 趙昌逵作故 李德懋字懋官 朴齊家字在先 並新通中人 以文學知名 余于丙申秋 洪泰仁德保家 一夜聯話 余聞元子才言 則二君以三月隨謝恩使蔡濟恭赴燕 子才有別耳"

– 1778년 7월 10일: 이만운李萬運이 전해주었다. 이덕무李德懋가 연경에서 돌아와 자신을 만나서 전하기를, 연관燕館에서 한림원翰林院 서길사庶吉士 반정균潘廷筠을 만났는데, 그는 홍대용과 알고 있던 사람이었다. 그에게 비사秘史(6책)를 얻었다고 하였다.[25]

– 1778년 7월 9일: 김용겸金用謙을 찾아갔는데, 조명정趙明鼎, 심정진沈定鎭, 심유진沈有鎭, 홍대용洪大容 등을 비롯해 오십여 인이 시문을 짓고 있었다. 위 네 사람이 가장 나았다. 그런데 홍대용의 시를 써준 사람의 글씨체가 아주 예스러웠다.[26]

– 1778년 9월 4일: 홍대용이 안처명安處命의 대인大人을 축수하는 서문을 써 주었다.[27]

– 1778년 10월 23일: 홍대용이 김사겸金士謙 편으로 『역상고성』 후편을 보내주겠다고 했다.[28]

---

24 1778년 6월 15일 50세, 5책 25권, 66면. "中部朴奉事知源追至 偶從容言 吾卽鄭楊州婦弟也 已因姊兄 聞左右盛名 而亦遇泰仁倅洪大容於都監時 相話多日 語及左右 洪輒娓娓不已曰 吾輩生長京師 自謂頗觀希罕之書 而尙不及於此人之在鄕者 蓋其淹博一節 亦出人遠甚 卽我渼上同門耳"

25 1778년 7월 10일 50세, 5책 26권, 215면. "昨日李碩士萬運言 李德懋旣回自燕都來見 以爲在燕館日 得遇翰林院庶吉士潘廷筠 卽洪大容德保舊日相熟萬里通書者也 數年間 始登科初任 李亦熟於德保 故彼爲之開懷談說 因得一秘史六冊 卽記淸人始興時事者有云"

26 1778년 7월 9일 50세, 5책 26권, 213면. "朝後 往拜金叅判丈于嘐嘐齋 金丈方坐齋北小樓 名以朝爽閣者 爲余喜甚 午設西瓜麥餠 出示朝爽閣八詠元韻 及趙明鼎沈定鎭一之沈有鎭有之洪大容德保以下五十餘人和章 或七言或五言或絶句或律詩或短辭或有韻之文 其中二沈洪趙所作可觀 而有之倩其鄰人學篆于李漢鎭者寫之 德保倩其從弟工篆者寫之 金丈因言 李漢鎭吾鄰也 壬子生 吾門士彬故承旨丈文行之甥姪 故判書光迪氏曾孫也 少學八分于尹東暹 又學篆書于李麟祥 今以之知名 而有之所倩寫者 又學于李者也 靑藍氷水 居然超過其師 但此所寫之體 近乎許穆篆樣 德保所倩寫者 字法太古 非秦漢所用 而殆類道家符書 吾所不能解 亦所不愛者 已令別謄隷字一本以來耳"

27 1778년 9월 4일 50세, 5책 26권, 280면. "泰仁金相柱 自社洞來傳安君處命書 並示洪倅德保爲安君大人壽席序文 要余亦有和詩"

28 1778년 10월 23일 50세, 5책 27권, 307면. "二十二日 靈光沈使君有鎭令公 委伻助

– 1778년 11월 2일: 홍대용은 일찍이 나에게 『수리정온』·『역상고성』을 빌려주었고, 내가 돌려주자 아무 말 없이 갈무리했었다.[29]

– 1778년 11월 7일: 지난 10월 홍대용은 김치익에게 편지를 보내어 나를 소개하면서 『수리정온』·『역상고성』을 빌려주도록 했다. 그래서 내가 직접 찾아갔는데, 마침 그 집에 아이가 아파서 오래 있지는 못하고 책만 먼저 종에게 갖고 가라고 했다.[30]

– 1779년 4월 4일: 송덕상宋德相이 기형璣衡, 역상曆象의 이야기를 하다가 나경훈과 홍대용이 같이 제작한 혼의를 말했다. 그러면서 요사이 박식한 선비로 나를 쳐주었다.[31]

– 1779년 4월 8일: 송환철宋煥喆이 태인泰仁을 지나면서 홍대용에게 영당影堂을 두둔하였다. 홍대용이 나에게 이야기해 주길래, 나는 『속대전續大典』을 들어 증명해보이고는, 주자나 송시열을 존숭하는 것은 사묘祠廟에 있지 않고, 그들의 글을 읽는 데에 있다고 말했다.[32]

婚具 泰仁使洪君大容 亦爲之 半年功買鍮物 幷助婚具 余旣竝答書以去 而洪使君書言 二十四日 當托捧糴赴笠城 故余以前約請訪金士謙 因又依覓送曆象考成後編全匣"

29 1778년 11월 2일 50세, 5책 27권, 318면. "附泰仁洪使君大容德保 與其內兄金致益故南原倅魯子書黃都事胤錫 執事之曾所聞名而願見者 欲借見數曆全函 幸出借勿疑 待其還而藏之 如何 書中云 公私拘牽 奉親于鄕庄 居淸州 長命里 目下弧栖境 況愁絶"

30 1778년 11월 7일 50세, 5책 27권, 326면. "將詣闕受牌 先訪金碩士致益仲謙(卽洪泰仁大容內兄) 於宗簿寺大門之外東邊 所謂長生殿洞也 金於余赴直宗簿數年時 甚欲見余 而余以其一門有大臣(金台致仁)爲嫌 不肯先訪 今春 余以公禮投刺於金台鍾秀也 金適在座 而余旣未識面目 及其退而聞諸司僕李僚廷恢 則曰俄者所見 卽所謂其門中學者金致益也 其言固輕薄 而余猶惜未及接話 今十月行經泰仁也 洪使君旣爲余留書 因附書于金 以爲兩間紹介相見之道 又請轉借數理曆象兩書全函 故余始躬訪 金亦欣瀉有欲縷縷 而其家有兒病 方迎醫診視 余不須久留 故只借數曆全函共五十冊(數理精蘊三十二冊) 曆象考成一十八冊付部隷先去"

31 1779년 4월 4일 51세, 5책 28권, 480면. "羅戚來言 今日見宋德相座上有一客 談璣衡曆象之說 因問同福羅景壎與洪德保共製渾儀之說 宋德相因言 今世博識之士 黃某爲著云"

- 1779년 7월 15일: 종부동宗簿洞 김남원金南原의 아들 김치익金致益에게 편지를 보내면서 홍대용에게 『수리정온數理精蘊』·『역상고성曆象考成』을 보내니 받으라고 했다.[33]
- 1779년 8월 23일: 태인泰仁을 들렀을 때 홍대용이 완주完州 감영에 갔다가 아직 돌아오지 않았다. 마침 안처인安處仁이 그곳에 머물고 있었는데, 그는 나경훈羅景壎의 제자로서 윤종輪鐘을 잘 만들었다.[34]
- 1779년 8월 29일: 어머니가 드실 꿀을, 홍대용에게 편지를 보내 구해달라고 했다.[35]
- 1779년 8월 30일: 홍대용이 꿀, 소주, 육포를 보내왔다.[36]
- 1779년 9월 1일: 태인으로 가서 홍대용을 만나다.[37]
- 1779년 9월 4일: 개성開城 경력經歷 김동연金東淵은 홍명보의 숙부인 홍억과는 거리를 둔 집안이었다.[38]

---

32 1779년 4월 8일 51세, 5책 28권, 485면. "宋煥喆之承召過泰仁也 語主倅洪德保(人容)口 影堂不在禁限 洪倅頃以語余 余擧續大典證之 洪倅亦咄曰 異哉 宋君之爲也 余意 朱子天下之所尊 尤翁東方之所尊 士之願學 惟在讀其遺書 而不在於多建祠廟 則祠廟一事 已是末務 而今則末務之中 又復欺國欺世 朱尤有靈能不殼乎"

33 1779년 7월 15일 51세, 6책 30권, 34면. "又送書于宗簿洞金南原之子致益 卽洪泰仁德保內兄也 因以德保數理精蘊全秩曆象考成全帙共五十冊一梧匣還附 要附書德保 以告領受之意"

34 1779년 8월 23일 51세, 6책 30권, 75면. "過泰仁邑內大店 聞主倅洪候大容赴完營未歸 同福安生處仁留衙 卽故羅景壎弟子 而亦能工製輪鍾者也"

35 1779년 8월 29일 51세, 6책 30권, 75면. "二十九日庚辰 晴 曉前 慈氏食高敞蜜柿微滯 思服蜜水 而四求不得 乃送書于泰仁洪倅大容 請定價買蜜一升"

36 1779년 8월 30일 51세, 6책 30권, 75면. "三十日辛巳 晴 以酒果告廟 奴來自泰仁得洪倅答書 及蜜一升 燒酒一鐥 牛脯一帖"

37 1779년 9월 1일 51세, 6책 31권, 81면. "午後又行至泰仁縣 鄕廳金君光復 與其同任李宅俊迎接 因招吏 通刺于主倅洪侯大容 則洪侯答語 以爲民亦木川丘墓民也 亟來見余而去"

38 1779년 9월 4일 51세, 6책 31권, 86면. "又有前開城經歷金東淵 曾爲臺官慘駁 洪泰仁德保之叔父 前義州府尹檍 已成嫌家"

- 1779년 10월 25일: 3년 전 1776년 당시 계방(정조의 동궁)에는 김이안金履安, 이운영李運永, 홍대용洪大容, 심정진沈定鎭 및 안정복安鼎福이 있었다. 나는 좌익찬이고, 안정복은 우익찬이었다. 나는 곧 체직되었다.[39]
- 1779년 11월 28일: 태인泰仁 김담의 내간상內艱喪 산소에 혹시 송사가 있을까 하여 홍대용에게 부치는 편지를 써 주고, 조장吊狀·부지賻紙·소력小曆을 보냈다.[40]
- 1780년 10월 11일: 나의 동생은 홍대용과 같이 사당을 찾았다.[41]
- 1780년 10월 24일: 김천운金天運에게 편지를 보내 홍덕보의 연행록을 빌려 베껴오도록 했다.[42]
- 1783년 12월 22일: 김응경金應卿을 통해 홍대용이 태인에서 영천榮川으로 옮겼고, 고을을 잘 다스렸다는 소리가 자자했지만 불행히도 세상을 떠났다는 소식을 들었다.[43]
- 1784년 8월 6일: 홍대용의 운구가 영천에서 서울집으로 돌아왔다. 그는 작년 계묘 여름에 갑자기 죽었다.[44]

---

39 1779년 10월 25일 51세, 6책 31권, 129면. "及英宗丙申 聖上在東宮代理 學問緝熙 臣民延頸 而桂坊諸僚 又特旨峻選也 盖金侯履安 李侯運永 洪侯大容 沈侯定鎭 及安侯 信眉目一時 而不佞無狀 亦猥簉翊贊 視安侯爲右 庶幾一遂覯止 而母年七十七 不欲遠離 遲回而遞 則安侯之側 竟無由一穢爾"

40 1779년 11월 28일 51세, 6책 32권, 146면. "聞泰仁金戚□ 遭內艱 占山 恐有訟 要得余書于其倅洪德保 故作書 又付吊狀賻紙小曆一"

41 1780년 10월 11일 52세, 6책 33권, 289면. "前錦山倅金正禮履安在宦時 則農岩吾家先世所師也 亦前後士林所共尊也 以故家弟與前泰仁倅洪德保大容所師同謁廟前 而主人爲之 開櫝出主 然復使之拜焉"

42 1780년 10월 24일 52세, 6책 33권, 296면. "二十四日 送書金君天運 問其故宗人金進士伊孫先公名字 又請借洪泰仁德保燕行錄書及錄來"

43 1783년 12월 22일 55세, 6책 35권, 501면. "頃因金應卿 聞洪大容德保 自泰仁旣移榮川 治聲日聞 不幸下世"

44 1784년 8월 6일 56세, 6책 35권, 593면. "朴君言 洪榮川大容德保 自榮川遞歸京第 以昨年癸卯夏暴逝 蓋聞在郡請得賑財千石于巡使李秉模 半用于賑 半則逐石翻作二石 發之民間 付吏房收殺 旣歸則民間只納本色 一石 抵賴之甚 事發于巡營 以此憂悶成病 竟不救云 嶺民之梗强應然 而亦其疏於事故也 若以其半

－1784년 11월 17일: 홍대용의 아들 홍원에게서 내가 보낸 위로편지에 대한 회신을 받았다.[45]

－1786년 6월 10일: 박제가가 전해준 이야기이다. 그 자신은 호서의 찰방을 지내다가 근래 검서관檢書官으로 규장각을 출입하였고, 돈화문敦化門 교서관校書舘 뒤에 살고 있으며 홍대용洪大容의 아들 원이 상을 마치고 근래 도성으로 들어와 인성부치仁城府峙의 옛 병사兵使 이한응李漢膺의 집에 살고 있다고 했다.[46]

－1786년 7월 27일: 홍대정洪大定이 전해준 이야기이다. 홍대용이 오도자가 그린 나한 그림 2점을 갖고 있으며, 연경의 서점에서 서양의 문신종을 선물 받았었다. 또 홍대용은 평생 책과 금문今文·혼의渾儀·윤종輪鐘을 매우 좋아했고, 서양서적까지 수집했다. 지금 청주 장명역長命驛에 초당草堂을 지어두고 '농수각籠水閣'이라 부른 뒤 혼천의와 윤종 등을 보관했다. 또 집에 『조야휘언朝野彙言』이 있다. 이들을 만일 내가 구경하고자 한다면 빌려주겠다고 했다.[47]

逐石作二石者 用本色作錢取分 則一石自可成二石有餘 而不此之爲 以致大乖 朴君之言如此 故記之 以俟其的報耳"

45 1784년 11월 17일 56세, 6책 35권, 639면. "又得洪榮川德保之子洪哀薳十月八日答慰疏(自稱侍生孤子)"

46 1786년 6월 10일 58세, 7책 38권 328면. "朴自言 中經湖西一察訪 近又以檢書官出入奎閣 無可小暇相叙 家在敦化門外新校書舘後 因問羅兄璧天消息 又言洪榮川大容子薳畢喪 近入京 移居仁城府峙故兵使李漢膺家"

47 1786년 7월 27일 58세, 7책 39권 401면. "未後 洪生大定來話 因言曾游海州補光寺 得元順帝所送 吳道子畵五百羅漢之八軀各一幀 而其時所挾畵師 藏其五 其伯氏德保藏其二 渠藏其一 盖先是散帙之餘存者 三百四十八軀 而玆又減八云 又言德保遊北京 遇乾隆親兄弟藩王之世子於書肆中 見贈以西洋問辰鐘一部 體比胡桃纔大 以兩半殼開閉 中有一最小輪鐘自鳴 時時刻刻俱報 而輪牙細如縷 所用鐵疑非鐵也 本價銀八十兩 西洋製也 傳至京中 爲卿相宗室駙馬所傳玩 多欲攘者 忽有傷損 付書世子請修改 而書與鐘俱佚 盖必譯官輩 利貨于欲攘者耳 又云嫡伯氏 平生酷好古道 如古典今文及渾儀輪鐘 以至西洋諸書 無不蒐聚 而嫡姪則不肯須臾寓目而留念 恒要民次知 以民亦癖于此類也 今淸州長命驛庄舍 別有草堂 扁曰籠水閣 中藏渾儀輪鐘等物 手澤宛然 不忍持歸 今民家所有輪鐘 乃一別件鐵製者 亦往往齒礙 盖至精之物 不得無病耳 城主如欲爲玩

- 1786년 7월27일: 홍대정에게 『조야휘언』을 빌렸는데, 홍대용의 인장이 있었다. 김창업의 『노가재연행일기』를 빌렸는데, 홍대용이 태인에 있을 때에 베낀 것이다. 그리고 윤종輪鐘도 빌렸는데, 내가 갖고 있는 것과 비슷한데, 나경훈羅景燻이 만든 것이다. 종을 울리고 책을 보면서 홍대용을 생각했지만, 그는 이미 죽었으니 마음 아프다.[48]
- 1786년 10월 1일: 홍대용의 어머니가 돌아가시다.[49]
- 1786년 12월 12일: 홍대용의 조카 홍서가 전해주길, 홍대용의 아들이 가장본 『율력연원』 『역상고성』 후편을 50냥에 팔았다고 한다. 이를 듣고 슬퍼서 나는 고가로 되사주겠노라고 했다. [50]
- 1786년 12월 17일: 〈여홍원장원與洪薳長遠 홍영천대용자洪榮川大容子〉, 홍원에게 편지를 써서, 그가 팔아넘긴 『율력연원』의 소장자가 누구인지 확인하고 있다. 그 책을 되사겠다는 뜻을 내보였다.[51]

當以奉借 又言家有朝野彙言一帙"

48 1786년 7월 27일 58세, 7책 39권 401면. "借得大定 朝野彙言十四冊 有其嫡兄德保(大容)印章 又借老稼齋(金公昌業)燕行日記五冊(□廟壬辰 □降□胡) 並德保宰泰仁所謄者 又借鐵鑄大輪鐘一座 制如全所有而稍大 亦必羅老景燻所製也 鳴鐘觀書 有懷德保 而人已九原 傷哉"

49 1786년 10월 1일 58세, 7책 39권, 461면. "京中山林洞洪榮川大容大夫人 九月十八別世訃至 頃厲祭安行脯到"

50 1786년 12월 12일 58세, 7책 40권 529면. "昨夜 洪墅言 其嫡伯父榮川德保家所藏律歷淵源二帙櫝安者 及曆象後編 其胤已以春夏間 折價五十兩 賣于權勢家 余聞而悵然曰 無論此冊之希有 □復有能眞慕院丈 眞爲此冊主人者 君若入京 開悟從氏 令冊儈因高價還退 則吾當用高價買取 君能用力否 洪生曰 十八日 當有事入京敢不用力"

51 1786년 12월 17일 58세, 7책 40권, 536－537면. "省禮言 日月流邁 春候已屆 伏惟孝慕純至 氣力何如 向來□□之■ 漸復天和否 區區仰慮之至 胤錫 白首殘邑殘邑萬端 而南中本鄕之凶荒 比此邑尤甚 遙念百口 思歸未歸 奈何奈何 竊念先大庭 無恙日 頻以所購律曆淵源大匣見見借 而某亦願大庭之爲購他本 以成嘉惠 則有許而未之及也 近因令從氏 聞京中此書 已爲他人所有 而價折五十兩則惜南北杳然 無以早知 敢問今歸誰家 其果慕先大庭德學 不愧爲此書主人者乎 爲其不然 殊可恨者 故某已與令從相議 如有冊儈能手用計還退 使某添價轉購 則不徒某夙心之幸 亦恐當世知慕先大庭之深者 竟無出於某之右者 則爲此

이재는 일찍부터 홍대용에 대한 소문을 듣고 있었다. 스승인 김원행으로부터는 진중하고 화양서원의 재임齋任 역할을 잘 수행하였다고 칭찬하기도 했었다. 그로부터 4년 뒤, 그의 나이 40세 때 김정례金正禮로부터 홍대용이 『수리정온』이란 책을 구했다는 소식도 들었고, 서양의 산법이나 동양의 산법이 비슷하다는 느낌이었다고 말한 것을 들었다. 이재는 이미 그 이치는 깨친 뒤였다. 어느새 공부길에 들어선 지 스무 해가 넘었고, 이미 책을 많이 보아 눈병이 났을 정도였다. 다만 『수리정온』이란 책은 보고 싶었다.

이듬해, 이광하李光夏가 찾아와서 홍대용에 대한 정보를 주었다. 가장 흥미로운 것은 홍대용의 연행이었다. 그곳에서 실제 청나라 사람과 교분을 텄고, 지금도 편지를 주고받는데, 그 편지조차 '고항유식古杭遺式'이라고 엮을 정도라는 것이다. 게다가 서양에서 들어온 자명종, 혼천의, 서양철사금 등도 가지고 있고, 남들이 없는 책을 갖고 있다 하니 그를 한번 직접 보고픈 마음이 굴뚝같았다. 홍대용에 대한 소문은 2년 뒤 이현직李顯直도 학문이 깊고 고학古學에 마음을 두고 있다고 들었고, 4년이 더 흐른 47세 때에는 염영서廉永瑞가 홍대용의 초당인 농수각籠水閣에 대기형大機衡을 만들어주었다는 이야기도 들었다. 염영서는 나경적과 같이 윤종을 잘 만들던 이였다.

어느덧 이재는 홍대용의 이름을 들은 지 7년이 흘렀지만 한 번도 그를 직접 본적은 없었다. 이재도 벌써 48세를 넘겼다. 문득 계방의 사령인 이상운李尙雲은 말을 전해주기를, 홍대용 등이 이재 자신의 처지를 안타까워하더라고 한다. 과거에 낙방한 채 한양을 배회하는 자

書新主人 庶幾可無愧耳 未知哀意如何 書淫之癖 亦古人玩肉之戒 而遐土此書固非可無 惟哀侍 爲之謀忠 如何如何 千萬不宣 伏惟哀亮"

신을 둔 말이었다. 썩 유쾌하지는 않았지만 내심 흐뭇했다. 자신의 존재를 알고 있다는 것이었으니, 언제고 연락이 닿으면 볼 일이었다.

이듬해, 1777년 8월 4일, 이재는 홍대용을 찾아갔다. 그러나 역시 만나지 못했다. 그는 중앙의 관료였던 것이다. 이틀날 다시 찾아갔다. 갑자기 찾아온 이재를 홍대용은 반갑게 맞아주었고, 둘은 금세 친해졌다. 홍대용은 『율력연원』을 꺼내며 같이 이야기하기를 원했고, 숙소로 돌아갈 즈음 『역상고성후편』을 빌려주었다. 그리고 자신의 초당인 농수각에 붙인 청나라 사람 육비陸飛의 기문記文을 보여주었다. 그 안에 혼천의 등이 있다는 이야기를 들은 적이 있었다. 다음날 홍대용이 찾아와 역법을 같이 이야기 했고, 다시 이재를 자신의 집으로 초청했다.

1777년 8월 8일, 이 날은 18세기 지성사에 기록될 날이다. 이재와 홍대용과의 만남도 의미 있지만, 이른바 북학파라고 불리던 박지원, 이덕무, 박제가 등 세 사람을 만난 날이기 때문이다. 이재는 다문박식한 이들에게 매료되었다. 다음 날도 그는 홍대용의 집으로 찾아가 그들을 만났고, 퇴근하고 돌아온 홍대용과 만나 이야기를 했다. 이날 홍대용은 『역상고성』은 물론 『수리정온』 『팔선대수표』 『태서곤여전도』 등을 보여주었다. 모두 말로만 듣던 책들이었다. 그동안 수차례 한양을 왔지만, 이번 걸음이 가장 의미 있었던 이재는 김정례에게 편지를 보내, 이번 한양걸음이 참 좋았노라고 마음을 털어놓았다.

그로부터 몇 달 뒤, 홍대용은 태인 현감으로 나갔다. 두 사람은 동문의식으로 우의를 다지며 헤어졌다. 이듬해, 50세의 이재는 태인으로 홍대용을 찾았다. 그해 6월경, 박지원朴知源에게서 홍대용이 자신을 높이 평가하는 말을 들었다. 즉 홍대용이 말하기를, 한양에서 자란 자신들보다, 시골에서 자란 이재가 훨씬 책을 많이 읽고 박식하다는 말이었다. 끝에 동문이란 말을 덧붙여서, 이재 자신과 같은 부류임을 드러내고 있었다. 이재는 으쓱해졌다. 그해 10월, 홍대용은 『역상고성 후편』을 보내주겠다고 했다. 이재가 보기에 홍대용은 뒷말이 없는 사람이었다. 일전에 『수리정온』을 반납할 때에도 별다른 말이 없었던 것이다. 여하튼 이재는 홍대용의 주선으로 『수리정온』 『역상고성』 등을 다른 이를 통해 빌려볼 수 있었다. 이듬해 8월, 태인을 들렀지만 홍대용은 만나지 못했다. 대신 안처인安處仁을 만났는데, 윤종輪鐘을 잘 만드는 사람이었다. 이재는 홍대용의 초당에 있다는 서양 물건들이 생각이 났다. 며칠 뒤 홍대용에게 어머니가 드실 꿀을 구해달라고 하니, 이튿날로 꿀이며 육포를 보내왔다. 이재에게 홍대용은 든든한 우군이었다.

1780년, 이재는 52세가 되었다. 그는 10월, 김천운金天運에게 홍대용의 연행록燕行錄을 빌려다 베껴오도록 했다. 직접 북경을 가볼 수 없는 처지에 상상 여행으로나마 그 분위기를 익히고 싶었던 것이다. 그로부터 3년 뒤, 이재 나이 55세, 홍대용은 53세였다. 홍대용은 태인에서 영천榮川으로 거처를 옮겼지만, 그해 여름 갑작스레 세상을 떠나고 말았다. 지우요 동문이요 후원자요 학문적 동지였던 홍대용을 잃은 이재는 너무도 슬펐다. 이후로도 이재는 홍대용의 집안과 왕래를 계속했다. 그의 동생인 홍대정洪大定을 통해 홍대용이 북경에서 구해온 책이며 갖가지 서양 물건들에 대하여 소식을 들었고, 이재만 원하면 빌려볼 수도 있었다. 『조야휘언』 『노가재연행일기』도 빌려 보았고, 윤종도 빌려보았다. 그가 쓰던 책과 물건을 보니 더욱 가슴이 아팠다. 1786년 7월 27일, 홍대용이 세상을 떠난 지 세 해가 되는 때이다. 한편 그로부터 다섯 달 뒤 황망한 소식을 접했다. 홍대용의 맏아들 홍원이 부친이 아끼던 책인 『율력연원』과 『역상고성후편』을 50

냥에 팔았다는 것이다. 이재는 정신이 아득해졌다. 부친이 돌아가신 지 삼년상을 치르자마자 벌어진 일이었고, 무엇보다 그 책들은 홍대용과 자신이 가장 아끼며 토론하던 책들이었다. 그는 홍원에게 편지를 써서 자신이 고가에 사줄 테니 책을 찾아오라고 했다. 허나 한번 남의 손에 들어간 책을 어떻게 되찾을 수 있겠는가. 이재는 홍대용이 자신에게서 점차 멀어져 감을 느꼈다. 특히 『율력연원』은 홍대용과 처음 만났을 때, 그가 내게 꺼내준 책이지 않았던가!

이재와 홍대용의 만남은 책으로 시작하여 책으로 마무리되었다. 그 책이 『율력연원』이다. 당시 이 책을 두고 논의할 사람이 없었던 홍대용은 이재의 박학다식과 천문역법에 대한 지식을 높이 샀고, 이재는 보고 싶었던 책을 직접 보게 된 기쁨에 서로 시간 가는 줄 모르고 이야기를 나누었다. 『율력연원』은 청나라 강희제가 지시하여 수학, 음률, 천문학에 대하여 편찬하도록 만든 책으로 100권의 거질이다. 이 책과 같이 이재가 홍대용에게 빌려 보았던 『역상고성』은 강희제 말년에 『율력연원』 가운데 천문학 부분을 뽑아서 만들었는데, 주로 태양과 달의 운행에 대한 논의가 실려 있는 책이었다. 홍덕興德에서 지식욕이 강했던 지방지식인과 북경을 다녀오며 세상의 변화를 읽었던 중앙 지식인 사이의 교류는 이렇게 시작되고 끝났던 것이다. 두 사람은 어느 일방이 다른 일방에 영향을 주는 단선식의 교학관계는 아니었다. 또한 중국의 영향을 받은 조선의 소중화주의자들도 아니었다. 이들은 책을 두고 토론하며 그 의미를 같이 되새기는 동학이었고, 박학을 통해 서로를 성장시킨 자생적 지식인들이었다.

2) 이덕무와의 기억: 다문박식하고 반듯한 독서인

"이덕무는 이른바 사검서의 한 사람으로서 서얼출신이며 이재와 마찬가지로 벼슬길에서 별로 현달하지 못했다. 학문적 성향도 이재와 비슷한 백과전서파였으며 철학과 사회개혁론에서는 보수적인 입장을 견지하였다. 이재가 이덕무를 직접 만났는지 여부는 기록상 확실하지 않으나 최소한 간접적인 접촉이라도 있었다면 1770년대 후반 무렵이라고 여겨진다. 즉 1777년 7월부터 1779년 12월까지 홍대용이 태인 현감으로 재직할 때 이덕무를 태인으로 불러 같이 지냈다. 이 시기는 이재와 홍대용이 깊은 교류를 하고 있을 때이고 이재와 이덕무의 학문적 성향이 비슷했던 만큼 소개했으리라고 보여진다. 이후 두 사람은 서로 상당한 호감을 가졌고 우의를 유지했던 것 같다. 즉 이재가 51세 때 처음으로 외직인 목천 현감으로 나가자 이덕무는 진사 이응정李應鼎에게 편지를 써 당시 충청 관찰사에게 소개하도록 하였다. 한편 이재도 서얼문제에 대해 강경한 입장의 개혁론을 주장하였는데, 여기에는 이덕무에 대한 배려도 작용한 것이 아닌가 생각된다."[52]

· 이덕무 일지

− 1777년 1월 27일: 나는 도성의 여관에서 우연히 건륭제가 편한 『대청일통지』를 구해 보았고, 뒤이어 사인 이덕무가 전하는 이야기를 들었다.[53]

---

52 하우봉, 앞의 글.

53 1777년 1월 27일 49세, 4책 23권 457~458쪽. "崇禎三丁酉 我聖上元年春正月日 禦侮將軍行世孫翊衛司翊贊越松 黃胤錫狀 狀成之翌年戊戌 胤錫旅官都下 偶得淸乾隆初所編大淸一統志 載我國故實有曰 崇德年 遣其國使臣羅某李某還國 繼接士人李德懋所傳 其從蔡判樞濟恭鄭參判一祥沈應敎念祖使行在燕館得乾隆中御製全韻詩自註 紀淸初事跡 有曰 朝鮮使臣羅德憲李廓 獨不拜守禮義 乃放還本國 則公之始終大節 于二書益白矣 夫以滿漢之黯服如彼 而本國褒典 尙未遑備擧何哉 惟幸李文簡公喜朝爲李公立傳 今其芝村集方行 庶幾有以徵夫拒賀之盡節捐書之非疵 而百世之公議 於是定矣 噫 二公豈無憾哉 因又竊識狀尾 以俟採擇."

–1777년 8월 8일: 저녁 먹고 홍대용의 집으로 갔다. 마침 이덕무李德懋가 와 있었고, 박지원朴趾源과 박제가朴齊家도 왔다. 이들은 모두 다문박식하여 같이 이야기할 만하였다.[54]

–1777년 8월 9일: 홍대용의 집으로 갔는데, 그곳에서 이덕무, 박지원, 박제가 등과 이야기를 나누었다. 조금 있다가 홍대용이 퇴근하여 왔다. 오늘로 두 밤을 이곳에서 잤다. 날이 밝자 홍대용은 대궐로 출근했고, 아울러 이덕무, 박지원, 박제가 등과도 헤어졌다. 전날 밤 홍대용은『역상고성曆象攷成』(상上/하下/후편後編)·『수리정온數理精蘊』·『팔선대수표八線對數表』·『대수천미표對數闡微表』·『태서곤여전도泰西坤輿全圖』를 보여주었다. 또 시초蓍草로 보여주었는데, 중국인이 보내준 것으로 복희伏羲 문왕文王의 무덤 위에서 나는 대나무로 만들었다고 했다.[55]

–1778년 7월 10일(50세): 이만운李萬運이 이덕무를 만났던 이야기를 전해주었다. 당시 이덕무는 연관燕館에서 반정균을 만난 이야기를 해주었다. 반정균은 홍대용과 아는 사람이다. [56]

–1778년 11월 17일: 이만운이 와서 돈을 빌려주기를 청했다. 이때 이덕무가 황윤석이 입번하면 같이 이야기를 나누고 싶어한다는 소식을 전하였다.[57]

---

54 1777년 8월 8일 49세, 4책 22권 394면. “夕後 赴大貞洞洪德保家 將以明曉 進參卒哭闕外哭班 卽德保不相約故也 旣至德保家 則李生德懋適來相話 而朴生趾源(故都正大源丈族弟)朴生齊家(故參判彝叙兄之後)亦至 三君皆潛夫 而多聞博識 可與言者”

55 1777년 8월 9일 49세, 4책 22권 395면. “因歸德保家 與李君二朴 相話 有頃 德保自闕內罷班乃歸 相話 再寢 平明 德保又有公 故赴闕 爲余饋以朝粥曰 旣縻一官 便違良會 誠可惜也 尊兄此去 南北便杳然 若幸復職 庶可再遇 而事未易如意 奈何奈何 又與李君二朴 相別而罷 是日 觀德保所藏曆象攷成上下後編及數理精蘊 幷八線對數表對數闡微表 又觀泰西坤輿全圖 康熙甲寅西士南懷仁所增修者 共八疊 爲圖者二 各列赤道 半天爲一圖(德保又言 家藏蓍草 一握五十莖 卽中國人所以遠饋者云 產于伏羲文王塚上 而我國方言所謂씨양째也)”

56 1778년 7월10일 50세, 5책 26권, 215쪽. 昨日李碩士萬運言 李德懋旣回自燕都來見 以爲在燕館日 得遇翰林院庶吉士潘廷筠 卽洪大容德保舊日相熟萬里通書者也 數年間 始登科初任 李亦熟於德保 故彼爲之開懷談說 因得一秘史六冊 卽記淸人始興時事者有云

- 1778년 11월 26일: 이만운과 이덕무가 같이 와서 이야기를 나누었다. 그는 학식과 견문이 넓었고 단정하고 깨끗했다. 그가 심염조沈念祖의 사행을 따라 요계遼薊 지역을 다녀왔다고 했다.[58] ○이덕무는 한양에서 서학과 수리를 전문으로 하는 사람으로 서명응과 서호수가 있으며, 이벽李檗과 정후조에 대해 알려주었다. 정후조는 세계지도에 관심이 있는데, 그가 『대청일통지』가 『대청외전』만 못하다고 했다고 전해주었다.[59] ○이덕무는 근래 규장각에서 『규장운서』를 찬술했다는 소식도 전해주었다.[60] ○이덕무는 북경의 정양문 밖에 이개李鍇란 사람이 있는데, 그의 선조가 조선의 이산부에 살았던 사람이라고 했다.[61]

---

57 1778년 11월 17일 50세, 5책 27권 336쪽. "李碩士萬運 來請貸錢 而余無有奈何 李言 李德懋頃來 要待余入番時會話 又言 近聞 當有山林卜相之擧 豈指宋德相耶"

58 1778년 11월 26일 50세, 5책 27권 346쪽. "李碩士萬運 與李生德懋懋官 來話 李生辛酉生 定宗王子宣城君之後也 博識多聞 端謹修潔 眞可愛可語 今春從沈念祖使行 歷覽遼薊山川風俗書冊 自謂 聞見有長進處 余旣三度相對 劇談古今 至昏乃罷"

59 1778년 11월 26일 50세, 5책 27권 346쪽. "李德懋言 近日 京中 以西學數理專門者 徐命膺及子浩修 而又有李檗 卽武人格之弟也 廢擧不出 爲人高潔 方居紵洞 又有鄭厚祚 卽文官喆祚之弟也 專意於天下輿圖之學 嘗言 大淸一統志輿圖固精 而猶不如大淸會典所載者云"

60 1778년 11월 26일 50세, 5책 27권 347쪽. "李德懋 又言 近間上敎奎章閣諸臣 撰奎章韻書六冊 而尙未脫藁 實徐命膺主之 盖以正韻字典諸書所載 除僻字收錄 而各具本音叶音 幷錄漢滿蒙倭四國 方言于末 以備便覽云(後聞 李實助役于徐) 又言 數年前淸主有御製全韻詩六冊 大學士于敏中 繕寫刊行 敏中 方以書法名天下者 其曰 全韻詩者 一依韻書東冬江支次第 以至入聲盡數遍押 而或五言 或七言 或四言 或長篇 或短章 歷記其祖宗開創事跡 而各又分注故實於詩句之下 盖如我國龍飛御天歌具章注者耳 沈念祖 初欲購來 而譯官輩 以其中或有本國應嫌說話 力阻之 歸以入啓 自上惜其不購云 羅府尹李統制不屈之說 正在其注中矣"

61 1778년 11월 26일 50세, 5책 27권 347쪽. "昨日 李碩士萬運 李生德懋言 北京正陽門外 有李鍇 字鐵君 號豸青山人者 隴西人 其先居于朝鮮理山府 明世入居于遼地鐵嶺衛 有成梁以武臣鎭邊 立大勳 寧遠伯妻仈氏(仈音掌) 亦女將也 得士卒死心 生六子 如樟如柏如梅如楳如松或云 妾子等 俱以武顯 淸太祖 奴兒

- 1778년 12월 2일: 이덕무와 삼한과 삼국 방언의 번역에 대하여 이야기를 했다. '금와金蛙'는 고구려의 조상인데, 방언을 확인하면, '고구려'를 중국음으로 '가고리'로 부르고, 번역하면 '개구리'가 된다고 했다. 나는 그럴 듯하다고 하면서, '고(高)'뿐만 아니라 '구句', '구鉤'도 '가'라 읽는다고 했다. 『고려사』에 '구고려句高麗'란 말도 있는데, 이 또한 방언의 용례를 통해 그럴 법하다고 볼 수 있다.[62]
- 1778년 12월 5일: 이덕무를 찾아갔다. 그는 외출중이었고, 아우인 이공무가 있었다. 단정한 사람이었다. 『왜한삼재도회倭漢三才圖會』, 『강희자전소본』, 『연감재어정패문시운淵鑑齋御定佩文詩韻』·『음운오서音韻五書』·『운회당향韻會唐鄉』 등을 보았다.[63]

哈赤之父祖及曾祖三世 竝爲成梁所討殺者也 明末如松之孫 東奔我國 而如梅則征倭時 先沒于我 因葬 國家爲置守塚戶 其妓妾子孫 居于江華 成梁孫一人降于清 從世祖 入關爲旗下人 稱以從龍者 卽錯之先也 錯父官于四川 錯能文章廢擧 英宗辛酉 閔亨洙使燕也 清陰庶裔𤈤金益謙從行 李槎川秉淵一源(三淵門徒 傳師詩者) 自抄詩稿 付益謙於入燕 問天下能詩文者 請得批評 則益謙 在玉河館 聞錯盛名 亟往示之 錯批評以爲漢魏模樣 益謙又請得家藏絶寶一玩 則錯出一漆櫝表裡 裹以錦袱 中有一簇子 當中書一律云 丌上殘編倦不收 沙邊魚鳥默相求 看書忽下千秋淚 臨水翻增萬里愁 老去才名誰解惜 古來詞賦早悲秋 塾中同學今誰在 只許青山照白頭 卽其自製者 又有一絶云 禪衣高掛白雲端 石棧春風草色寒 吳山越水三千里 秪作迷津一粒看(迷津疑微塵) 盖錯自珍其詩如此 名其集曰睫巢 今有選行於彼中者 大抵多慷慨 意思不欲臣清也歟 世言成梁福祿 擬於郭汾陽 以余攷之 明史野錄多言 與璺官締結以致勳封云"

62 1778년 12월 2일 50세, 5책 27권 349쪽. "頃日 李德懋談及三韓三國方言翻譯之說 李君因言 以此推之 檀君之後金蛙 則高句麗之祖 以方言攷之 高句麗 華音가고리 翻之則蛙也 此說何如 余曰 有理 非徒高字有가音 高麗史 亦呼高句麗 爲句高麗 句字古華音呼가 故鉤字方言 亦呼가 溝字亦呼가 然則雖作句高麗 亦係蛙字方言耳"

63 1778년 12월 5일 50세, 5책 27권 352쪽. "歷謝李生德懋於大寺洞朴判書宗德家前則李生出外未歸 其弟功懋在焉 自言丁丑生 端修可愛 亦可語古今者 因見倭漢三才圖會(倭亦稱和國 因中國人所撰三才圖會 而補以倭中名物者) 及康熙字典小本(內府本云) 及淵鑑齋御定佩文詩韻(亦康熙口定) 及音韻五書(總詩經唐韻音韻論辨者) 及韻會唐鄉二本 日夕乃歸"

– 1779년 1월 25일: 이덕무의 편지를 받았다. 서쾌(책 거간꾼) 이야기를 들었다.[64]

– 1779년 9월 22일: 저녁에 검서관 이덕무가 찾아왔다. 호서의 방백인 이응정李應鼎과 친한데, 나를 그에게 소개해 주겠다고 하였다.[65] ○이날 이덕무는 내가 벽에 써 놓은 자경하는 말을 베껴가면서 자신의 경계로 삼고 싶다고 했다. 그리고 내가 서울의 세도가를 위해 과장을 출입했다는 소문이 있는데, 무함이라는 것을 알고 있다고 했다.[66]

– 1779년 3월 1일: 이덕무가 찬한 〈나통어공행장발문羅統禦公行狀跋文〉을 기록하다.[67]

---

64 1779년 1월 25일 52세, 난고 6책 32권 188쪽. "二十五日甲辰 曉晴 平明泮人李壽得告歸 又給草鞋二部 大寺洞李檢書德懋十四書來 有爲沈翼鎭屬托奴訟者 因自錦邸答去 始余在京別時 要得可購書相示 今聞書儈 果有所致 奈此無錢何"

65 1779년 9월 22일 51세, 6책 31권, 104쪽. "夕間 李檢書德懋來話 自言 與湖西方伯庶叔前靑山倅昌郁之子 進士應鼎相親 方隨在湖西巡營冊房 爲余作書遞傳 欲令方伯知余爲何如人耳"

66 1779년 9월 22일 51세, 6책 31권, 104쪽. "是日 李君德懋 見余壁上自警韻語三首手錄以去云 亦欲以之自警耳 又言 頃聞 京中人 或傳以爲 左右曾爲京中勢家同出入場中矣 追聞 先庭訓語有目 雖兄弟間 代入亦是科賊 卽此思之 始知世俗所傳 出於誣陷耳 又言 沙川金掌令鍾厚從遊之士 如李光錫(李德懋之七寸姪居廣州靈通里) 李萬中(居廣州宮村) 任埥及李△△(奎緯子)諸人 是已而亦愛渠娓娓云"

67 1779년 3월 1일 51세, 5책 28권 438～439쪽. "李生德懋撰羅統禦公行狀跋文 有云戊戌夏 從蕉齋沈公念祖自號遊于燕 盖嘗陰求國史野乘 庶幾記載 丙丁之際 皇明陪臣節義之事 得讀王漁洋士禛所輯感舊集抄選 同時知舊之詩 往往錄義士遺民 其詩多寓歔欷感慨 不能自已之旨 篇末 附淸陰先生詩 可見感舊之意 一日遊琉璃廠書肆 遇濟南人朱東木 東木書示曰 君知金尙憲先生否 余對曰 號淸陰 文章節義 卓犖千古 東木笑而去 又從人借見皇帝近年所製全韻詩 其詩 皆四五七言古體 起于東冬 迄于葉洽 歷敍其祖先創業守成之蹟 先言長白山天女呑朱果降生異人 止于雍正之世 逐句分注 頗具事實 凡四冊 縱周尺七寸徑五寸裝以紺綃 太學生于敏中 手書刊行 而其頌太宗文皇帝建號卽位 詩注大略曰 朝鮮假禮義事明朝 其使臣李廓羅德憲等 不拜云 太宗者 卽弘他時也 於是 使臣蔡公鄭公沈公 讀至此 俱齎咨 太息悲惻 良久曰 兩公 其有後孫否 奈何令聞此事也 以其書秘不敢賚歸本國 因使余求其後孫 余遇士友 必詑言此事不已 不數

−1779년 9월 19일: 규장각에서 검서관을 신설했다. 이덕무가 편지를 보내와 안부를 물었다.[68]

−1779년 9월 20일: 이덕무를 대사동으로 찾아갔다.[69]

−1779년 9월 23일: 이덕무가 이응정에게 편지를 보내어 나를 소개해 주었다. 그 편지를 덧붙여둔다.[70]

−1779년 12월 26일: 이덕무의 편지를 받았다. 정원시가 승지를 그만두고 이의익이 그 자리를 차지했다고 했다.[71]

月 兩公節義藉甚 □中仍訪問其遺孫 或云 李公之孫 陵替不振 居于峽江 混跡耕樵 羅公之孫 在羅州 而無由以聞之也 嘗有一士 訪余于青莊 書至自言 皇朝陪臣羅公之五世孫 名壁天也云云 公姓名及遺事 丙子錄以外雜見於書籍 如國朝寶鑑澤堂集尤庵集南漢日記朴將軍日錄遲川集藥泉集荷潭錄芝村集西溪集淸一統志 則不待余言而已 流傳足以不湮沒 至若全韻詩 惟余知其事 不得不謹識于行狀之後"

68 1779년 9월 19일 51세, 난고 6책 31권 100쪽. "奎章閣新設檢書官 李君德懋書來致問 因以尹都事光星 卽宣擧庶子拙曾孫云 三世墳山 在木川之昇天店右 請余上官後 招其墓奴金善奉 略示斗護 而明春改葬祖墳時 以其祖 曾經木川本縣先生 故請復依近例顧助 惟待本家臨時告訴而處之 余亦答書送去 兼問其弟功懋又答羅統禦謚旌新命之歸功於余者而辭之"

69 1779년 9월 20일 51세, 난고 6책 31권 101쪽. "又訪李君德懋于大寺洞 夕歸"

70 1779년 9월 23일 51세, 난고 6책 31권 105쪽. 〈附李檢書德懋 與李進士應鼎書〉 "霜風凄緊 矯首南望 不禁遐想 不審伊來 起居淸吉 瞻溯那能自已 弟姑如前狀無寸長進處 不足奉聞奈何 木川太守黃公 道學文章 磊落大儒 眞今世之叔度也其治績之蔚然 指日可期 巡使令公 自此庶幾可弛木邑蒼生之憂矣 是弟一生推以爲表準者 兄亦不可不一識 可以爲觀感之資 又聞 敎官公於黃公 嘗有一見願而以不能合席爲恨云 其爲長者 可知也 到任後 營下往來之事 想應頻頻探其玉也 兄須躬訪下處 接晤款款 論經諸史 以至詩文 每事相議 則絶腹對吾輩泄泄無所資者 兄其勉之 面月旋歸否 企待而已 餘不宣 伏惟兄照拜狀 敎官 己亥九月二十二日 同姓弟德懋頓首 敎官 卽李進士之嫡季父昌顯 用力經學 著述甚多常向人稱余 而願見云"

71 1779년 12월 26일 51세, 난고 6책 32권 162쪽. "二十六日丙子 曉陰 朝間 羅兄壁天氏 自京南歸歷訪 得宋正郎仲建書 聞柳匡天高信謙 俱居下 而吏曹三堂 則李重祜鄭元始金夏材也 今月二十五日 將行都政 又得李檢書德懋書 後聞 鄭元始移承旨 而李義翊代之"

– 1783년 7월 15일: 이덕무가 적성 현감이 되었다.[72]

– 1786년 5월 17일: 사령에게 대묘동 이덕무의 집을 찾아가 안부를 전하도록 하였다.[73]

– 1786년 5월 18일: 이덕무의 답신을 듣다.[74]

– 1786년 5월 19일: 이덕무에게 편지를 쓰다.[75] 이덕무에게 부탁하여 『삼재도회』의 〈직금회문도〉를 구했다. 또 『주역절중』을 빌려달라고 하면서, 아니면 서쾌를 시켜 구입할 수 있는 곳을 알려달라고 했다.

---

72 1783년 7월 15일 55세, 6책 35권 575쪽. "積城縣監 李德懋首點"

73 1786년 5월 17일 58세, 난고 7책 38권 274쪽. "陪使令等歸 令訪貞陵洞李叅判秉鼎宅所在處 又令訪大廟洞李積城德懋家 傳語"

74 1786년 5월 18일 58세, 난고 7책 38권 276쪽. "又聞太廟洞李積城德懋答語 將以公除後還官"

75 1786년 5월 19일 58세, 난고 7책 38권 277～278쪽. 〈與李積城德懋書〉, "於回价承辱問拳拳 亦足當八年一面矣 炎風正苦 不審啓居增衛 幾時果還官 季氏 學識益廣否 間遇羅學士壁天氏 略聞消息 而玆閱大典通編 則又知爲手眼之所經 惟別來鬚眉未至衰白否 胤錫 木川七八朔 旣無以仰遂相期之重 而不佞鮮媚 乃爲猾吏逐去 旋又繼以草土凶荒汨滾五六歲 其猶不死者幸爾 顧目霧頭風 齒髮渾損 而區區拙業 轉成潮退 俯初志仰古人 可愧多矣 則世間蠢動 宜非微分所堪 而獨以甲辰禫月之樂簿 今年吉月之牲簿 俱出副點 寧無一謝力疾入城 良以是矣 身旣到此 勢反難淹 方日俟南中人馬可得 而順歸者 而機會未易 政爾愁惱 夫豈不知吏隱貧仕之義而然哉 亦見其徒留無益 不如歸臥而已 如高明非是不知我者 能不一哂也耶 盖必須一進 毋後行旆之發 而公除以前 服樣多苟 眞朱子所謂茅纏紙裹者爾 用是赼趄 先之以書 書到想更一歎 幸或官程有可展期 則示破如何 千萬不宣 統希崇亮 謹侯上狀 羅氏先諡 尙未榮延 窮寠之家 旁得不然 而錄裔之議 容有時耶 靡左右 亦不必發此說也 曾見貴案 有三才圖會唐本矣 因念其中固多可蘇惹蘭織錦回文圖考 而至如蘇惹蘭織錦回文圖 世多贋作 惟此書所載非贋 況家藏缺訛 正欲援補 或不惜惠借此卷 雖乞而與之 亦執事同好之所及也 不數日便當奉還 亦令季氏留如何 朱子亦嘗有効此體者 勿以勤小物爲呵 則尤所企也 周易折中一部二十冊 能亦借否 如有可購者 擬以債收歸 指示如何 應有所識書儈耳 烏角帶白皮靴 或有退物可借否 呂舍人詩云 逢人輒有求 所以百事非 此又朱子所稱也 一書所恩 非止一二重用 悚仄之至 丙午五月十九日 記末胤錫拜"

이재가 이덕무를 알게 된 것은 1777년 1월 이전이었다. 그의 나이 49세였다. 이재가 우연히 서울에서 『대청일통지』를 구해 보았는데, 그곳에 조선의 사신으로 나모羅某와 이모李某가 조선으로 방환放還되었다는 기록이 있었다. 이후 이덕무의 전언이라는 것을 들었는데, 채제공 등이 사행을 갔다가 건륭 연간에 지어진 『어제전운시』를 구했고, 그 자주에 "조선 사신 나덕헌羅德憲 · 이확李廓"으로 분명하게 거론되어 있었다고 했다. 이재는 『대청일통지』와 『어제전운시』를 통해 이 사실을 확인하기도 하였다. 이 기록은 이덕무의 『청장관전서』(권70)에도 기록되어 있다. 여하간 이재의 기억과 기록 속에 이덕무는 최소한 1777년 정월 어름부터 등장하는 셈이다. 이때 이덕무는 37세였다. 직접 이 시기에 만나지는 못했다.

그로부터 6개월이 지나 이재는 홍대용의 집을 찾아갔다. 그곳에 마침 이덕무를 비롯해 박제가, 박지원 등이 있었다. 이들과 이야기를 나누면서 다들 박식한 사람임을 확인했다. 이튿날 이재는 홍대용의 집에서 그들과 이러저런 이야기를 나누었다. 이틀에 걸쳐 만나 이야기한다는 것은 쉽지 않은 인연이었다. 마침 홍대용의 집에서 『역상고성』 『수리정온』 등을 보았고, 중국인이 보내주었다는 시초蓍草도 보았다. 대나무로 제작된 것이었다.

이듬해, 1778년, 이재 나이 50세가 되었다. 이덕무 등을 만난지 1년 가량 되었을 즈음, 이재는 이만운을 만났다. 그가 이덕무 소식을 전해주었는데, 연행길에서 반정균을 만났다고 했다. 반정균은 홍대용과도 아는 사람이었다. 이덕무와 반정균이 모두 홍대용과 잘 아는 사이라는 점이 오히려 두 사람이 마음을 터놓고 이야기를 나눌 수 있는 기회가 되었고, 이덕무는 그로부터 청나라 시흥始興하던 일을 기록한 『비사』 6책을 얻었다고 했다. 사람과 사람이 이어지는 특이한 경험이었던 것이다. 석 달이 지난 11월, 이만운은 돈을 빌리러 이재를 찾아왔다. 찾아와 전해 준 소식에 의하면, 이덕무가 이재와 대화하고 싶어한다는 소식이었다. 이재에겐 반가운 소식이었다.

그로부터 열흘도 못 되어 이만운은 이덕무와 같이 이재를 찾아왔다. 1778년 11월 26일이다. 이재가 보기에 이덕무는 견문도 넓었던 데다 몸가짐도 단정하고 깨끗했다. 그는 근래 심염조沈念祖의 사행을 따라 북경 지역을 다녀왔다. 이덕무는 북경 정양문 밖에 있는 이개李鍇란 사람의 소식도 알려 주었는데, 사실 조선 사람이었다. 이덕무가 말해 주기를, 한양에서 서학과 수리에 능한 사람으로 서명응, 서호수 등이 있다고 했다. 아울러 이벽과 정후조란 사람도 있는데, 특히 정후조는 세계 지리에 관심이 많다고 했다. 근래 규장각에서 『규장운서』를 찬술했다는 최신 도서 정보와 함께 『대청일통지』가 『대청외전』만 못하다는 점도 지적해 주었다. 북경과 한양의 최신 소식을 전해 주는 이덕무에게 이재는 감탄하고 고마웠다.

그해 12월 2일, 이재는 이덕무와 같이 우리나라의 방언에 대하여 이야기를 나누었다. 특히 흥미로웠던 것은 금와와 고구려였다. 우리말과 한자 표기 사이의 상관성을 논의할 수 있는 흥미로운 기회였다. 이덕무는 '금와金蛙'는 고구려의 조상으로서, 방언으로 살펴보면 '고구려'를 중국 음으로 '가고리'로 부르고, 번역하면 '개구리'가 된다고 했다. 이재는 그럴듯하다고 여겼다.

사흘 뒤, 12월 5일, 이재는 이덕무를 찾아갔다. 마침 이덕무가 출타 중이었고, 그의 아우인 이공무가 있었는데, 그 역시 반듯한 사람이었다. 이덕무는 없었지만, 그의 집에서 『왜한삼재도회倭漢三才圖會』·『강희자전소본』·『연감재어정패문시운淵鑑齋御定佩文詩韻』·『음운오서音韻五書』·『운회당향韻會唐鄉』 등을 보았다. 이재가 찾아갔다가 만나지 못한 지 한 달도 더 지난 이듬해 1월 25일, 이덕무가 편지를 보내왔다. 그에게 서쾌에 대한 이야기를 들었다. 이후로 그와의 만남은 뜸해졌다.

그해 9월 22일, 검서관으로 있는 이덕무가 이재를 찾아왔다. 그는 호서의 관찰사인 이응정에게 나(이재)를 소개해 주겠다고 했다. 이날 그는 내가 벽에 써 놓고 자경自警하던 운어韻語를 베껴가면서 자신의 경계로 삼겠다고 했다.

이듬해, 이재의 나이 51세다. 1779년 3월 1일에 이덕무가 찬술한 〈나통어공행장발문羅統禦公行狀跋文〉을 기록했다. 통어공統禦公 나덕헌羅德憲은 나벽천羅壁天의 5대조로서, 앞서 1777년 이덕무에게 들었던 '나모'였다. 나덕헌은 병자년(1636, 인조14)에 춘신사春信使로 중국에 갔을 때, 청나라 왕이 참칭하여 관온황제寬緼皇帝, 국호를 대청大淸, 연호를 숭덕崇德이라 하며 하늘에 제사하고 조회를 받는다 하여 절의를 내세워 굽히지 않았던 인물이다. 이덕무가 그의 행장에 발문을 써 준 것이다.

그해 9월 19일, 규장각에서 검서관을 신설했는데, 이덕무가 이재에게 편지를 보내와 안부를 물었다. 이튿날 이재는 대사동으로 이덕무를 찾아갔다가 저녁에 돌아왔다. 사흘째 되었을 때, 이덕무는 언젠가 자신이 추천해 주겠노라고 했던 이응정에게 이재를 소개해 주었다. 고맙게도 이덕무는 나(이재)를 "도학과 문장이 뇌락磊落한 대유大儒로서, 진정 금세의 숙도叔度이니, 그 치적이 성대할 것은 날을 헤아려 기대할 만합니다."라고 해 주었다. 고마운 일이었다. 이때 이재는 목천을 다스리고 있었다.

그로부터 석 달이 넘었을 즈음, 12월 26일이다. 이덕무가 이재에게 편지를 주었다. 정원시鄭元始가 승지를 그만두고 이의익李義翊이 그 자리를 차지하였다고 했다. 조정의 벼슬 동향을 알려 준 것이었다. 아침나절에는 나벽천이 찾아왔었다.

1783년, 이재의 나이 55세이다. 이덕무가 적성현감이 되었다. 이후 3년이 지난 1786년(이재 58세, 이덕무 46세) 5월 17일, 이재는 이덕무의 집으로 사령(使令)을 보내어 안부를 물었다. 이튿날 이덕무의 답신을 들었다. 다시 다음 날, 19일, 이덕무에게 편지를 썼다. 그에게 부탁하여 『삼재도회』의 〈직금회문도〉를 구했다. 또 『주역절중』을 빌려 달라고 했는데, 여의치 않으면 구입할 수 있는 곳을 알려 달라고 했다.

이재는 1791년에 삶을 마감하니, 죽기 5년 전까지 이덕무와 교유했던 것으로 보인다. 1777년 8월 5일, 이재는 홍대용의 집을 찾아갔을 때, 그곳에서 이덕무를 처음 만난 듯하다. 이미 반년 전부터 이덕무의 소식과 식견을 들은 바 있었지만, 직접 민나서 이야기를 나누기 시작한 것은 그 즈음이었다. 그로부터 1786년 5월 19일까지, 이재는 이덕무와의 교유의 흔적을 남겨 놓았다. 흥미롭게도 이재가 홍대용과의 교유도 마무리되는 시기도 1786년(7월 27일)이었다. 물론 홍대용이 세상을 떠나면서 초래된 일이었다. 그에 비하여 이덕무와는 그때 보낸 편지가 마지막이었다. 여하간 이재는 이덕무를 통해서 조정의 동향도 들었지만, 주로 북경을 비롯해 책에 대한 소식을 들었다. 그에 대한 첫인상처럼, 이덕무는 다문박식하고 반듯한 독서인이었다. 이덕무는 이재가 자신보다 연배가 위인데도 세상에 알려지지 않음에 대하여 대단히 안타까워했고, 일부러 추천서를 써 주기도 했다. 이들은 서로를 이해하는 독서인들이었다.

4. 새로운 18세기 지성사의 가능성

이 글은 하우봉교수가 정리한 단서를 좇아가면서, 『이재난고』의 기록을 살펴본 데 불과하다. 그 결과 큰 그림은 상당 부분 일치하는 것을 확인할 수 있었다. 다만 찬찬히 구체적인 시기를 보완해 밝힐 수 있었으니, 이는 '난고'의 연도별 재구를 통해서 가능한 일이었다. 앞의 홍대용과 이덕무의 사례를 통해 확인할 수 있는 것은 이렇다.

이재는 홍대용과 젊은 시절 만난 적은 없었지만, 익히 그 존재는 알고 있었다. 둘은 '대등한' 정도의 학식으로 만났던 것으로 보인다. 그와는 주로 『수리정온』·『이수신편』 등과 같은 자연과학, 수리과학의 책을 통하여 인연이 맺어졌다.

이덕무와의 인연은 연경燕京의 소식을 듣는 가운데에 맺어졌고, 홍대용의 대면과 비슷한 시기에 이뤄졌다. 특히 홍대용과 친분이 있던 청나라 사람 반정균과 이덕무가 만나서 이야기했다는 소식은, 이재에게 흥미로운 지적 교류를 느끼도록 해주었다. 중국의 지식을 책으로써만이 아니라 사람을 통해서 전해지고 있음을 확인했기 때문이다.

이들과 만나는 순간, 박제가, 박지원 등도 있었다. 이재는 이덕무를 통하여 『대청외전』·『규장전운』·『삼재도회』·『주역절중』 등의 책을 접했다. 이덕무는 새로운 지식이나 정보를 전해주는 입장이었고, 이재는 그것을 나름 소화하여 다른 사례를 적용하기도 했다.(방언의 경우) 그런데 이상하게도 이재가 만났던 홍대용과 이덕무의 시문집에는 그와의 기억을 담아놓은 글들이 별로 전하지 않는다. 왜 그럴까? 이 부분은 다시 찬찬히 살필 일이다.

많은 의문들을 괄호 안에 두고서라도, 앞서 살펴본 내용은 그동안 우리가 갖고 왔던 성견(成見)에 대한 회의를 불러일으킬 수 있다. 이재와 홍대용의 관계를 예로 들어보자. 우리는 흔히 이재의 백과전서식 박학과 학문의 깊이가 실학파의 영향 아래에 이뤄진 것으로 생각하곤 해왔다. 이를테면 이재의 과학적 인식을 두고 설명하면서 늘 홍대용과 연결하는 것이 그것이다. 홍대용이 지닌 천문학적 지식의 깊이에 대해서는 두말 할 나위가 없지만, 과연 홍대용을 만났기 때문에 이재의 과학적 인식과 학문적 깊이가 더 깊어진 것일까? '만남'의 수준과 강렬도는 어떠했을까? 이것이 확정하기 어려운 문제다. 추정할 수는 있지만 근거는 명확하지 않다. '더'에 방점이 있는 듯이 보이지만, 이 논의의 밑에 이재의 자연과학에 대한 회의, 즉 그 '자생성'에 대한 의심이 전제되어 있다. 이재는 홍대용과 만났을 때 이미 49세였다. 20세 이전에 눈병을 앓을 정도로 책을 읽었던 이재는 이미 홍대용을 만나기 이전에 수많은 독서를 통해서, 자생적으로 성장한 박학적 지식인이었다. 그는 홍대용과 거의 대등한 지석 사격으로 마주했던 것으로 보인다. 박지원, 이덕무, 박제가를 만났던 일을 인용하는 경우에도, 우리는 그의 학문 세계를 북학파 실학 세계에 연동시켜 그 권위를 빌리려 하지 않았는가 하는 의문을 품어 본다. 사실 한두 번의 만남 이후로 이들 사이에 학문적 토론은 거의 없었다. 여하튼 북학파 실학자들이 이재를 어떻게 평가하는 지와는 별개로(사실 이에 대해 우리가 말할 수 있는 근거는 뚜렷하지 않다) 이재가 이들의 영향(어떤 방식인지도 확실하게 제시된 적은 없다)을 말하며 학문적 성장을 운운하는 것도 찬찬히 살펴볼 필요가 있다. 물론 책을 빌려 준 정도는 확인되지만, '성장'을 추동했다고까지 말하기엔 부족하다.

그럼 『이재난고』를 통하여 새로운 18세기 지성사는 가능할까? '새롭다'는 것은 도대체 무엇을 의미할까? 일단 우리는 '이재'를 통하여 기존의 지성사와는 '약간 낯선 18세기 지식인사회'를 경험할 수 있으리라 기대된다. 방금 보았듯이 '연암'이 폭풍치듯 몰아쳤으리라고 생각되는 시기에 '이재'는 연암을 그다지 기록하지 않았다. 그 이유는 무엇일까? 개인적인 친소의 문제일까? 기질이 달라서일까? 이재처럼 조정과 한양의 지식동향에 예민했던 이도 없지 않았던가? 그는 가능하면 사람들을 만났고, 소식을 들었으며, 짧든 길든 기록으로 남겨놓았다. '벽癖'에 가까울 정도로 수습한 기록 자체를 들여다보는 수밖에 없다. 그것이 『이재난고』를 접하는 학인의 기본자세일 듯하다.

나는 '새로운 18세기 지성사'는 가능하다고 생각한다. '사史'는 기본적으로 사람으로 이뤄진다. 당연히 일개인의 기억과 기록으로 완성되지 않는다. 또한 '사'는 서술의 시각을 필요로 한다. 누구의 시각이 주류로 정위定位하기 위해서는 지난한 투쟁이 요구된다. 기존 시각과의 끊임없는 길항 속에서 정당한 자리를 갖게 되는 것이다. '이재'는 그간 온전히 '발견'된 적이 없었다. 그와 관련된 수많은(많지도 않다) 이야기들은 여전히 특정한 담론 안에서의 합리적 해석을 꾀하는 것이었다. 나는 이재의 이야기가 특정한 담론과 일치하는지, 특정한 시각과 어울리는지, 특정한 입장에 걸맞은 함량을 가지는지를 따지기에 앞서, 그가 남겨 놓은 기록을 하나하나 재구하면서, 그가 그려낸 '(사람의) 사史'를 찾아 줄 필요가 있다고 생각한다. 이 작업은 아주 오랫동안 걸릴 것이다.

특히 실학자들에 대한 기억 재구는, 그와 실학과의 관계를 점검하는 데에 기초적으로 수행해야 할 작업으로 생각한다. 학문사상과의 관계를 논하기에 앞서, 이재가 살아가면서 누구와 만나서 어떤 이야기를 나누었는지, 무엇을 보고 어떻게 실천했는지는 누누이 강조해도 지나치지 않은 탐구대상들이다.

다만 놓치지 말아야 할 것은, 이재를 '방법'으로 사용하기 위한 유일한 근거는 『이재난고』라는 점이다. 또한 『이재난고』가 1인의 생각과 시각에 의해 쓰인 '불완전한' 텍스트라는 점을 고려하듯이, 다른 텍스트들 역시 '불완전하다는 사실'을 공共히 감안할 필요가 있다. 즉 텍스트들에 대한 병렬적 태도가 요구된다. 아울러 『이재난고』에 드러나지 않는 것을 추정하거나 재단하는 것은 실상과 어긋날 수도 있음을 기억해야 한다. 이재가 말하고 있는 것에만 오롯하게 집중할 필요가 있는 것이다. 그리하여 우리는 『이재난고』 속으로 더 찬찬히 들어가 있는 그대로의 '사실(문헌적)'을 직시할 필요가 있다. 그 순간, '새로운/낯선'(이재의 눈으로 본, 아니 '이재의') 18세기 지성사가 그려질 수 있으리라.

이 가운데 나는 특히 '1777년에서 1786년까지', 약 10년의 시간을 주목하고자 한다. 앞서 확인했듯이 이재는 이즈음 홍대용과 이덕무를 만나서 세상의 새로운 지식들을 공유하고 토론하였다. 간단한 일지 검토만으로도 이재가 이들과 만나서 기뻐했고 설레었을 표정이 엿보인다. 새로운 18세기 지성사를 그리는 선先작업으로써 그에게 행복했었을 십 년의 시간을 주목할 필요가 있다. 차후 연구 화두話頭로 남겨두도록 한다.

제5장

예암豫菴 하우현河友賢의 서정과 주체적 모색

1. 젊은 지식인 예암

본고는 예암 하우현의 자경적 삶의 태도와 시세계를 다룰 것을 목표로 삼는다. 예암은 서른 즈음의 젊은 나이로 요절한 진주 사곡마을의 지식인이었다. 그의 삶에 대해서는 그리 잘 알려져 있지 않지만, 그의 행력에 대하여 하겸진河謙鎭이 행장行狀을 썼고, 〈묘표〉는 허유許愈가, 〈묘지명〉은 이승희李承熙, 하용운河龍運, 곽종석郭鍾錫 등이 집필한 것을 두고 보면, 대단히 아까운 사람이었음을 짐작할 수 있다. 1768년(영조44)에 태어난 그는 2세에 고아가 되어서 왕부王父에게 자랐다. 8세에 소학을 배웠고, 10세에 『논어』·『맹자』의 대의에 통달했으며 좀 더 나이가 들어서부터 학교를 다녔다. 당시 동학들은 다들 자신은 예암에 미치지 못한다고 자인할 정도였다. 그런데 예암은 학교의 공부에 실망을 하고, 이렇게 말했다.

> "이것이 공부였나? 지식인으로서 천지 사이에 나서 성현의 사업을 하지 않는다면 곧 천지와 서로 비슷해지지 않으리라. 나는 이제 오늘 용력할 곳을 찾았다"[1]

이후 예암은 발분하여 먹을 것도 잊은 채 염락수사濂洛洙泗의 책을 가져다가 마치 자신의 말인 것처럼 읽었고, 그 의리의 근원에 들어섬이 더욱 순정하였다. 그는 공부를 시작하면서 주자학을 자신의 근거로 삼았다. 이후 그가 언제 어떻게 살았는지에 대하여 정확히 알 수는 없다. 『예암집』 속에 전하는 시문의 창작연대를 정확하게 비정할 수 없기 때문이다. 그러나 그 가운데에서도 창작시기를 가늠할 수 있는 시문들을 살펴보면, 대체로 29세, 30세, 31세에 지어진 시문을 확인할 수 있다. 이를테면, 잡저에 수록된 〈추정류잠가중용성명도追訂柳潛可中庸性命圖〉는 29세(1796)에 지었는데, 유잠가가 죽은 뒤에 서술한 것이다. 유잠가에 대한 그리움은 시로도 표현되었는데, 추정하건대 이즈음에 지은 것으로 보인다. 또한 일련의 경학담론을 비롯하여, 재이災異가 발생하여 임금이 구언求言하였을 때 집필한 〈병진오월응지소丙辰五月應旨疏〉도 이때 지어진 것이다. 아울러 예암은 30세에 〈삼십탄三十歎〉을 짓고, 〈자경설自警說〉도 지었다. 이듬해 1798년에는 〈이예명암설以豫名菴說〉·〈우설友說〉[2] 등을 지었으며, 다음 해 정월 아쉽게도 삶을 마감한다. 그래서 그와 관련한 기억들도 대체로 이즈음에 집중되어 있다. 특히 그가 자신의 삶과 관련하여 제시한 관건어들이 나타나는 것도 이 시기이다. 본고는 이 점을 주목하고자 한다. 즉 예암의 삶을 이해하는 데에는 서른 즈음에 대한 이해가 관건이라고 생각한다. 물론 이 소고小考에서 예암의 삶 전체를 조망할 수 없다는 현실적 한계도 안에 깔려 있다.

---

1 河謙鎭, 〈行狀〉, 『豫菴集』 卷5, “是學也乎哉 士生天地間 不做聖賢事業 便與天地不相似 吾乃今知所以用力矣”

2 〈友說〉에서 예암은 “友也者 友其德” “位與年 何足論哉 嗚呼 今之歲 友之道滅矣 可勝歎哉”라는 우정관을 제시하고 있다. 인간관계의 철학이라는 점에서 주목된다.

예암에 대한 기억을 담고 있는 글들에 의하면, 그는 독학을 통해 주자학을 공부했으며 허약한 체질을 타고났음에도 학문에 대한 열의는 상당했다고 말한다. 그런 그가 유독 애착을 갖고 있던 화두는 '자경自警'이었던 듯하다. 우선 그의 시를 통해 '자경自警'에 대한 감정을 읽어 보도록 하자.

> 이해를 따지는 생각은 원래 내 마음을 병들게 하니
> 외물 날로 침노함이 심해지게 만든다오.
> 만일 십분 노력하여 그 생각을 없앨 수 있다면
> 어찌 쥐불 놓았던 들판에 풀이 다시 우거짐을 보겠는가.
> 利害元來病我心　多令外物日相侵
> 如能十分消磨了　寧見燒原草又深[3]

'외물外物'이 나에게 달려드는 것은 다름 아니라, 내 마음이 병들어서이다. 바로 이해를 따지는 생각이 불러들인 것이다. 세상의 이끗을 노리는 마음은 인간의 상사이니 이를 지니고 있다고 하여 탓할 수는 없을 것이다. 문제는 이해의 생각을 통어統御하는 세계관, 가치관이 있는가 그렇지 않은가에 따라 그 생각이 내 마음을 지배하여 병들게 할 수도 있고, 그렇지 않을 수도 있다는 점이다. 예암은 '나에게 이로운가, 해로운가'를 기준으로 세상의 일들을 따지는 것은, 끝내 자신의 마음을 병들게 할 것이라고 했다. 흔히 '이해利害'의 생각은 외물의 자극에 의하여 빚어지는 법이다. 원래 고요했던 내 마음을 '일상침日相侵'하던 외물은 끝내 '이해利害'의 생각을 불러일으켰고, 그 '이해利害'는 '아심我心'을 병들도록 만들었던 것이다. 작자는 제2구에서 '다多'라

3 河友賢, 〈自警〉, 『豫菴集』 卷1.

고 하여, 그간 자신의 외물에 의해 촉발된 '이해'로 인해 병들고 지쳤음을 고백하고 있다.

그럼, 어떻게 할 것인가? 그렇기에 제3, 4구의 끊임없는 단련과 연마는 예암에게 중요했다. 그는 수신하여 다듬어진 마음을 '소원燒原'에 견주면서, 또다시 '이해利害'에 의하여 뒤덮인 모습을 '초우심草又深'으로 표현하고 있다. '우又'는 주의 깊게 볼 필요가 있다. '재차', '다시', '더욱'의 뜻으로 해석되는 글자이지만, 이 시에서는 끊임없이 반복되며 자신을 힘겹게 하고 있음을 보여주는 시안자이다. 예전에도 풀은 우거졌었고, 지금도 우거졌지만 사실 그 속내는 다르다. 예전에 우거졌던 풀은 외물에 의하여 처음 야기되었던 이해의 생각이라면, 지금의 우거진 풀은 한번은 수신을 통해 '소마消磨'했음에도 다시 나를 찾아와 자라고 있는 이해의 생각이기 때문이다. 반복 속에 더욱 깊어진 '이해利害의 생각'을 감지하고 있음을 보여준다. 그래서 그는 늘 자신을 가다듬고 벼리며 살았던 것이다. 이런 태도는 그의 다른 글 〈자경설自警說〉과 맥이 닿아있다. 그 글의 앞부분을 보도록 한다.

> "처음 나는 과거와 시문을 외사로 생각하고, 공명과 이록을 외물로 삼아서, 애초부터 일찍이 자질구레 용력한 적은 없었다. 안연이 말했던 '순은 어떤 사람인가, 나는 어떤 사람인가? 노력하는 자는 또한 이와 같으리라'와 맹자가 말했던 '사람은 요순이 될 수 있다. 그것을 걱정한들 무엇하려는가, 순과 같이 할 뿐이다'라는 말들을 갖고서, 성현이 되기 위하여 이 말은 지나치다고 생각하지 않았다. 게다가 후생으로서 이제 새로 배우는 사람들에게 적용해도 마땅하지 않은 것은 아니라고 생각했었다. 이를 믿고 실행한다면, 진정 이른바 성인은 나를 속이지 않을 것이었다. 적이 열심히 여기에 몰두하면서 이른바 외사와 외물이 끝내 마음에 자리 잡을 수 없었으나 성인은 나를 속이지 않는다는 뜻은 또한

> 아직은 분명하게 이해하진 못했다. 여전히 두 가지 사이에서 헤매면서 거연히 나이는 장년이 되어갔다. 정녕 고인은 박학하고 역행하던 때에 오히려 나는 취사선택에 우매하기가 위와 같았던 것이다. 아, 이는 정녕 이른바 아는 것이 참되지 않아서 선악의 사이에서 판별할 수 없어 끝내 하등의 수준으로 떨어진 것이리라. 마음을 두렵게 먹고 생각을 고치지 않을 수 있겠는가?"[4]

예암은 처음부터 성현의 학문을 하고자 마음을 먹었지만 불안했던 듯하다. 대단히 인간적인 고뇌이다. 부지런히 힘쓰지만, 과연 그 노력이 어느 정도 성과를 가져올 것인가? 이는 장담하기 어려운 일이다. 예암은 스스로 자신이 그간 노력을 했어도 그만큼의 성취가 이뤄지지 않았음에 초조해한다.

'외사外事'와 '외물外物'은 앞서 〈자경自警〉 제2구에 나오는 '외물外物'과 동일한 맥락에 서 있다. 허약한 체질을 타고난 탓에 병을 달고 살았고, 이른바 과거의 시문時文보다 더 근원적인 학문세계로 들어섰던 그로서는, 외물에 대한 단호한 경계심과 함께 나에게 가까이 다가오는 것을 허락하지 않는 태도를 가졌을 것으로 생각한다. 그런 그가 자신이 그간 종사從事해왔던 것의 결과에 대해서는 회의하고 있었다. 뜻밖이다. 그러나 생각해보면, 그의 회의와 주저는 인간이라면 자연

---

4 河友賢, 〈自警說〉, 『豫菴集』 卷1, "始余以科學時文爲外事 功名利祿爲外物 而初未嘗屑屑然用力焉 以顔淵所謂舜何人予何人 有爲者亦若是 孟子所謂人皆可以爲堯舜 憂之如何 如舜而已之言 爲聖賢此言不爲過焉 而其用於後生新學者 亦不爲不當 若能信而行之 則眞所謂聖人之不我欺耳 竊欲勉勉從事于是 而其所謂外事外物者 終不能舍于心 而聖人不我欺之意 亦未能分明信及 仍遲疑於兩者之間 居然年且壯矣 正古人博學力行之時 而猶爲昧於取舍者如右 嗚呼此正所謂所知者非眞 於善惡之間 不能判別 終歸於下等之域者也 可不爲之惕念而改圖也哉"

스러운 일이다. 학문에 뜻을 두었고 외사와 외물이 내 마음에 자리 잡지는 못했지만, 과연 언제까지 공부하여야 할 것인가? 이른바 시문時文은 눈에 보이는 결과를 보여주지만, 성현聖賢의 학문은 결국 나의 자존과 주체의 독립, 도의 체득이라는 다소 추상적인 성취를 목표로 하고 있지 않은가? 세상 사람들이 눈에 뵈는 결과에 매달리는 것도 일견 수긍할 수 있는 일이다. 그런 점에서 예암의 회의와 고민은 자연스럽고 이해되는 일이다. 그러나 예암은 신체 모든 것을 가다듬는 데에 조금의 오차도 허용하지 않으며, 나아가 만물萬物·만사萬事로까지 확장하고자 했다. 가장 근본적인 대상은 바로 '오신吾身'이었다.

> "눈은 단정의 이치가 있고, 머리는 곧음의 이치가 있고, 손은 공순의 이치가 있으며, 말은 충직하고, 일은 공경해야 한다. 이를 미루어 만사만물에 이르더라도 어느 것 하나 마땅히 그렇게 해야 하는 법칙이 없는 경우가 없으며, 그 이치가 훤히 드러난 것으로 또한 내 몸이 갖추고 있는 것 너머에 있지도 않다. 그러니 저 내가 용력用力할 곳이 또한 어느 곳이든 없다고 할 수 있겠는가?"[5]

예암의 결론은 이러하다. '오신소구吾身所具', 즉 내 몸이 갖추고 있는 것을 넘어서 별도로 그 이치들이 드러나는 것은 없다는 것이다. 지금 내가 가장 용력하면서 가다듬을 것은 '오신吾身'이며, 그 오신이 처한 일상이었다. 예암에게 경학은 이를 위한 방법적 모색이며, 시는 그런 상황을 감성적으로 체득한 결과였다. 그래서 그의 경학은 '치지재경致知在敬'으로 일관되며, 그의 문학은 '오신吾身'의 경계를 넘어서지

5 河友賢, 〈自警說〉, 『豫菴集』 卷1, "目容有端之理 頭容有直之理 手容有恭之理 言也則忠 事也則敬 推而至於萬事萬物 莫不皆有當然之則 而其理之昭著者 亦不在於吾身所具之外 則夫吾所以用力之地 亦何處而無之哉"

않는다. 특히 시세계에서 추상적인 담론의 추구나 사회적인 비판과 같은 확장성이 보이지 않는 것은 바로 이런 태도에 기인한다. 언뜻 보면 보신保身과 같은 소극적 태도로 비추어질 수도 있지만, 꼭 그렇다고 간주하기에는 저어된다. 예암에게 '오신吾身'은 성현의 학문을 위한 출발점으로서, 그는 실행이 관건이라는 점을 늘 상기하고 있기 때문이다.

예암의 '자경自警'은 우리에게 하나의 화두를 던져준다. 자신을 끊임없이 경계시키면서 가다듬으려고 했던 것은 무엇 때문이었을까? '산중山中'의 병약한 젊은 지식인이었던 그가 '자경自警'하였던 것은 무엇을 위해서였을까? 이를 마주하는 시각을 정돈하기 위해 한 가지 질문을 던져본다. 지방의 전통지식인들에게 사회담론이 보이진 않는다는 이유로 폄훼당하는 것은 정당한 것일까? 과연 그들을 일도양단하듯이 하나의 잣대로 판단하는 것이 공정한 일일까? 객관/보편이란 이름으로 특정한 지역적, 학문적, 신체적, 사회적 제약을 가진 서른 즈음의 젊은 지식인을 어떻게 평가하는 것이 적의한 것일까? 우리가 예암을 공부하는 이유가 바로 여기에 있다고 생각한다. 예암이 추구한 '자경自警'의 화두는 치열한 자기고민 속에서 찾아낸 삶의 방식을 표현한 것이다. 우리는 『예암집』 속에 보이는 경학담론을 통한 이성적 세계[6]의 탐구는 잠시 접어두고, 문학 특히 시를 통해서 그의 감성적 세계가 추구했던 방향을 점검해 보도록 하자. 이를 한거閑居를 통한 고적孤寂한 자아응시, 청신淸新한 시적 경계의 추구, 자성적 성찰을 통한 주체적 모색으로 나누어 시세계의 국면들을 스케치하도록 한다.

---

6 〈易疑義〉(卷4. 雜著下)는 흥미로운 자료이다. 上經은 누락됨. 下經만 남아 있다. 주역사에서도 거론될 필요가 있다.

2. 한거閑居와 고적孤寂한 자아 응시

논의를 위하여 예암의 시를 찬찬히 감상해 나가도록 한다. 논리적인 맥락을 꿰다보면 오히려 예암의 감성을 놓칠 수도 있지 않을까 하는 우려에서 택한 전략이었다. 다소 감상적이라 여겨질 수 있는 방법을 선택한 까닭은 근래 한시를 살펴보면서 특정한 이론이나 궤적을 설명하기 위한 방증자료로만 사용되는 것을 반성하기 위함이다. 즉 한시의 정감에 더욱 착근하여 논의해 보고 싶었다. 지역고전은 그런 점에서 오히려 장처가 있는 듯하다. 특히 행적行蹟이 경화세족이나 벌열가문 구성원에 비하여 소졸疏拙하고, 그 탓에 연구자의 시야에는 들어오지 않았던 것으로 생각한다. 그러나 지역 지식인들이 보여준 감성세계는 한시가 생산된 시대의 지식인들에 견주어볼 때 나름 보편성을 갖고 있었다. 즉 이들이 보이는 감성세계의 국면은 '지역적'이지 않았다. 본고는 예암의 경우에서도 이것을 확인한다. 앞절에서 거론한 '자경自警'의 경우도 학문적 소양을 지닌 지식인들이 흔히 성찰을 통해 제시하던 삶의 태도였다. 이는 조선시대 문집을 일별해도 유사한 시제詩題나 문제文題를 쉽게 확인할 수 있다는 데서도 거듭 확인된다. 문제는 '자경'을 거론하는 절실함과 진지함의 무게가 과연 얼마나 되는가이다. 대단히 주관적인 평가의 국면이기는 하지만, 본고는 이를 이론적 언명이 아닌, 감성적 세계를 투과하여 살펴볼 수 있다고 생각한다. 인간의 감성은 뜻밖에도 정직하다. 담론적 성격을 지닌 논의들은 다소 자신의 감정을 은폐할 수 있지만, 시적 감성은 상대적으로 그렇지 못하다. 시는 기본적으로 서정敍情을 주조主調로 하고 있기 때문이다. 물론 시적 감성 또한 문면과 이면 사이의 길항관계를 얼마나 긴장도 있게 가져가는가에 따라 그 진실성 여부를 확인할 수 있을 것이다. 그래서 이 글은 예암의 시를 최대한 성실하게 읽고 느끼려고 한다.

예암의 시를 살펴보면 특히 한거閑居와 관련하여 쓰인 경우가 많다. 한거는 흔히 환로宦路에 지친 이들이 귀향歸鄕하거나 귀원歸園하여 자리하는 공간 점유 방식을 뜻한다. 그래서 달관의 취지로 활용되기도 하고, 자족의 공간을 보여주는 메타포로 사용되곤 한다. 당연히 예암은 그런 경우와 차이가 난다. 환로를 경험한 적이 없기 때문이다. 그의 시를 살펴보도록 하자.

> 한 번 들어가 궁곡에 누웠나니
> 가시나무문은 낮에도 열리지 않네.
> 빈 뜰에 나뭇잎 지는 소리 들리고
> 오랜 골짝에 구름이 몰려오는 게 보이도다.
> 덧없이 세월은 흐르고
> 유유할 사 뜻은 무너졌도다.
> 속정 품었어도 터놓고 말할 이 없나니
> 나그네의 마음은 재인양 식었구나.
> 一入臥窮谷　柴荊晝不開
> 空庭聞木落　古峽見雲來
> 苒苒年光邁　悠悠志業頹
> 有懷無與晤　客意冷如灰[7]

'산거山居'는 작자가 거처하고 있는 공간이다. 제1, 2구의 '궁곡窮谷'은 예암이 살았던 사곡을 두고 말하는 것으로 보인다. 그곳은 한낮에도 문이 열리지 않을 정도로 찾아오는 사람이 없다. 물론 이는 귀전원

7 河友賢, 〈山居書懷五首〉 第1首, 『豫菴集』 卷1.

을 노래했던 도연명의 그것과도 잇닿은 듯하다. 그러나 제3구의 '공정空庭'과 제4구의 '고협古峽'을 보면 '궁곡'의 모습은 편안하지만은 않다. 나뭇잎이 떨어지는 소리가 들리는 가을날, 인적 없이 나무도 점차 맨몸을 드러내는 시절이다. 옛날의 추억을 간직한 것 같은 골짝에 멀리 구름이 흘러오는 것이 보인다. 흔히 '망운望雲'이라고 할 때 고향을 그리워하는 뜻으로 사용되지만, 이곳에서는 그 뜻으로 보기에는 어려울 듯하다. '공空'과 '고古'가 만들어낸 허전함, 앙상함, 메마름, 그리고 오래됨, 낡음, 고요함은 예암이 거처한 장소의 분위기를 만들어내고 있다.

그 안에서 예암은 시간의 덧없음을 느끼고, 자신의 뜻도 허물어짐을 확인한다. '염염苒苒'과 '유유悠悠'의 첩어를 대조시키며 감정의 연속성을 내보이고 있다는 점이 흥미롭다. 제3구~제6구는 궁곡의 산거 풍경을 스케치하고 있다. 무심한 듯이 그려낸 풍경 안에 들어있는 예암의 마음은 제7, 8구에서 고스란히 드러난다. 작자는 이렇게 말한다.

"속정 품었어도 터놓고 말할 이 없나니, 나그네의 마음은 재인 양식었구나."

즉 예암은 속내를 같이 말할 사람도 곁에 두지 못하였다. 제1구의 '궁곡窮谷'의 '궁窮'이 지세만을 뜻했던 것은 아닌 것이다. '무여오無與晤'의 답답한 상황, 이것이 인적 하나 없는 공간을 쓸쓸하게 바꿔놓은 진실이리라. 스스로 '객客'이라고 지칭하고 있는 점도 유념해둘 필요가 있다. 자신이 있는 공간에서 무언가 낯선 존재로 살고 있음을 표현한 것으로, 그가 득의하진 못한 채 살아가고 있음을 보여준다. 시상만 두고 보면 다소 절망적인 시로 읽힌다.

나 산 지 삼십년이라
반 묘의 땅에 모암 하나라네.

뜨락에 매화나무 있고
문 앞에 송죽숲이라오.
책을 두고 날마다 읽고
술을 마련해 다른 이와 같이 마시네.
즐거운 일이 이 안에 있나니
가난과 병이 잦다 뭐 논하리오.
我生三十載　半畝一茅菴
庭上梅花樹　門前松竹林
置書隨日讀　有酒與人斟
樂事此中在　何論貧病侵[8]

시를 지은 시기가 분명하게 드러나는 시이다. 제1구를 보면 예암의 서른 즈음에 지어졌다. 이때 그에게 남아 있는 것은 '반무半畝'의 땅과 '모암茅菴' 하나였다. 『맹자』에서 전하는 정전법에 의하면, 필부 1인당 1묘의 밭을 받는다고 했다. 즉 사람으로서 구실하기 위한 최소한의 경제적 조건이 1묘인 셈이다. '반무半畝'는 하나의 메타포이다. 즉 온전하게 생활할 수 있는 삶의 조건을 확보하지 못한 채 살고 있음을 표현한 것이다. 빈한한 삶을 보여주면서도, 한편으로 자괴감이 들 정도로 부족한, 넉넉하지 못한, 온전하지 못한 모습의 자신을 드러내고 있다. 겨우 몸을 누일 수 있는 '모암茅菴' 하나만 있을 뿐이었다. 앞서 보았던 시의 '궁곡窮谷'과 느낌이 비슷하다. 그러나 제3구부터 보이는 풍경은 사뭇 달라진다.

함련頷聯에 의하면, 뜨락에는 매화나무가 심어져 있고, 사립문 앞으로 송죽이 숲을 이루고 있다. 자, 한번 비교해보자. 〈산거서회〉에서

8 河友賢, 〈閒中謾詠五首〉 第1首, 『豫菴集』 卷1.

'공정空庭'으로 표상되었던 곳은, 이렇다 할 생동하는 생명의 기운이 느껴지진 않았다. 그러나 '공정空庭'은 이제 '매화수梅花樹'가 들어섰고, 인적이 없던 사립(柴荊晝不開) 앞으로 '송죽림松竹林'이 눈에 들어온다. 매화는 집주인이 심었을 것이겠지만, 송죽림은 본래부터 있었을 것이다. 즉 이전에는 보이지 않았던 송죽림이 눈에 들어오기 시작한 것이다. 마음을 어디에 두는가에 따라 밖의 풍경은 아름다운 칼라로 들어오기도 하고, 단조로운 흑백으로 포착되는 법이다. 예암의 마음상태가 달라졌음을 확인할 수 있다. 제5, 6구에는 더욱 또렷하게 변한 마음을 보여준다.

경련頸聯에서 예암은 날이 가는대로 책을 읽고, 이웃사람과 같이 술을 마시면서 세월을 지내고 있다. 앞서 '무여오無與晤'라고 했던 것을 기억해보자. 완연히 달라진 예암을 볼 수 있으리라. 과연 이렇게 바뀐 모습은 어디에서 기인할까? 우리가 이를 명확하게 증명할 방법은 없다. 다만 예암은 점차 자신이 놓여있는 공간에서 차츰 적응해 나가고 있다는 점만은 확인할 수 있을 뿐이다.

미련尾聯은 흡사 두보의 〈강촌〉을 보는 듯하다. 즉 피난하여 들어선 초당에서 아내와 자식과 같이 지내면서 병약한 자신의 몸을 돌보면 그뿐이지 다른 무엇을 바라겠는가라고 했던 발언과 무척이나 닮아있다.

"즐거운 일이 이 안에 있나니, 가난과 병이 침노한다 뭐 논하리오."

예암을 계속 자극하며 고되게 만들었던 것, 가난과 병이었다. 병약했던 터에 '지업퇴志業頹'를 순순히 받아들일 수밖에 없었다. 사실 이 미련은 자조적自嘲的인 속내를 품고서 자기위안을 하고 있는 작자의 모습을 보여준다. 궁벽한 곳에서도 '낙사樂事'를 찾아내는 것은 안회처럼 긍정적 삶을 살 때라야 가능한 것이다. 남아 서른의 나이, 가난과 병으로 왜소해진 삶의 공간들, 이 안에서 그는 자신을 응시하면서 '낙사樂事'를 찾아내고 있었다.

> 세상사 무심할 사 병 때문에 버려두었거니
> 한가로운 삶을 싫어하지 않으니 몸은 편안하네.
> 머리 내민 물고기 다시 깊이 들어가면 어쩔꼬
> 동산의 송죽 사이로 술병 허리춤에 차고 나가
> 밭속의 기장을 지팡이 기대어 바라보네.
> 世事無心緣病棄　閒居不厭爲身安
> 竹松園裏腰尊去　稻黍田中倚杖看[9]

예암의 서른을 괴롭혔던 병으로 인해 세사에 무심하게 되어버렸지만, 그 탓에 마주한 한거閒居를 그대로 받아들이니 오히려 몸은 편안해졌다. 이 시에서 주목할 관건어는 '불염不厭'이다. '불염不厭'은 사전적으로 싫어하지 않다, 짜증내지 않다, 너무 많이 먹었다고 꺼려하지 않다는 뜻이다. 즉 '염厭'은 이미 어떤 상태를 너무 많이 경험했음을 전제하는 글자다. 이를 부정하는 것이니, 주어진 조건, 상황, 시기를 '그대로 받아들인다'는 뜻이, 바로 '불염不厭'의 의미이다. '한거閒居'는 바쁜 세상사와 거리를 둔 채 살아가는 것이다. 그것이 자의에 의한 것이든 타의에 의한 것이든, 그곳을 살아온/살아가는/살아갈 사람은 바로 나이다. 그 나를 온전히 응시하지 않는다면 '한거閒居'는 늘 남을 타박하는 고통으로 점철될 것이다. 예암은 '한거불염閒居不厭'의 이유로 '신안身安'을 거론하였다. 즉 그는 삶의 조건 이전에 그 안을 살아가는 주체인 나를 응시하기 시작했고, 그 주체의 안부安否가 삶의 공

9 河友賢, 〈秋日雜咏十一首〉 第2首, 『豫菴集』 卷1.

간의 적의함을 판단하는 기준이 된 것이다.

제3, 4구에 보이는 예암은 한거의 삶에 완전히 적응하며 편안한 모습을 보여준다. 앞서 보았던 〈한중만영〉에서 '문전門前'에 있던 '송죽松竹'이 '원중園中'으로 들어왔다는 점이 흥미롭다. 실제 송죽을 원중으로 심어 옮겼다는 뜻은 아니다. 이제 문안과 문밖의 경계가 지워지고, 모암은 송죽림을 자신의 원중으로 포함하게 된 것이다. 안과 밖의 경계가 사라지는 순간, 예암은 '객客'에서 '주主'로 변환된다. 그리하여 '요준거腰尊去'하고 '의장간倚杖看'하는 여유로움을 확보하게 되었다. 이 절에서 살펴본 세 수의 시가 시간적 순차를 갖고 지어졌는지 확인할 길은 없다. 그러나 그 안에 보이는 예암의 심태는 갈등과 번민 속에서 점차 '한거'에 안착하고 자신을 찾아내기 시작한 것으로 읽힌다.

3. 청신淸新한 시적 경계의 추구

예암은 한거閑居하면서 어떤 지점들을 주목했을까? 자신이 생각하는 삶이 이런 것이라고 제시하고 그에 맞추어 사물을 노래하는 경우도 있을 터이다. 예컨대 이황이 도산에 살면서 서당 주위의 자연경물에 이름을 붙여가며 자신의 도학적 사유가 나태해지는 것을 경계하고 지향할 지점을 명시했던 것이 그러하다. 그러나 예암의 처지는 그렇지 않았다. 일찍이 시문時文의 뜻을 접었고, 성현의 학문의 근원을 찾고자 했었으며, 부득이한 처지로 인하여 궁곡으로 들어와 지내고 있는 상황이었다. 그러나 우리는 그의 시에 드러나는 편린들을 통해 그가 추구했던, 주목했던, 풍영諷詠했던 경계를 짐작할 수 있다. 앞서 말하자면, 청가淸佳의 시적 경계를 추구한 것으로 이해된다.

섬돌 너머 꽃이 피니 흡사 눈이 환해진 듯
산새들 이따금 다시 한가로운 소리 보내오네
누구 하나 나와 마음으로 즐거워할 이 없나니
반 묘의 땅에 든 구름만이 제혼자 맑아라.
隔砌花開眼欲明　山禽時復送閒聲
無人會與吾心樂　半畝天雲獨自淸[10]

이 시는 참으로 공감각적인 시이다. 제1구는 시각에 호소하고 있고, 제2구는 청각에 주목한다. 꽃이 섬돌 너머로 피어있어, 시인과 꽃 사이에 거리감을 확보했고, 그 여백에 시선視線이 느긋하게 꽃에 다가갈 공간이 마련되어 있다. 창을 열자 눈앞에 바싹 꽃이 보였다고 하자. 갑작스러운 등장에 따른 신선감을 지닐 수 있겠지만, 완상玩賞의 여유는 확보할 수 없으리라. 그에 비해 이 시는 시적 대상과의 거리 확보에 성공하였다. '안욕명眼欲明'은 바로 완상에서 오는 만족스러운 감정을 표현한다. '명明'은 새로운 감정의 획득, 맑고 신선한 세계의 확인에서 얻어지는 시감각이다. 실제 눈이 밝아진 것이 아니라, 심안心眼이 새로운 경계를 보게 된 것이다. 그것이 제2구에는 청감각으로 표현된다. 흔히 새의 지저귐은 대단히 요란스럽다. 고요했던 밤을 깨우는 새소리를 들어본 사람이라면, 정적靜寂을 파탄破綻내는 새의 울음에서 편안함을 느끼긴 쉽지 않으리라. 지금 예암은 '산금山禽'이 보내오는 소리에서 '한閒'을 감각하고 있다. '명안明眼'과 '한성閒聲'은 예암이 찾아낸 청신한 시적 경계를 감각화한 것으로 읽힌다.

제3구는 〈산거서회山居書懷〉에서 보았던 구절과 흡사하다. 즉 예암은 "속정 품었어도 터놓고 말할 이 없나니(有懷無與晤)"라고 했었다.

---

10 河友賢, 〈春日步出方塘 興到卽賦〉, 『豫菴集』 卷1.

약간의 변화가 있다면, '회懷'가 '락樂'으로 바뀐 것이다. 기실 이는 대단히 중요한 변화이다. 예암은 한거하면서 '낙사樂事'를 찾았고, 그 '락樂'을 이제 같이 나눌 사람이 필요했던 것이다. 시어의 변화 속에서 예암의 생각과 감정의 결이 조금씩 요동치며 변하고 있음을 감지할 수 있다. 제4구는 시제를 표현한 것이지만, 이 시에서 가장 빛나는 부분이라고 생각한다. 일찍이 주희는 『시경』의 흥興을 설명하면서 앞서 다른 사물을 말하여서 자신이 노래하고자 하는 것을 흥기하는(先言他事以引起所詠) 것이라고 한 바 있다. 즉 직접 대상을 노출시켜서 해설하듯 말하는 것이 아니라, 사물을 넌지시 제시해주고 그것으로 자신이 노래하고 싶은 대상을 암시하도록 한 것이다. 제4구는 '방당方塘'을 표현한 것이지만, 예암은 방당 안에 자신이 모색하는 미적 경계를 담아놓았다. 겨우 반 묘밖에 되지 않는 방당의 물에 하늘 위 구름을 담아놓았고, 그 못물은 어느 누구에게 의지하지 않은 채 '독자청獨自淸'하다고 했다. 다시 〈한중만영閒中謾詠〉에서 예암 자신이 서른 살이 되도록, 겨우 반 묘의 땅만 얻었다고 말한 것을 생각해 보자. 방당도 반 묘요, 땅도 반 묘. 묘한 기시감이 오지 않은가? 추측하건대 반 묘의 방당은, 예암이 거주하는 집의 넓이를 상징한다. 비록 방당으로 표현되었지만, 이는 그 자신의 거처를 암시한다. 그 방당의 못물이 맑은 것은, 반 묘의 거처에 살고 있는 자신의 모습, 혹은 경계를 표현한 것이다. 시적 경계이지만 삶의 경계이기도 한 것이다. 어려서부터 진지했던 예암은 시적 경계와 삶의 경계를 일치시켜 보았을 가능성이 있다. 방당 안에 비친 하늘, 물도 맑고 하늘도 맑다. 즉 자신의 맑은 경계를, 누구에게도 흔들리지 않고 좌우되지 않는 청신한 세계를 표현하고 있는 것이다.

임천에 서식하며 절로 즐거웁나니

고요할 때 이 삶을 두고 술 먹고 노래하노라.
뜨락의 꽃이 미소를 보내니 서로 마주할 만하고
댓이슬에 붓을 적시니 속정을 써냄에 넉넉할시고.
느긋이 노닐며 세월을 보내기 참 좋나니
번뇌가 이 몸에 들어오게 말지라.
세간의 벼슬아치들 무슨 일인 줄 알리오
담담하게 구함이 없으니 바야흐로 절로 아름답네.
棲息林泉自有樂　靜時觴詠此生涯
庭花供笑堪相對　竹露濡毫剩寫懷
最合優遊度歲月　不敎煩惱入形骸
世間軒冕知何事　淡淡無求方自佳[11]

예암은 청신한 경계에서 안온하게 지내고 있다. 자신이 거처하는 곳이 '임천林泉'이다. 제2구의 '차생애此生涯'는 제3, 4, 5, 6구에서 이어지면서 제법 살만한 공간임을 확인시켜주고 있다. 이개칠합二開七闔의 구조인 셈이다. 즉 뜨락의 꽃을 보며 즐길만 하고, 댓이슬을 붓에 묻혀 속정을 펴낼 만하며, 느긋하게 세월을 보내어 번뇌가 들어오지 않게 살고 있다. 이는 제2구에서 보듯이 '정시靜時'를 전제한다. 즉 외부의 자극에 감염되지 않은 안온한 상태를 뜻한다. 전제이자 목표인 셈이다. 제3, 4구는 '감堪'과 '잉剩'의 허사 대조를 통하여 제5구의 '우유優遊'의 경계가 가진 편안하고 넉넉함을 표현하였다. 이를 깨뜨리는 것은 '번뇌煩惱', 즉 '정시靜時'와 상반되는 상황/사물/조건이다. 예암은 제2구의 '정시靜時'를 제7구에서 '불교번뇌입형해不敎煩惱入形骸'라고 재차 반복 다짐한다. 전제인 것처럼 말했지만 견지해야 할 목

11 河友賢, 〈春日閑居 書事五事〉, 『豫菴集』 卷1.

표/방식인 셈이다.

제7, 8구에서 예암은 자신의 속마음을 드러낸다. '세간헌면世間軒冕'은 예암의 개인적 처지를 말하기 위한 우회적 통로로 제시된 것이다. 비록 산 속에 들어가 지내더라도 세상의 잡다한 소식과 입신공명에 대한 욕망은 쉽게 잦아지지 않는 법이다. 특히 전통지식인이 입신의 욕망을 끊기는 쉽지 않다. 타의에 의해서든, 주체적 조건의 허약함에 의해서든, 주동적 의지가 개입할 수 없는 조건으로 인하여 욕망을 포기하는 경우가 많은 것이 바로 이 때문이다. 갈등하지 않는 인간이 과연 존재할까? 예암의 시에서 '헌면軒冕' 운운하는 것을 찾기란 쉽지 않다. 그런 점에서 이 시는 예암의 인간적 갈등의 퍼즐조각을 남기고 있다는 점에서 흥미롭다. 예암은 '무구無求'를 제시한다. 무언가 찾아내어 추구하려는 일, 노력을 하지 않는다는 뜻이다. 그 마음의 상태를 '담담淡淡'으로 표현했다. 그럴 때 인간의 마음은 '방자가方自佳'하리라고 언명한다. 특히 이 시는 '자유락自有樂', '방자가方自佳'라고 하여 '자自'를 돋우고 있는 점을 주목할 필요가 있다. 청신한 시적경계의 추구가 자신의 존재조건으로 들어온 것을 보여주기 때문이다.

> 원근의 너른 교외, 교외 밖은 숲이러니
> 떼까치 날다 사라지고 기러기 울음 많구나.
> 한참 있자니 반쯤 젖어 계곡 구름빛이 되었고
> 나뭇잎 부스스 떨어질 제 겨울비 지나가네.
> 遠近平郊郊外樹　鸒鶋飛斷鴈聲多
> 移時半濕溪雲色　落木蕭蕭寒雨過[12]

12 河友賢, 〈秋日雜咏十一首〉 第11首, 『豫菴集』 卷1.

예암이 포착한 풍경을 주목할 필요가 있다. 제1, 2구는 시야가 트여서 멀리 교외밖의 숲까지 내다뵈고 떼까치며 기러기의 울음소리가 들리고 있다. 공간의 확장이 주목되는 구절이다. 주로 자신의 거처에 착목하고 주위의 사물을 노래했던 예암은 이제 '교외수郊外樹'까지 시야를 확보한다. 아울러 '산금山禽'을 넘어서 먼 하늘 위에서 들려오는 '안성다鴈聲多'까지도 감각해 내고 있다. 청신한 시적 경계를 공간적으로 재표상화하고 있는 것이다. 그러나 이처럼 시각과 청각의 조화로운 활용을 통하여 한가로운 분위기를 한껏 고조하고 있는 가운데 예암이 그 안에서 풍경과 하나가 된다는 점을 눈여겨 볼 필요가 있다. 그 지점은 제3구에서 잘 드러난다.

'이시移時'는 그저 시간의 흐름만을 보여주지 않는다. 풍경을 마주한 시적 주체가 시간의 경과에 따라 풍경과 하나로 일치하는 모습을 보여준다. 자신도 이제 구름처럼 물들어 버렸다. 한거 속에서 그 자신마저 하나의 풍경이 되어버린 예암! 예암은 이제 하나의 풍경, 그 풍경 속의 나무가 된다. '낙목落木'이 그것이다. 시간이 되면 나뭇잎을 떨궈서 맨몸으로 서 있는 나무, 그곳에 겨울비가 내린다.[13] 청신한 경계가 시적 경계에 머물지 않고, 예암의 삶의 경계와 만나는 지점을 보여주는 작품이다.

4. 자성적自省的 성찰 속의 주체적 모색들

예암의 시학은 '시'에 맴돌지 않고 실제 자신의 삶의 경계로 인입하여

13 이 비는 〈久雨歎〉에서 보이는 비와는 다르다. '時雨', '山雨' 등 예암이 포착한 비의 이미지는 별도의 논구가 필요하다.

자기화하였다는 특징을 갖는다. 앞서 그가 자경自警으로 제시했던 바와 같이, 그는 자경적 삶의 모습과 갈등을 시 속에 담아내었던 것이다. 앞절에서 '자自'를 주요한 관건어로 돋우었음을 확인한 바 있다. '자自'는 문맥에 따라 '저절로'와 같은 부사나 '자신'과 같은 명사, '~로부터'와 같은 허사로 다양하게 쓰인다. 그러나 그 안에 의미상 주체의 주동성과 자발성은 일관된다. 예암에게 이런 자발성과 주동성을 자극한 것은 오히려 '구병久病'이었다. 그를 세상으로부터 거리를 두도록 하였던 '빈병貧病'(〈한중만영閒中謾詠〉)이 그를 일깨우는 계기가 된 것이다.

지리하게 앓아온 병, 언제나 나으려나
신음하며 보낸 세월 오래됨을 괴로이 깨닫네.
구슬플 사 올해 다시 병든 나그네가 되었거니와
다시 어떤 약을 구하여 새로운 처방을 시험할까나.
支離一疾何時已　苦覺呻吟歲月長
悄悵今年又病客　復求何藥試新方[14]

예암을 평생동안 괴롭힌 병, 그래서 그는 스스로 '병객病客'으로 자처한다. 불편함은 오히려 자신을 돌아보게 하는 반전의 효과가 있다. 나를 알게 해준 상황, 그로부터 나를 성찰하는 기회가 시작되는 법이다. 제1, 2구에 의하면, 예암은 병으로 오랫동안 고생해 왔음을 보여준다. '하시이何時已'에서는 끝날 때를 알지 못하는 미지에서 오는 고통을 읽을 수 있고, '고각苦覺'에서는 굳이 알아채지 않아도 되는 내용을 알아채야만 하는 안타까운 모습을 볼 수 있다. '지리支離'라고 했으니, 흡사 『장자』의 지리자처럼 자신도 불구不具(굳이 어떤 장애를 갖고

14 河友賢, 〈久病〉, 『豫菴集』 卷1.

있다는 뜻에서가 아니라, 온전치 않음을 표현한 것임)의 상황이라는 것을 넌지시 암시해준다.

제3구에서는 '우又'자가 시안자이다. 오랜 세월을 병객으로 지내왔는데, 올해도 '다시' 병객으로 지내야 하는, 끝남이 없는 고통을 보여주는 글자인 것이다. 이 시가 전반적으로 답답하고 우울한 정조에 채색되도록 만들어주는 글자이기도 하다. 해가 바뀌면 새로운 변화가 있으리라고 희망을 가져보지만, '여전하다'는 실망과 좌절의 표현이다. 기껏 그가 할 수 있는 일은 새로운 약을 찾아나서는 것, 그래서 제4구의 '복復'은 '우又'자와 호응하면서 반복되며 변화가 없는 지루한 생활을 여실하게 보여준다.

> 일생 게으르고 내팽겨쳐 경륜조차 없더니
> 만사는 모순이라 진초간의 다툼 같아라.
> 적막한 생애는 농무에 부쳤거니와
> 미치광이 신세는 풍진세상과 같다네.
> 그저 명리가 진짜 귀한 것이 아닌 줄 알 뿐
> 항상 공부를 하며 날로 새로워지려 하네.
> 강개하게 시를 짓다가 이따금 혼자 웃나니
> 만산에 안개비 내리는, 정녕 잦아드는 봄이어라.
> 一生懶廢無經綸　萬事盾矛多楚秦
> 寂寞生涯寄隴畝　顚狂身世等風塵
> 但知名利非眞貴　常用工夫趂日新
> 慷慨賦詩時自笑　滿山煙雨正殘春[15]

자신을 애도하는 낯선 제목의 시다. 앞서 살펴본 시들에서, 비록 갈

---

15 河友賢, 〈自悼〉, 『豫菴集』 卷1.

등하지만 찬찬히 자신을 찾아가고 곧세우는 마음을 읽은 바가 있다. 그에 비하면 이 시제는 낯설기만 하다. 마치 죽음을 예기豫期하고 있는 듯하기 때문이다. 그러나 이 시는 이제까지 살아온 자신의 삶을 반성하고, 차후 어떻게 살아야 할지를 새롭게 마음먹고 있는 모습을 보여준다. 그가 애도하며 떠나보내는 것은, 불구의 상태를 힘겹게 여기며 세상사의 번뇌에 휘말렸던 과거의 자신이다. 지금의 나가 있기까지의 고민을 드러내며, 새로운 다짐을 하고 있는 시이다. 물론 모든 번뇌를 다 떨쳐내는 것은 성현이나 가능한 일이다. 그래서 미련에서 '자소自笑'하는 예암의 모습은 오히려 더욱 자연스런 인간으로 예암을 느끼도록 해준다.

이 시는 전반 4구와 후반 4구로 나뉜다. 경륜도 없이 쓸모없이 지내온 삶, 하는 일마다 모두 모순덩어리에 불과했던 태도로 인해 생애는 적막해졌고, 신세는 '전광顚狂'일 뿐이요 '풍진風塵'에 불과했다. 이제 이런 나와 결별하고 다른 나를 모색하기 시작한다. 관건은 제5구와 제6구에 나타난다.

"그저 명리가 진짜 귀한 것이 아닌 줄 알 뿐, 항상 공부를 하며 날로 새로워지려 하네"

'명리名利'가 '진귀眞貴'가 아님을 깨달을 수 있었던 계기가 무엇일지는 확실하지 않다. 〈구병久病〉과 같이 불구의 상태가 그를 새로운 생각으로 이끌었을 수 있겠지만, 이 또한 확정할 수 없다. 다만 계기는 제공했을 것이다. 예암을 기억하는 사람들의 말처럼, 공부하기를 좋아했던 품성과 노력이 그를 이런 깨달음으로 다가가도록 했으리라.

미련尾聯의 '시자소時自笑'는 갈등의 해소와 새로운 인간관, 가치관을 터득한 자신에 대한 응원이다. 보통 '소笑'가 냉소, 비웃음 정도로 치부되기는 하지만, 그 웃음의 대상이 과거의 나라면 비웃음이겠지만, 지금의 나라면 달리 생각할 필요가 있다. '시時'라고 한 것을 주목해보자. 이전에는 몰랐던 세상을 알아낸 자신에게 공개적으로 칭찬(?)할 수는 없겠지만, 순간순간 터져 나오는 웃음 정도는 던질 수 있을 것이다. 그래서 나는 이 웃음을 응원으로 이해한다. 우리도 평소에 몰랐던 세상을 알아낸 뒤에 남몰래 실실 웃는 자신을 경험하지 않았던가. '자소自笑'한 뒤에 마주한 세상이 바로 제8구이다.

"만산에 안개비 내리는, 정녕 잦아드는 봄이어라."

앞서 방당方塘을 통해 자신의 내면세계를 표현하였음을 확인한 바 있었다. 풍경을 통해 자신의 내면을 드러내는 방식은 바로 제8구에서도 재현된다. 모든 산에 안개비가 내린다. 촉촉하게 적시는 비는 만물을 소생蘇生시킬 수 있는 생명력을 담지하고 있다. 산도 젖지만 나도 젖는다. 이제 봄도 저물어 간다. 곧 여름이 될 것이고, 시절 가운데 가장 왕성한 생명력을 자랑하는 때이다. '잔춘殘春'을 말하지만 '초하初夏'를 염두에 둔 것이다. 사실 그의 내면은 약동하는 기운이 시작되었다. 제7구의 '강개慷慨'가 그것을 보여준다. 물론 이는 '부시賦詩'의 미감이다. 그러나 예암의 시어 가운데 '강개慷慨'가 그다지 등장하지 않는 데에 주목한다면, 이 '강개慷慨'는 심상하게 보아넘겨선 곤란하다고 생각한다. 내면의 '강개'를 풍경의 '만산연우정잔춘滿山煙雨正殘春'과 대구로 엮어내었으니 정녕 '원이불노怨而不怒'요 '애이불상哀而不傷'의 시학을 보여준다. 다음의 시도 과거의 나를 결별하는 모습을 보여준다.

나는 예전에 성인의 가르침을 들었나니
인성은 아주 다르다고는 하지 않았네.

어찌하여 기질을 품부받아서
이렇게 어리석거나 현명하게 되었나.
돌아보면 나의 재주는 둔하거니와
노망한 것은 족히 말할 것도 없다네.
덕은 용행의 근실함을 잃었고
배움은 전인의 말씀을 알지도 못했네.
빙 둘러 방사에 앉았자니
사면이 모두 꽉 막혔구나.
그 처음에는 뜻이 없는 것도 아니었건만
헤매고 빠지더니 이 지경에 이르렀네.
고요히 침묵하며 그 이유를 생각하니
병의 근원은 형역形役에 있었다오.
진실로 부지런히 힘쓰지 않는다면
나이 들어 슬퍼한들 어찌 다잡으리오.
我昔聞聖訓　人性無殊絶
胡爲氣質稟　有此愚與哲
顧余才之鈍　鹵莽無足說
德失庸行謹　學沒前言識
還如坐房舍　四面皆墻壁
其初非無志　迷溺至此極
靜默思厥故　病原在形役
苟不勉孜孜　老大悲何及[16]

고시 형식으로 『자성록』에 뒤에 붙인 시이다. 시의 내용은 길지만 내용은 간단하다. 예암은 자성自省을 통하여 자신의 병통을 찾아내고 있는바, 특히 '형역形役' 즉 몸의 노예가 되어버린 것이 지금의 오도

16 河友賢, 〈書自省錄後〉, 『豫菴集』 卷1.

가도 못하는 상황에 놓이게 된 원인이라고 말한다. 이 시는 성찰의 과정을 보여주고 있다는 점에서 흥미롭다. 시의 순서를 따라 내용을 재구하면 이러하다.

예암이 성현의 학문에 들어설 수 있었던 것은 바로 '인성人性'이 성현이든 자신이든 다르지 않다는 것이었다. 그러나 '기질氣質'의 차이로 우愚와 철哲이 나뉘게 되었다는 것은 몰랐었다. 그제야 자신을 찬찬히 성찰해보니, 재주는 둔하고 노력도 부족했음을 알게 되었다. 결국 덕성은 중용의 가르침을 잊었고, 학문은 전인의 말씀을 놓쳤기에 "빙 둘러 방사에 앉았자니, 사면이 모두 꽉 막혔구나."라는 탄식이 절로 나올 뿐이었다. 결국 근본원인은 '형역形役'에 있었다는 것을 알게 되었다. 이 지점에서 예암이 '구병久病'으로 고생했음을 기억할 필요가 있다. 즉 몸이 병들었던 것이 문제가 아니라, 마음이 몸의 노역奴役이 되어버린 것에 보다 근본적인 문제가 있었던 것이다. 애써 '병病'을 거론한 것은 이런 맥락에서 이해가 된다. 끝내 그는 "진실로 부지런히 힘쓰지 않는다면, 나이 들어 슬퍼한들 어찌 다잡으리오."라며 '면자자勉孜孜'를 다짐한다. 성찰은 지속성을 담보하지 않으면 성취를 거두기 어려운 법이다. 상황의 불구성不具性은 나의 지속적 노력을 방해한다. 이 점을 예암을 깨달은 것이다. 『자성록』이 전하지 않기에 어떤 내용의 성찰을 도모했는지, 이를 통해 삶의 주체성을 확보하려고 했는지 명언明言할 수는 없다. 다만 다음 시에서 그 일단을 짐작할 수 있을 뿐이다.

이욕을 없애자 기가 다듬어지고
곤궁한 거처 의당 굳세고 넉넉해지네.
도에 뜻을 두어 성취를 이루었으니 바야흐로 사인이요

가난에 거처하며 즐거워하지 않으면 어이 영웅이리오.
문을 닫고 놓아버린 마음을 찾으며 진열[17]을 생각하고
냉이 먹고 경서를 궁구하며 계통[18]을 말하노라.
오직 이 마음만이 때때로 빛이 나리니
사무치게 참된 공력 사용할 것 잊지 않으리.[19]
消除利欲氣磨礱　窮處宜堅困處洪
志道有成方士子　居貧無樂豈英雄
閉門求放思陳烈　啖薺窮經說季通
直是此心時炯炯　不忘親切用眞功

예암은 늘 '이욕利欲'을 의식하고 있었다. 이욕을 추구하지 않는 삶을 추구했고, 그것이 늘 생활의 제일원칙이었다. 이 시도 마찬가지다. 이욕을 없애자 기가 다듬어져 평정을 찾게 되었고, 궁벽한 곳에 거처하는 것을 견고하게 지킬 줄 알게 되자, 화려하고 번듯한 곳에 거처하는 것을 오히려 곤란스레 여기게 되었다. 가난에 거처하며 즐거워할 줄 아는 사람을 추구했던 예암은 늘 이런 공부를 잊지 않고 절실하게 수행하기를 기원했던 것이다. 시에서 거론된 진열은 맹자의 '구방심求放心'에 감명받고 깨달은 사람이었고, 채원정도 벼슬에 나아가지 않고 학문과 강학에 힘을 쓴 사람이었다. 예암의 학문적 지향이 송학宋學에 있음을 보여준다.[20]

---

17 陳烈 : 송나라 학자, 자는 季慈. 季甫先生으로 불리운다. 『心經』 권3에 기사가 나온다.

18 蔡元定 : 송나라 학자, 자는 季通, 호는 西山, 시호는 文節이다. 저서에 『皇極經世指要』 『律呂新書』 『燕樂原辨』 등이 있다.

19 河友賢, 〈觀書有感〉, 『豫菴集』 卷1.

20 차후 이는 예암의 持敬과 경학담론의 학문적 성격을 구명하면서 확인되리라 생각한다. 『豫菴集』(卷2), 雜著에는 〈李道經大學疑義辨〉 〈追訂柳潛可中庸性命圖〉

5. 또 하나의 주자학을 찾아서

본고는 예암이 청신淸新과 고적孤寂의 사이에서 무엇이 그토록 자신을 응시하도록 만들었을까에 대하여 질문을 던지고자 했다. 또한 그의 시가 이토록 진지하면서도 청신함을 유지할 수 있었던 것은 무엇일지에 대해서도 관심을 갖고 있다. 특히 그가 환로宦路의 속물성俗物性에 물들지 않았던 점과 아주 어려운 조건임에도 의욕을 상실한 저상沮喪한 지식인이 아니라는 점, 나아가 지방에 거주하는 지식인으로서의 열패감이 드러나지 않음에 대하여 감탄을 하고 있다.

지역의 전통지식인을 연구하는 생각을 정리하며 마무리를 짓고자 한다. 본고는 지역 지식인에 대한 연구는 아주 중요하다고 생각한다. 특히 이들은 한국지성사를 균형 잡힌 시각으로 볼 수 있는 거의 유일한 근거가 아닐까 하고 생각한다. 현실 속에서 여전히 서울과 지역의 이분적 구도는 굳건하며 과거의 경우는 더욱 그러하다. 이른바 환로宦路와 관련하여 과거를 보았으되 벼슬을 거치지 않은 학자나 가문은 거의 잊히기 십상이다. 만일 과거를 보지 않았다면 어떻게 될까? 당연히 잊히는 것은 기본이리라. 과거제도가 입신의 유력한 역사시기에는 그렇다고 하더라도 지금은 그런 시대가 아니라는 점에서 우리는 생각을 전환할 필요가 있다. 본고가 착목하는 지점도 바로 이 부분이다.

한때 지역 전통지식인의 문집은 왜 늘 유학서를 읽되 교조적일 정도로 성리학 일변도일까 생각한 적이 있었다. 조선후기 중앙의 지식인들에 비해 지역의 지식인들은 정보에 있어서나 재력에 있어서 다소 열위에 있기에 새로운 사고를 하지 못하는 낙후한 인물들로 여겨지기도

〈改定中庸性命圖〉〈中庸全圖〉〈未發在中圖〉〈道本末義〉〈持敬〉〈致知在敬說〉〈易疑義〉(上經缺) 등의 귀한 경학담론이 수록되어 있다.

했다. 그러나 거꾸로 생각하면 이들의 학문은 주자학의 근본을 되짚고 있지 않나 하는 생각을 하게 된다. 이들에게 성리학은 입신立身의 수단이 아니라 '삶의 기준'이었기 때문이다. 본고는 이 지점이 중요하다고 생각한다.

조선후기 주자학의 이념적 위치는 고증학의 수용과 함께 깨어진 신화로 전락해 갔다. 그래서 지역 지식인의 주자학 수준을 낙후한 것으로 보기도 한다. 그러나 그들은 오히려 주자학의 근원을 추구하는 방향으로 들어가면서 실용위주의 유학적 흐름과 다른 흐름을 만들어가고 있다고 보인다. 한국지성사의 큰 흐름에서 보면 주자학은 균형을 잡아가고 있었던 것은 아닌가 생각한다. 그래서 지성사의 균형 잡힌 연구와 중앙과 지역의 평등한 인간이해를 위해 지역 전통지식인들은 새롭게 주목되어야 한다. 이것이 예암이 지금의 우리에게 주는 미덕이기도 하다. 그들은 그저 한양거주 지식인의 보조가 아닌, 한국 지성사의 주체로서 서 있었던 것이다.

제6장

예암豫菴 하우현河友賢의 지경持敬과 경학관

1. 경학 담론과 삶

이 글은 예암豫菴 하우현河友賢의 지경持敬의 삶과 그의 학문적[經學] 태도에 대하여 살펴볼 것을 목표로 한다. 이에 앞서 필자는 예암에 대한 전고前稿에서, 그의 서정세계가 한거閒居를 통한 고적孤寂한 자아를 응시하며 청신淸新한 시적 경계를 추구하는 자성적自省的 성찰省察의 지식인을 추구하고 있음을 감지感知한 바 있었다. 아울러 그의 삶 전체에 대한 간략한 스케치를 하기도 했었다. 이런 감성적 접근을 바탕으로 본고는 그가 추구한 삶의 논리와 경학 담론의 의미를 살피고자 하였다.

그러나 예암의 글을 전체적으로 다시 읽고 논문을 집필하면서 난관에 부딪혔다. 그의 경학 담론의 무게가 만만치 않았기 때문이다. 그의 경학 담론은 단순한 학습을 넘어선 〈학문의 지점〉에 있었음을 알게 된 것이다. 사실 필자는 예암의 한시를 검토하는 과정에서 그가 유달리 독서에 주목하였던 정황을 목도한 바 있었다. 이 부분에 대한 내실 있는 주목을 통하여 예암이 지닌 학인으로서의 위상과 성격을 확장시켜 나갈 기회가 있었음에도 깊이 있게 연구하지 못했던 것은 필자의 둔함과 게으름에 비롯한다.

'학습'과 '학문'은 구분될 필요가 있다. 자신의 수양을 도모하기 위하여 선배/선학의 견해를 차분하게 공부하거나 추후 자신의 학문적 성숙의 기초를 공부하는 단계를 학습이라고 부른다면, 학문은 그 학습이 축적되어 선배/선학의 논의에 대하여 추숭 혹은 비판하면서 자신만의 견해를 내는 단계라고 할 수 있다. 예암의 경우, 그의 경학은 학습을 넘어 학문의 수준으로 나아가고 있었던 것으로 이해된다. 그의 경학 담론을 일견할 때, 많은 부분은 주자학을 골간으로 하여 선배 주자학자들의 논의를 정리하고 있지만, 종국에는 안설按說의 방식으로 자신의 입장 혹은 논리 제시로 매듭을 짓고 있기 때문이다. 물론 그는 오롯하게 자신만의 독창적인 해석을 내보이고 있지는 않다. 그러나 선배/선학의 학설에 대하여 수용할 것인가 그렇지 않을 것인가, 수용하더라도 어떤 측면에 주의하여 받아들일 것인가 그렇지 않을 것인가, 나아가 자신만의 경학적 관건어를 갖고 있는가 그렇지 않은가의 관점에서 살펴볼 때, 예암은 비교적 학문의 단계로 진입하고 있었다고 평가된다.

예암은 자신을 '사士'로서 의식하고 있었고, 주위 우인友人들에게도 사士로서의 정연整然한 모습을 요구했었다. 자신을 책을 읽는 식자인識字人으로 자부하는 수준을 넘어선 어딘가를 지향하고 있음을 짐작할 수 있다. 이런 그의 사士로서의 자의식은 지경持敬이란 삶의 태도로 요약되는바, 이는 그의 자경적自警的 삶(전고前稿에서 확인했던)과 연동되면서 일관성 있는 의식/태도로 여겨진다. 본고는 예암의 목소리를 통해 그의 사士로서의 삶을 재차 확인함과 동시에 그의 경학에 대한 논의가 공맹孔孟을 추숭하는 것을 넘어 주자학의 자각적/주체적 수용으로 나아가고 있었음을 예고預告하는 지점에서 머물 것이다.

물론 경학 담론을 본격적으로 다루지 않고 간단한 스케치에 그치는 것은 그의 경학 담론에 대한 본격적 탐색이 미진한 데에 그 이유가 있다. 예암은, 『대학』, 『중용』, 『역』 등과 같은 경서에 대한 논의를 〈대학의의변大學疑義辨〉, 〈중용도설中庸圖說〉, 〈역의의易疑義〉 등에 남겨두었다. 〈대학의의변大學疑義辨〉은 이도경李道經의 대학에 대한 논의를 비판하는 방식으로, 리理와 기氣에 대한 자신의 견해가 주자를 따르고 있음을 표방한다. 특히 이도경이 퇴계退溪와 율곡栗谷의 차이를 운운하며 자신이 율곡을 따른다고 변명하자, 리理와 기氣를 분리해서 별개로 보는 것이 타당한가라고 반박하며 자신의 리기理氣에 대한 학문적 입장을 드러내고 있다. 〈중용도설中庸圖說〉·〈추정류잠가중용성명도追訂柳潛可中庸性命圖〉·〈개정중용명성도改定中庸命性圖〉·〈중용전도中庸全圖〉 등 일련의 『중용中庸』과 관련한 도설을 통하여 자신의 생각을 드러내고 있다. 잠가潛可 류당柳塘의 〈중용성명도中庸性命圖〉를 추정追訂하고 나아가 개정하고 있으며, 『중용』의 수장과 말장 사이의 이론적 조응을 차분하게 내보이면서 자신이 생각하는 『중용』의 관건어인 〈경敬〉을 제시한다. 필자는 이 부분에서 그가 적어도 『중용』에 대해서는 학습에서 학문의 단계로 진입하고 있다고 판단한다. 조선시대에 이뤄진 제가의 중용도설들 가운데 〈경敬〉을 비교적 선명하게 도해의 중심에 안배한 경우는 그리 흔한 경우는 아니기 때문이다.[1] 또한 〈역의의易疑義〉 역시 하경下經만 남아 있긴 하

1 최석기 교수의 『조선시대 中庸圖說』(2013)에는 모두 69명의 圖說이 수록되어 있는바, 이를 일별하더라도 쉽게 확인할 수 있다. 〈도설〉이 관건어를 중심으로 中庸의 이론적 골간을 제시하는 것임을 생각할 때, 도설에 제시된 관건어는 해당 도설 저자의 主眼이 어디를 향하고 있는지 짐작할 수 있는 기회를 제공한다. 다만 도설

지만, 임臨, 관觀, 가인家人, 규睽, 건蹇, 익益, 쾌夬, 구姤, 췌萃, 승升, 곤困, 정井, 혁革, 정鼎, 진震, 간점艮漸, 귀매歸妹, 풍豐, 여旅, 손巽, 태兌, 환渙, 절節, 중부中孚, 소과小過, 기제旣濟, 미제未濟 등 28개 괘에 대하여 본의本義에 근거하여 뜻을 해설하고 있으며, 〈간괘艮卦〉를 두고 "간괘를 읽으면 〈어진 자는 산을 좋아한다〉는 뜻을 볼 수 있다(讀艮卦 可以見仁者樂山之意)"는 자신의 견해를 별도로 덧붙이기도 한다는 점에서 새롭게 바라볼 수 있는 여지가 있다. 이 경학 담론들은 예암을 중심에 놓고 시간적 공간적으로 종횡縱橫으로 다른 학자들과 비교하면서 그 성격을 밝힐 필요가 있다. 그러나 아쉽게도 이 글은 여기까지는 논의를 진전시키지 못했다. 별고別稿를 준비할 정도로 경학 담론을 종합적으로 다룰 필요가 있다고 생각했기 때문이다.

따라서 이 글은 예암의 경학 담론을 본격적으로 다루기 위한 예비 단계로서, 그의 사의식士意識으로서의 지경持敬과 학문적 태도를 읽을 수 있는 자료를 찬찬히 읽어가는 데에 집중하도록 한다. 여기에는 또 하나의 이유도 있다. 예암의 관련 글은 학문과 사상을 증명하는 자료로서 뿐만이 아니라, 각각 나름의 논리적 구조를 갖춘 〈하나의 작품〉으로 손색이 없기 때문이다. 특히 〈증성수재학경서贈成秀才學經序〉의 경우는 하나의 논문으로 간주해도 될 정도였다.

의 내용과 저자의 중용학에 대한 세밀한 점검이 이뤄져야 도설에 대한 정확한 분석이 이뤄질 수 있고, 관건어 제시가 갖는 의미를 정직하게 짚어낼 수 있을 것이다. 이 글은 그 부분까지 논의를 진전시키지는 못했다.

2. 사士로서의 자의식, 그리고 학學과 지志

예암은 우인友人과의 관계 속에서 자신의 사의식을 다져나간다. 이를 확인하기 위해 예암이 친구의 시에 차운한 다음 시를 보도록 하자. 차운시의 속성상 원운시의 주제는 동일한 맥락에 있을 것으로 추정된다. 즉 예암은 차운次韻의 방식으로, 자신과 같은 뜻을 지닌 누군가와의 시적 대화를 통해 사로서의 자의식을 스스로 다짐하고 있는 것이다.

제1수
자신을 반성해 참되면 그대로 충분하니
어이 이 뜻을 남이 알기를 원하리오.
혹여 비도非道인 것은 모두 무관無關한 일이라
예나 제나 영웅은 모두 한 때라네.
反身誠之自爲足　寧將斯志願人知
有如非道皆閒事　今古英雄盡一時

제2수
만물의 이치가 삼연히 모두 나에게 있나니
만일 닦고 살피려면 반드시 문을 통해야지.
예부터 현명賢明하며 현달顯達한 이는 이제 없나니
적막할 사 고회孤懷를 누구와 논의하랴.
萬理森然揔在我　如將修察必由門
古來賢達今無在　寂寞孤懷孰與論[2]

여기서 의미 있는 구절은 제1수의 제1, 2구와 제2수의 제1구이다. 설리적說理的인 이취시理趣詩로서 예암의 착목처가 바로 '나'에게 있

2 河友賢, 〈次友人韻二首〉, 『豫菴集』 卷1.

음을 보여준다. '나'는 대단히 중요하다. 자신을 성찰하면서 돌아보는 것은 예암이 늘 '자경적自警的' 삶의 태도에서 보여준 바 있다. 그런데 그것을 남들이 알아주기를 원하지 않는다는 점이 남다르다. 간혹 그의 삶을 전해주는 기록들(행장, 묘표)에 의하면, 남들이 나를 알아주지 않기를 바라는 마음이 잦은 병치레와 외사外事를 끊은 것과 관련이 있을 것이라는 짐작을 하게 한다. 그가 아팠던 것도 사실이고, 외사를 끊은 것도 사실인데, 문제는 그 선후나 인과의 관계를 어떻게 설정할 것인가이다. 그런 점에서 제2수의 제4구는 눈여겨볼 필요가 있다.

'적막寂寞'은 지금의 객관적 처지이지만 '고회孤懷'는 주관적 정감이다. 이 '고회孤懷'는 그저 외로운 것만은 아니다. '고孤'는 흔히 하나, 외롭다는 뜻으로 해석되지만, 이는 고적한 가운데 획득되는 자존감自尊感이 기저에 깔려있는 감정이다. 제1구에서 '만리萬理'가 '재아在我' 하다고 했는데, 이 '아我'를 두고 갑자기 쓸쓸하거나 외롭다고 말한다면 어폐가 있다. 따라서 고전지식인들이 습관적으로 '고孤'를 사용하지만, 그 맥락을 주의하며 독해할 필요가 있다. 이곳의 '고회孤懷'는 만리萬理를 구비한 나를 말하는바, 그러한 자신을 자각하고 있음을 우회적으로 보여주는 의식으로 이해하는 것이 적절하다. '숙여론孰與論'도 누구와도 이야기할 수 없는 외로움으로 해석하기보다는, 만리萬理를 갖춘 고회孤懷의 자존적 확인으로 이해하는 것이 온당하다. 즉 누구에게도 이야기할 수 없는, 자신에 대한 자의식적 선언인 셈이다. 그 내용은 무엇일까? 확언하기 어렵지만, 그가 (위 시와는) 또 다른 우인인 이도경李道經의 실室에 붙여준 〈희재기希齋記〉에서 그 단서를 찾아보도록 한다.

"'희재希齋'는 친구 이도경李道經의 실室이다. 이도경이 말하기를, '대저 사 됨됨이는 뜻을 세워 위로 향하되 한결같이 전인과 같아질 것으로 자신을 기약한 뒤에라야 아마도 타락의 지경에 떨어지지 않을 것이요 또한 사람이 사람이 되는 소이所以의 의리에 부끄럽지 않을 것이다. 그래서 나는 일찍이 주렴계周濂溪의 학설을 읽다가 이른바 사는 현인을 바란다는 데에 이르러 크게 스스로 분발한 바가 있었다. 마침내 그것을 취하여 이름으로 하고 적이 나에게 고인이 고명顧名한 뜻을 붙였다.'라고 했다."[3]

〈희재기〉는 이도경의 말과 예암의 생각이 각각 개진되면서 사士란 무엇으로 살아야 하는가를 살피고 있다. 두 사람의 대화(직접 앞에서 나눈 것은 아니지만)로 이뤄진 단순한 구조이지만, 도리어 그것이 논점을 명쾌하게 만들어주고 있다. 이도경은 '위사爲士' '사희현士希賢'[4] '전인자기前人自期'라는 주요한 명제를 도출하면서 자신의 '희재希齋'라고 서재에 붙인 뜻을 밝히고 있다. 그에 의하면 '현인賢人이 되기를 원하는 사인士人의 실室'이란 뜻이 될 것이다.

"아, 지금의 시절은 학學이 끊어지고 도道가 상실된 지 오래다. 나는 많은 사람을 보았지만, 능히 탁연하게 스스로 발군하여 도道를 사모하고 학學을 향한 사람인즉슨 또한 거의 사라져 본 적이 없었더니, 도경에게서 그런 사람을 보았다. 이 어찌 소홀하게 볼 일이겠는가? 그런데 나는 이렇게 말해주었다. '적이 주렴계周濂溪의 학설을 보건대, 이윤伊尹의 지志와 안회顔回의 학學으로 희망하는 지반을 삼고 있다. 대개 이윤

3 河友賢, 〈希齋記〉, 『豫菴集』 卷1, "希齋者 友人李道經之室也 道經之言曰 夫爲士者 能立志向上 一以前人自期 然後庶幾不歸於墜墮之域 而亦無愧於人之所以爲人之義也 故吾嘗讀濂溪之說 至所謂士希賢者 大有所自奮焉 遂取以名之 以竊自附於古人顧名之意"

4 '士希賢'은 '賢希聖' '聖希天'과 같이 '三希'로 불리며 周敦頤가 제시한 명제이다.

> 이 아니면 지志는 구차해지고 안회가 아니면 학學은 노망鹵莽해진다. 모름지기 이윤의 지志를 지志로 삼고, 안회의 학學을 학學으로 삼으면 부귀도 그 마음을 빠뜨릴 수 없고, 빈천도 그 즐거움을 옮길 수 없으며, 기타 허다한 얻거나 잃음, 영화와 위축, 외물과 외사가 모두 그 마음을 움직이게 할 수 없을 것이다. 오직 이 지志, 이 학學에 탈연히 입각하여 굽어 날마다 부지런히 힘쓰며 그러나 죽은 뒤에 그만두는 것이 있은 그런 뒤에라야 거의 이른바 '희지希之'의 뜻을 저버리지 않게 될 것이다. 그렇지 않다면 아마도 또한 상채上蔡(사량좌謝良佐)가 기롱했던 '능언能言'의 부류가 될 것이다. 저 문상인방 사이의 묵적墨跡이 저렇게 번듯하길 해와 별과 같으니, 부끄러움이 없을손가?"[5]

예암은 이도경의 '희지希之'에 대하여 동의하며, 그의 의지에 대하여 추어주고 있다. 그가 보기에 지금은 학學과 도道가 끊기고 상실된지 오래였다. 학學과 도道는 예암 논지의 핵심어이다. 학學은 방법이고 도道는 목적이다. 목적도 상실되었고 방법도 끊어진 상황에서 '희현希賢'하기를 원하는 이도경의 마음이 갸륵하기 그지없었던 것이다.

그런데 예암은 목적인 도道를 이루기 위해, 방법으로서의 학學과 함께 지志를 제시한다. 앞서 이도경이 '부위사자능립지향상夫爲士者能立志向上' 운운했던 '지志'와는 맥락이 같으면서도 심도는 다르다. 즉 예암은 '지志'의 구체적 방법으로 '이윤伊尹'을 제시하고 있다. 이는

---

5 河友賢, 〈希齋記〉, 『豫菴集』 卷1, "噫 當今之時 學絶道喪久矣 吾見人多矣 能卓然自拔 慕道向學者 則且蔑蔑而無見焉 而於道經而得之 是豈易事耶 然吾且言之 竊見濂翁之說 以伊志顔學爲所以希之之地 蓋非伊則志苟 非顔則學鹵 須志伊之志 學顔之學 富貴不能淫其心 貧賤不能移其樂 其佗許多得喪榮戚 外物外事 皆莫能動其心 而唯於斯志也 斯學也 脫然立脚 俛焉日有孜孜 斃而後已者 然後庶乎不負於所謂希之者焉耳 不然 殆亦上蔡所譏能言之類也 其視楣間之墨 在彼炯炯日星也 能無愧乎"

'학學'의 경우도 '안회顔回'를 제시하고 있는 것과 연동해서 볼 때, 예암의 '위사爲士'는 대단히 구체적이고 방향성을 갖고 있음을 알 수 있다. 즉 '사士'는 어떤 방향으로 자신의 학學과 지志를 벼려가야 할 것인지를 제시하고 있는 셈이다. 한편 우리는 윗글의 '염계지설濂溪之說', '지이지지志伊之志', '상채上蔡' 등의 언급을 통해 그의 학문적 시선이 북송 성리학의 맥락을 바라보고 있음도 간취할 수 있다. 다음은 그가 이도경에게 준 시이다. 두 사람은 일상적 친구를 넘어서 도학을 종유從遊하는 동지임을 확인할 수 있다.

> 어젯밤 산속에서 흰 구름이 일더니만
> 무심하게 나를 보호하며 단구로 왔다네.
> 단구의 산상에 외로운 절 하나 있어
> 신암의 석실에 빛이 일렁이도다.
> 자네와 해후하여 이곳에서 함께 하니
> 한 마디 말에 마음 맞아 정은 도타울시고.
> 자네의 집은 강가 어드메뇨
> 곳곳마다 울창한 소나무와 계수나무로 그윽하여라.
> 언젠가 귀거래하여 형문衡門을 열고서
> 다시 벗과 같이 놀고 싶구려.
> 昨夜山中起白雲　無心護我來丹邱
> 丹邱山上有孤寺　神巖石室光浮浮
> 與君邂逅此中同　一言相合情綢繆
> 君家何在江之上　處處鬱鬱松桂幽
> 佗時歸去衡門開　故人且欲從之遊[6]

6 河友賢, 〈贈別李道經〉, 『豫菴集』 卷1.

이도경에게 직접 증별하며 작별을 아쉬워한 시이다. 1구의 '기백운起白雲'은 도연명의 〈정운停雲〉을 떠올리게 한다. 즉 산속에 뭉게뭉게 일어난 구름은 바로 친한 벗에 대한 그리움이 마음속에 피어오르는 것을 보여준다. 그 백운白雲이 나를 보호하듯 단구로 찾아왔다고 했으니, 그리던 친구인 이도경이 내가 있는 단구丹邱의 정취사淨趣寺로 찾아왔음을 표현하고 있다. 〈이도경대학의의변李道經大學疑義辨〉의 말미에는 '무오정월중순일일戊午正月重旬一日, 서우단구정취사書于丹邱淨趣寺'라고 되어 있다. 아마 이즈음에 쓴 시일 듯하다. 제3구의 '고사孤寺'는 바로 정취사淨趣寺이다.

그런데 제4구를 보면, '고사孤寺'의 '고孤'는 '광부부光浮浮'한 석실을 품고 있다. 뜻밖이다. 앞서 〈차우인운이수次友人韻二首〉에서 '고孤'의 의미를 살핀 바 있다. 이 시도 같은 의미가 부연敷衍되고 있다. 즉 고적하고 외진 절이지만, 그 내면에는 빛이 일렁이고 있다. 게다가 그곳에서 예암은 친구와 만나서 도타운 감정을 공유하고 있다. 앞서 제1구의 '백운白雲'으로 시작된 그리움은 제5구의 '해후邂逅', 제6구의 '상합相合'을 통해 한껏 고무되고 있는 것이다.

제7구에서 제10구까지는 떠나는 이도경과 다시 만나고 싶다는 마음을 내보이고 있다. 강가 어딘 가에 있을 '군가君家'를 떠올려보니, 송계松桂가 울창하여 그윽한 곳이었다. '유幽'는 외져서 사람의 발길이 드문드문하다는 뜻이다. 이 '유幽'는 제3구의 '고孤'와 멀리 엇걸리는 구륵자鉤勒字로서, '아我'(제2구)와 '군君'(제5구, 제7구)이 동질의 삶터를 공유하고 있음을 보여준다. 비록 같이 살지는 않아도 '같은 취향'을 지닌 동지로서의 유대를 확인하고 있는 것이다. 마지막 연구는 도연명의 '귀거歸去'와 『시경』 진풍陳風 〈형문衡門〉의 '형문衡門'을 가져다가 안빈낙도하는 은자의 자족적 삶에 대한 지향을 드러낸다. 학學

과 도道에 대한 지향과 은자의 삶은 어떤 관계일까? 자신의 삶이 세속적 욕망과 거리를 두고 있음을 말하려는 데서 유래한 것일 터인데, 예암은 이를 벗과의 우의友誼를 확인하는 가운데 사士로서의 삶의 태도를 갈무리하고 있었다.

3. 도학道學에 대한 지속적인 용력用力과 지경持敬

예암의 사士로서의 자의식은 일회적 언급에 그치지 않았다. 그는 또 다른 친구였던 한능일韓能一의 정亭에 써준 기문에서도 재차 반복 서술하고 있다. 그런데 이 경우는 다소 심각한 지점이 있다. 바로 〈궁窮〉이라는 막다른 상황에서의 처신에 대하여 이야기하고 있기 때문이다.

> "공자가 말하기를, '날이 추워진 뒤에야 소나무와 측백나무가 뒤늦게 시든다는 것을 안다'고 했다. 친구 한능일韓能一이 그 뜻을 취하여 자기의 정자에 편액하기를 '세한歲寒'이라고 했다. 하루는 나를 찾아와 기문을 써달라고 하였다. 아, 공자의 가르침은 선유 상채上蔡 사공謝公(사량좌謝良佐)이 일찍이 그 뜻을 밝혀서 '사士는 궁窮하면 그 절의가 드러나고, 세상이 어지러우면 충신을 안다'고 했다. 이제 한韓군은 가히 '사궁士窮'한 경우라고 말할 수 있다. 종종 굶주림에 신음하며 문밖을 나설 수 없었는데, 그가 고수하는 의리가 단단하지 않아서 혹여 사물을 좇아 뜻을 빼앗길까 걱정하였었다. 이 때문에 명호를 붙여서 스스로 독려하고자 한 것이 이와 같았던 것이런가? 그렇지 않다면 세상의 사士들을 보면 대부분 경박하기가 습習이 되었고 화려하기를 일삼아 끝내 바람서리가 부는 땅에서 조금이라도 견뎌낼 수 없다고 하며, 자신이 뜻을 간직하고 있는 것을 돌아보면 이들과 다르기에 이 때문에 명호를 붙여서 스스로 표지한 것이 이와 같았던 것이런가?"[7]

과연 한능일韓能一[8]이 자신의 정자에 '세한歲寒'으로 편액하였던 것, 이것의 의미가 무엇일까? 예암은 두 가지로 추측하고 있다. 하나는 한능일이 자신의 수궁守窮이 단단하지 않을까 두려워서 방비하고 자려自厲하고자 하였을 가능성이고, 다른 하나는 지금의 사士들이 부미화조浮靡華藻한 것과는 다른 한능일 자신의 소존所存을 자표自表하고자 하였을 가능성이다. 전자는 용력用力이고 후자는 자존自尊이다. 그런데 예암의 전제가 심상하지 않다. 즉 '사궁士窮'의 상황이다. 궁窮은 오도 가도 못하는 상황이다. 가난은 물론이요 막다른 상황에 내몰린 최악의 처지인 셈이다. 이 순간 어떤 선택을 할 것인가? 사량좌가 돋워낸 요지인 '사궁견절의士窮見節義'는, 예암이 의존하고 있는 핵심논리이다. 사士와 궁窮과 절의節義의 관계를 설정하고 있는바, 그 내용은 다음과 같다.

> "경계는 깊고 얕음이 있고 경력經歷은 수월하고 험함이 있다. 이제 하루아침에 칼날이 앞에 있고, 정확鼎鑊이 뒤에 닥쳐서 죽음과 삶, 재난과 복록이 나에게 닥쳤다. 아, 위태로이 이런 상황을 만났을 때, 세상에서 어찌 자신의 절의를 꺾지 않은 채 유독 의연하게 동요하지 않고 확고히 뽑히지 않으며 정연히 변하지 않기를 능히 이른바 소나무와 측

---

7 河友賢, 〈歲寒亭記〉, 『豫菴集』 卷1, "夫子曰 歲寒然後知松柏之後凋 友人韓能一取其義 扁其亭曰歲寒 一日過余 屬之以記 嗚呼 夫子之訓 先儒上蔡謝公嘗推明其旨 以爲士窮見節義 世亂識忠臣 今韓君可謂士窮者也 往往飢餓呻吟 不能出門戶 是以恐其所守之不固 或逐物而撓奪也 爲之寓號而自厲者 如此耶 不然 其視世之爲士者 擧皆浮靡以爲習 華藻以爲業 卒不足以小當於風霜之地 而顧吾志之所存者 有異於是 是以爲之寓號而自表之者 又如此耶"

8 河友賢, 〈謝韓能一(啓魯)見訪〉, 『豫菴集』 卷1, "기러기, 벌레 울며 해가 저물어가는데/사립문 열리지 않아 길에 이끼는 깊었다오/포남의 옛친구 한능일이/궁산을 방문해 혼자 찾아왔다오.(鴈叫蟲吟歲欲暮 柴門不闢徑苔深 浦南故友韓能一來往窮山獨自尋)"

백나무가 유독 뒤늦게 시드는 것과 같은 뒤에라야 공자의 가르침에 부끄러움이 없을 것이요, 그것을 가져다가 이름으로 삼는 마음에 무색하지 않으리라."[9]

예암의 논리는 날카롭기 그지없다. 경계經界와 경력經歷의 차등이 있음을 전제하면서, 가장 극단의 경우를 상정하여 '세한歲寒'의 의미를 추궁하고 있다. 가장 극단까지 끌고 가서 상대가 가지고 있을지도 모를 주저함과 부족함을 남김없이 드러내도록 요구하는 것이다. 마치 힐난과도 같은 다그침의 궁극에는 '무괴無愧'·'무부無負'의 정신이 전제되어 있다. 즉 공자의 가르침을 운운하는 사람은 지천이요, 가져다 명호로 삼는 사람도 많지만, 진정으로 공자에게 부끄럽지 않고 자신의 초심을 저버리지 않아야 '궁窮한 사士'로서의 올바른 처신이 가능하다는 것이다.[10]

"그대는 면려하라. 나는 부디 말 한마디로 자네의 뜻을 발현하노니, 이해利害와 사변事變의 즈음에 처신하기는 참으로 어려운 일이다. 어찌 순간 내 마음으로 부지런히 붙든다고 당해낼 수 있겠는가? 오직 성현의 학에 용력用力해야 그나마 그리될 수 있으리라."[11]

---

9 河友賢, 〈歲寒亭記〉, 『豫菴集』 卷1, "境界有淺深 經歷有夷險 今夫一朝之間 刀鋸在其前 鼎鑊臨其後 死生禍福 迫於身 嗟乎 其凜乎當此之時 擧世安有不摧折者 而獨且毅然不動 確然不拔 又挺然而不變 能如所謂松柏之獨後凋者 然後可以無愧於夫子之訓也 可以無負於所以取以名之之意也"

10 河友賢, 〈歲寒亭記〉, 『豫菴集』 卷1, "何者 學之道 窮理以明其知 集義以養其氣 知明則無惑 氣養則無懼 能如是 則亦孟子之不動心也 雖極天下之大利害 擧今古之大事變 紛然萃至 而曷足以撓之哉 而其所以處之者 又豈如一節之士 所以任俠而不顧 傷勇而無補者哉"

11 河友賢, 〈歲寒亭記〉, 『豫菴集』 卷1, "韓君勗矣 吾願以一言伸之以發吾子之志 夫利害事變之際 誠難矣哉 豈一時吾心之勉强把著而可抵得哉 惟用力於聖賢

우리는 이 말에서 예암의 착목처를 확인하게 된다. '용력어성현지학用力於聖賢之學'만이 극한 상황에 몰린 궁사가 절의를 지킬 방법인 셈이다. 일관되고 지속적인 용력을 하려면 어떻게 해야 할까? 필자는 전고前稿에서 〈자경설自警說〉(권2)을 통해 외사와 외물에 이끌리지 않으려 애쓰는 예암을 확인한 바 있었다.[12] 그런데 '자경自警'의 전제로 예암은 지경持敬의 태도를 제시한 바 있다. 이제 그 이야기를 해 본다. 다음은 〈지경持敬〉(권2)이다.

> "지경持敬의 방법을 두고, 초학자들은 우선 의관, 시청視聽, 용모, 사기辭氣에 공력을 들여서 이들을 삼갈 수 있다면 자연스레 사악함을 막지 않아도 함양涵養의 공부를 얻을 수 있을 것이다. 이는 정 선생이 말씀하셨던바, '밖으로 절제하여 안을 기른다'는 것이다. 만일 그렇지 않고 그저 저 경敬을 추구하여 지니고자 한다면, 필시 잡초투성이가 되고 마구 흘러버려서 근거하여 고수하지 못하는 환란이 있게 될 것이다. 그래서 주자가 말하기를, '정 선생은 심술心術을 논하면서 존심存心이라고 말하지 않고 주경主敬이라고 했다. 그가 주경主敬을 논하면서 허정연묵虛靜淵默이라고 하지 않았으니, 분명 의관, 용모 사이에서 삼가야 한다.' 라고 했다."[13]

이 글의 논지는 뚜렷하다. 지경持敬의 방법은 외부에서 절제(조절,

之學爲庶幾也"

12 拙稿, 「豫菴 河友賢의 삶과 시세계의 일 국면」, 『남명학연구』 68집.

13 河友賢, 〈持敬〉, 『豫菴集』 卷2, "持敬之法 初學當先自衣冠視聽容貌辭氣上加工 能謹乎此 則自然無非僻之干 而涵養之工 可得而致矣 此程先生所謂制於外所以養中者也 若不然 而徒欲求夫敬而持之 則必有莽蕩 無據守之患矣 故朱子曰 程先生論心術 不曰存心 而曰主敬 其論主敬 不曰虛靜淵默 而必謹之於衣冠容貌之間"

억제)하는 것, 즉 삼가는 태도를 지님으로써 시작된다는 것이다. 정자程子와 주자朱子를 빌려서, 주경主敬이 내향적인 공부(存心, 虛靜淵默)에 우선하기보다는 외면의 위의威儀와 같은 곳에서부터 시작되어야 한다고 했다. 안과 밖의 공부가 모두 중요하며 의미가 있다. 그러나 안의 공부에 치중하다가 추상적이고 관념적인 공허함으로 빠질 우려가 있을까 우려한 것이다. 사실 이렇게 단순한 이분적 논리로 이해될 것은 아니다. 예암은 〈도본말의道本末義〉(권2)에서 이렇게 말한 바 있다.

> "도道의 전체로 말하면 치심治心과 수신修身은 본本이요 쇄소灑掃와 응대應對는 말末이다. 배우는 자들이 공력을 들여 진덕進德하는 순서를 갖고 말하면, 쇄소灑掃와 응대應對는 치심治心과 수신修身의 본本이다. 그렇게 된 것은 사事요, 그렇게 되는 까닭은 리理다. 사事에는 본과 말이 있지만 리理에는 본과 말은 없다. 사事는 정精과 조粗가 있지만 리理에는 정精과 조粗가 없다. 대저 리理는 이른바 그렇게 되는 까닭으로 형이상한 것이다. 그러므로 정과 조가 없다. 본과 말은 모두 하나로 꿰어진다."[14]

이 글은 이른바 본本과 말末로 다뤄지는 것이 실은 하나로 꿰어진다는 것, 그 일관하는 것은 리理라는 것이다. 약간 층차를 달리하는 것이지만, 이 논리를 '지경持敬'과 연결하여 논의하자면, 지경持敬을 안의 공부만으로 이해하는 견해나 밖의 공부만으로 이해하는 견해는 모두 어느 한쪽으로 치우친 편견일 뿐이다. 정자나 주자 모두 밖의 공

14 河友賢, 〈道本末義〉, 『豫菴集』 卷2, "以道之全體言之 治心修身 本也 灑掃應對 末也 以學者用功進德之序言之 灑掃應對爲治心修身之本也 其然事也 所以然理也 事有本末 理無本末 事有精粗 理無精粗 夫理者 是所謂所以然而形而上者也 故無精粗 本末皆一貫"

부를 거론하지만, 밖의 공부'만'을 말하지는 않는다. 공부의 출발점, 시작점을 논의함에 있어서, 눈에 보이는 일상의 삶에서부터 시작하자는 논의인 것이다. 그 근거는 안과 밖이든 그 안을 관통하는 것은 하나인 리理이기 때문이다. 다시 〈지경持敬〉의 후반부를 보도록 하자.

> "살펴보건대, 상채上蔡(사량좌)가 횡거橫渠(장재)의 사람을 가르치되 예의로써 하라는 말을 틀렸다고 하면서 말하기를, '정용正容, 근절謹節, 외면外面, 위의威儀는 예禮의 근본은 아니다.'라고 했다. 그러나 주자는 정자가 일컬었던바 '자네는 예로써 후덕하게 대하라'라는 말을 인용하면서 사람을 가르침이 아주 좋고 사람들로 하여금 근거해 고수할 바가 있도록 한 말이라면서 상채의 잘못을 변석辨析하였다. 그런즉 저 이른바 정용正容, 근절謹節, 외면外面, 위의威儀가 어찌 지경持敬하여 밖을 절제하는 방법이 아니겠는가? 배우는 자들은 이 의리를 모른 채 지경持敬은 고작 안으로의 공부라고 생각하며 오똑하니 마음만 잡고 있으니, 여전히 이단으로 흘러 들어가는 병폐가 있어 끝내 마음을 보존할 수 없는 처지를 벗어나지 못하고 있도다."[15]

앞서 논의한 내용을 예암은 다시 정리하면서 지경을 안으로의 공부로만 여겨서는 안된다고 하였다. 급기야 '유입이단지병流入異端之病'이 있다고까지 했으니 극력 반박한 셈이다. 유가에서 이단異端은 배척과 배제의 프레임이기 때문이다. 그럼 〈경敬〉은 어떤 것일까? 예암은 〈치지재경설致知在敬說〉(권2)에서 정자程子의 경敬에 대한 논지를

---

15 河友賢, 〈持敬〉, 『豫菴集』 卷2, "按上蔡以橫渠教人以禮爲非 且曰正容謹節外面威儀 非禮之本 而朱子引程子所稱子厚以禮 教人最善 使人先有據守之言 以辨上蔡之失 然則其所謂正容謹節外面威儀 豈非持敬所以制於外之道乎 學者不知此義 以爲持敬只是向裏工夫 而兀然措心 則未免流入於異端之病 而終亦不可以存之也"

앞서 언급했던 '무비벽지간無非僻之干'·'무주작지폐無走作之弊'와 연결하여 설명하고 있다.

> "혹자가 정자의 '치지재경致知在敬'의 학설을 물었다. 내가 대답했다. 천지 사물의 리理는 지극히 정미하다. 배우는 자들이 만일 차심此心 본원本原의 지경에 종사하지 않는다면 물욕이 빠뜨리고 정신은 박잡하여 궁득窮得하기 어려울 것이다. 그래서 정자의 가르침이 있었던 것이다. 대개 경敬은 정제整齊하고 엄숙嚴肅하며 주일主一하여 무적無適한 것을 말한다. 정제하고 엄숙한즉 사악邪惡을 막을 일이 없고, 주일主一하여 무적無適한즉 헛되이 돌아다니는 폐단은 없다. 이와 같이하기를 오래 한다면, 심지心地는 자연히 허명虛明하고 정일精一하여, 이에 저 사물에 나아감에 그 리理를 궁구하여 그 지知에 이를 수 있을 것이다."[16]

예암이 생각하는 경敬은 "정제整齊하고 엄숙嚴肅하며 주일主一하여 무적無適한 것을 말한다." 즉 기본적인 논리는 주자의 경敬에 대한 논의를 좇고 있다.[17] 그럼 예암은 자신의 글을 통해서 경敬에 대한 논리를 확보하고 있을까? 이 부분은 더욱 검증이 필요한 부분이기는 하나, 그 단서를 예암의 〈중용전도中庸全圖〉에서 찾을 수 있을 듯하다. 이 도圖는 『중용장구』 전체의 요지를 그림으로 표현한 것이 아니라 제1

---

16 河友賢, 〈致知在敬說〉, 『豫菴集』 卷2, "或問 程子致知在敬之說 予曰 天地事物之理 至爲精微 學者若非從事於此心本原之地 則物欲汩亂 精神駁雜 有難窮得矣 故有程子之訓 蓋敬者整齊嚴肅 主一無適之謂也 整齊嚴肅 則無非僻之干 主一無適 則無走作之弊 如是久之 則心地自然虛明靜一 于以卽夫事物 可以窮其理 而致其知矣"

17 河友賢, 〈中庸全圖〉, 『豫菴集』 卷2, "按 雲峯胡氏 以道也者三字 各屬於不可須臾離 莫見乎隱 莫顯乎微 兩節之上 而曰道也者不可須臾離 又曰 道也者 莫見乎隱 莫顯乎微 蓋此說亦精然 朱子旣以道不可離 作統體說 屬之戒懼至於隱微兩字 則以爲無不戒懼之中 尤加謹之義 此固爲定論 故圖從朱子說"

장과 제33장만을 그린 것이다. 주목되는 부분은 〈경敬〉과 관련된 부분이다. 그림에서 보듯이, 중앙의 도道 자 밑에 '도야자道也者'를 써넣고, 그 아래 계신戒愼과 신독愼獨을 네모 권역 속에 표기하였으며, 그 아래 옆으로 정체靜體와 동용動用을 써 넣어 동정動靜, 체용體用의 의미를 드러냈다. 또한 계신공구戒愼恐懼를 통해 치중致中한다는 점과 신독愼獨을 통해 치화致和한다는 점을 드러내, 계신戒愼, 치중致中, 신독愼獨, 치화致和를 사방으로 배치하고, 그 중앙에 〈경敬〉을 써 넣고 선으로 연결하여, 경敬이 동정動靜을 관통하는 성시성종成始成終의 공부임[18]을 드러냈다.[19] 또한 예암은 혹자가 질의한 〈용경用敬의 의미〉에 대하여 아래와 같이 대답하고 있다.

> "또 혹자가 물었다. '경敬을 쓰는 의미가 제1장과 제33장이 같지 않음이 없는 듯합니다. 그런데 지금 그대의 그림에서 아래에 경敬을 제시하지 않은 것은 어째서입니까?' 나는 답한다. 마지막 장은 본문에 경자敬字를 말했습니다. 움직이지 않아도 백성들이 공경한다고 했으니, 그 의미를 알 수 있습니다. 또한 마지막 장은 단지 제1장의 의미에 조응하는 것일 뿐이니, 비록 그 공력을 기울이는 도를 드러내 제시하지 않더라도 또한 위의 뜻을 이어받은 것임을 알 수 있습니다."[20]

---

18 河友賢, 〈中庸全圖〉, 『豫菴集』 卷2, "按 中庸一書 始則自天命之性 言戒懼愼獨以至於天地位萬物育 末則引詩復申愼獨戒懼之意 而至於不顯之德篤恭之妙 無聲無臭而終焉 皆程子所謂實學也 學者苟能因是言 而致力於存養省察之地 用功於不疚敬信之間 而極其道 則所謂中和位育之化篤恭 而天下平之妙亦可以馴致其萬一矣 程子又曰善讀者翫索而有得焉 則終身用之 有不能盡者矣 然求其所以致力用功之道 則又不過敬之一字焉耳 <u>故曰敬者聖學之所以成始成終者也</u>"

19 최석기(2013), 435면 참조. 圖說에 대한 번역은 최석기 교수의 번역을 가져왔다.

20 河友賢, 〈中庸全圖〉, 『豫菴集』 卷2, "又問用敬之義 則首末兩章 恐無不同 而今圖不揭於下 何也 曰 末章則本文固言之矣 其曰不動而敬 則其意可知也 且

그림에서 보듯이, 〈경敬〉은 전반부에 제시되지만, 후반부에 나타나지 않고 있다. 혹자는 이에 대한 의문을 담아 '용경지의用敬之義'를 질문한 것이다. 이에 대한 예암의 의견은 명쾌하다. 드러내지는 않았어도 〈경敬〉은 전체를 관통하며 조응한다는 것이다. 성학聖學이 성시성종成始成終하는 공부로서 〈경敬〉을 제시했던 것을 재차 확인하고 있는 셈이다. 지경持敬의 삶의 태도는 바로 이런 경학적 탐구 속에서 이뤄진 것으로 보는 것이 적절할 것이다. 즉 예암의 사의식士意識은 경학에 대한 학습을 거쳐 학문적 모색을 도모하는 가운데 차츰 정립되어 나간 것이다. 이제 그가 가진 경학에 대한 관점을 살펴보도록 하자.

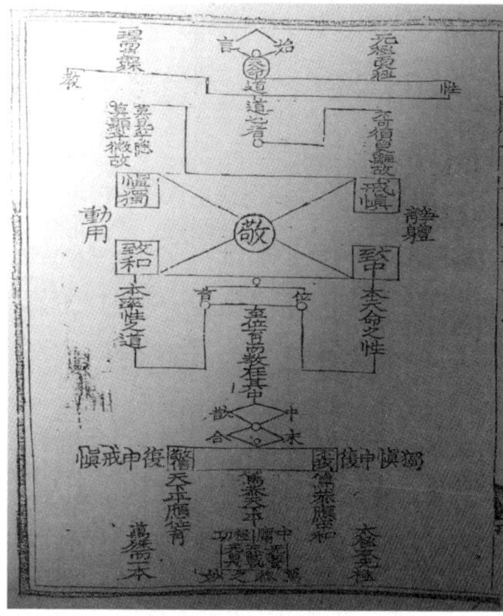

그림. 〈중용전도中庸全圖〉(『예암집』 권2)

4. 공명자공명功名自功名 경학자경학經學自經學

예암은 과거시문을 마음에서 지운 뒤 성현의 학문에 침잠하였고, 그의 학문은 주자학의 흐름을 타고 있었다. 앞서 고백했듯이, 이 글은 실제 경학 담론의 분석까지 나아가지는 못했다. 그래도 그 예비적 단계로 경經, 경학經學에 대한 관점을 짚어보는 것은 차후의 논의를 위해서 필요한 일이라고 생각한다. 예암의 경經과 경학관經學觀을 읽을

末章只是應首章之義 則雖不表揭其用功之道 亦蒙上可知也"

수 있는 글로 〈증성수재(동구)학경서贈成秀才(東九)學經序〉(권1)를 들 수 있다. 이 글을 찬찬히 읽어보기로 한다.

> "나는 경經은 도道를 싣는 것이라고 생각한다. 경經으로 도道를 싣는 것은 함函에 구슬을 갈무리하는 것과 같다. 도를 장차 구하는 것은 반드시 경을 통하여 얻는다고 말하는 것도 또한 사람이 구슬을 구하는 것이 반드시 함에서 구슬을 얻는 것과 같다. 그러나 또한 누군가는 치경治經하면서 도가 이곳에 있음을 알지 못하고 도를 구하지 않은즉슨, 이른바 함을 사고는 구슬을 돌려주는 것과 같다. 그리하면 경經도 또한 무용한 공언空言이 되지 않겠는가?"[21]

예암은 경經은 재도載道하는 수단, 방법이라고 생각한다. 비록 '소이所以'를 수단, 방법이라고 풀었지만 도의 담지체擔持體로서의 경經을 거론하고 있는 것이니만큼 단순한 도구 이상의 의미를 갖는 것으로 이해하여야 한다. 예암은 '혹或'의 경우를 지적하면서 경을 대하는 단순 도구관에 대한 비판을 시작한다.

> "삼가 생각하건대, 나라에서 명경과明經科를 설치하여 인재를 취하는 것은 그 뜻이 훌륭하다. 그러나 줄곧 근세 이래로 거의 경명經明한 사士가 나와서 치교治敎의 경중輕重이 되었다는 말을 들어본 적이 없다. 어찌된 것인가? 특히나 경經이 진정으로 치도治道 치법治法에 보완함이 있음을 알지 못한 데다가 이를 들어다 사용하되 그 올바름을 얻지 못했기 때문이다. 대개 주상이 인재를 취하면서 이미 이처럼 진작하는 풍모

---

21 河友賢, 〈贈成秀才(東九)學經序〉, 『豫菴集』 卷1, "余謂經所以載道也 經而載道 猶櫝而藏珠 道之將求 必曰因經以得 亦猶人之求珠者 必於櫝而得之也 然又或治經而不知道之在此 而不之求 則所謂買櫝而還珠也 經亦不爲無用之空言也哉"

가 없었고, 아래에서 그에 부응하는 자들도 또한 사사로이 이익을 구하고 진출을 급하게 여김을 면치 못했으니, 앞서 '경經으로 말미암아 도道를 구한다'는 의리가 참으로 용력用力이 미치지 못했던 바가 되었음도 또한 어찌 이상하다 여길 수 있겠는가?"[22]

예암은 경經은 치도治道와 치법治法에 보완이 된다고 말한다. 즉 현실 정치와 무관한 것은 아니라는 것이다. 그렇다면 경經을 공부하여 치세에 미력을 덧보태는 일은 정당한 것인가 그렇지 않은 것인가? 근본적인 차이는 공사公私의 문제라고 보고 있다. 즉 명경과를 설치해서 인재를 취하는 것은 경명經明한 사士를 양성하기 위한 것이지, 벼슬자리를 나눠주기 위한 것은 아니었다. 아울러 경經을 공부하는 것은 도道를 구하기 위한다는 세일 원리에서 출발해야 한다. 만일 구리급진求利急進의 사사로운 태도에 매몰된다면, 끝내 경經은 벼슬을 구하기 위한 '도구'로 전락하게 될 것이다. 예암은 바로 이 지점에서 공과 사의 문제를 제기한다. 허나 공사의 개념을 또렷하게 제시하진 않았다.

"우리 고을의 성군成君은 나와 나이가 그닥 차이도 나지 않았으며 서로 우의가 아주 돈독했다. 그러나 나는 매양 그의 입지가 독실하지 않아 종종 그 마음이 외물에 동요되는 것을 안타깝게 여겼다. 어느 날 아침, 과연 공명으로 자신을 기약하더니 장차 경서를 쥐고 스승을 구하였는데, 길을 떠나면서 나를 찾아왔다. 내가 그에게 이유를 묻자, 그가 대답

22 河友賢, 〈贈成秀才(東九)學經序〉, 『豫菴集』 卷1, "恭惟 國家設明經科取人 其意盛矣 然一自近世以來 槩乎未聞其一有經明之士出 而爲治敎重輕者 何則 殊不知經之眞有補於治道治法 而其學而用之 又不得其正故也 蓋上之所以取之者 旣如是其無振作之風 是以下之所以應之者 又未免其求利急進之私焉 則於向之所謂因經求道之義 固力有所不及矣 亦何足怪哉"

> 하기를, '근세 치경治經의 방법은 기송記誦을 위주로 하네. 처음에는 훈고訓詁와 구두句讀를 배우고, 다음에는 성음聲音 고하高下를 배우며, 주사자主司者의 의중을 맞추려고 하지.'라고 말했다. 아, 그 또한 그릇되었도다."[23]

예암은 성동구成東九의 목소리를 통해서 근래 치경治經의 방법이 기송記誦, 훈고訓詁와 구두句讀, 성음聲音 고하高下를 배운다고 했다. 그러나 정작 문제는 그 다음이었다. 이렇게 치경治經하는 목적은 주사자主司者(주시자主試者)의 마음에 맞기를 찾는 것이었다. 즉 과거를 주관하는 자(혹은 시속에서 원하는 문체)의 마음에 들어야 급제할 수 있기 때문에, 주사자主司者의 의중을 노린다는 것은 경經을 끝내 벼슬 구하는 수단으로 삼는다는 것을 말한다. 경을 통해 도를 구한다는 명분은 온데간데없이 사라진 셈이다. 흡사 주경여朱慶餘가 "화미심천유시무畵眉深淺有時無"라고 노래했던 데서 알 수 있듯이, 당나라의 경우 이른바 시험 이전에 주시자에게 먼저 글재주를 알리는 것이 제도적으로 용인되기는 했었다. 그렇다고 해도, 예암은 경학經學이 이제는 시문時文의 수단이 되어버린 데에 대하여 안타까워하고 있다.

> "옛날 치경治經은 가법家法이 있었다. 반드시 선유의 학설로 미루었지만, 그렇다고 반드시 모두가 그러했던 것은 아니다. 이는 반드시 그 득실의 이유를 궁구한 뒤에 자신의 마음으로 돌이켜서 오류를 수정하였었다. 바로 한유漢儒의 전문 명가들은 각각 스승의 학설을 지키면서 감히

---

23 河友賢, 〈贈成秀才(東九)學經序〉, 『豫菴集』 卷1, "吾黨成君 與我年無相上下 又相與最深 然余每恨其立志不篤 往往其心爲外物所動矣 一朝 果以功名自期 將執經而求師 行而過余 余問之 則曰 近世治經之法 以記誦爲主 始之於訓詁句讀 次及於聲音高下 以求中於主司之意而已 吁其亦枉矣"

가볍게 바꾸지 않았던 것이다. 중세 이래 이 법도 또한 변화하였고, 그래서 주자는 성인의 말씀을 소홀하게 대하기가 날로 더욱 심해진다고 탄식하였으며, 아울러 '거자擧子들이 평소 강론하고 익힐 때 오로지 주사자主司者의 뜻만을 찾으려 하니, 이는 경학적經學賊 가운데 적賊이요, 문자요文字妖 가운데 요妖이니, 가법이 서지 않는 데 그칠 뿐만은 아니다'라고 했다. 그 의미를 대개 알 만하리라. 그러나 저 때는 경經에 정해定解가 없어서 그 말이 아직은 처음부터 가법의 불립不立에 부지런히 찾지 않은 것은 아니었다. 지금은 경經에 바로 정해가 있으니, 배우는 자들은 바로 한 가지 뜻을 강론하고 익히는 데 면려하며 도를 찾는 것이 마땅하리라. 어찌하여 고작 기송記誦을 위주로 하고 훈고訓詁와 구두句讀, 성음聲音 고하高下를 법으로 삼기를 자네 말처럼 하는 것인가? 자네의 말과 같다면, 이는 경학적經學賊 가운데 적賊이요 문자요文字妖 가운데 요妖이니, 어찌 다만 회옹晦翁(주희朱熹)이 말한 바와 같은 데서 그치겠는가? 그 학學도 이루지 못하고 술術도 밝지 못할 것이 자명하다."[24]

예암은 한유漢儒와 송유宋儒의 차이를 인식하고 있었다. 그렇지만 이른바 기송記誦을 비롯해 훈고訓詁를 위주로 하는 한유漢儒의 경우, '경무정해經無定解'한 상황에서 각기 사설師說을 고수하고 가법(家法)을 세워야 했지만 지금은 상황이 그렇지 않다고 본다. '경자유정해經自有定解'라고 했으니, 예암의 학설은 주자학을 '정해定解' '일의一意'

---

24 河友賢, 〈贈成秀才(東九)學經序〉, 『豫菴集』 卷1, "古者治經有家法 必以先儒之說而推之 猶且未必盡 是必須究其所以得失之故而後 可以反求諸心 而訂其謬 此漢儒專門名家所以各守師說 而不敢有所輕變也 中世以來 此法亦廢 所以朱夫子有慢侮聖言 日以益甚之歎 且曰 擧子平居講習 專務求主司之意 其爲經學賊中之賊 文字妖中之妖 又不止於家法之不立而已 其意蓋可知矣 然若彼時則經無定解 故其言未始不拳拳于家法不立 若今則經自有定解 學者正當一意加勉於講而習之 以求其道之地 奈之何 專以記誦爲主 訓詁句讀 聲音高下爲法如吾子之所言耶 如吾子言 其爲經學賊中之賊 文字妖中之妖 又何啻如晦翁之所言而已耶 其學之不成而術之不明也 宜矣"

로 간주하고 있음을 확인할 수 있다. 예암이 『대학』, 『중용』, 『역』을 점검하면서도 주자의 학설을 근본에 두고 정자나 주돈이周敦頤, 장재張載, 사량좌謝良佐 등 북송유학자들의 논의를 병행하고 있는 점도 이와 관련이 있다. 그런데 그가 이 글에서 목표로 하고 있는 것은 바로 치경治經하면서도 그 경서 안에 도道가 있는 줄 모른 채 거업擧業에 종사하는 시폐에 대한 비판이었다. 그리된다면 "경야역상지지일물야經也亦喪志之一物也"라며 도와 더욱 멀어질 것을 아쉬워하였다. 〈증성수재학경서贈成秀才學經序〉의 끝에서 "공명자공명功名自功名 경학자경학經學自經學"이라고 명언明言하는 것은 그의 경학관을 단적으로 표명한 것으로 이해된다.

경학經學은 경經에 대한 학문적 태도이자 입장이다. 경經에 대한 간단한 노트를 넘어서는 셈이다. 또한 학습단계를 넘어서려면 학문적 체계를 구축하고, 그 안에서 경經의 의미를 이해하고 있어야 한다. 나아가 그 경학적 사유가 자신의 삶을 지탱하는 인생관과 결합되었는가, 결합되었다면 그 성숙도는 어느 정도인가에 따라 경학관에 대한 평가는 달라질 수 있다. 다시 말해, 경학에 대한 관점으로 거론되려면 경의 의미를 이해하는가 여부, 경의 학문적 축적과 분기에 대하여 인식하고 있는가 여부, 자신은 어떤 경학적 태도를 자신의 입론으로 삼고 있는가, 그 입장은 분명한가를 살펴야 한다. 나아가 경을 공부하는 이유가 지식 차원인지 아니면 그보다 더 근본적인 삶의 목적과 방식과 닿아있는지도 검토해야 한다.

이를 기준으로 볼 때, 예암은 경에 대한 학습을 넘어 학문의 단계로 나아가는 과정에 있었다고 평가된다. 『예암집豫菴集』에 수록된 글에 의거해 보면, 『대학』과 『중용』, 『역』에 대한 학습은 분명하게 이뤄져 있다. 『대학』이든, 『중용』이든, 『역』이든, 대체로 주자학의 범주 안에서 기존의 주석자(해설자)들의 논의를 성실하게 학습하고 있고, 그에 대한 자신의 생각을 비교적 또렷하게 밝히고 있다. 혹은 〈안설按說〉로 혹은 쌍행주雙行註의 방식으로, 혹은 문답의 방식으로, 혹은 논술의 방식으로, 혹은 서문의 방식으로, 혹은 시적詩的 방식으로 차분하면서 정직하게 자신의 생각과 감정을 드러내고 있었다. 특히 〈경敬〉조차 완물상지玩物喪志의 대상이 될 수 있음을 밝히고 있는 점에서, 〈경經〉 너머의 지점까지 마음에 품고 있었음을 확인할 수 있다.

5. 과제 — 번역과 지역고전

이 글은 예암 하우현이 지녔던 지경持敬의 삶과 그 학문(특히 경학經學)에 대한 태도를 살펴보고자 했다. 예암은 자신을 사士로 의식하면서 학문과 뜻을 곧추세우려고 노력하였던바, 특히 우인友人들과의 도학적道學的 교유交遊를 통해서 고적孤寂한 자존감自尊感을 다져나갔다. 이를 바탕으로 도학에 대한 지속적인 경서 학습을 수행하였다. 특히 『중용』의 경敬에 근원을 둔 것으로 보이는 지경持敬을 자신의 삶의 태도로 갖추어 나갔다. 그는 공명功名과 경학經學은 별개로 보았고, 경학을 통한 세속적 욕망을 추구하지 않았으며, 나아가 경학 자체를 위한 학습을 추구하지도 않았다. 그에게 경학은 자기 삶의 방향을 어떻게 설정할 것인가, 그리고 어떤 자리에 설 것인가를 위한 방법이었다.

이제 본고의 한계를 지적하면서 제언하는 것으로 맺음말을 대신하고자 한다. 첫째, 예암의 전모를 파악하기에는 편면적片面的 관견管見에 지나지 않았다. 앞서 필자는 예암의 시세계를 일견한 바 있다. 서른 초반의 짧은 삶을 살았음에도 시대와 자신에 대한 성찰이 깊었던 창작을 수행했음을 확인하였었다. 이 글에서도 필자의 미력微力으로 인하여 예암의 전면을 살펴내지 못한 아쉬움이 있다. 이런 아쉬움을 극복하기 위해서는 『예암집』의 번역이 시급히 요구된다. 둘째, 본고는 예암의 사의식士意識으로 '지경持敬'을 제시하고, 그의 경학적 태도(학문적 태도)가 가진 성격을 제시하고자 하였다. 그러나 이는 예암만을 주목했던 것이기에, 과연 이것이 당대 지식인사회의 학문적 태도에 견주어 볼 때 어느 정도의 위상을 지닐 것인가에 대한 논의는 생략할 수밖에 없었다. 즉 예암의 위상을 정립해주기 위해서는, 중심축에 예암을 놓고 가로세로로 지성사적 점검을 실시하는 일이 필요하다. 차후 이 부분에 대한 논의가 진행되어야 하리라고 생각한다.

제7장

석곡石谷 이규준李圭晙의 고전으로서의 가능성

1. 석곡을 바라보는 시각

석곡石谷 이규준李圭晙(1855~1923. 자 숙현叔玄, 호 석곡선생石谷先生·석산인石山人·석산자石山子·석곡산인石谷山人. 이하 '석곡'이라고 부름)은 근대계몽기를 살아온 인물로서 한국 고전학사에서 낯선 인물이다. 다만 그가 남긴 의학적 저술과 치료경험으로 인하여 한의학사에서는 근래 조망 받고 있을 뿐이다. 그런데 석곡이 남긴 저술 전반을 검토해 보면 그가 의학계를 넘어서 철학과 문학으로 일가를 이루었던 인물이라는 점에 놀라게 되고, 석곡의 의학과 처방을 계승하는 학회가 지금도 존재하고 있다는 점과 석곡에 대한 기억이 현재진행형이라는 점에 다시금 되돌아보게 한다. 그런데 뜻밖에도 석곡에 대한 연구는 아직 시작도 안 되었으며, 의학사에서 발굴된 지는 거의 40여 년에 가깝지만 다방면의 저술 전반을 검토한 연구는 고작 10여 년에 지나지 못한다. 무슨 일이 있었던 것일까? 결론부터 말하자면, 이는 한국 고전학계의 학문적 편향에 기인한다.

강산은 사람을 낳고 사람은 강산을 일궈나간다. 누군가를 기억하는 일은 그가 나고 자란 강산과 떼려야 뗄 수 없는 이유가 여기에 있다.

그래서 우리는 사람을 통해 그 시대의 정신과 아픔을 읽는다. 더군다나 전환기적 시대를 살아간 사람들의 생각과 말글 속에는 수없는 역사의 굴곡과 파장의 감정을 읽을 수 있다. 석곡의 글을 읽으면 시대의 변화에 대응하는 주체의 영혼이 느껴지는 이유이다. 석곡이 유학으로 사상의 중심으로 세우고 서구의 신지식을 비판하며, 인간의 생명을 치유하고 마음(심心)을 키워드로 제시한 데에서, 우리는 급격한 문명 전환기 속에서 시대와 인간을 고민했던 실천적 지식인의 모습을 읽을 수 있다.

석곡은 1855년(철종 6) 11월 10일 경상북도慶尙北道 영일군迎日郡 동해면東海面 임곡리林谷里에서 출생했다. 그로부터 68세를 산 뒤 1923년 10월 11일 세상을 떠났으며, 현재 포항시浦項市 장기면長鬐面 죽정리竹井里 화주산華柱山에 부인 김해金海 김씨金氏와 같이 합장되어 있다. 김씨 부인은 석곡이 죽은 뒤 18년이 지나 1940년 세상을 떠났다.

석곡은 경주慶州 이씨李氏로서 고려말기 이제현李齊賢이 그의 중시조가 되며, 고조 이규손李圭遜은 종2품 가선대부嘉善大夫를 지냈고, 증조 이복원李福元도 가선대부에 이르렀으며, 부친 이덕영李德榮과 어머니 김해 김씨 사이에서 태어났다.[1] 증조부 대까지 가선대부를 지낸 것을 보면 지방의 유력한 사대부 집안이었을 것으로 짐작되지만, 조부와 부친 대에 특별한 품계가 제시되지 않은 것을 볼 때 조부 이후로 가세가 기울었던 것으로 추정된다.

---

1 曺圭喆, 〈墓碣銘〉, 『石谷散稿』.

그림 1. 석곡가계도石谷家系圖

李圭晙－金海 金氏
　－泊鍾－　雨潤－　敏相
　　　　　　　　　雨乙－ 峰相, 栅相, 基相
　－惇鍾－　雨苗
　　　　　　　　　雨民
　－淳鍾－　雨澤－　朱相, 雄相
　　　　　　　　　雨珍－ 孝相, 駿相, 武相
　　　　　　　　　雨英－ 戊相
　　　　　　雨德
　　　　　　雨龍
　　　　　　雨福
　－女(皇甫熺, 永川)－垣, 坪, 墇, 坂, 坤, 圭

그의 생애를 일견하넌 30세끼지의 행적이 불분명하다. 게다가 그의 형제들도 뿔뿔이 흩어졌다는 고백을 보고 나면,[2] 그의 대에 집안은 지방 유지로 행세하지는 못할 정도였던 것으로 보인다. 여기에는 집안만의 문제가 아니라 시대적으로 일제강점기라는 외부적 환경도 많은 영향을 끼쳤을 것으로 추정되나, 그의 기억과 증언을 확인할 만한 문헌 자료는 충분치 않아 짐작만 할 수 있을 뿐이다.

그렇지만 석동石洞에 우거하면서 석곡재石谷齋를 지어 학당을 열었던 것을 보면 스스로 가문을 유지할 수 있을 정도는 된 듯하다. 석곡재는 단순한 학당에 그치지 않고, 『의감중마醫鑑重磨』를 간행할 수 있을 정도로 교육과 출판 활동도 함께 했었고, 이를 통해 하나의 학단을 이루면서 지역의 젊은 엘리트들을 교육하고 독립된 학술유파를 이루어 나갔다. 현재 이규준의 학풍을 잇는 〈소문학회素問學會(http://www.somun.or.kr)〉

2 曺圭喆, 〈祭從弟圭脩文〉, 『石谷散稿』.

가 존속하면서 그의 의학술을 계승하고 있는 것도, 그 학맥이 현재진행형임을 알려준다.

이처럼 오랜 굴곡의 역사를 지나오면서 활발히 활동하는 학파로 유지되도록 한 요인은 무엇이며, 석곡은 과연 어떠한 학문적 전통을 지니고 교우하였었는지, 그리고 그가 펼친 의학 이론은 어떠한 성격을 지니고 있는가에 대한 의문이 이 글을 쓰게 된 이유이다.

석곡의 마지막 제자인 이원세李元世의 제자들이 전하는 이야기에서 단서를 찾아본다면, 후학들이 석곡의 의술을 계승하는 학회를 조직하면서 '석곡학회'로 이름을 짓고자 할 때, '석곡' 대신 '소문'이라는 이름을 부여하면서 너무 크게 짓지 말기를 당부했다고 한다. 그 당시 학회를 조직하려는 이들이 대부분 한의사들로서 석곡의 큰 학문 가운데 고작 '의학'에만 한정된 식견을 갖고 실천할 뿐이니, 석곡이 남긴 『소문대요素問大要』에 근거해 이름을 지으면 그뿐이요, 그 이상의 이름은 옳지 않다는 것이었다고 한다. 이 이야기는 흥미로운 시사점을 준다. 곧 석곡의 학문 세계는 의학에만 한정되지 않았음을 말하고 있는 것이다.

본고는 석곡 이규준에 대한 그간 연구의 궤적을 되밟아보는 과정에서, 그가 어떻게 발견되고 활용되고 기억되었는지, 그리고 당시의 삶과 남긴 문헌들, 그리고 지성사적 교유를 연대기적年代記的으로 성찰해보고자 한다. 이러한 과정을 통해 석곡의 사상적, 의학적, 문학적 면모가 드러날 것이며, 앞으로의 과제와 전망도 제시될 수 있을 것이다.

석곡의 과거를 돌아보는 내내 가지게 된 느낌은, 의학사적 자리를 넘어서 19~20세기 초 한국 근대 지성사의 맥락에서 자리매김할 주요한 지식인이라는 점이었다. 그간 잊혔던 학맥을 찾아 나서는 것은 공부하는 학인으로서 갖는 크나큰 기쁨이 아닐 수 없다. 사실 카메라의 앵글을 달리하면 새로운 풍경이 아름답게 눈에 들어오는 법이다.

2. 석곡에 대한 성찰들, 그리고 지금

누군가를 기억한다는 것은 사실 정확하지 않은 오류투성이일 가능성이 많다. 흔히 눈먼 사람들이 코끼리를 어루만지듯이 각자의 시각에서 익숙한 사물에 빗대며 대상을 규정하기 때문이다. 특히 시대를 달리하는 고전적 인물을 살피는 것은 더욱 그 예외가 되지 못하며, 석곡에 대한 수많은 연구자들의 성과를 검토하는 이유가 된다. 대부분 시기적으로, 혹은 관심 분야에 따라, 더러 접근 방법에 따라서 석곡을 제각각 바라보며 그림을 그리고 있으니, 후학들은 그들의 노고를 바탕으로 힘겹지만 하나씩 퍼즐을 맞추어가며 '온전한 석곡'을 확보하게 될 것이다.

석곡에 대한 연구를 연대기적으로 구분하여 몇 단계로 살펴보고자 할 때 확연하게 구분되기는 어려운 데다 대부분 이전 성과를 토대로 논의를 펼치는 경우가 대부분이었다. 또한 논자들이 재차 등장하고 있기에 확연히 끊어서 다루기는 쉽지 않았다. 이 방법은 기존 연구의 대략적인 흐름을 파악하기 위한 편의적인 뿐임을 밝혀둔다.

석곡에 대한 연구는 1970년대 후반에 처음 시작되어 최근(2018)까지 학술논문 33편, 학술회의 발표 요지 18편, 신문연재 1종(62편), 다큐 제작 1편이 이루어졌다. 석곡의 문집인 『석곡산고』가 1960년대에 필사로 전해지다가 1981년에 석판본으로 간행된 뒤, 짧은 기간에 이뤄진 연구사를 생각하면 적다고 할 수는 없지만, 그 내용을 보면 풍성했다고 보기에는 어렵다. 이를 연대기별로 정리하면, 1970~80년대에는 학술논문 3편(석사1, 박사1 포함), 1990년대에는 학술논문 3편(석사1 포함), 2000년대에는 학술논문 18편(석사2 포함) 및 발표 요지 1편, 2010년대에는 학술논문 10편.(박사2 포함), 신문연재 1종(62편), 발표 요지 18편 그리고 다큐제작 1편이다. 거칠게 조감하더라도 석곡에 대한 연구는 최근 본격화했음을 알 수 있으며, 석곡을 전문적으로 다룬 학위논문은 1970년대 석사 1편, 2000년대 석사 3편, 2010년대 박사 1편뿐이다.

석곡에 대한 연구 내용들을 연대별로 고찰하여, 석곡에 대한 기억과 연구가 거친 궤적을 살펴본다면, 1970~80년대는 그동안 잊힌 석곡의 '발굴'이 이루어졌고, 1990년대는 '소문대요'의 독창성이 발견되었으며, 2000년대는 석곡의 삶과 사상, 그리고 '부양론'을 연계하여 파악되기 시작했고, 2010년대 이후 현재까지는 석곡을 '살아있는 고전'으로 재발견하고 있다.

1970년대 후반, 김적과 홍원식에 의해 처음으로 석곡의 생애와 학설이 조망되었다.[3]김적은 이를 학위논문으로 재차 발표하고,[4] 그로부터 수년 뒤 박사학위 논문의 일부로 수렴하였다.[5] 비로소 석곡은 의학사에서 '발굴'된 것이다.

1990년대는 석곡의 주요한 의학적 성과인 '『소문대요素問大要』'가 포착된 시기이다. 『소문대요』가 지닌 독창성을 주목하고,[6] 조선 후기에 『황제내경黃帝內經』에 대한 학습이 이루어진 사례로 석곡을 살펴보았으며,[7] 석곡의 '부양론扶陽論'이 본격적으로 거론되기 시작했다.[8]

---

3 김적·홍원식, 「이규준의 생애와 학설에 관한 고찰」, 대한한의학지, 1978.

4 김적, 「이규준의 생애와 학설에 관한 고찰」, 경희대 석사논문, 1979.

5 김적, 「한국 최근세 동양의학의 학술적 특성에 관한 연구」, 경희대 박사논문, 1981.

6 김중한, 「이규준의 『素問大要』에 나타난 독창성」, 대한원전의사학회지, 1991.

주지하듯 부양론은 석곡의 주요한 의학 이론으로, 이 시기를 통해 석곡은 '독창적 의학이론가'로 조금씩 평가되기 시작하였다.

2000년대는 지난 시기에 거론된 '부양론'에 대하여 탐구가 지속되었는데,[9] 석곡의 사상적 특징인 심기론心氣論과 의학 이론인 부양론 사이의 관계를 구명하기 시작하면서 부양론 기저에 놓인 세계관과 인간관의 면모가 조금씩 밝혀졌다.[10] 특히 『석곡심서』에 쓰인 여러 논의들과 연계하여 '부양론'을 설명함으로써, 석곡의 의학이론이 단선적이지 않고 일련의 체계적 논리 하에 추론된 것임을 드러내었으며,[11] 여전히 『소문대요』는 논의의 중심축을 이루고 있었다.[12] 이는 한국의학사에서 『황제내경』을 다루었던 희귀한 경우였기에 당연한 일이었다.[13]

2009년에 들어서, 한국한의학연구원에서 대대적으로 한국의서를 수집하고 역주작업을 진행하였는데, 석곡의 주요 문헌인 『의감중마』 『소문대요』, 『석곡산고』, 『석곡심서』, 『포상기문』 등이 2년여에 걸쳐

7 김남일, 「Lee Kyu-joon's study on Hwangdineijing in the late Choson era」, 대한원전의사학회지, 1996.

8 황원덕, 「석곡 이규준의 扶陽論에 대한 연구」, 대한원전의사학회지, 1996.

9 황원덕, 「석곡 이규준의 부양이론에 관한 연구」, 동의생리병리학회지, 2004.

10 권오민, 「이규준의 心氣哲學과 부양론의 연관성 연구」, 경희대 석사논문, 2003; 권오민, 「이규준의 심기철학과 부양론의 연관성 연구: 『석곡심서』와 부양론을 중심으로」, 한국한의학연구원논문집, 2004.

11 권오민·차웅석·김남일, 「석곡 이규준의 철학사상과 의학론의 연관성 연구: 『石谷心書』와 扶陽論을 중심으로」, 한국의사학지, 2004.

12 김중한, 「『소문대요』의 저작동기와 석곡의학의 득실」, 대한원전의사학회지, 2004; 錢超塵, 「『素問大要』 연구」, 대한한의학원전학회지, 2006; 김창건·윤창열, 「『黃帝素問大要·題誌』에 대한 연구」, 대전대 한의학연구소 논문집, 2006; 김창건, 「『黃帝素問大要』의 편제에 대한 연구」, 대전대 석사논문, 2007.

13 김남일, 「한국한의학의 학술유파에 관한 시론」, 한국의사학회지, 2004; 강연석·김남일, 「한국 『黃帝內經』 연구 약사」, 한국의사학회지, 2008.

번역 간행되었다.[14] 이는 그간 피상적, 파편적으로 이뤄지던 석곡의 부양론을 본격적으로 살피는 중요한 계기이자 변곡점이 되었다. 안상우의 문헌발굴과 권오민의 연구를 주축으로 진행된 일련의 성과들은 실제 역주작업과 병행되었는데, 이를 통해 석곡의 생애와 사상이 의학이론과 밀접한 관련을 지닌 것임이 밝혀졌다.[15]

아울러 석곡의 『의감중마』에 나오는 약성가藥性歌와 본초경에 대한 논의도 시작되었는데,[16] 부양론을 임상에 적용하기 위한 실천적 근거로서 석곡의 본초학에 대한 탐색이 이뤄진 것이다. 특기할 것은, 지방자치단체의 향토인물로 석곡이 포착되기 시작했다는 것인데, 이 때문에 지역 방송국에서 다큐멘터리 프로그램으로 제작되어 널리 알려지게 되었다. 후술하겠지만, 이제 석곡은 의학사의 인물로만 그치지 않고 하나의 역사로서 자리매김되기 시작하였다.

2010년대에 들어서는 석곡에 대한 그간의 논구들을 매듭짓는 성과가 제출되었는데,[17] 석곡의 인간학과 의학론 사이의 접점을 찾아 나선

---

14 안상우·권오민·노미주, 『국역 의감중마』(목판본), 2009; 안상우·권오민·김진희, 『국역 의감중마』(필사본), 2009; 권오민·남성우·김진경, 『석곡산고』, 2009; 안상우·이규필·전병철, 『석곡심서·포상기문』, 2009; 안상우·정창현·백유상·장우창, 『소문대요』, 2010.

15 권오민·박상영·안상영·한창현·안상우, 「이규준의 생애와 사상적 경향」, 한국의사학지, 2009; 권오민·박상영·안상영·한창현·안상우, 「석곡 이규준의 『石谷散稿』 번역연구(1)」, 대한한의학원전학회지, 2009; 권오민·남성우·안상영·박상영·한창현·안상우, 「석곡 이규준의 『石谷散稿』 번역연구(2)」, 대한한의학원전학회지, 2009; 권오민·박상영· 한창현·안상영·김진희·안상우, 「『醫鑑重磨』의 판본 및 구성에 관한 연구」, 한국한의학연구원논문집, 2010; 성호준, 「조선후기 석곡 이규준의 유학과 의학」, 동양철학연구, 2009.

16 오재근·윤창렬, 「『醫鑑重磨』의 藥性歌에 대한 연구」, 소문학회지, 2009; 오재근·윤창렬, 「本草經校正(필사본)의 서지학적 고찰 및 내용 분석」, 대한한의학원전학회지, 2009.

결과, 석곡의 기일원론氣一元論, 심론心論 중심의 심성정동일론心性情同一論은 의학론인 부양론扶陽論의 양화일원론陽火一元論, 화위기론火爲氣論, 양상부족음상유여론陽常不足陰常有餘論, 심화강수내승론心火降水乃升論, 양반상음반하설陽反上陰反下說 등과 같은 맥락임을 확인할 수 있었다. 아울러 유학과 의학 사이의 관계를 『대학』·『중용』 등의 경전을 통해 논의하였으며,[18] 학술사적 차원에서 석곡의 '정심正心'을 점검하여 시대인식을 분석하기도 했으며,[19] 석곡의 한시를 통해 그의 문학적 정감을 살피기도 했다.[20] 무엇보다 석곡의 의학이론을 임상적 응용에 대한 재확인이 지속적으로 논의되었다는 점은 주목할 만한 것으로, 소문학회의 활동이 지역적 한계를 벗어나 임상적 가치를 보다 일반화하기 위한 임상사례의 보고가 신문지상을 통해 보고되었다.[21]

석곡의 현대적 의미는 이 시기를 거쳐 학제적 그리고 국제화의 방향에서 논의되기 시작한다. 부산대학교 한의학과와 한문학과의 학제간 프로젝트인 전통의학지식사업단이 주체가 된 두 차례의 심포지움

---

17 권오민, 「석곡 이규준의 인간관과 의학론 연구」, 경희대 박사논문, 2010.

18 성호준, 「조선후기 儒醫 이규준의 心에 관한 연구」, 동양문화연구 9, 영산대 동양문화연구원, 2012; 성호준, 「儒醫 이규준의 『대학』 이해」, 퇴계학논총 20, 부산퇴계학연구원, 2012; 성호준, 「儒醫 이규준의 『중용』 이해」, 동양문화연구 19, 영산대 동양문화연구원, 2014; 성호준, 「석곡 이규준의 유학사상」, 『2017 석곡 이규준 재조명 학술 포럼 자료집』, 소문학회, 2017.

19 강지은, 「20세기 초 한국 儒者의 시대인식－석곡 의 '正心' 해석에 대한 역사적 고찰」, 한국문화, 2016.

20 이준규, 「석곡 이규준의 한시 연구」, 한국한의학연구원논문집, 2012; 신상구, 「석곡 이규준의 삶과 시세계」, 『석곡 이규준선생의 학문과 사상』(제12회, 경북역사인물학술발표회 자료집), 경상북도문화원연합회, 2014.

21 김태국, 「『내경』의 임상응용」(1~62), 민족의학신문, 2011~2012.

은 기존의 의사학, 의학이론, 임상 중심에서 보다 확대된 접근을 시도하여 한문학, 지역문화, 학술유파, 양생학, 심리학, 마음의학, 마음치료 등의 다양한 방면에서의 조망을 통해 석곡이 지닌 다양한 빛깔을 확인할 수 있었다.(2013; 2014) 또한 포항의 '역사인물'로 선정되면서 문헌학, 전통학, 한시학, 의사학 방면으로도 논의되었으며,(2014) 소문학회의 주관으로 석곡의 유학, 문학, 의학을 재조명하기도 하였다.(2017) 이제 석곡은 의학적 인물에만 머물지 않고, 다양한 학제적 모색을 거쳐야 하는 '하나의 고전古典', 다양다기한 측면을 보이는 '석곡학'으로 발전하게 된다.

이처럼 석곡은 그간 잊힌 인물이었다가, 학문적 조명을 통해『소문대요』속의 부양론으로 주목받게 되었으며, 부양론의 사상적 기반에 시대적 특성이 반영된 폭넓은 학문세계가 놓여있음도 확인되었다. 이제 석곡은 살아있는 '고전'으로서 보다 심도 있는 다각적 조망을 기다리고 있다.[22]

3. 네 가지 과제와 새로운 모색의 근거

엄밀히 말해 석곡 연구는 아직 걸음마 수준이라고 할 수 있다. 비록

---

22 최근 James Flowers(2017)는 석곡을 정치사상가이며 작가로서, 그의 의학적 생각은 사회적, 정치적 저항의 문맥에서 보다 잘 이해될 수 있을 것으로 전망했다. 비록 문제제기 수준의 제시였지만, 의학사를 넘어 지성사 차원에서 석곡의 위치를 비정하려는 시도로서 흥미롭다. 아울러 강지은(2016)이 20세기 초 한국 유자의 시대인식을 규명하는 차원에서 석곡의 경학사상을 분석하고 있는 점도 흥미로운 시사를 던져준다. 한 인물의 분과적 생각을 그와 그를 둘러싼 세계와의 전체 맥락 안에서 파악하려는 시도가 이뤄지고 있음을 확인할 수 있으니, '고전'으로서의 석곡학이 본격화되는 것이다.

『의감중마』 등 주요 문헌이 번역되었지만 그의 문헌 전체를 총괄하진 못하고 있으며, 그의 생애와 교유인물에 대한 논의도 거의 이뤄지지 못했다. 또한 부양론에 대한 임상적 검증을 통해 살아있는 전통으로 명명하기에도 아직은 충분하지 않다. 이에 본고는 다음 네 가지의 과제를 도출하고 그에 대한 새로운 모색의 근거를 준비하기로 한다.

1) 석곡의 삶에 대한 연보적 재구再構

그동안 석곡의 삶은 주로 〈묘갈명〉과 〈제문〉 등을 통하여 알려져 왔으나, 석곡의 생평에 대해서는 여전히 희미한 부분이 많았다. 이에 『석곡산고』, 『석곡심서』, 『포상기문』 등을 재검토하고, 그 내용을 연보적으로 그의 삶을 재구하면 아래와 같다. 이에 의거하면 석곡의 학문은 31세를 전후로 시작되며, 그로부터 14년이 흐른 45세에 석곡재를 지으면서 후학을 양성하기 시작한다. 그리고 47세부터 10여 년간 진행된 충청도, 금강산, 한양 유람 등을 통해 다양한 인물들과 교유하며 자신의 학문을 성장시키고 있다. 특히 31세 때 곽종석郭鍾錫과의 만남과 편지, 47세 서찬규徐贊奎, 전우田愚, 이존후李存垕 등과의 만남, 48세 허훈許薰과의 만남, 56세 송병순宋秉珣과의 만남 등은 그에게 사상적으로나 학문적으로 큰 영향을 끼쳤기에, 지성사적 관점에서 추가적으로 연구되어야 할 것이다. 석곡의 삶을 연보적으로 재구하는 순간, 석곡의 삶은 한 폭의 파노라마가 되어 우리 앞을 지나가고 있다.

표 1. 석곡연보초石谷年譜抄

연도(간지, 나이)	행력 사항	관련자료 및 비고
1855년 (철종6, 을묘, 1세)	11월 10일 출생. 본관 경주慶州. ○고려 익재益齋 이제현李齊賢의 17세손. ○고조 이규손李圭遜은 종2품 가선대부嘉善大夫. 증조 이복원李福元 가선대부嘉善大夫. 부 이억영李億榮, 모 김해金海 김씨金氏. ○경상북도 영일군 동해면 임곡동출생.	석곡의 자는 숙현叔玄, 호는 석곡선생石谷先生 · 석산인石山人 · 석산자石山子 · 석곡산인石谷山人 등으로 불렸음.
1874~1884년 (20~30세)	행적은 뚜렷하지 않음. ○10여 년간 독학한 것으로 보임.	
1885년 (기유, 31세)	12월. 곽종석郭鍾錫에게 편지하여, 자신이 10년간 공부했던 내용을 같이 논의한 것에 고마워함. ○석곡은 가야산을 다녀오는 동안 곽종석을 만나 천원지방설天圓地方說, 심즉리설心卽理說, 외이중국설外夷中國說, 호학영학설湖學嶺學說, 시인고성설時人古聖說 등을 토론함.	〈상참찬곽면우선생上參贊郭俛宇(鍾錫)先生〉 〈입가야산기入伽倻山記〉
1899년 (기해. 45세)	4월 석동서재石洞書齋(혹은 '석곡서당石谷書堂' '석곡재石谷齋'라고 부름) 지음. ○가을, 낙성식.	〈석동서재원운石洞書齋元韻〉 〈석곡서당기石谷書堂記〉
1900년 (경자, 46세)	이공민李公旼(극재克齋)의 제문을 짓고 권경휴權景畦 등과 제사를 올림. ○이공민은 이이李珥와 송시열宋時烈을 근원으로 하여 홍직필洪直弼과 서찬규書贊奎를 스승으로 모셨음.	〈제극재이선생문祭克齋李先生(公旼)文〉
1901년 (신축, 47세)	3월 14일~5월 11일. 한양을 여행함. ○서찬규, 서병오徐丙五, 전우田愚, 이만구李晩求, 이존후李存垕 등을 만나 학문을 토론했음. 특히 전우와 육예六藝/고례古禮를 논의하고 이존후와 논맹문목論孟問目을 강론함.	〈서유로정기西遊路程記〉, 〈경도지京都志〉
1902년 (임인, 48세)	4월 7일~5월 23일. 금강산을 유람. ○정선조鄭先祚와 동행하였음. ○류진호柳震鎬에게서 『전례통고典禮通考』 『의경전통해儀經傳通解』 진본을 열람함. ○허훈許薰을 만나 『의례儀禮』(고본古本)을 열람함.	〈금강일기金剛日記〉
1905년 (을사, 51세)	4월. 서찬규徐贊奎의 제문을 짓다. ○서찬규, 1월 22일 별세. 석곡은 자신을 그의 문하생으로 자처했음.	〈제서도사임재선생문祭徐都事臨齋先生文〉

1906년 (병오, 52세)	4월. 이존후李存垕의 눈병에 대한 치유방법을 일러줌	〈답이낭산答李朗山(垕)〉 〈병록病錄〉
1908년 (무신, 54세) 이후	교남교육회 박정동朴晶東과 이근중李根中에게 편지를 씀. 공자사상을 중심에 놓고 서양역법과 기술을 보조로 취하라고 권유.	〈여교남교육회원박정동이근중등與嶠南教育會員朴晶東李根中等〉
1911년 (신해, 56세)	4월 28~6월 13일. 충청도 유람. ○임봉식林奉植, 황보준皇甫濬, 최상석崔庠錫 등과 유람함. ○송병순宋秉珣을 만나 자정지도自靖之道를 물었고, 우여칠禹汝七, 문박文樸, 이기로李基魯, 이존후李存垕 등을 만남.	〈호유일기湖遊日記〉
1912년 (임자, 57세)	3월 송병선宋秉璿과 송병순宋秉珣을 추모하는 시를 지음.	〈추만심석재형제追輓心石齋兄弟〉
1913년 (계축, 58세)	8월 20일~10월 3일. 두 번째 충청도 유람. ○노상직盧相稷 등을 만나고, 궐리사闕里祠를 찾음.	〈호상재유일기湖上再遊日記〉
1914년 (갑인, 59세)	7월. 종제從弟 이규수李圭脩의 제문을 짓다. ○석동에 우거하기 이전 십여 년간 가족이 흩어졌음을 언급함.	〈제종제규수문祭從弟圭脩文〉
1917년 (정사, 62세)	3월. 손대암孫大岩의 제문을 짓다. ○1916년 석곡은 그와 이기론理氣論을 토론했었음. 석곡은 그의 후생으로 자처함.	〈제대암손선생문祭大岩孫先生文〉
1923년 (계해, 68세)	10월 11일. 세상을 떠남.	
1924년(갑자)	장기면長鬐面 죽정리竹井里 화주산華柱山 유좌酉坐 언덕에 장사지냄.	
1940년(경진)	아내 김해 김씨가 세상을 뜨니, 석곡과 합장함.	
1981년(신유)	후손 이우을李雨乙『석곡산고石谷散稿』간행.	재전제자 손진규孫晉圭의 서문 ○조규철曺圭喆의 묘갈명墓碣銘.

2) 석곡학으로서의 저술 문헌들

석곡의 이른 저술로 간행연대가 확실한 것은 1896년에 쓰인『대학문목의대』,『중용문목의대』, 그리고 1900년에 쓰인『논맹문목의대』,

『구장요결강목』 등이며, 필사형태로 남아 있는 저술 가운데 학습과정에서 집필된 것으로 보이는 책들도 있다. 현재 본고가 서책으로 확인한 저술은 25종으로서 경학서를 비롯해 의학서 및 시문집을 포괄한다.[23] 경학서는 대체로 유학서에 집중되어 있는바, 그의 학문적 종지가 유학임을 보여준다. 유학서는 사서를 비롯해 『모시毛詩』, 『상서尙書』, 『주역周易』, 『춘추春秋』, 『의례儀禮』, 『주관周官』(『주례周禮』) 등을 다루고 있는데, 한당漢唐의 주석을 비롯해 송대의 주석도 아우르면서 의문나는 것은 수정하는 방식을 거치는 '쇄관刷管'이란 독특한 주석방법을 선택하고 있다. 석곡은 고전을 그대로 추숭하지 않고, 자기화하여 이론적 기반으로 삼았던 것이다.

또한 『동의보감』과 『황제내경』을 재구성하여 『의감중마』와 『소문대요』를 편찬하면서 자신의 견해를 덧붙이고 있다. 이외에도 『고금십구사古今十九史』, 『통감通鑑』 등과 같은 역사서뿐만 아니라 『구장요결강목九章要訣綱目』 등 산학에 대한 저술도 있으며, 자신이 독서했던 흔적을 『문견록聞見錄』으로 남겨두기도 했다.[24] 이들에 대한 종합적 검토가 이뤄질 때 온전한 석곡학의 기반이 확립될 것이다.[25]

---

23 이밖에 『典禮』(1책), 『孝經』(1책), 『唐宋古詩』(1책), 『後千字』(1책), 『小學·稽善』(1책) 『道德經』(1편) 『明心寶鑑』(1편), 『本草』(2편) 등의 저술이 있다고 하지만 직접 확인하지는 못했다. 현재 석곡의 저술은 포항시 석곡도서관에 소문학회에서 기증한 책들이 소장되어 있고, 석곡 가장본은 방계 후손이 보관하고 있다. 본고는 석곡도서관 소장본을 중심으로 검토했다.

24 『문견록』은 석곡의 독서편력을 확인시켜준다. 이를테면 朱熹, 李滉, 李珥는 물론 근대 문장가였던 金澤榮의 글을 읽고서 초록해 두었다. 근대초기 지식인계에 김택영은 하나의 공안이었다. 그를 수용하거나 배척하는 방식의 의견 제시를 통하여 많은 유림들이 논쟁에 참여했는데, 석곡도 일정 부분 참여하고 있다는 점은, 그의 사상적 지향과 스펙트럼이 이른바 유림의 주류와는 거리를 두고 있었음을 확인시켜준다.

25 참고로 석곡의 제자인 李元世는 석곡의 처방을 모아 『新方新編』(대성출판사,

표 2. 석곡저술목록石谷著述目錄

	서명	연대	판본	비 고
1	강감회요綱鑑會要 (1책)	?	필사	권91만 존재함. *석곡 저술인지 불명.
2	곡례유이제 曲禮幼肄題 (1책)	?	필사	大邱. ○序, "有童子問於石谷叟曰"로 시작.
3	곡례소절曲禮小節 (1책)	?	필사	○책 중간에 진순의 『성리자의』가 삽입되어 있음. ○효경장의가 덧붙여짐. ○"石谷家藏"
4	주관기겸주 周官記兼注 (4권 4책)	?	필사	○李晙 後序. 주례관제의 후세효용성에 대한 문답.
5	논어집해쇄관 論語集解刷管 (3책)	?	필사	표제가 '증보논어집해' '논어집해쇄관' 등으로 되어 있는데 동일한 책임. ○논어제설정의(1책) 필사본이 별책으로 덧붙여짐. ○1926년 신연활자로 간행된 '쇄관'총서로 여겨지나 간지가 불명하여 이곳에 둠.
6	대학문목의대 大學問目疑對 (1책)	1896	필사	"丙申冬 國子先生徐相鳳下庸學問目於鄕士, 其略云云." ○中庸問目疑對, 論孟問目疑對와 같이 필사본으로 전한다.
7	중용문목의대 中庸問目疑對 (1책)	1896	필사	"丙申冬 國子先生徐相鳳下庸學問目於鄕士, 其略云云." ○大學問目疑對, 論孟問目疑對와 같이 필사본으로 전한다.
8	고금십구사략 古今十九史略 (1권)	1897?	필사	"石谷重校" ○권1에 그침.
9	정술문목政術問目 (1권)	1897	필사	"丁酉夏學部下鄕士."
10	신교구세문 新敎救世文 (1권)	1897?	신연활자	古今十九史略/政術問目/聞見錄 등이 1책으로 있음. 판본으로 보아 후대의 것으로 보임.
11	문견록聞見錄 (1권)	1897?	필사	許傳, 朱熹, 李滉, 李珥, 金澤榮 초록.

2001)을 엮었고, 부산대학교에 석곡의 편지가 다수 소장되어 있다.

12	논맹문목의대 論孟問目疑對 (1책)	1900	필사	"庚子八月, 成均館長李鍾元下論孟問目於鄕士, 其略云云."라고 했다. ○大學問目疑對, 中庸問目疑對와 같이 묶여 전하며, 부록으로 朱子晩年定論이 덧붙여짐.
13	구장요결강목 九章要訣綱目 (3권 1책)	1900	필사	序, "李圭晙書于石谷之游藝堂"
14	황제내경소문대요 黃帝內經素問大要 (4권 1책)	1906	목판	密陽琴川新刊 ○石谷山人(金善久의 권유) 간행. ○黃帝素問大要題誌(1904), 素問大要後識(李鍾淳, 1906)
15	의례주소절요 儀禮注疏節要 (8권 4책)	1914	필사	儀禮節要序(1914) ○'刷管'의 형식을 밝히고 있음. ○儀禮訂疑(上) 별책이 있는데, 儀禮注疏節要의 부록인 듯함.
16	춘추전회수 春秋傳會粹 (6권 3책)	1915	필사	석곡은 春秋와 관련해 春秋經正文, 春秋左傳詳節句解(권지1/2/3/18) 등도 저술했음.
17	포상기문浦上奇聞 (1책)	1918	신연활자	장인년 序 ○최해윤 跋(金善久의 권유) ○필사본 2종. 1종은 '補遺' 덧붙여짐.
18	의례정의儀禮訂疑 (2권 1책)	1922	목판	大邱.
19	의감중마醫鑑重磨 (6권 3책)	1922	목판	石谷齋. ○이종순 後識.
20	석곡심서石谷心書 (1책)	1922	신연활자	안희제 간행(1917, 安熙濟가 간행 권유) ○石洞書堂學規, 大學句吐俗解, 中庸句吐俗解, 俗解句吐法, 句吐約法 덧붙여짐.
21	경수삼편經髓三篇 (3권 1책)	1923	목판	石谷齋 ○필사본 1종.(1924). 석곡 문하생 달성 徐聖孝의 만사 덧붙여짐.
22	주역주전쇄관周易注傳刷管 (6권 1책)	1926	신연활자	大邱, 在田堂書舖. ○周易音義를 덧붙임. ○周易注傳刷管 필사본 2종, 周易 원문 필사본 1종이 있음.
23	상서전소쇄관 尙書傳疏刷管 (8권 1책)	1926	신연활자	大邱, 在田堂書舖. ○尙書正義鈔演을 덧붙임. ○현토가 달린 書經(권지1~10) 원문 필사본이 있음.
24	모시전주쇄관 毛詩傳注刷管 (10권 1책)	1926	신연활자	大邱, 在田堂書舖. ○毛詩傳疏校勘記, 毛詩疏義訂疑 등이 덧붙여짐. ○필사본(10권 5책)은 표제가 毛詩傳審定/毛詩傳注/毛詩注疏 등으로 난삽함.
25	석곡산고石谷散稿 (1책)	1966以前	필사	*1968년, 손진규孫晉圭, 최종락崔鍾洛 가家에서 목격. 손진규는 정만재鄭萬載(석곡의 제자)의 제자. 이후 1981년 석판본 간행.

3) 교유 인물을 통한 당대 지성사의 구성

문헌상 확인되는 최초의 교유는 31세 때 곽종석을 만난 일이며, 이를 시작으로 석곡은 자주 여행을 떠난다. 문집에 수록된 기록에 비추어 보더라도 47세에 한양을 여행하고, 48세에 금강산을 유람하였으며, 56세에 충청도를 여행하였고, 58세에 다시 충청도에 다녀온다. 석곡이 누구를 만나고 교유했는가는 그리 중요하지 않을 수도 있는데, 실제 그의 주변의 일상적 삶 모두에 관심을 가질 필요는 없기 때문이다. 하지만 석곡에 대한 정보가 대단히 제한적이라는 점에서 최소한 문헌적으로 파악되는 인물들에 대한 주의는 필수적으로, 석곡의 학문이 어떠한 영향을 받았고 무엇을 지향했는지 가늠할 수 있는 중요한 정보이기 때문이다.[26]

석곡은 대구의 서찬규徐贊奎를 자신의 스승으로 삼으면서, 이이李珥－송시열宋時烈－홍직필洪直弼－서찬규徐贊奎/한운성韓運聖으로 이어지는 영남의 기호학맥과 이어진다. 김흥락金興洛에게 수학했던 박재헌朴載憲과 학문적으로 관계를 맺었고, 이진상李震相의 제자인 곽종석郭鍾錫과 심즉리설心卽理說을 토론하며 반박했었는데, 석곡이 자주 찾았던 이존후李存垕도 이진상의 제자였다. 임헌회任憲晦의 제자인 전우田愚와도 육예六藝를 두고 논의를 했었고, 훗날 전우의 제자 류영선柳永善은 『석곡심서』를 비판하는 글을 쓰기도 하였다. 전우의 스승인 임헌회는 홍직필을 스승으로 모셨는데, 공교롭게도 석곡의 스승인 서찬규의 스승도 홍직필이다. 같은 학맥일지라도 토론을 통해

---

26 그런 점에서 권오민(2009)의 『석곡산고』에 대한 번역적 연구는 좋은 시사를 준다. 저자들은 문집 속에 등장하는 인물들의 사상적 경향을 특징적으로 포착하여, 석곡의 교유가 갖는 학술적 면모를 밝혀낸 바 있다.

자신의 학문적 입장을 정리해나갔던 것이다. 한편 일제강점기에 항일의 기치를 걸었던 조긍섭曺兢燮, 문영박文永樸, 송병순宋秉珣, 안희제安熙濟 등과의 교류는 석곡의 정치적, 민족적 성향을 간접적으로 제시한다. 흥미롭게도 조긍섭은 곽종석의 제자이고, 석곡의 묘갈명을 쓴 조규철曺圭喆은 조긍섭의 일가붙이이다.

뿐만 아니라 이황의 제자인 류성룡柳成龍의 후손 류진호柳震鎬를 만나 『전례통고』, 『의례전직해』 등을 빌려보았고, 이익李瀷과 허전許傳을 계승한 허훈許薰을 만나 『의례儀禮』 고본古本을 열람하면서, 석곡 자신의 예학을 다져나갔다. 추후 석곡은 석동서원을 중심으로 제자들과 심론心論을 토론하며 부양론의 사상적 기반을 일구어나갔다.

끝으로 『포상기문』의 서문을 써준 장인년張麟年은 중국 남통南通의 지식인인데, 어떻게 타국의 지식인과 연결되었는가는 매우 흥미로운 주제였는데, 『문견록』에서 김택영金澤榮의 문집 속에서 〈사양서실기泗陽書室記〉를 뽑았다는 기록을 보고서 이해될 수 있었다. 김택영의 후원자였던 문영박을 통해 김택영의 문집을 독서하고, 그를 통해 남통의 장인년과 교류하게 된 것인 듯하다. 장인년은 김택영이 남통에서 만났던 청년 엘리트였고, 그와 찍은 사진이 아직 남아 있다.[27] 소외된 송도인맥과 석곡의 교류가 이어지고 있었음을 반증하는 자료들이다. 그의 인물교류를 찬찬히 들여다보면 근대초 한국지성사의 한 부분을 복원할 수 있으리라는 희망을 갖게 되는데, 아래에 『석곡산고』를 비롯한 석곡의 저술에 나타나는 인물들을 표로 제시한다.

27 졸고, 「근대계몽기 김택영의 남통 생활에 대한 소고」, 『대동한문학』36, 대동한문학회, 2012.

표 3. 석곡교유인물록石谷交遊人物錄

	이름	관련자료	비고
1	곽종석郭鍾錫	〈上參贊郭俛宇先生〉(散稿) 〈伽倻山記〉(散稿)	*이진상李震相의 제자
2	권화중權和中	〈賀權和中萱堂晬宴〉(散稿)	*성명 미상.
3	김기수金基洙	〈送金瑢洙金基洙〉(散稿)	
4	김붕노金鵬老	〈輓金査兄鵬老〉(散稿)	*사형간査兄間
5	김사과金司果	〈輓金司果〉(散稿)	*성명 미상.
6	김용수金瑢洙	〈送金瑢洙金基洙〉(散稿)	
7	김종현金琮鉉	〈與南漁金琮鉉飮餞(觀江景時)〉 (散稿)	*호 남어南漁
8	김진사金進士	〈輓金進士然然翁返柩宣城家山〉 (散稿)	*호 연연옹然然翁 ○성명 미상.
9	나봉륜羅鳳綸	〈詩契日因行鄕飮酒禮〉(散稿)	
10	노상익盧相益	〈次大訥齋風雷堂韻〉(散稿)	*호 대눌大訥
11	노상직盧相稷	〈盧訥齋莊上〉(散稿)	*자 치팔致八/호 눌재訥齋
12	문영박文永樸	〈與曺仲謹文章之遊大巖山亭〉(散稿) 〈湖遊日記〉(散稿)	*자 장지章之/호 수봉壽峰/본관 달성達城 ○문박의 집에서 조긍섭曺兢燮/이기로李基魯 만남.
13	민병호閔竝浩	〈閔竝浩著菊花論要余品評謾書以酬〉 (散稿)	*국화시 품평.
14	박연조朴淵祚	〈與朴淵祚〉(散稿)	
15	박정동朴晶東	〈與嶠南敎育會員朴晶東李根中等〉 (散稿)	*교남교육회 발기인.
16	박재헌朴載憲	〈同朴國斌李世卿講論石洞齋〉(散稿) 〈答朴載憲〉(散稿) 〈答朴國斌〉(心書)	*자 국빈國斌/호 도산道山/본관 무안務安 ○김흥락金興洛에게 수학/ 퇴계학맥
17	서병오徐丙五	〈西遊路程記〉(散稿) 〈地球問答〉(奇聞) 〈輓詞〉(散稿)	*호 석재石齋 ○석곡이 그림 배우려 함. ○석곡을 위한 만사를 지음.
18	서자원徐子源	〈祭徐進士子源文〉(散稿) 〈西遊路程記〉(散稿)	*서찬규의 아들.

19	서찬규徐贊奎	〈輓都事徐先生〉(散稿) 〈祭徐都事臨齋先生文〉(散稿) 〈西遊路程記〉(散稿)	*자 경양景襄/호 임재臨齋/본관 달성達城 ○석곡의 스승. ○석곡의 학맥: 이이李珥－송시열宋時烈－홍직필洪直弼－서찬규徐贊奎/한운성韓運聖
20	손명원孫明遠	〈答孫明遠〉(心書)	
21	손선생孫先生	〈湖遊日記〉(散稿)	*호 대암大巖 ○대구서 만남.○성명미상.
22	송고松皐	〈同松皐宿九龍浦〉(散稿)	*성명미상.
23	송병순宋秉珣	〈湖遊日記〉(散稿)	*호 심석재心石齋 ○석곡이 황산동에서 만남. ○임헌회林憲晦(임봉식林奉植의 조祖)의 시에 차운해 줌.
24	신현목申鉉穆	〈輓詞〉(散稿)	*석곡에 대한 만사.
25	우여칠禹汝七	〈湖遊日記〉(散稿)	*호 택와擇窩 ○대구에서 만남.
26	류선여柳善汝	〈金剛日記〉(散稿)	*류성룡柳成龍 후손. ○하회河回에서 만남.
27	류진호柳震鎬	〈金剛日記〉(散稿)	*그의 집에서 『전례통고典禮通考』 『의경전직해儀經傳直解』 등을 열람함.
28	윤현태尹顯泰	〈地球問答〉(奇聞)	
29	이공민李公旼	〈祭克齋李先生〉(散稿)	*호 극재克齋
30	이규수李圭脩	〈祭從弟圭脩文〉(散稿)	*종제간從弟間 ○석곡의 나이 60세에 제문을 지음.
31	이규영李圭永	〈與李汝敏〉(心書) 〈石洞書齋〉(散稿)	*자 여민汝敏/호 지촌芝村
32	이규형李圭亨	〈石洞書齋〉(散稿)	*호 난간蘭澗
33	이근중李根中	〈與嶠南教育會員朴晶東李根中等〉(散稿)	
34	이능윤李能允	〈答谷圃李公理氣辨〉(心書)	*호 곡포谷圃
35	이도복李道復	〈鼎足齋贈厚山〉(散稿)	*1862~?
36	이만구李晩求	〈西遊路程記〉(散稿)	*도사都事 ○성주星州에서 만남.
37	이명파李明坡	〈輓明坡族丈〉(散稿) 〈祭明坡族丈〉(散稿)	

38	이박종李泊鍾	〈祭聘丈文(代家兒泊鍾作)〉(散稿)	*석곡의 아들.
39	이병국李炳國	〈同朴〈答李朗山〉(散稿)	*자 세경世卿/호 경산敬山
40	이존후李存垕	〈國斌李世卿講論石洞齋〉(散稿) 〈西遊路程記〉(散稿) 〈湖遊日記〉(散稿)	*호 낭산朗山 ○곽종석의 제자.○석곡이 서유西遊나 호유湖遊할 때 영천永川에서 그를 만남.
41	이종순李鍾淳	〈素問大要後識〉(素問)	*후지後識 ○석곡의 제자.
42	이종하李鍾夏	〈金剛日記〉(散稿)	*향음주례 토론.
43	이종흡李鍾翕	〈逢杞溪宗人仲純〉(散稿) 〈與仲純暮訪明齋〉(散稿)	*자 중순仲純
44	이준구李浚九	〈答李肅明〉(心書)	*자 숙명肅明
45	전우田愚	〈西遊路程記〉(散稿)	*호 간재艮齋. ○『간재집艮齋集』, 〈答叔玄圭晙〉 ○류영선柳永善, 『현곡집玄谷集』, 〈李氏圭晙石谷心書辨〉
46	정만재鄭萬載	〈祭文〉(散稿)	*자 형백亨伯/호 초려草廬. ○손진규孫晉圭의 제자. 손진규는 석곡의 제자.
47	정순팔鄭順八	〈同鄭順八遊鄭山人莊上〉(散稿)	
48	정오위장 鄭五衛將	〈次鄭五衛將晬韻〉(散稿)	*성명 미상.
49	정참판鄭參判	〈次鄭參判晬韻〉(散稿)	*성명 미상.
50	정치석鄭致錫	〈次鄭致錫龜巖韻〉(散稿)	
51	정치용鄭致鎔	〈送鄭致鎔說〉(心書)	
52	정희용鄭曦容	〈地球問答〉(奇聞)	
53	조긍섭曺兢燮	〈與曺仲謹文章之遊大巖山亭〉(散稿) 〈翌日阻雨〉 附深齋詩(散稿)	*자 중근仲謹/호 심재深齋/본관 창녕昌寧
54	조씨趙氏	〈祭聘叔母趙氏文〉(散稿)	*함안사람 ○석곡이 종서從婿임.
55	최현원崔鉉遠	〈發達城向湖上與崔淸道丈共賦〉(散稿) 〈還至達城吟於崔淸道莊上〉(散稿)	*청도사람.
56	허금파許琴坡	〈輓琴坡許老丈〉(散稿)	*성명 미상.
57	허훈許薰	〈金剛日記〉(散稿)	*호 방산舫山 ○『의례儀禮』(고본古本)을 같이 토론함.

4) 부양론의 임상 실증을 통한 의학이론으로의 정립

하나의 고전이 살아있는 전통이 되기 위해서는 이론의 실제적 검증과 확인이 필요하다. 그런 점에서 석곡의 부양론은 제자인 이원세를 통해 전해지고, 이원세의 제자들이 소문학회를 일구어 지금까지 활동하면서 석곡 및 이원세의 처방을 바탕으로 진료하는 임상현장은 매우 중요한 의미를 지닌다.

최근 이원세의 제자인 김태국은 2년간 모두 62회에 걸쳐 석곡 부양론의 임상응용을 신문지면을 통해 연재한 바 있다.[28] 한의사로서 『황제내경』과 석곡학에 기반한 임상적 유효성을 구체적인 병증을 따라 제시하고 있으며, 그 과정에서 석곡의 처방을 하나의 기준으로 제시하고 있는데, 이는 박제된 또는 추상적인 고전으로만 존재하지 않음을 반증하는 좋은 사례이다.

이러한 임상증례의 학문적 축적이 필요한 것과는 별도로 다양한 의학연구가 추진되어야 하는데, 부양론적 측면에서 부자附子 등의 약리적 효과를 증명하기 위한 생약학적 접근, 의학 이론 자체를 현대적으로 재해석하기 위한 생물학과 의생명 기반 연구들, 석곡학에 기반을 둔 생물학 연구모델을 개발하기 위한 기초학적 연구들, 양방뿐만 아니라 기존 한의학적 치료법과의 유효성 비교를 위한 유효성 임상연구, 중국이나 일본 전통의학과의 차이와 유사성을 분석하기 위한 국제공동연구, 철학 및 의학이론의 외국어 번역, 석곡학의 이론적 토대를 강화하기 위한 다양한 다학제 연구 등이 시급히 진행되어야 할 것이다. 이를 통해 감추어져 있던 고전이 전통으로 새로운 생명을 얻을 수 있을 것이며, 석곡의 학문적 기반을 강화할 수 있을 것이다.

---

28 김태국, 「『내경』의 임상응용」, 『민족의학신문』 2011.7.11.~2012.11.15.

4. 의학사를 넘어 고전지성사로

비슷한 시기에 등장한 두 개의 중요한 학맥인 '남석곡 북제마'는 근대 역동의 한국의학사에 매우 중요한 사건이다.

북쪽(함흥)의 동무東武 이제마李濟馬(1837~1900)에 대한 연구는 대중의 폭발적인 관심과 적극적인 정부의 지원을 통해 이제 스스로의 발전을 개척할 수 있는 위치에 이르러 있다면, 남쪽(포항)의 석곡 이규준(1855~1923)에 대한 주목은 상대적으로 보더라도 턱없이 부족한 것이 현실이다. 동무의 사상의학四象醫學은 현대사회에서도 실용화되어 다양한 방면에 응용되고 있으며, 한의학연구원은 사상의학을 특집으로 제학문에서 조망하고 있으며 대규모 국가예산을 투입한 이제마 프로젝트를 수행하기도 하였다.[29] 그러나 석곡은 여전히 영남 포항 지역의 향토지식인으로서 주목받고 있을 뿐이며,[30] 제한된 국역과 함께 지역 사회와 대학, 임상학회의 일회성 사업을 통해 명맥이 유지될 뿐 합당한 학문적 관심을 받지 못하고 있다. 앞서 거론한 '남석곡 북제마'란 이름이 부끄러울 지경이다.

이는 무엇보다 후학들의 학문적 수용이 불균형한 데서 기인하며, 학문의 지역적 편중성에도 그 이유가 있다. 그러나 더욱 문제인 것은, 석곡에 대한 발굴과 연구가 너무 뒤늦었다는 데에 있다. 『동의보감』과 『황제내경·소문』을 각각 『의감중마』와 『소문대요』로 재구성한 인물에 대한 연구치고 참으로 야박하다고 하지 않을 수 없으며, 후학들

---

29 「Special Issue－Multidisciplinary approach on Sasang typology」, 『Intergrative Medicine Research』(Volume 4, Number1), March 2015.

30 『石谷 李圭晙 先生의 學問과 思想』(제12회 경북역사인물학술발표회 자료집), 경상북도문화원연합회 주최, 2014. 11. 14.

의 분발을 요구한다. 그런 점에서 최근 번역된 『의감중마』, 『소문대요』, 『석곡산고』, 『석곡심서』, 『포상기문』 등은 한국의학사를 새롭게 되돌아보는 중요한 성과라고 하겠다. 이를 바탕으로 한 단계 심화된 의학 분야에서의 석곡 연구가 이뤄지고, 모든 석곡의 저서들이 국역되어 철학적 배경 이론 또한 연구자와 임상가들에게 제공되기를 기대해본다.

하나의 퍼즐을 맞추기 위하여 수많은 시행착오를 들이듯이, '석곡 이규준'이란 인물을 온전하게 파악하기 위해서는 수없는 연구와 토론이 필요하다. 뜻밖에도 우리는 석곡에 대한 연구들을 검토하면서 그가 한국의학사를 넘어서 격동기 한국 고전지성사의 맥락에서 파악해야 함을 보았다. 석곡의 대표적인 의학론인 부양론扶陽論의 양화일원론陽火一元論, 화위기론火爲氣論, 양상부족음상유여론陽常不足陰常有餘論, 심화강수내승론心火降水乃升論, 양반상음반하설陽反上陰反下說 등을 이해하기 위해서는 석곡의 기일원론氣一元論, 심론心論 중심의 심성정동일론心性情同一論을 만들어낸 기억과 교유를 곱씹어야 함도 되짚을 수 있었다. 석곡학이 잊혔던 일개 향토 인물의 고전에서 중요한 한국의학의 전통으로 발전하고, 나아가 균형 있는 한국근대의학사, 한국고전지성사와 철학사를 일궈나갈 수 있기를 기대해 본다.[31]

31 이 글은 부산대 한의학과 채한 교수와 공동으로 작성되었다. 채한 교수의 양해를 얻어 이곳에 수록한다.

제8장

회봉晦峰 하겸진河謙鎭의 현실시각과 인식논리

1. 회봉학의 가능성

이 글은 일제강점기 회봉晦峰 하겸진河謙鎭의 현실인식을 살필 것을 목적으로 한다. 그런데 이른바 '현실인식'을 규정하는 데에는 많은 괄호가 주어져야 가능한 일이다. 당자當者가 놓인 상황은 늘 변하는 것이고, 그 변화된 상황 속에서도 그 사람의 생각도 늘 변하기 마련이다. 가끔 우리는 어떤 이의 생각을 불변하는 어떤 것으로 추정推定한 뒤, 그에 입각하여 그의 모든 것을 규정하곤 한다.

그러나 지나고 보면 그것이 얼마나 위험하고 허망한 일인 줄 알고 후회하게 된다. 특히 수없이 굴곡진 삶을 지나온 사람을 연구할 경우라면, 제3자가 그 사람의 생각을 하나로 단정하는 것은 참으로 무모하리라. 회봉의 글을 읽으면서 가진 첫 마음이 바로 그러했다. 이 글을 쓰고 있는 지금도 그러하다. 그래서 본고가 고를 수 있는 선택지는 그리 많지 않았다. 한말韓末의 격변기에 태어나 근대계몽기를 거치고, 일제강점기를 버텨내었으며, 해방의 기쁨을 누리는가 싶다가 불현듯 세상을 떠난 회봉의 현실인식을 특정한 언술로 간단히 표현하는 것은 적절치 않았다. 아니 가능한 일도 아니었다. 아마도 이 글의 최대치는 회봉의 인식 프레임을 크게 그리거나, 아니면 구체적인 상황에 대한 즉자적 인식을 드러내는 데에 지나지 않을 일이었다. 그것만도 전자는 시문집을 포함하여 『동유학안東儒學案』과 같은 학술사와 연계하여 살펴봐야 할 큰 작업이며, 지금의 연구 집적으로는 거론하기 쉽지 않은 일이다. 그렇다고 구체적인 즉자인식을 상황마다 거론한다는 것은, 오히려 회봉의 인식상에 대한 이해를 혼란스럽게 만들 우려가 있었다. 본고를 준비하는 과정에서 『회봉선생유서晦峰先生遺書』를 일별하였고, 읽은 뒤 가진 첫 번째 생각이었다.

그러던 중, 최근 경상국립대 고문헌도서관에 기증된 회봉가의 고문헌 가운데 창강 김택영과 관련한 서적이 많이 나왔다는 전언을 접하였다.[1] '창강'은 근대계몽기 문제적 인물로서 하나의 개인을 넘어서는 아이콘이다. 그가 개성과 한양, 남통을 살아오면서 겪었던 삶 자체가 문제적이긴 하지만, 무엇보다 직접 편집하고 간행했던 수많은 서적들은 당대에 하나하나가 문제적이었기 때문이다. 문득 책을 통한 회봉과 창강의 연계가 회봉의 현실인식을 이해하는 데에 하나의 실마리를 던지지는 않을까 하는 생각이 들었다. 이 글은 바로 이런 실낱같은 희

1 지난 2022년 10월 28일 경상국립대 남명학연구소 주최 학술대회에서 「회봉 하겸진선생 후손가 기증 고문헌 소개」(이정희 선생 발표)가 제출되었다. 이에 의하면, 회봉의 증손 河炳棟씨는 德谷書堂에 수장되어있던 고문헌 가운데 고서 1750권을, 지난 5월 6일 고문헌도서관에 기증하였다. 고서 가운데 창강이 중국 南通에서 간행하였던 책들인, 『尤雅堂稿』, 『明美堂集』, 『燕巖集』, 『中遊日記』 등이 포함되어 있었다. 아울러 같은 날에 발표된 허권수 교수님의 「회봉 하겸진의 학문과 위상」에는 회봉이 창강과 깊은 관계를 맺고 있음을 적시하고 있었으며, 차후 교수님의 가르침으로 『梅泉集』을 둘러싼 학술적 교류를 확인할 수 있었다. 이 자리를 빌려 감사의 말씀을 드린다.

망으로부터 시작되었다.

이 글은 아직 실증적으로 뚜렷한 맥락을 확보하고 있지 못하다. 회봉의 현실인식을 이해하기 위한 단서를 찾는 데에 불과하기 때문이다. 그것도 '창강'을 시준점으로 삼아 회봉학을 겨누고 있을 뿐이다. 아직 고문헌도서관에 기증된 회봉가의 문헌 가운데 창강과 관련된 책자에 대하여 실물을 살펴보지 못했던바, 과연 회봉을 이해하는 데에 창강은 얼마나 실질적인 도움을 줄 수 있을지는 여전히 의문이다.

2. 회봉을 바라보는 시준視準으로서의 창강

'창강'을 살펴보면서 우리는 곧잘 어느 일방에 서거나, 혹은 어떤 결론에 내리는 데에 주저하지 않는다. 하나의 정리된 명제가 도출되어야 한다는 강박증에 걸린 것처럼 나름의 레테르를 붙이지 않고는 쉽게 붓을 내려놓지 않는 것이다. 그러나 그 순간, 우리는 이 일방, 저 결론, 그 명제들이 창강을 균형 있게 이해하기 위한 '임시 작업'임을 동의할 필요가 있다. 사실 창강은 사상적으로 보수와 혁신, 망국과 관련하여 망명과 독립운동, 역사의식과 관련하여 고려와 조선, 지역과 관련하여 송도와 한양과 남통, 이상적 조국은 어디인가에 따라 대한과 중국, 근대문명에 대한 입장에서 전근대와 근대 등의 경계에 서 있다. 곧 편면적으로 이해하기 곤란한 지점들이 있는 것이다. 학문분과로서도 문학, 역사, 사상의 경역을 한데 지니고 있기도 하다. 또 도대체 왜 그렇게 기록하고 편집했던가? 기억과 기록을 통하여 희망했던 것은 무엇일지 등등, 창강을 해명하기 위해서는 다양한 시선의 공존과 착종을 인정할 수밖에 없다. 이런 경계와 모순과 혼돈을 아울러 이

해하기 위해 인문주의자로서 이해할 필요가 있다.[2]

본고는 회봉에게서 인문주의자로서의 풍취를 강하게 느끼고 있다. 그는 유학자니 문학자니 하는 특정 학문분과에 매이지 않고 넓은 의미의 인문적 사유를 펼친 것으로 보인다. 시화詩話를 정리하든, 학안學案을 정리하든, 누군가와 편지를 주고받든지 그런 모습을 강하게 드러내는 듯하다. 비록 전통학문의 영역에 있음은 물론이지만, 그 내부에는 분과학문을 넘어 통합적 시야 속에서 조망해야 하는 모습을 보이는 것이다. 다시 창강으로 돌아가면, 그 자신이 지역적 소수자, 역사적 소외자, 정치적 주변인, 국제적 망명자로서 갖는 신체적 한계 속에서도 인간과 생명에 대한 애정을 잊지 않았던 존재임을 기억할 필요가 있다고 생각한다. 본고는 이 부분도 회봉을 이해하는 데에 의미가 있다고 생각한다. 회봉도 조선 내내 주변화 되어 지역에서 사상적 소외자로, 정치적 소수자로 살았다. 그를 조선의 주류 담론으로 일컬어지는 성리학으로만 이해할 수 없으며, 시학적으로도 유교적 시론으로 논의할 수 없음은 물론이요, 경성 중심의 위정자들과도 결이 달랐다. 창강과 회봉은 이런 점에서 닮아있다.

근대기 지식인사회를 생각할 때, '창강'은 하나의 자연인으로 존재하지 않는다. 그와 그의 글에 대해 우호적이든 비판적이든 논의를 통하여 당대 지식인사회 내에서 자신의 자리를 매김하는 일이 다양하게 전개되었던 것이다. 예컨대 창강이 지은 『한사경韓史綮』을 둘러싸고 유교지식인 사회에서 논란이 크게 일었던 적이 있었다.[3] 또한 일례로 간재艮齋의 제자였던 혁재赫齋 서진영徐鎭英은 『소호당집』을 읽고 비

2 졸고, 「창강 김택영 연구의 새로운 모색」, 『한국학논집』 70, 계명대 한국학연구원, 2018.

3 최혜주, 『창강 김택영의 한국사론』, 한울, 1996.

판적인 견해를 밝혔던 적도 있다.[4] 그를 둘러싼 논의는 「창강담론」이란 이름으로 새롭게 살펴볼 과제가 아닐까 싶다. 즉 창강을 어떻게 이해하고 수용하느냐는 것은 약간 과장하면 근대기 지식인사회를 이해하는 하나의 공안公案이 되지 않을까 한다. 회봉을 이해하는 데 있어서, 특히 현실인식을 점검하는 데 있어서 '창강'을 잣대로 들이미는 데에는 이런 이유가 있다.[5]

회봉과 창강은 과연 어떻게 접속을 했을까? 과연 이들을 하나로 묶어서 논의하는 것은 정당한 일일까? 다음 장에서 살펴보듯이 창강과 회봉은 서문으로든 기문으로든 서로 글을 써주면서 각별한 관계를 유지하였다. 그러나 이것만으로 중국 남통과 경남 진주와의 거리를 해명하기에는 부족하다. 과연 이전에 이들은 어떻게 서로 알게 되었을까? 흥미로운 것은 창강이 『소호당집』을 간행하면서 그 서문을 회봉에게 맡기고 있다는 점이다. 스무 해 연하의 젊은 지식인에게 자신의 문집 서문을 부탁할 정도로, 창강은 회봉의 문재文才를 인정하고 있었다는 것인데, 흥미롭지 않을 수 없다. 이와 관련하여 『매천집』을 둘러싼 당시 지식인 사이의 서신 교류 흔적이 남아 있어 주의를 끈다.

---

4 徐鎭英, 〈讀金澤榮文隨筆〉, 『赫齋私稿』.

5 회봉은 창강을 통해 중국 남통의 젊은 지식인들과 소통하였다. 그가 근대 중국과 만나는 데에도 창강의 그림자가 어려있는 것이다. 河謙鎭, 〈余之爲精舍於龜岡也 淮南張峯石(麟年)山陰李小湖(禎) 各以書畵一幅 因金滄江(澤榮)以寄余 受而揭之壁間輒以二詩謝之〉, 『晦峰先生遺書』 卷2, "中華値鼎沸 名士集南通 偉哉張峯石 星斗羅心胸 生平不試故 於藝尤精工 長淮入硯池 變幻波濤洶 重購日千金 堅拒若無聽 知我頗好古 一紙飛天東 弊廬龜岡裏 寂寞似逃空 眞慙上蔡鵠 亦畏葉公龍 至寶奚從來 將何重報公 參商各天涯 磁琥理則同 但願崇令德 心照期無窮 小湖知名久 屢見滄翁詩 而我遙海隱 小湖何從知 聞子如鄭虔 畵筆絶世奇 滄翁曾有書 云我當得之 日昨投生綃 中藏墨梅枝 爲此萬里贈 愛之無厭時 何況氷雪艶 綽約眞仙姿 是梅是小湖 摩挲久然疑 願隨靑鳥使 從子鏡湖湄 梅邊一樽酒 援筆賦湘妃 此言當早踐 已與滄翁期"

먼저 1913년 5월 3일, 회봉이 왕수환王粹煥에게 준 편지를 보자.

> “멀리서 주신 친서와 아울러 『매천집』 한 질을 부쳐 주심에 높은 뜻을 감송하며 장차 무엇으로 보답해야 할지 알지 못하겠습니다. 제가 일찍이 선비들로부터 공의 시문 한두 편을 얻어 외운 나머지 진실로 고기 한 점으로 온 솥의 맛을 알았습니다. 또 〈절명사絶命詞〉를 얻어 보고 슬퍼하였는데, 이제 그 전부를 읽어보니 우리나라에서 이런 작품이 없다고 더욱 믿게 되었으며, 우리나라뿐만 아니라 중국에서 구해보아도 명청 이래로 여러 작가들은 실로 그 비할 바가 드물 것입니다. 비록 나라의 얼이 끊어진 지 오래이나 문자는 공기이므로 그 정신명맥은 내세에 보급될 것을 어찌 의심하겠습니까? 호남의 제군자들이 의연금을 내고 인쇄를 하여 천하에 공포하니 어찌 그 뜻이 여기에 벗어나지 않음을 알겠습니까? 이후 <u>만일 김창강문고를 얻게 되면 삼가 열 벌로 싸서 함께 소장하여 대대로 전하는 보배로 삼겠습니다.</u> 서로 상면하지 못하고 종이로 대함에 아쉽고 아득합니다. 이만 줄이오니 함께 보십시오.”[6]

회봉은 왕수환에게 『매천집』을 보내준 데 대하여 사의를 표하고 있다. 특히 매천의 〈절명사〉를 읽고 공감하였으며, 문집의 발간을 호남 제현이 도모했던 것은 참으로 거사였노라고 하였다. 그런데 눈길을 끄는 부분은 말미에 창강의 문집에 대한 언급이다. 회봉은 창강의 문고(『소호당집』을 말함)를 구하면 곱게 갈무리하겠노라고 했다. 『매천집』

6 河謙鎭, 〈答王粹煥書〉, 『晦峰先生遺書』 卷2, “伏蒙遠惠手牋 竝寄示梅集一部 感誦高義 不知將以何報 僕早時從士友間 得公詩文於一二 傳誦之餘 固已一臠而知全鼎矣 旣又得絶命詞而悲之 乃今閱其全部 益信東方之日無此作 非惟東方 求之中州 明清以來 諸作家實罕其比 雖國魂之絶久矣 而文字是公器 其精神命脈之普及於來世 奚疑焉 貴省諸君子 出義醵金 繡梓而公之天下 安知其意不出於此乎 嗣後 若得金滄江文稿 謹當十襲同藏 爲傳世寶也 無從面晤 臨紙悵黯 不備 伏惟僉照 癸丑五月初三日 生河謙鎭 拜謝”

을 이야기하다가 갑자기 창강의 문집을 이야기하는 것이 뜬금없어 보이지만, 회봉의 언급에서 자연스럽게 논의되고 있는 것을 보면, 매천을 두고 창강과 회봉은 자연스럽게 오가는 교류가 있었던 것으로 추정하는 것이 온당할 듯하다. 이보다 3년 앞서 1910년 11월 18일, 황원黃瑗은 왕수환에게 편지를 보내어 하동河東과의 교류를 암시한 바 있다. "일전에 편지를 하동河東 장(시市)편에 부쳤습니다. 받아보셨습니까? 우리들이 아직 늙지 않았는데 갑자기 잘 잊어버려 그 편지 속에 무슨 말을 하였는지 기억하지 못하겠으니, 정신과 기백이 이 같으면 어찌 몇 십년을 더 살 수 있겠습니까"[7]라고 하며 시후時候로 시작되는 모두冒頭에 '하동'을 언급하고 있다. 즉 구례와 하동 사이의 서신 왕래가 잦았음을 보여주는 증거이다. 사실 『매천집』은 흥미롭게도 조긍섭曺兢燮도 연결시켜준다. 조긍섭이 황원에게 준 편지를 들어본다.

> "삼월에 보내주신 혜서는 감사하게 읽었으나 천한 병으로 마침 그때 아프기 시작하여 지금까지 낫지 않아서 친절히 돌보아 준 지극한 뜻을 저버리게 되니 생각하건대 의아스럽게 여기고 꾸지람을 주실 것입니다. 삼복 더위에 덕체가 청복하십니까? 발간하는 일은 지극히 알고 싶지만 나같은 사람에게 서문을 부탁하는 것은 잘못된 것으로 어찌 감당하겠습니까? 요사이 잠시 한가하여 한 수를 초해 보았는데 마음에 하고 싶은 말을 붓이 따라주지 않으니, 한번 읽어보시고 적당히 처리해주시길 바랍니다. 제가 앓고 있는 것은 현기증입니다. 오로지 치료에만 정신을 쓰고 있어 붓을 잡고 어떻게 쓸 줄을 모르겠으니 진실로 민망합니다. 이만 줄이오니 살피십시오. 임신년(1932) 6월 10일 제 조긍섭 배사."[8]

7 河謙鎭, 〈與王粹煥書〉, 『晦峰先生遺書』 卷2, "日者付一函河東市 入照否 吾曹不衰老 而遽然多忘 未知其右書中作何語 精神氣魄如此 能過幾十寒暑耶 可笑也"

『매천집』을 국내에 간행하면서, 황원은 조긍섭에게 편지를 주었던 바, 그에 대하여 심재가 회신한 편지이다. 눈길을 끄는 것은, 서로 서문을 부탁하면서 학문적 교류를 진행하는 점이다. 조긍섭은 창강의 『숭양기구전崧陽耆舊傳』에 서문을 지어준 바도 있다. 비록 1932년이긴 하지만. 조긍섭이 황현의 『매천집』을 둘러싸고 황원과 편지를 주고받았으니, 조긍섭, 김택영, 하겸진, 황원, 왕수환 사이에는 서신을 통한 학문적 교류가 있었다고 보는 것이 타당할 것이다. 이 가운데 우리는 회봉을 사이에 두고 벌어진 서신 왕래에 주목하고자 한다. 즉 이 지점에서 회봉과 창강과의 연결고리는 일부 꿰어진 것으로 이해할 수 있지 않을까 생각한다.

3. 회봉의 창강에 대한 기억과 공적公的 정조

회봉은 창강의 부음을 듣고 만시를 지어준 적이 있다. 1927년 창강은 중국 남통에서의 삶의 무게를 견디지 못하고 자결을 했다. 회봉은 창강의 부음이 전해지자 다음과 같이 만시를 지어서 그의 마음을 표현했는바, 그 내용은 아래와 같다.

제1수
아아, 한말의 창강옹이여

8 河謙鎭, 〈答黃季方書〉, 『晦峰先生遺書』 卷2, "抄春惠書感誦 而賤疾適發於其時 至今未瘳 致孤敦拳至意 想賜訝責矣 康炎 伏惟德體淸福 刊役極所欲聞 而弁文之托 謬及無似 何以堪之 近因少閒 草得一首 意所欲遂 筆不欲副之 乞幸一讀 而進退之 鄙所苦 眩症也 專事醫治 把筆不知所向 良憫良憫 都留不備 恕鑒 壬申六月廿日 弟 曺兢燮 拜謝"

일흔 일곱으로 스러짐이 애달프다.
문장은 필치마다 해내를 놀래켰고
빈객으로 살면서 회중에서 늙었네.
어이 후세에 양자 없을 줄 알리오
모름지기 전신은 진공임을 알지니.
명미明美는 정녕 삿되게 좋아한 게 아니요
붓끝으로 일찍이 우리나라를 무겁게 만들었다 했지.

吁嗟韓末滄江翁　七十七年哀命窮
筆筆文章驚海內　棲棲賓客老淮中
寧知後世無楊子　須識前身是震公
明美不應私所好　毛錐曾說重吾東[9]

이 시의 제3, 4구를 보면, 창강에 대하여 '문장文章'과 '빈객賓客'으로 규정하고 있음을 볼 수 있다. 창강을 문장가로 부르면서 그가 해외에 우거하고 있음을 지적한 것이다. 고국을 떠나 지내는 설움의 신세이면서도 붓끝은 늘 세상을 놀랠 킬 정도로 뛰어난 내용을 갖고 있음을 말하고 있다.

특히 제8구의 '중오동重吾東'을 주목할 필요가 있다. 이는 우리나라를 세상에 무거운 존재로 만들다는 뜻이다. 이 시구는 암서巖棲 조긍섭의 만사에서도 등장한다. 즉 하나의 인물로 인해, 그가 태어난 나라가 세상에서 무겁게 여겨지게 되었다는 것으로, 창강에 대한 애틋한 마음을 담은 탄사가 아닐 수 없다. 일흔일곱의 나이로 타국에서 삶을 마감한 창강에 대한 가슴 아픈 감정을 제1구의 '우차吁嗟'로 터뜨리며 전반적인 시상을 안타까운 심정으로 도배하고 있다. 게다가 명미明美(이건창李建昌)가 창강을 애틋하게 여긴 것이 그저 개인적인 취향에서

9 河謙鎭, 〈金滄江澤榮訃自淮南至 遙寄二詩 弔之〉, 『晦峰先生遺書』 卷4.

가 아님을 말함으로써 창강의 위상을 공적 차원으로 올려놓고 있다.

제1수
숭악산 기운 쌓인 지 백 년
요천과 창강을 잉태했나니
이학과 문장은 비록 길은 달라도
끝내 천하더러 우리나라를 무겁게 여기도록 했지.
神崧積氣百年中　孕得堯泉及此翁
理學文章雖異軌　終敎海內重吾東[10]

제2수
한번 긴 회수 바라보다 아홉 번 차탄하나니
기쁘게 만날 길이 없어 터럭은 하얗게 세었다오.
자주 편지로 외람되이 삼국사 수정을 부탁하고
만 리 길 너머 사귐을 맺고 십가문을 부쳐주셨네.
이제 이름난 호걸을 분분히 헤아릴 수 있거니
오직 나만은 지음을 뉘에게 견줘보리오.
정령위가 화표주로 돌아온 것 보지 못했거늘
숭한崧漢의 청산에 저문 해가 다시 비끼는구나.
一望長淮九起嗟　逢歡無路鬢生華
頻書謬屬修三國　萬里訂交寄十家
名傑卽今紛可數　賞音惟我較誰加
丁令不見歸華表　崧漢靑山斜復斜[11]

제1구의 '일一'과 '구九'의 대조는 창강의 고향에 대한 그리움의 감

10 曺兢燮, 〈挽金滄江〉, 『巖棲集』 卷6. *이 시제는 칠언절구 1수와 칠언율시 1수로 되어 있다.

11 曺兢燮, 〈挽金滄江〉, 『巖棲集』 卷6.

정 폭을 보여준다. 한번 바라보다 아홉 번 한숨짓는 모습이 눈에 선하게 비쳐 보인다. 창강을 상상하던 회봉은 제3, 4구에서 그와의 인연을 찬찬히 거론한다. 크게 2가지이다. 하나는 『삼국사기三國史記』교정이고, 하나는 『여한십가문초麗韓十家文抄』를 말하고 있다. 후술하겠지만 회봉은 『삼국사기』 교정본에 서문을 써주었는데, 두 사람이 의례적인 서문 작자로 끝나는 것이 아니라 상호간에 편지로 오가며 의논하고 있었음을 확인할 수 있다. 『여한십가문초』는 여한의 문장을 선집한 책으로, 산문사의 맥락을 짚고 있다. 이로부터 우리는 창강과 회봉의 사이에 역사와 문학(특히 산문)을 둘러싼 학적 교류가 있었음을 짐작할 수 있다. 약간의 상상이 허용된다면, 회봉의 『동유학안』의 사적 서술은 '학안' 자체의 성격에서 1차적으로 기인하되 창강의 '십가문'이 보여준 선문 의식과 서술 태도와 일정 부분 동당을 수도 있겠다는 생각이 든다.

제7, 8구에서 창강을 '정령위丁令威'에 견주고 고국으로 돌아오지 못함을 안타까워하고 있다. 주지하듯, 정령위는 고향을 떠나 영허산靈虛山에 들어가서 선도仙道를 배워 학이 되어 돌아왔다. 어떤 소년이 활로 쏘려고 하니 화표주華表柱에 앉아 "내가 집을 떠난 지 천 년이 되어 돌아왔는데, 성곽은 여전한데 사람들은 변했구나."라고 말한 뒤 허공을 배회하며 자신을 정령위라 부르면서 천 년 뒤에 돌아오겠다는 말을 남기고 떠나갔다고 한다. 제8구의 화면으로 포착된 쓸쓸한 감회가 회봉의 진심일 것이다. '숭한'은 즉 창강이 거처했던 송도松都를 뜻한다. 그곳의 청산에 '사부사斜復斜'하는 저문 풍경은 황량하며 아쉬운 마음을 대변한다. 이 순간, 제1구의 '일망一望'과 '구기차九起嗟'하던 창강은, '사부사斜復斜'를 바라보는 회봉과 하나로 겹쳐지는 것이다.

회봉의 만사는 개인적인 감회를 집중적으로 드러내면서도, 창강이 지닌 공적公的 몫에 대해서 거론한다. 그가 역사를 교정하고, 이름난 인물을 돋워내어 우리나라를 무겁게 만들었다는 것이다. 아쉬움 속에 찬찬히 창강을 드러내고 있다. 이 기억은 비록 창강이 죽은 뒤에 쓰인 것이지만, 회봉이 창강을 통해 어떤 점을 받아들이고 있는지를 보여준다. 기실 그의 창강담론을 살펴보면 그런 점을 확인할 수 있다. 다음 장절에서 이를 살펴보도록 하자.

4. 〈창강담론〉을 통한 회봉의 인식논리 이해

회봉은 창강의 권유에 부응하거나, 자신이 창강의 글을 읽은 독후기를 기록으로 남겨놓았다. 이 안에는 의식하든 그렇지 않든 회봉의 창강에 대한 논의가 들어 있는바, 이를 우선 '창강담론'으로 부르기로 한다. 사실 '창강담론'이라 창강을 두고 이러저러하게 논의되는 하나의 담론을 뜻한다. 회봉이 창강론을 펼친 적이 없기 때문에, 창강과 관련된 글을 '창강담론'으로 부르는 것은 다소 적절하지 않은 지점도 있다. 그러나 담론의 경계를 확장하여, 창강과 관련된 논의를 모아서 구성되는 논리를 '창강담론'으로 부를 수는 있을 듯하다. 서문이나 후기 등에 흩어진 자료를 모으고, 이에 기반하여 특정 대상에 대한 논리적 이해를 찾아내는 것은 쉽지 않은 일이다. 그러나 고전지식인이 정교한 논리 자체를 제시한 경우가 드물며, 본고의 주제인 회봉의 현실인식이 논리정연하게 제시된 경우가 희귀하기에, 이런 우회적인 방법을 사용할 수밖에 없다. 본고는 회봉의 글 가운데 모두 4편의 창강과 관련된 글을 찾을 수 있었다. 이들을 각각 제시하고, 그 안에 들어있는 회봉의 인식논리를 추출한 뒤, 이 편린으로나마 회봉의 현실인식을 추론하는 단서로 확보하고자 한다. 차례로 하나씩 살펴보도록 한다.

1) 〈교정삼국사기서校正三國史記序〉— 현실의 자각

"三國史 高麗樂浪郡開國侯文烈金公所作也 惣本紀年表雜志列傳爲五十卷 金滄江于霖氏嘗節取爲歷代小史 又以爲此書是東韓首出之正史 故邦遺黎之寄想於舊物者 莫先於此 則其爲貴重 猶之伏羲之八卦 大禹之九鼎 遂欲正其訛誤 集力以刊 先以書要余分校 幷屬一言序之 余聞之歎息作而言曰 此書之刊 宜哉 我故邦自殷太師之東 而洪範九疇之敎行焉 其後寖微 至三國之世 日以干戈相見 文化無可稱 然史氏之掌記時事者猶在也 是以金公生於數百年之後 得以據舊乘而著之于篇 凡其九百九十二年之間 人事政令 邪正善惡 安危得失 瞭然如指掌 其書法之簡嚴 文章之樸茂 議論之精確 謂得三長之神髓 非夸言也 獨恨夫吾韓學士大夫 無不淹貫於經傳秦漢之書 而於本邦書籍 反皆厭鄙而弁髦 之 故是書雖存 而讀者爲寡 此所以傳寫之間 有一二訛誤者也 非有于霖氏隻眼於千古者 孰知其文之可貴 亦何以欲釐正 成其美也哉 夫春秋與晉乘楚杌皆史也 而吾夫子獨筆削春秋而不暇及他 何也 以春秋魯史也 於父母之國 其道宜如是爾 然則今日我輩之欲表章是書 庶爲慕學夫子者 然夫子筆削之時魯固在也 而我輩之今日 則爲何如哉 嗚呼"[12]

---

12 河謙鎭, 〈校正三國史記序〉, 『晦峯先生遺書』 卷29, *자료를 제시함에 있어서 우선 원문 그대로를 보이고, 밑줄과 볼드를 활용하여 원전에서 주의하거나 추출할 근거를 제시하고자 하였다. 사실 이 서술전략은 그다지 친절하지 않으며 학술논문에서 다소 낯설기까지 한 방식이다. 그럼에도 이 방법을 취한 까닭은 회봉의 서술태도를 가능하면 보여주기 위해서였다. 다만 그 전략의 성패여부는 미지수다. 한문의 결이 더 중요할지, 아님 번역문의 내용 자체가 더 중요할 지에서 판가름나지 않을까 싶다. 일단 원문의 결을 보이고, 간략히 설명을 덧붙이는 방식으로 글쓰기를 하였다.

윗글에 보이는 창강의 생각을 정리해 보면 『삼국사기』는 처음 나온 정사로서, 〈고방유려故邦遺黎〉가 마음을 둘 구물舊物 가운데 으뜸이었고 귀중하기가 팔괘나 구정과 같다고 했다. 세상의 처음이요 나라의 보배라는 뜻이다. 그래서 창강이 회봉에게 분교分校하기를 청했다고 했다. 창강의 글로 확인해보자.

> "앞서 이명집李明集 군을 통하여 족하足下가 인의를 근본으로 삼고 문장을 말단으로 삼아 우뚝하게 영우嶺右 한 지방의 표본이 된다는 말을 듣고, 이 몸은 다른 나라에서 떠돌며 지내고 있어 돌아갈 날이 없고 아득히 만 리에 떨어져 있어 함께 만날 길 없음을 가만히 스스로 슬퍼하였습니다. 근래에 김문열공金文烈公(김부식)이 편찬한 『삼국사기』의 착오를 교정하려는 어리석은 계획을 가지고 있으나, 나의 나이가 이미 늙었고 정력이 쇠하여 능히 그 일을 잘 해내지 못하여 스스로 후일의 뉘우침을 끼칠 것이 두려웠습니다. 그런 까닭에 문득 이군에게 부탁하여 족하에게 교정하는 일을 나누어 맡아 달라고 대신 부탁하게 했는데, 족하가 주저하지 않고 선뜻 허락하기를 부탁의 말이 끝나기를 기다리지 않았으니, 내가 다행함을 얻은 것이 어찌 크지 않겠습니까.(중략)
>
> 하물며 『삼국사기』는 조선이 개혁하기 이전에 있었던 것이어서 사람들이 모두 천하게 여겨 기꺼이 읽으려고 하지 않아, 이기李芑가 말한 바 '『동국통감東國通鑑』을 누가 읽을 것인가.'라고 한 것과 같은 일이 있었으니, 그 누가 염두에 두어 그 착오를 교정하겠습니까. 세상에 『삼국사기』를 말하는 사람은 반드시 먼저 난생설卵生說의 불경不經함을 기롱하지만, 이에 대해서 김공金公이 '부득이 하여 썼다'는 사실을 이미 스스로 말하였습니다. (중략)
>
> 지금 고국의 한심한 형편이 심하니 유민遺民으로서 옛일에 생각을 깃들일 수 있는 것은 오직 서적이 있을 뿐입니다. 하물며 이 『삼국사기』는 가장 먼저 나온 정사인지라 그 귀중함이 복희伏羲의 팔괘八卦와 하夏나

라 우禹 임금의 구정九鼎 같으니, 우리들이 힘을 합해 수정하여 한편으로는 김공의 답답한 원통함을 풀어주고 한편으로는 유민이 깃들일 생각을 더하지 않을 수 있겠습니까. 교정하는 일을 족하가 나누어 맡겠다는 덕음德音을 내가 이미 다행스럽게 들었으나, 문자의 도리는 강론하여 서로 돕는 데 귀한 점이 있습니다. 그런 까닭으로 번거로움을 꺼리지 않고 이상과 같이 말하였으니, 족하는 장차 무엇으로 덕음을 회시回示하여 나에게 도움을 주시겠습니까?"[13]

회봉이 삼국사의 교정校正에 참여하게 된 것은 창강의 권유에 의한 것이었다. 위 내용에 의하면 창강의 서신을 받은 뒤, 그에 입각해 서문을 지었다. 『삼국사기』를 두고 "기서법지간엄其書法之簡嚴 문장지박무文章之樸茂 의론지정확議論之精確 위득삼장지신수謂得三長之神髓"라고 평가한 것은 회봉만의 생각이다. 그러나 주의를 끄는 것은 서문의 말미에 놓인 언급이다. 즉 춘추는 노나라의 역사로서, 부모지국父母之國에 대하여 집필한 것임을 밝히는 과정에서 공자가 춘추를 필삭할 때에는 노나라가 있었지만, 지금은 그렇지 않다는 것을 역으로 확인하고 있다. 앞서 창강이 유민으로 마음을 둘 곳을 거론했던 것과 겹쳐진다. 회봉은 사서의 기록 가운데 와류訛謬를 수정하기 위해 집력集力하는 과정에서 자신이 망국의 유민이었음을 자각하고 있는 것이다. 끝에 "아배지금일我輩之今日 즉위하여재則爲何如哉 오호嗚呼"라 하여 한숨을 짓는 데서 진한 여운이 울려 나온다.

2) 〈중간익재집서重刊益齋集序〉—시원始原과 사적史的 흐름

"益齋李文忠公詩文集幾卷 韓遺民滄江金公寓在淮南 與崧陽王侍

13 金澤榮, 〈與叔亨論三國史書〉, 『合刊韶濩堂集』 卷1.

講原初同校 而改刊之 以舊集之行於世者 編簡失次 而訛誤亦多有之 蓋不能無待於釐正也 刊事畢 走書屬謙鎭爲序 謙鎭竊惟念 滄公之眷眷致力於李公 何其甚哉 頃年 選李公之文之粹者 列于麗韓九家 今又印布全集 欲其不弊於永久 是豈無所由而然哉 夫天下之理必先有始之者而後馴至于其盛物有然 文章爲尤甚 人見其至于盛也 以爲是適然如此 而知慕尙之矣 不知推本乎其始 則非知理者也 我本邦人文之盛軼出千古 執牛耳詞垣者所在相望 菀乎若雲蒸 超乎若鳳翥 時則如張谿谷李澤堂朴燕巖數君子者尤爲傑然大家 此其人雖皆天才有過人者 而推言其何以能至此 則本李文忠公先倡之力也 高麗時 有文學名世者多矣 然獨李公首爲唐宋古文之學 蓋其天資厚重 輔以學術及從忠宣王于燕京也 日與元朝學士閻姚趙虞諸人 在萬卷堂中 考求書史 旣又遍歷川蜀江南 大放心目 以壯其趣 故其文典茂明雅 法度森然 詩亦多態有奇氣 駢驪綺麗 陳腐之習無一言焉 然而世之好議論工訶古人者 或以爲是猶草創而未醇也 紛紛然妄加評騭 非有滄公梳洗而極於精 以垂世而行遠 孰知其文有關於本邦文運之盛 如此其重哉 嗟乎 以余生晩不及睹其盛時 又自少知慕公文而固陋 不得其門 今玆之役深以託名爲幸 輒敢明論文章之有始而有盛者 書于簡端 以告邦人 若其言論事業之炳然可觀者 則有國乘 在不悉著云"[14]

중간重刊된 『익재집益齋集』에 부친 회봉의 서문이다. 익재 이제현이 가진 위치를 고문 선창의 위상으로 끌어올리고 있음은 창강의 견해를 좇은 것이다. 이 서문이 『여한구가문초麗韓九家文抄』를 엮은 뒤에 나왔다는 점에 주의할 필요가 있다. 창강은 여한의 구가 문장을 정리한 뒤에, 조선의 문장이 어디로부터 연원했을지에 대하여 이야기하지 않을 수 없었던바, 그 연원을 익재로부터 찾았던 것이다.

시문집은 특정한 지식인이 남긴 시문을 수렴한다. 즉 그 시대의 문

14 河謙鎭, 〈重刊益齋集序〉, 『晦峯先生遺書』 卷29.

화가 총집되는 셈이다. 그런 점에서 창강의 '중간重刊'은 당시 문화와 그 지식인에 대한 지독한 애정일 수 있다. 물론 중국 남통에서 간행된 데에는 약간 상업적 고려도 있다. 문중에서 간행하거나 국가에서 간행하는 것과는 다소 차이가 있다. 도대체 창강은 익재에게 왜 그리도 집착했던 것일까? 특정한 지식인에게 주목하는 것은 무엇 때문일까?

언뜻 보면 고려의 익재를 현양하는 듯하다. 혹자는 고려의 수도였던 송도에서 지냈던 탓에 고려에 대한 애정을 가졌다는 혐의를 덧씌울 수도 있을 듯하다. 그러나 실은 조선 문장 전체에 대한 논의를 하고 있었음을 기억할 필요가 있다. 회봉은 그 지점을 정확히 짚어내고 있다. 즉 천하의 이치는 반드시 시작이 있고 난 뒤에 왕성해지는 것인바, 문장이 더욱 그런 이치를 따르고 있고, 장계곡張谿谷(장유張維)을 비롯해 박연암朴燕巖(박지원朴趾源)에 이르는 과정은 바로 그런 연원(시작)의 흐름에 있음을 거론하고 있다. 하나의 문장사, 문학사인 셈이다. 우리는 사적 흐름을 좇는 데에 주의할 필요가 있다. 회봉의 논의는 "문장지유시이유성文章之有始而有盛"이 핵심이다. 비록 그 처음이 '미순未醇'함은 그것대로 의미가 있는 것으로서, 그 미순함으로 인해 처음의 의미가 퇴색되지는 않음을 재차 강조하고 있었다. 지금의 눈으로 보면 어설프거나 소박해보이지만, 그 안에 도도한 역사의 흐름을 온축蘊蓄하고 있음을 자각했던 것이다.

3) 〈서안의사전후書安義士傳後〉—사적事跡의 내면

"義士傳 金滄江澤榮作也 義士之死旅順也 大書人心惟危道心惟微八字 以遺平日所與善者 至今京師人 往往傳其手本 義士爲人 好氣義 敢於殺人 嘗冒入西教服西裝 然是欲託此 以洒深羞耳 非其志也逮其將死 發明其心事 以示人者 乃在於萬世心學之原則 其所立之磊

磊落落 夫豈無所本而然哉 後世有良史者作 則此宜大書 不一書也 而滄江於傳中 獨不著其事 或者當時傳聞 有未詳耶 抑亦旣聞 而故意諱之耶 滄江深於文者 當必有說 恨不得一 至淮上而細叩之也”[15]

회봉은 창강이 집필한 〈안중근전〉(『합간소호당집合刊韶濩堂集』 권9)을 읽었다. 그 뒤에 창강이 거론하지 않았던 측면을 들춰내고 있는바, 그 핵심은 '인심유위人心惟危 도심유미道心惟微' 여덟 자이다. 창강은 안중근의 사적을 중심으로, 특히 그가 사로잡힌 지 200일 동안 뜻을 꺾지 않았던 것을 강조하였으나, 회봉은 그 이면에 인심과 도심에 대한 깨침이 있었음을 밝히고 있다. 그 증거로 안중근이 이 여덟 자를 대서大書하여 주위 사람들에게 보냈다는 점을 들었다. 극도의 인내와 불굴의 의지 내면에 도학적 인식이 도저到底하고 있음을 지적한 것이다.

사실 안중근이 회봉의 언급처럼 도학적 인식에 근거해 실천했던 것인지를 가늠하기는 쉽지 않다. 그러나 하나의 사적을 바라봄에 있어서, 표면적 현상과 언술에 머물지 않고, 그 너머의 내면적 근거를 찾고 있음을 주목할 필요가 있다. 어쩌면 안중근의 의분과 견지堅持를 해명하는 하나의 방법이 될 수 있을 듯도 하다. 본고는 이를 당대 지식인의 내면에 대한 탐색으로 이해하며, 특히 이 부분은 창강이 말하지 않았던 것을 보충하고 있었음에 주목한다.

4) 〈소호당집서韶濩堂集序〉—변화의 관점

“文章無與於國之興替 然國之衰 氣數之所由降也 是以文章亦隨以微焉 焉如有不囿於氣數 而蔚然成一家之文 其人亦豈非所謂豪傑之

15 河謙鎭, 〈書安義士傳後〉, 『晦峯先生遺書』 卷36.

士哉 韓運之將訖 李寧齋學士金滄江先生同倡古文 號爲名家 余嘗欲因寧齋以求見滄江 而卒卒未果 久後至漢京 則寧齋時已宿草矣 滄江棄官 客於中州之淮上 落落如異世 而不相及 爲之悵然者久之 一日山陰李君炯明集持滄江全稿十四卷及韓國歷代小史十三卷來 曰滄江以是專致吾子 且以淮南書局方改名其集爲韶濩堂集以重刊 使我徵吾子序 子無用辭 余曰吾固願言 雖然寧齋嘗言 滄江不爲余序 則余序滄江 蓋相期許之重有如此 余非寧齋 何能序滄江耶 然先生之必屬余者 以其不忍忘故邦也 余其何敢以拙而終辭 大抵先生之爲詩文其初專務奇氣 不高抗而深入則不止 卒乃反之於平馴 而泯然不露其鋒穎 故中年以後之作 不知者疑之 以爲不如昔日之奇也 知者稱之以爲有意於近古也 然以余所見 前之說甚淺 固無足與辨矣 而後之說稍可 而亦未爲深知先生者 何則 自古作者之文 老衰稍異於少壯者非其有意爲之 惟其所習者熟 故所蓄者厚 故所涵者大 大故沈雄 沈雄故樸茂 樸茂故難睹 譬如長溪急河 發源而奔放漂流 沙石衝決山岳激之如號 噴之如怒 跳之如勇 及其瀦而爲澤 放而爲海 淵淵而深 渾渾而沈 則反有不測其涯際者 先生之文章 亦此類已矣 世之讀韶濩堂集者 其幸勿謬此言 而更爲紛紜置喙也哉."[16]

창강의 초년의 글과 후년의 글이 다른 것을 두고 논의가 있었던 데에 대한 변석이다. 혹자는 초년은 유기有奇했지만 후년에는 봉영鋒穎이 꺾였다고 하고, 혹자는 초년에 심천甚淺하다가 후년에 초가稍可하다고 한다. 그러나 이들은 작자作者의 문文이 겪는 성장 과정을 모르고 하는 논의라는 것이 회봉의 판단이다.

문이란 습숙習熟·축후蓄厚·함대涵大·침웅沈雄·박무樸茂·난도難睹의 과정을 거치며 끝내 그 끝을 가늠하기 어려운 경지에 도달하게

16 河謙鎭, 〈韶濩堂集序〉, 『晦峰先生遺書續』 卷1.

된다. 회봉이 생각하기에, 창강은 바로 이런 과정 속에 있었다는 것이다. 특정한 개인의 문장을 생성변화의 관점에서 바라보고 있음이 주목된다. 앞서 사적 흐름 속에서 익재를 읽었던 것과 결이 닿아있다. 누군가를 이해하는 일은 그를 변화의 관점에서 바라볼 때 가능할지 모른다. 특정한 국면에 들러붙어, 그것으로 일반화하는 논리적 오류를 범하는 일을 회봉은 이렇게 해결하고 있었던 것이다.

앞서 '창강'은 하나의 공안과 같은 존재였음을 언급한 바 있다. 그에 대한 평가나 판단은 기실 그 자신과는 무관한 것이리라. 이를 회봉은 '변화의 과정'이란 프리즘을 적용함으로써 해결하였던 것이다.

5. 새로운 지식로드의 전망

이상에서 창강을 시준점으로 하여 회봉의 현실인식 일단을 시론적으로 살펴보았다. 회봉은 〈교정삼국사기서校正三國史記序〉에서 현실을 자각하고, 〈중간익재집서重刊益齋集序〉에서 문화의 시원始原과 사적史的 흐름을 추리하며, 〈서안의사전후書安義士傳後〉에서 특정한 사적事跡의 내면을 탐색하고, 〈소호당집서韶濩堂集序〉에서 지식인(의 글)을 변화의 관점에서 바라보았다. 그 핵심은 역사의식에 있었다고 보인다. 회봉은 특히 인물, 즉 고전지식인들의 존재와, 이들의 역사를 기록하는 일에 대하여 주목하였다. 기록 자체에도 주목하였지만, 그 기록으로 인해 일국의 역사가 전해지고, 그로 인해 나라의 생명을 가늠할 수 있음을 눈여겨보았다. 『삼국사기』를 교정하면서 회봉에게 자문을 구하였던 것은 회봉의 자질을 높게 본 것도 있지만, 역으로 회봉의 역사의식을 자극한 것으로도 이해된다. 자신보다 스무 해 연하의 젊은 지식인에게 겸손히 뜻을 묻는 창강의 모습은 조력자를 넘어 뜻을 같이하는 사람에 대한 태도가 엿보인다.

또한 회봉은 고려의 이제현이 지닌 산문사적 위치를 가늠하면서, 고려-조선의 고전지식인들에 대한 생각을 다듬어나갔다. 사실 역사는 사람으로 전해지는바, 바로 그 지점을 간파한 것이다. 『여한십가문』은 산문에 대한 이야기이지만 기실 고려-조선의 지식인 사이기도 하다. 지금의 명걸名傑이 나기 위해 앞서 인물들에 대해 고개를 돌리는 데에서 역사의 통서를 자각할 수 있다.

고대나 고려 등에 대한 논의를 넘어서, '안중근'과 같은 특별한 인물에 대한 논의를 후지後誌형식으로 기록하고 있는 것도 특이한 모습이다. 안중근은 일제강점기 지식인들의 간담을 통쾌하게 만들었지만, 그렇게 보지 않은 이들도 있었다. 그런 점에서 회봉의 시선이 서물書物속에 고루하게 빠져있지 않고, 인간의 내면을 다시 읽는 어딘가로 향하고 있음을 짐작할 수 있다.

회봉의 '창강담론'은 창강에 대한 이러저러한 글을 뜻한다. 물론 회봉은 '창강론'을 펼치진 않았다. 사실 이 글은 회봉의 창강에 대한 입장을 밝히는 글도 아니다. 다만 회봉의 현실인식을 이해하기 위해 '창강'이란 프리즘을 활용했고, 그 덕분에 회봉이 지닌 인식의 일단을 짐작할 수 있었을 뿐이다.

창강에게 회봉은 귀한 연하의 벗이었다. 창강은 영남의 유림을 거론할 때면 늘 회봉을 염두에 두었었다. 회봉이 머물던 구강정사龜崗精舍에 대하여 써준 기문에서, 창강은 "내가 회남淮南에 우거寓居한 지 10년에 달성達城의 조중근曺仲謹(조긍섭) 군을 알고, 얼마 되지 않아 또 진주晉州의 하숙형河叔亨(하겸진)을 알았다. 두 사람은 모두 경학을 익히고 문학을 쌓은 군자로서 영남 지방의 남북에서 마주 서서 후생의 모범이 되었다. 그런데 중근은 호방하고 시원하며 숙형은 침착하고 고요하여 규모와 기미가 자못 같지 않았으나, 막힘없이 통하여 고루하지 않은 것은 하나의 틀에서 나온 것 같았다."[17]라고 칭찬한 바도 있다. 두 사람 사이의 교류는 간단히 편지를 주고받는 관계만도 아니었다. 『차수정잡수借樹亭雜收』에 수록된 〈여하숙형독與河叔亨牘〉에 의하면,[18] 창강은 회봉에게 중국의 문장이 황준헌黃遵憲을 거쳐 양계초梁啓超에게 전해졌다는 등의 견해를 비롯해 한성의 문장 소식을 전하면서 회봉의 눈을 틔워주는 역할도 수행했다. 물론 얼마나 회봉이 창강의 말을 신뢰했는지, 그리고 그것을 수용하여 나아갔는지, 그것이 얼마나 회봉의 현실인식을 진전시켰는지는 더 살펴볼 일이다. 그러나 이 글에서 살핀 것으로 추정하건대, 상당 부분 창강의 견해를 신뢰했을 것으로 여겨진다. 우리는 회봉이 특별히 창강의 글이나 저작에 붙인 서문 혹은 후지를 통해 그의 역사의식의 일단을 짐작할 수 있었다. 이른바 '창강담론', 즉 창강을 시준점으로 하여 회봉의 현실인식 일단을 추정할 수 있었다. 차후 『회봉선생유서』에서 창강의 흔적을 찾는 작업이 더 세밀하게 진행될 때, 이 글이 취한 방법과 생각이 더 명료해질 것으로 생각한다.

끝으로, 회봉을 중심에 놓고 남통, 구례, 진주, 대구로 이어지는 새로운 지식로드에 대한 생각을 적으면서 논의를 마무리하고자 한다. 일전에 대구 화원花園의 남평문씨가의 장서藏書가 이루어진 과정을 배우다가 남통에서 구입된 책이 군산, 구례를 거쳐 대구로 들어갔다는 전언을 들었다. 그런데 회봉을 공부하는 동안, 진주가 중도中途에

---

17 金澤榮, 〈龜崗精舍記〉, 『韶濩堂集』 卷5.

18 金澤榮, 乙丑 〈答河叔亨牘〉, 『借樹亭雜收』 卷4.

서 주요한 기착지였음을 확인하게 되었다. 본고의 서두에서 언급했던 바, 회봉가의 고문헌에 들어 있는 중국책들, 창강이 편찬했던 책들이 그 증거이다. 북경에서 출발하여 경사로 전해지는 지식로드와 다른 통로를 발견 확인한 셈이다. 즉 근대계몽기 남통-구례-진주-대구로 이어지는 지식로드는 기존의 지식로드와 어떤 차별을 갖고 어떤 지식을 조선朝鮮_대한大韓에 전해주었을까? 진주권의 학문을 이해할 수 있는 또 하나의 단서를 제공하리라 생각한다.

제9장

침산枕山 이수인李洙仁의 지식인으로서의 자의식

1. 침산을 마주한 변명

이 글은 침산枕山 이수인李洙仁의 학문과 사상을 본격적으로 연구하기 위한 스케치를 목적으로 한다. 침산을 하나의 소고小考로 살펴본다는 것은 대단히 버거운 일이다. 침산의 행적은 한국근현대사를 관통하고 있는 데다 한주학파寒洲學脈(특히 대계大溪 이승희李承熙의 제자)의 한 맥락을 꿰고 있기에 그 학문과 사상의 특징을 규명하기에도 쉽지 않다. 영남유학에 대한 소양을 갖추고 학맥의 근원적 요체를 장악하고 있어야 그 학적 성취를 분석할 수 있기 때문이다. 게다가 그와 시문을 주고받거나 편지를 주고받았던 인물들, 그가 죽었을 때 만사를 헌정했던 분들이 방대하여 그의 삶이 호락호락하지 않음을 짐작할 수 있다. 사실 필자는 그와 관련된 자료를 보면서 거대한 산을 마주한 느낌을 가졌다. 그런 점에서 이 글은 『침산수록枕山隨錄』에 수록된 내용을 일별一瞥한 뒤에 가진 1차적 졸문拙文임을 이해해주길 바라면서 글을 시작하도록 한다.

『침산수록枕山隨錄』은 필사본 자료로 남아 있다. 모두 8권으로, 그 안에 시詩 302수, 만시挽詩 200수, 서書 56편, 서序 16편, 기記 15편, 발문跋文 7편, 설說 6편, 논論 6편, 통문通文 5편, 잠箴 2편, 명銘 9편, 찬贊 6편, 상량문上樑文 5편, 행장行狀 5편, 전傳 3편, 묘갈명墓碣銘 8편, 제문祭文 46편, 고유문告由文 13편, 잡저雜著 8편 등을 수록해 놓았고, 부록으로 침산枕山에 대한 만사輓詞, 제문祭文, 행장行狀, 묘명墓銘, 부고록訃告錄 등을 거두어 두었다.

우리가 침산을 이해하려면 첫째, 학문적 논의들, 주로 경학문답을 통하여 그가 터득한 학문적 맥락을 이해하고, 둘째, 고전을 통하여 어떤 역사를 추구하였는지를 살피며, 셋째, 인간적 교류를 통하여 추구한 인간관과 그 실천을 확인하고, 넷째, 시적 정감을 관류하는 의경意境을 분석해내야 한다. 이 네 가지는 각각 하나의 소주제이자 상호 유기적으로 연계되어 있다. 이 가운데 본고는 시적詩的 정감情感을 관류하는 의경意境의 분석을 주로 논의하고자 한다. 되도록 삶의 행적과 뚜렷하게 연계된 시를 중심으로 다루고자 한다. 이를 위해 『침산수록』에서 행적과 연동된 시를 추려내었고, 이를 간보簡譜 안에 제시해 두었다. 시가 갖는 생명력은 공허한 탄사나 관성적 창작보다는 삶의 숨결 속에서 확보될 수 있을 것으로 믿기 때문이다. 이 글을 작성하기 위하여 짧게 일별한 처지이긴 하지만, 그의 시에는 아름다운 인간애와 세상에 대한 따스한 마음이 흐르고 있었다.

주로 시에 즉卽한 서술방식을 취한 이유는 침산의 삶에 대한 선지식들, 이를테면 한주학맥의 계승자요 독립운동가라는 학문적, 사회적 무게를 벗어나서 '인간 침산'을 들여다보고 싶었던 것이 하나의 이유요, 시를 제1의 텍스트로 하여 작품 속 포인트를 찾아서 그의 생각과 감정을 읽고 싶었던 것이 또 하나의 이유이다. 『침산수록』에 보이는 시들은 비교적 시간적 순서에 따라 편집되어 있어서 어렴풋하나마 다양한 소재를 관류하는 핵심 정감 혹은 창작주제를 가늠할 수 있으리라 기대되었다.

이 글은 다음과 같은 순서로 진행된다. 침산의 삶을 간보簡譜로 정리하되 시기마다 지어진 작품들을 계년係年하여 삶과 시가 이어지도록 했다. 덕분에 시세계의 국면들을 논의할 때, 다소 창작배경을 넘어선 지점들을 이야기할 수 있는 여백을 얻을 수 있었다. 다음으로 그의 시세계를 크게 독서를 통해 식자識者로서의 자질을 추구했던 모습, 산을 통해 의지적 공간을 확보하는 태도, 입신立心과 제행制行, 학문적 지향과 실천 등으로 살펴보고자 한다. 이를 통하여 그의 시세계가 구현하고 있는 지식인으로서의 상像을 추론하고 침산의 시문 속에 들어있는 정서적情緖的 동맥動脈을 확인하고자 한다. 이 논의는 차후 침산의 학문과 사상, 현실 속 실천과 맞세워 논의할 때 더욱 진한 농도를 가지게 될 것이다.

침산의 삶을 〈침산이공행장枕山李公行狀〉(이기원李基元), 〈침산이공묘명枕山李公墓銘〉(김황金榥) 및 시문에 의거하여 요약하면 아래와 같은 간보簡譜로 정리할 수 있다. 간지干支를 확인할 수 있는 시문을 계년係年하였지만 실제와 차이가 나는 부분도 있을 것으로 생각된다. 다음 절에서 다룰 내용은 이 간보에 의거하여 진행될 것이다.

□ 성은 이씨李氏, 명은 수인洙仁, 초명은 수석洙錫, 자는 자유子裕, 호는 침산枕山.

□ 조부는 기태基泰, 호는 이주伊洲. ○선고는 조현祚鉉, 호는 용호龍湖. 한주寒洲의 사병오생四丙午生(면우俛宇 곽종석郭鍾錫, 교우膠宇 윤주하尹胄夏, 자동紫東 이정모李正模) 가운데 하나. ○선비는 야성송

씨治城宋氏 정례廷禮의 따님.

□ 1880년(고종17, 1세), 5월 11일. 성주군星州郡 대가면大家面 용흥리龍興里에서 태어남.

□ 1886년(고종23, 7세), 부친 돌아가심.

□ 1889년(고종26, 10세), 대계大溪 이승희李承熙에게 수학함.

□ 1893년(고종30, 14세), 과거에 응시하러 서울에 올라감. ○1894년 과거폐지 후 세상에 대한 뜻을 그만두었고, 암흑세상을 만나 우국의 일념으로 살아감.

□ 1896년(17세), 거창居昌의 곽종석郭鍾錫을 찾아가 사제의 예를 올리고 한주학寒洲學의 요결을 배움. 〈답종인순흠答宗人舜欽(기헌基憲)〉○〈병신재거창가조시丙申在居昌加祚時〉

□ 1899년(광무3, 20세), 〈치란책서治亂策序〉, 〈송성각부送成覺夫(악성樂聖)서序〉, 〈서정공書鄭公(민영旼永)장관록해일편후壯觀錄海溢篇後〉

□ 1901년(광무5, 22세), 〈송장진옥送張進玉(택환宅煥)서序〉, 〈증이몽숙贈李夢叔(우정愚正)출세서出世序〉, 〈우증별서又贈別序〉, 〈송강경운送姜景雲(용희龍熙)서序〉, 〈송이공등送李孔登(태희泰熙)서序〉 ○〈상대계옹上大溪翁〉, 〈답이몽숙答李夢叔(우정愚正)〉, 〈답강경운答姜景雲(용희龍熙)〉, 〈상대암손장上大巖孫丈(정건廷謇)〉

□ 1902년(광무6, 23세), 〈여이견가與李見可(정기貞基)〉, 〈상면와이장上勉窩李丈(덕후德厚)〉, 〈여송순좌장與宋舜佐丈(준필浚弼)〉, 〈여송순익與宋順翼(홍래鴻來)〉

□ 1905년(광무9, 26세), 용호공이 왜노倭虜를 배척하자는 상소를 올렸다가 체포되어 대구 감옥에 수감됨. 이때 공이 용호공의 행장을 이기원李基元에게 요청했었음.

□ 1908년(융희2, 29세), 대계를 좇아 러시아 해삼위海蔘威로 건너감. 이곳에서 머무는 4년간 보재溥齋 이상설李相卨, 의암毅庵 유인석柳麟錫 등과 종유. ○〈답이참찬答李參贊(상설相卨○재포염사왕송왕령시在浦鹽移住宋王嶺時)〉, 〈답왕창동答王昌東(본성함정순만本姓啣鄭順萬)〉, 〈답

이치삼答李致三(병태炳台)〉, 〈상유의암上柳毅菴(인석麟錫)〉

□ 1945년(30세), 〈답박태암答朴泰庵〉, 〈답왕우천答王于天(사혁斯爀)〉

□ 1903년(24세), 〈답이군백答李君伯(달능達能)〉

□ 1910년(순종4, 31세), 〈소차산종안서所次山宗案序〉

□ 1914년(35세), 종중宗中에서 시조의 유허에 제사를 지낼 때 도청都廳을 맡았음. ○〈한남시고서漢南詩稿序〉, 〈족보발族譜跋〉

□ 1916년(37세), 대계가 봉천에서 객사함. 부음을 듣고 달려가 치상治喪함.

□ 1919년(40세), 파리평화회의에 보내는 장서長書에 연명함. ○3.1운동에 참여한 일로 대구 감옥에 6개월간 수감됨. ○망국 후 동경으로 건너가 족손 경환慶煥의 광복 도모를 도왔으나 뜻을 이루지 못해 귀국함. 이후 경환이 순국한 뒤 세상을 뜻을 두지 않고 두문杜門한 채 학문에 힘을 기울임. ○〈옥중선명獄中扇銘〉

□ 1926년(47세), 삼오당三五堂을 지어 세보世譜를 닦음. 유사有司로 참여.

□ 1928년(49세), 〈무진족보발戊辰族譜跋〉

□ 1936년(57세), 3월, 〈속리산행록서俗離山行錄序〉

□ 1937년(58세), 상주에서 박노찬朴魯燦 소장 책을 보고 〈서남직암리목삼관수록후書南直菴履穆三官隨錄後〉 지음. ○〈박노찬가장서책갑명朴魯燦家藏書冊匣銘〉

□ 1949년(70세), 『고경록高景錄』 저술

□ 1956년(77세), 〈여이표형윤흠與李表兄允欽(명원明源)〉, 〈답변자유答卞子由(영철永轍)〉

□ 1957년(78세), 〈답윤진청答尹振淸(태용泰龍)〉, 〈답정복경答鄭復景(한규漢圭)〉, 〈답김성백答金成伯(두련斗鍊)〉

□ 1962년(83세), 1월 10일, 세상을 떠남. 성주星州 관봉촌觀峰村 간좌원艮坐原에 장사 지냄.

□ 1972년, 장자 영식英植, 침산공의 행장을 이기원李基元에게 요청함.

□ 1995년, 건국포장建國褒章에 추서됨.

2. 시 세계의 몇 가지 국면들

1) 독서를 통한 식자識者로서의 자질 추구

〈정복경鄭復景이 중용을 읽는 것을 보고 쓰다〉

오직 자네 이 책을 읽을 손
정녕 도가 멀지 않음을 알아야 하네.
만일 나무하는 법도를 지닌다면
사람이 절로 멂을 어이 걱정하리.[1]
惟子讀玆書　當知道不遠
若佩伐柯則　何憂人自遠

침산의 시에는 특이할 정도로 독서와 관련한 흔적이 많이 드러난다. 아마도 젊은 시절 공부할 때의 고민과 삶이 그대로 녹아든 듯하다. 그의 독서는 아주 가깝고 쉬운 곳에 대한 공부로부터 시작되는데, 이 시는 그의 그런 태도를 잘 보여준다. 오언시 20자 안에 보이는 주제는 명징하다. 『중용』 13장에 "도불원인道不遠人, 인지위도이원인人之爲道而遠人, 불가이위도不可以爲道"라고 했다. 주희에 의하면, 도는 솔성率性일 뿐이다. 본디 보통 사람들이 알 수 있고 실천할 수 있는 것으로서 사람과 멀리 있지 않다. 만일 도를 실천하고자 하는 사람이 비근卑近한 것은 실행하기 부족하다고 생각하고 고원高遠한 것만을 추구한다면 이는 도를 행하는 방법이 되지 않을 것이라고 했다. 그 실례가 『시경』 빈풍의 〈벌가伐柯〉이다. 즉 나무하는 도끼의 자루가 바로 눈앞에 있어, 법도가 아주 가까운 곳에 있음을 제시하는 시이다. 그렇지만 사람들은 법도는 늘 어딘가 고원한 곳에 있다고 여긴다.

---

1 李洙仁, 『枕山隨錄』 卷1.

『중용』 13장의 서두를 시로 쓴 이어시理語詩로서 시적 비유나 상징은 들어있지 않아 다소 느슨해 보이지만 내용만큼은 만만치 않다. 침산은 『중용』의 핵심은 '도불원道不遠'에 있다고 한다. 이는 침산의 삶 속에서 끝까지 관철되는 자의식으로 보인다. 사실 그의 시를 통관하면 형이상학적 이론보다는 일상의 관계나 자연, 그리고 윤리 속에서 자신을 가다듬고 있다.

〈정성일鄭聖一이 독서하며 기이한 음식 먹지 못하는 것을 근심하기에 기奇자 운으로 짓다〉

책속에 진실로 기奇가 있으니
사람의 병통은 기를 모르는 것이네.
자세히 음미해야 바야흐로 기가 생기나니
갑자기 보면 어찌 기를 얻으리오.
은미한 곳에 매양 기가 많고
세밀하게 봐야 기를 찾으리라.
기약할 손 그 기를 모두 얻어
더 이상 남은 기가 없고파라.
앞에서 기 하나를 얻고
뒤에서 다시 기를 찾을지니.
선한 지혜는 날로 기를 열 것이오
만권의 책으로 기에 이를 수 있지.
이 기는 별다른 기는 아니요
심리心理를 함양하여 기를 낳은 것.
뜻으로 기를 낳지는 말아야
바야흐로 진짜 기가 되네.
항상 평범한 곳에서 기하나니
험벽한 곳에서 기하지 말라.

다른 길에서 기를 구한다면
곧 아름다운 기는 아니리라.[2]
書中固有奇　人病不知奇
詳味方生奇　驟看那得奇
微處每多奇　細精看覓奇
期得盡其奇　更無餘蘊奇
前頭得一奇　後面更尋奇
良智日開奇　萬書可達奇
此奇非別奇　心理涵生奇
勿以意生奇　方爲眞箇奇
恒從平處奇　莫向險中奇
如求別逕奇　便是非佳奇

'기奇'를 운자로 지은 20행 장편시이다. 침산의 시 가운데 다소 특이한 시이다. 시제에 의하면 '기이한 음식'을 먹지 못하는 것을 근심하는 벗에게 해주는 권면의 성격을 지니지만 흥미롭게도 앞의 시에서 보였던 '도불원道不遠'의 뜻이 반복되고 있다. 시의 제16~20구가 그러하다. '기奇'는 남다른 특이함을 뜻한다. 즉 우리가 갖고 싶거나 추구하는 어떤 것을 뜻한다고 이해된다. 이 시를 찬찬히 읽어보자.

제1구~2구는 책 안에 들어있는 기를 알아보지 못하는 사람들을 꼬집고 있다. '인병人病'이라고 했으니 하나의 병증처럼 사람들에게 들러붙어 있는 습관이자 오류이다. 이 병을 치료하는 방법으로 제3~6구가 제시되고 있다. '상미詳味'와 '취간驟看'을 대비하면서, 자세히 음미할 것을 권유한다. '미味'와 '간看'의 대비 또한 눈여겨볼 필요가 있다. 맛으로 음미하듯이 저작咀嚼해야 한다. 그저 주마간산처럼 스치듯 훑기고

2 李洙仁, 『枕山隨錄』 卷1.

나면 아무 소용이 없는 것이다. 자미滋味의 미학이다. 그런데 특이한 것은 '생기生奇'라고 했지 '견기見奇'라고 하지 않았다는 점이다. 즉 '상미詳味'를 통해 얻어지는 것은, 기가 있음을 확인하는 것이 아니라 상미하는 과정에서 기가 생성된다는 점이다. 있는 것을 발견하는 것이 아니라 주체가 주동적으로 음미하는 과정이 어우러질 때, 책 속에 들어있던 기가 '새롭게 생성'되는 것이다. '발견'이 아니다. 그러고 보면 책 안에 들어있던 기는 기奇의 가능태일 뿐이다. 그래서 '미처微處'에서 찾고 '세정細精'하게 살펴야 한다. 그리하여 기를 남김없이 내 것으로 만들라고 권유한다. 흡사 하나의 학습방법을 제시하고 있는 듯하다.

그런데 이 기는 한꺼번에 확보되지 않는다. 제9~12구에서 보듯이 '전두前頭'에서 '후면後面'으로, 그리하여 '만서萬書'를 통해 기를 찾아나가야 한다. '일개日開'라고 했으니, 하루하루 기를 열어 보여야 한다. 책을 읽는 방법은 하루하루 차분하게, 앞에서 뒤로 세밀하게 살펴보고 자세하게 음미하는 것이다. 여기까지 말하고 나서, 작자는 기의 성격을 재차 구명하고자 한다. 즉 제13~16구가 그것이다.

우리가 책을 통해서 찾아낸 기는 '별기別奇'가 아니다. 즉 우리와 별도로 떨어져 존재하는 그런 기가 아니라는 뜻이다. 그래서 '심리함생기心理涵生奇'라고 재차 밝혀놓았다. 책을 읽으면서 내 마음 안에 함양涵養해내며 '생성시키기' 때문이다. 그래서 시인은 '물이의생기勿以意生奇'하라고 했다. '이의생기以意生奇'는 의식(이성)으로 기를 낳는 것으로, 체화하여 '심리' 안에서 함양하는 것과 다소 차이가 난다. 의意와 심心의 차이를 생각해보라. 심리 속에서 함양된 기를 '진기眞奇'라고 부르기까지 한다. 이후 제17~20구에서 '가기佳奇'는 '평처平處'에서 나오지, '험중險中'에서 구할 것은 아니라고 했다. 이 시에서 가장 하고 싶었던 말이 이 부분이 아닐까 한다. 평이한 곳에서 기를 생성해는 것, 특별한 길, 험한 길을 추구하지 않아도 된다는 것을 제기하고 있는 것이다. 앞서 보았던 '도불원道不遠'의 반복이다. 사실 '기奇'자가 갖는 특이함, 별다름, 기특함 등의 의미가 통쾌하게 전복顚覆되고 있다.

침산의 삶 자체도 특이한 궤적을 추구하진 않았다. 공부하고 그 의미를 좇아 실천했으며, 그것이 이른바 자주적 삶을 살기 위하여 외세에 저항하는 방식으로 진행되었다. 그에게 이는 자연스러운 일상사였다. 해외로 나갔다가 돌아온 뒤에도 자연스럽게 주위 사람들과 어울리되 특별한 기를 찾지는 않았다. 평이해 보이지만 학문의 끈을 놓지 않고 시종 자신을 지식인으로 벼릴 수 있었던 것은 이와 같은 독서 방법, 삶의 태도와 관련이 있었던 것으로 보인다. 그래서 이 시는 희작이면서도 희작으로 끝나지 않는다. 특히 '서중고유기書中固有奇'를 '심리함생기心理涵生奇'에서 찾아내는 것, 즉 독서와 마음 수양의 관계를 맺어주는 것은 이후 다른 시에서 거의 일관되어 나타난다. 이를테면, 〈한계에서 돌아와 이성옥李聲玉 족인과 같이 읊다〉에서도 "독서선합차심청讀書先合此心淸, 폐호하방호외성閉戶何妨戶外聲"이라고 했다. 즉 책을 읽을 때에는 '차심此心'의 징청澄淸을 도모해야 할 것이라고 했다. '차심'은 그냥 나의 마음, 이곳의 마음 등의 뜻으로 해석된다. 이러한 소위 독서시는 나이가 들어서도 창작된다.

> 천고에 전하길 학문에 근원이 있나니
> 성현도 오히려 독서촌에서 일어났지.
> 인생의 대도大道는 이것을 맥박으로 삼나니
> 물욕에 얽매 끌리면 모두 넋을 빼앗기네.[3]
> 千古相傳學有源　聖賢猶起讀書村

人生大道斯爲脈　物累橫牽盡奪魂

〈선대의 문집을 교감할 때에 정뇌헌鄭磊軒(종호宗鎬), 이일헌李一軒, 김직재金直齋(순부純夫), 박수관朴修觀(경원景遠) 최수봉崔修峰(운경雲卿)과 같이 모여 읊다〉의 일부이다. 이 시는 1950년대 중반에 쓰인 것으로 추정된다. 이 시보다 앞서 〈남의 요청을 받고 다시 이 대통령 두 번째 피선에 대하여 읊다〉라는 시가 있는바, 이승만은 1952년에 제2대 대통령으로 피선되었으니, 대략 침산의 나이 73세이다. 여하튼 그는 이 시에서도 독서와 관련된 생각을 드러내고 있었다.

선대문집을 교감하면서 거론했으니 당연히 책과 관련된 것이지만, 그럼에도 제2구의 '독서촌讀書村'이란 구절이 눈에 들어온다. 흔하지 않은 표현이다. '촌村'은 공간만은 아니고 '집안'을 염두에 둔 것이다. 종족을 염두에 두면 쉽게 이해될 법도 하다. 학문의 근원이 있다고 전해지지만, 그래도 관건은 바로 '독서'의 유무에 있었다. 책을 읽는 마을에서 성현이 일어날 수 있는 것이다. 이처럼 침산은 독서를 통하여 식자로서의 자의식을 평생에 걸쳐서 유지했던 것으로 보인다. 그의 이런 태도는 실제 산하를 찾고 시물時物을 음영吟詠하는 가운데에서도 의미 있는 작품을 생산해낸다. 그가 산을 어떻게 생각하여 살았는지를 살펴보도록 한다.

---

3 李洙仁,『枕山隨錄』卷1.

2) 침산枕山과 의지적 공간의 확보

〈산에 올라 경치를 즐기다〉

석양 아래 말을 치다 산언덕에 앉으니
물물마다 봄빛으로, 눈 가득 다가오네.
사물을 좇아 시를 지으면 또 뜻을 잃나니
차라리 흥취 머금고 그저 배회하리라.[4]

斜陽牧馬坐山臺　物物春光滿目來
逐物題詩還喪志　莫如含趣但徘徊

이 시는 사실 주희의 '완물상지玩物喪志'에 대한 경계를 염두에 두고 지어진 것으로 보인다. 주희는 여동래呂東萊와 같이 무이산武夷山에 들어가 사물을 보고 시를 지으려다가 혹여 자신의 뜻을 잃을까 염려했었다. 제3구의 '축물제시환상지逐物題詩還喪志'는 바로 이것을 말하고 있다. 그래서 작자가 취한 전략은 '함취含趣'와 '배회徘徊'였다. 시인은 산에 올라 석양을 맞이했는데, 마침 봄날이라 물물마다 헌사롭게 봄빛을 발하고 있어서 아주 눈부실 정도였다. 흔히 산의 풍경을 담으려는 사람은 저녁 산을 오른다고 한다. 시인은 애써 저녁 산을 찾은 것은 아니었지만 '사양斜陽' 덕분에 산의 풍경을 한껏 만끽할 수 있었다. 이 순간 저도 모르게 완물상지할 듯한 걱정에 배회할 뿐이라고 했다.

시제는 '등산완경登山玩景'이다. '완경玩景'이라 했으니 시인의 속내엔 다소 완물의 마음도 있었으리라. 제1, 2구의 화사한 춘경을 눈 안에 담아내고 사물을 뒤좇던 시선이, 제3구의 자각을 통해 제4구에선 절제

---

4 李洙仁, 『枕山隨錄』 卷1.

된 '함취含趣'와 '배회徘徊'로 갈무리된다. 침산에게 산은 경계의 공간인 셈이다. 즉 완경玩景처럼 밖으로 향하려는 마음과 그것을 다시 안으로 갈무리하려는 절제, 이들 사이의 긴장관계가 여실하다. '막여莫如'라고 했으니 최상급의 비교이다. 즉 작자의 강한 의지가 드러난다. 치심馳心과 수심收心의 경계에서 시적 주체의 의지가 강하게 발현되며 수심收心, 제심制心으로 귀결되었다. 짧은 시 안에 작자의 갈등과 내면의 의지를 담아놓은 셈이다. 어쩌면 그에게 '산'은 주체적 의지를 확보하는 계기적 공간이었지 않았을까? 다음 시를 보도록 하자.

〈응봉鷹峰에 올라 읊다〉

가을 산의 기운이 가볍게 떠 있나니
그래서 문文은 반드시 맑아야지라고 하네.
버들 빛은 부질없이 노란 꾀꼬리의 자취를 남기고
강물 소리는 그래도 하얀 갈매기의 마음을 돕누나.
뚫린 하늘에 그래도 동방의 해는 떠올라 있거니와
너른 들판에 어찌 북극의 별을 끼고 있지 않으리오.
개인 뒤 산에 오르는 건 참으로 좋은 일이라
환히 트인 마음의 경계가 시름을 깨친다오.[5]

秋山光氣泛如輕　所以言文必曰淸
柳色空餘黃鳥跡　川聲猶助白鷗情
漏天尙有昇東日　大野那無拱北星
霽後高登誠勝事　曠然心界破愁城

'응봉鷹峰'은 지금의 성주星州 금수면金水面 후평리厚平里 뒷산을 말한다. 제1구와 제2구 사이에 논리의 비약이 숨어있다. 가을 산의 풍

---

5 李洙仁, 『枕山隨錄』 卷1.

경들, 무언가 홀가분하게 떠 있는 듯한 분위기와 글을 말할 때 어김없이 '청淸'이라고 하는 것 사이에는 논리적으로 곧장 연결되지 않는다. 풍경과 맑은 문장(청문淸文)이라니! 이는 제7, 8구를 가야 고개를 주억거리게 한다. 즉 비가 갠 뒤의 등산은 맑은 분위기를 한껏 누릴 수 있다. 그 덕분에 심계心界는 시름을 걷고 환하게 트이는 맛을 경험하게 된다. 미련을 보고 난 뒤 수련을 보면, '추산秋山'은 비가 갠 뒤의 맑은 산이었고 그 산을 보는 순간 마음이 활달豁達하게 트여서 시를 짓거나 글을 쓸 때면 당연스레 청신淸新한 격조를 지닐 수밖에 없다는 것이다. 제2구에서 '문필왈청文必曰淸'이라고 했지만 무조건 청淸을 요구한 것은 아니었다. 바로 이런 풍경과 심계心界 속에서 문文을 청하는 것이 제격임을 말하고 있는 것이다.

제3~6구는 '추산광기秋山光氣'를 표현하고 있다. 제3, 4구는 '류색柳色'과 '천성川聲', '공여空餘'와 '유조猶助', '황조黃鳥'와 '백구白鷗', '적跡'과 '정情'으로 짝을 이루면서 7언이 모두 대對를 이루고 있다. 율시의 3, 4구 대격對格 원칙을 충실히 따르고 있는 셈이다. 완정完整한 대구는 선명한 대조를 통해서 풍경의 묘사를 극대화한다. 시각적으로나 청각적으로 빛깔로든 외면적 적跡이나 내면적 정情으로든! 게다가 제5, 6구 사이에도 대를 맞추어놓았다. '천天'과 '야野', '유有'와 '무無', '동東'과 '북北'. '누천漏天'은 비를 뜻하니, '대야大野'와 대를 이루면서 수직과 수평의 구조까지 갖추게 되었다. 그래서 제3, 4구의 근경의 추기秋氣는 제5, 6구에서 종적 횡적으로 공간이 극대화되며, 나아가 해가 뜨는 낮과 별이 뜨는 밤이란 시간의 진폭까지 아우르게 되었다. 비가 갠 뒤의 상쾌함을 천지의 공간까지 확장해 놓았던 것이다. 게다가 이 함련, 경련에서 자아내는 풍격은 바로 제2구의 '청淸'으로 요약될 수 있으니, 이 시는 이개칠합二開七閤의 전형적인 모습을 갖추었다고 할 수 있다.

그런데 이 시에서 더욱 주목할 것은 '응봉鷹峰'이란 공간이다. 그리 높지 않은 산이지만, 그 산에서 작자는 '심계心界'의 '광연曠然'을 확보한다. 바로 이 지점이 중요하다. 단순히 비가 오는 날의 우울함을 떨쳐내는 것이 아니라 무언가 알 수 없는 '수성愁城'을 깨뜨리고야 말며, 그것은 응봉에 올라서 가능했다. 침산의 시에서 비는 다소 불안하거나 제약制約된 환경, 칙칙했던 분위기, 음울한 풍경으로 그려진 경우가 많다. 〈비를 근심하다(민우憫雨)〉[6]가 그러하고, 〈넘치는 물을 구경하다(완창玩漲)〉[7]가 그러하다. 그러니 '제후霽後'는 작자에게 참으로 기쁜 상황으로 다가올 뿐이다. 작자에게 산은 이전과 다른 세상의 풍경을 바라보고 자기 내면의 음울陰鬱을 내칠 수 있는 계기를 제공한다. 그는 이 마음을 〈암자 뒤에 제일 높은 봉우리에 올라가다〉에서도 드러내었다.

> 발로 직접 높은 산을 다 가니 눈 더욱 새로울시고
> 산이 오고 물은 가며 저마다 천진일레라.
> 사람이 세속을 넘기가 이와 같을 수 있다면
> 어떤 것이 요망하게 스며와 감히 이웃이 되리오.[8]
> 足踏窮高眼更新　山來水去各天眞
> 人能超俗能如此　何物妖侵敢作隣

6 李洙仁, 〈憫雨〉, 『枕山隨錄』 卷1, "謾雨支離跨月彌 滲雲蒙霧日愆曦 山溪日漲江聲壯 晝戶沉冥夜色愁 廚下炊娥相怨濕 堤頭農叟競呼危 頑陰久使民情病 每對蒼天欲質疑"

7 李洙仁, 〈玩漲〉, "雨餘溪間萬千波 大受江心不讓多 前期直在滄溟到 何患狂風吹作斜"

8 李洙仁, 『枕山隨錄』 卷1.

이 시에서 주목되는 구절은 제1, 2구이다. 직접 산에 올라서 높은 곳에 올라 보니 '안갱신眼更新'하다고 했다. 바로 이 지점이 작자가 산을 마주하는 부분이다. 산에 오르는 것은 자신의 시야를 드넓게 가져가는 것이고, 나아가 시각을 새롭게 확보할 수 있기 위해서이다. 그것이 꼭 의식적으로 진행되는 것은 아니다. 하지만 이 시의 경우 '족답궁고足踏窮高'라고 했으니, 작자의 주체적 의지가 담겨 있다고 보인다.

'갱신한 안眼'으로 파악된 내용은 무엇일까? 일단 시 안에서는 제2구에서 보듯, 산수가 자연스레 흘러갔다가 찾아오는 풍경이다. 각각 천진을 간직하면서 '래거來去'하고 있음을 확인하고 있다. 제3, 4구에 오면 분위기는 다소 달라진다. 작자의 고민이 노출되는데, '초속超俗'하지 못해 어떤 자극에 의해서 심란해하는 듯이 보인다. 제1, 2구의 편안한 분위기가 제3, 4구에서는 여의치 않다는 점을 고백하고 있기 때문이다. 제4구의 반어는 현재가 부조화함을 강하게 노출시키고 있다.

그렇다면 작자에게 산은 자신의 주체적 의지를 확보하고 '하물요침何物妖侵'할 수 없도록 할 수 있는, 그리하여 '초속超俗'이라고 이름 붙인 그런 방식의 삶의 초월을 꾀할 수 있는 공간이 된다. 사실 작자가 구체적으로 어떤 내용을 고민하면서 산에 올랐는지는 알 수 없다. 이 시는 침산이 젊어서 공부할 때 지은 시로서 세상과 아직 만나지는 않았지만, 점차 어두워지는 국운을 감지했던 것은 아닐까 하는 생각이 든다. 그러나 확실하진 않다.

침산은 가끔은 산에서 동지를 만나서 기쁘게 같이 도심을 배우기도 하고,[9] 그리운 이를 보기 위해 산을 오르기도 한다.[10] 사실 이런 행위는

---

9 李洙仁, 〈사치동에 우거할 때 이공백(師魯) 어른과 이화백 등 친구들과 유람하다〉, 『枕山隨錄』 卷1, 第2首 "我本居城市 入山渾忘歸 非云爲客好 堪愛與朋友 乘醉回舟晩 處閒談世稀 知時草木發 識得道心微"

산을 오르는 이들 누구나 할 수 있다고 생각된다. 그러나 침산에게 산은 좀 다른 의미가 있는 듯하다. 그의 호도 침산이 아니던가? 사실 그는 자신의 병통으로 산을 좋아한다고 했었다.[11] 언젠가 침산은 항산자恒山子 김관우金觀于를 위하여 〈항산서恒山序〉를 지어준 바 있다.

> "산이 사람에게 덕이 됨은 진실로 크다, 항恒하지 않을 수 있겠는가? 그러나 항恒은 일정하라는 뜻의 이름은 아니다. 사시는 변화가 있기에 오랠 수 있다. 일월은 밤낮이 있기에 오래 비출 수 있다. 성인의 도는 때를 따르기에 천지와 더불어 그 자람(장長)을 같이 한다. 천하의 이치 가운데 이제껏 하나에만 구애된 채 오래고 자랄 수 있는 경우는 없었다. 마땅히 때에 따라 장소에 따라 각자 항의 절도를 행하여야 옳은 것이다. 그래서 앞서 이미 진술해 알려두었으니 니의 관우는 유념하소서. 공자가 말하기를, '항을 지닌 사람을 볼 수 있으면 좋겠다.'고 했는데, 나는 오늘 항산자를 보았다. 나도 또한 나의 산을 항상 베고 있는 것이 좋으리라."[12]

이 글은 김관우의 자호에 붙여준 서문이지만 산에 대한 침산의 생

---

10 李洙仁, 〈포염에서 느낌이 있어 뒷산에 오르다〉, 『枕山隨錄』 卷1, "邊山孤客久淹留 悵望時時獨上樓 萬落雲煙頻惹目 千里山水摠關愁 遙憐棣萼書來闊 多曠萱顔歲去悠 擾海茫茫人不見 未知何處是神州"

11 李洙仁, 〈족인 舜欽, 李聖春(得一)과 같이 산을 오르려고 초청했으나 가지 못하고 시에 차운한다〉, 『枕山隨錄』 卷1, "膏肓素癖謾娛山 春到年年未頓閒 溪柳方迎豪士氣 巖花遙憶故人顔 詩魂屢去江雲外 樽酒今開渭樹間 却恨樊籠幽縶跡 任君徒自弄吟還"

12 李洙仁, 〈恒山序〉, 『枕山隨錄』 卷4, "山之於人爲德誠大矣 可不恒乎 然恒非一定之名也 四時有變化 故能成久 日月有晝夜 故能久照 聖人之道有隨時 故與天地同其長 天下之理未有局於一而能久長者 當隨時隨處 各自有爲恒之節度 故乃可 故前頭已有陳告 吾于幷念 □子曰得見有恒者斯可矣 吾今見恒山子矣 吾亦恒枕乎吾之山可耶"

각을 엿볼 수 있다. 앞서 시에서 살펴본 것과 달리 제법 논리적으로 산이 지닌 미덕을 제시하고 있다. 산에 '항恒'을 더하였으니, 실은 이 산은 일반의 산이 아니라 '항'의 덕을 지닌 산이다. 또한 김관우의 덕을 두고 말한 것이기도 하니, 침산이 희망하는 산의 미덕만으로 해석할 수도 없다. 그렇지만 서문의 말미에, "오역항침호오지산가야吾亦恒枕乎吾之山可耶"라 하고 하여 자신도 자신의 산에서 '항침恒枕'하겠노라는 의지를 보였으니 꼭 무관하다고도 할 수 없다. 중요한 핵심은 수시수처隨時隨處에 따라 각자 항의 절도를 실행하는 것이다. 그에게 항은 하나로 일정하게 하는 것을 뜻하지 않는다. 바로 시간과 장소에 따라 변화에 부응하며 자기 주체를 지키는 것을 의미한다.

신안의 서쪽 10리쯤에 북쪽 이천의 남쪽에 가파르게 빼어난 산이 하나 있다. 왕산旺山이다. 그 가운데 일맥이 남쪽으로 향해 안산처럼 누워있는데 마치 서첨書籤과 같아서 첨산籤山이라고 하며, 그 골짝은 서치鋤蚩라고 하고, 그 별서는 황삼荒芟이라고 하며, 그 높은 산은 응봉鷹峰이라고 부른다. 이 첨籤을 의지하여 마을을 이루어서 마을 이름을 첨籤이라고 했는데, 혹 소리가 비슷해서 서침書枕으로 부르기도 했다. 이수인은 이 마을의 위쪽에 있으면서 조석으로 산을 베개로 베고 있는 것과 같고, 방 안에 천여 권의 책이 있어서 자신의 방을 '침산서실枕山書室'이라고 한다고 했다. 이곳의 주련에 주희의 말로 어첩을 붙이고 자신의 말을 덧붙였는데 다음과 같았다.

> "오직 하늘과 리理는 대현의 심결이라. 인속人俗에서 구하지 않고 백대와 같이 하리. 나 오늘 어이 와서, 이 서실에 있고 남은 날은 얼마런가. 이에 이 뜻을 잃지 말지라"[13]

---

13 李洙仁, 〈枕山書室記〉, 『枕山隨錄』 卷5, "惟天與理 大賢心訣 不求人俗 百世

비록 부분만 절록했지만, 침산은 '자신의 산'에 누워서 천리天理와 같이하고픈 마음을 잃지 않겠노라고 다짐하고 있다. 산에 올라 바라본 것은 자연의 풍경이요 산하의 아름다움이었지만, 침산이 궁극적으로 추구했던 것은 자신의 삶에 대한 태도와 의지를 굳건하게 가져가려는 공간의 확보가 아니었을까.

3) 입심立心과 제행制行, 학문적 지향과 실천

〈새벽 달빛에 거닐며〉

교교한 하늘 끝 달빛이라
환히 만 리 구름을 통하누나.
우러러 볼 손 한 점 티끌 없으니
차심此心이 어두운 것 경계할 만하여라.
맑은 가을이라 하늘은 더욱 멀고
차가운 밤이라 달은 더욱 환할시고.
홀로 걷는 건 무슨 일이 있어선가
환하게 본정本情을 징험함이라네.[14]

皎皎天涯月　昭通萬里雲
仰看無點累　可警此心昏
秋晴天更遠　夜冷月尤明
獨步有何事　朗然驗本情

이 시로 이야기를 시작하도록 한다. 이 시는 전반적으로 환한 빛으

與質 我今焉來 在玆書室 餘日幾何 及此勿失此其志也" ○李洙仁, 〈書室銘〉, 『枕山隨錄』卷5, "惟天與理 大賢心訣 不求人俗 百世以質 我最其義 揭玆書室 是鑑是師 以付餘日."

14 李洙仁, 『枕山隨錄』 卷1.

로 빛나고 있다. 제1, 2구부터 심상치 않다. '교교皎皎'·'소통昭通'이 그러하다. 다소 또렷하진 않지만 이개칠합二開七闔의 구조를 지닌 것으로 이해된다. 즉 제2구의 '소통昭通'의 구체적 내용이 제3~6구에 찬찬히 제시되고 있는바, 제2구의 '무점루無點累', 제4구의 '추청秋晴', 제5구의 '월우명月尤明' 등이 그것이다. 제4구는 '가경可警'이라고 하여서, '혼昏'을 일깨워 밝게 만들 수 있음을 반어적으로 보여주고 있다. 시제에 새벽이라고 했으니, 작자는 밤을 새웠을 가능성이 있다. 여하간 흔히 잔몽殘夢 속에서 헤매고 있을 시인이 새벽 달빛 아래 거닐고 있으니, 심상한 일은 아니리라. 무엇인지는 분명하지 않은데, 시인은 마지막 제7, 8구에서 이유를 드러내었다. 즉 '험본정驗本情'이라고 했다. 자신의 '본정本情'이 무엇을 향하고 있는지, 어떤 내용을 갖고 있는지를 확인하고 싶어서 새벽 달빛 아래 독보하고 있었던 것이다.

침산의 시는 자신의 마음을 찾아가는 경향의 시들이 자주 등장한다. 끊임없이 자신을 확인하고 그로부터 새로운 단계로 나가고 싶었던 듯하다. 점차 나라가 일제의 압박 아래로 놓이는 시대에 '젊은 식자識者'는 무엇을 추구해야 할 것인가? 그에겐 늘 고민이었던 듯하다. 이곳의 '본정本情'을 성리학적 심성론과 직결시킬 수 있을지는 확언할 수 없다. 허나 그가 이즈음 간단없이 자신을 벼리고 있었음은 확인된다. 비슷한 시기에 지은 시에 〈김성백金成伯 이농耳聾의 조소嘲笑에 변명하다〉가 있다.

> 밖으로 귀먹는 것은 실제 귀먹은 게 아니요
> 안으로 깜깜한 것이 진짜 귀먹은 것이네.
> 시서詩書에 귀먹어서는 안 되나니
> 오직 세리勢利를 좇는 데에 귀 닫으시라.[15]

外聾非實聾　內暗是眞聾
莫向詩書聾　惟從勢利聾

앞서 '기奇'자를 운자로 활용하여 희작했던 시와 비슷한 느낌이다. 아직 검토는 온전히 진행하지는 못했지만, 침산의 작시는 그리 무겁지만은 않은 표현을 활용하여 진중한 의미를 담아내는 경향이 있다. 희학적 한시는 냉소적 분위기로 흐르기 쉬운데 그의 한시는 적절한 무게감을 유지하며 내용상 반어적으로 갈무리하는 표현법을 쓰고 있기 때문이다.

이 시도 '농聾'자를 운자로 하여 약간 장난치듯이 써 내려갔지만 내용인즉슨 그렇게 유머러스하진 않다. '농聾'을 '외농外聾'과 '내암內暗'으로 나누고, '내암內暗'이 진짜 '농聾'임을 말하고 있다. 아울러 식자로서 시서詩書 읽기를 게을리해서는 안 되며, 세상의 세리勢利에 대해서는 귀를 닫고 마치 귀먹은 듯이 지내라고 한다. 제1, 2구에서 '농聾'은 부득이한 장애를 뜻하였지만, 제3, 4구에서는 주체의 의지가 작동하는 바, 해서 '농聾'은 귀를 닫는다는 뜻으로 해석된다. 밖으로 향하지 않고 안으로 자신의 마음이 어디를 향하고 있는지를 끊임없이 확인하고 있는 것이다. 다음은 이 시보다 이른 시기의 작품이다. 대계大溪에게서 수학할 때, 같이 배우던 사람들과 주고받았던 시다.

〈거창에 가서 대계헌 선생 및 독서인들과 함께 읊고 보이며 경계하다〉
장부로 이 세상에 태어나서
어찌 제일인이 되기를 마다하리오.
마음을 세워서 모름지기 나를 이길 것이요

15 李洙仁,『枕山隨錄』卷1.

행실을 단속해 정녕 어짊을 기약해야지.
책을 읽는 것은 의리를 찾고
일을 만나면 정신을 쏟을지라.
벗과 사귀며 공경을 시들게 하지 말지니
마음을 소홀함이 바로 친압親狎의 원인이네.[16]

丈夫生斯世　寧辭第一人
立心須克己　制行當期仁
讀書要義理　遇事着精神
交友莫衰敬　疏情自狎因

처음부터 '장부丈夫'니 '제일인第一人'이니 하여 남아로서 추구할 실존적 위상을 제시하고 있다. '제일인'은 어떤 사람을 가리키는가? 각각 맥락에 따라서 다르게 내용을 담아낼 수 있다. 침산은 시의 제3~8구 안에 강령 다섯 가지와 주의할 점 한 가지를 담아놓았다. 보기에 따라서는 다르게 읽을 수도 있지만, 여하간 이 시는 일반적인 한시의 작법에서 살짝 비껴 나 있다. 그래서 더욱 주의 깊게 살펴볼 필요가 있다.

침산이 제시하는 제일인의 조건은 다음과 같다. 첫째 '입신立心', 마음을 바로잡는 것으로 극기를 요구한다. 둘째 '제행制行', 행실의 궁극적 목표는 인仁이다. 인을 이루기를 기약하고 있다. 셋째 '독서讀書', 책을 읽을 때는 의리를 파악할 것을 요체로 해야 한다. 넷째 '우사遇事', 일의 처리로서 정신을 다하여 집중하고 최선을 다한다. 다섯째 '교우交友', 서로 공경하는 자세가 시들어서는 안 된다. 특히 벗 사이는 공경하는 마음이 사라지면 경시하게 된다. 끝으로 '소정疏情'은 주의사항이다. 제7구와 연동하여 읽을 경우, '교우交友'에 한정하여 읽을

16 李洙仁, 『枕山隨錄』 卷1.

수도 있겠다. 그러면 의미가 다소 축소되는 듯 하여 별도로 읽어보려고 한다. '소정疏情'은 한가로운 정 혹은 세상 물정에 어두운 것으로도 해석되지만, 여기서는 사람들의 감정을 소홀하게 여기는 것으로 해석된다. 이것이 오히려 친압의 원인이라는 점은 다소 의외이다.

이들은 모두 자신의 마음가짐을 어떻게 가져갈 것인지를 제시해준다. 침산이 구체적으로 학문을 어떻게 했는지는 사실 이 또한 별도의 논구가 필요할 정도다. 비록 동일한 시기에 이뤄지진 않았지만, 잡저雜著(『침산수록』 권8)에 나오는 〈삼관수록三官隨錄을 읽고 의심이 생겨서 사사로이 기록하다〉(1937) 〈회사檜社의 목종木鍾〉(1902) 등은 성리학의 주요한 테마들에 대한 학술적 적요摘要이다. 이런 논의를 끌고 오지 않더라도 침산의 학문적 지향이 유학적 실천에 서 있음을 어렵지 않게 짐작할 수 있다. 앞서 평이한 곳에서부터 기奇를 추구할 것을 요청했던 것도 바로 이런 침산의 생각에서 비롯한다.

3. 근현대 지식인과 학계

침산의 시를 검토하면서 그의 삶에 비추어 볼 때, 대계大溪 이승희李承熙와의 추억을 담은 작품을 살펴보는 것은 아주 중요하다. 침산은 대계를 만남으로써 학문의 세계에 들어섰고, 훗날 블라디보스톡으로 같이 건너가서 이상설李相卨, 유인석柳麟錫 등과 교류하며 독립운동의 대열에 참가했기 때문이다. 그럼에도 이 글에서는 대계와의 이야기는 별항으로 다루지 않았다. 이는 별도의 논고가 필요하기 때문이다. 특히 『대계선생고경록大溪先生高景錄』(『침산수록』 권6)의 경우 스승 대계에 대한 추억을 에피소드로 담고 있는바 영남지성사를 연구하는 데에도 흥미로운 자료라고 할 수 있다. 앞서도 말했듯 침산은 거대한 산이며 그 산을 넘으려면 대계라는 산맥과도 만나야 한다. 아울러 일제하 독립운동이란 역사와도 만나야 한다. 또한 침산의 삶의 좌우에서 만났던 수많은 지식인들과도 접속해야 한다. 지금 필자의 능력으론 그 산을 넘을 수 있는 능력도 없고 용기도 없다.

그렇지만 앞서 논의하는 과정에서 한 가지 확인할 수 있었던 것은 침산의 시세계가 음풍농월의 한가한 여기餘技가 아니었다는 것이다. 이 부분은 대단히 중요하다. 한시는 전통학문의 일정한 학습 과정을 거쳐서 체화한 사람이라야 자연스럽게 창작될 수 있다. 현대인들의 한시창작이 어려운 이유가 바로 여기에 있다. 삶의 환경이 바뀐 상황에서 옛 글자에 옛 전고를 활용했다고 한시가 되진 않는다. 흉내를 낼 뿐이다.

침산은 1962년에 삶을 마감했으니 현대의 지식인이라고 할 수 있다. 비록 전통학문의 학습체계를 익혔지만 그의 생활은 '현대적'이었다. 아무리 내려 잡아도 그를 근현대인이라고 규정할 때, 과연 이즈음 한시는 어느 수준이라고 평가할 수 있을까? 잠시 일별한 바에 의하면 침산의 한시창작은 나름의 격조와 작가의식이 일관되게 흐르고 있었다. 그러나 후대로 올수록 점차 의례적인 작품이 많아지는 것은 한문학이 일상에서 가뭇없어지는 것과 관계되는 부득이한 일로 생각된다.

> "시는 사람의 성정이다. 그 시를 외우면 그 사람을 안다. 그래서 방군邦君은 백성의 노래를 채집하여 풍화를 징험했고 영관伶官은 사람의 소리를 듣고 마음 씀씀이를 알았다. 시는 사람에게 진영眞影과 같다."[17]

---

17 李洙仁, 〈漢南詩序〉 『枕山隨錄』 卷4, "詩人之性情也 誦其詩則知其人 故邦君采民謠而驗風化 伶官聞人音而知心術 詩之於人猶影眞也."

이는 침산이 〈한남시서漢南詩序〉(1914)에서 시란 무엇인지를 제시한 부분이다. '인지성정人之性情' '영진影眞' 등의 비유를 통하여 시는 사람의 속마음과 관련이 있으며, 그대로 사진처럼 찍어내는 것임을 밝혔다. 침산의 시에 보이는 풍모들은 그의 속마음과 초상화로 보는 것이 온당할 것이다. 본고가 검토한 바에 의하면, 침산은 독서를 통하여 식자인으로서의 자질을 마련하고 산을 배우며 강한 주체적 의지를 확보하고자 했으며, 입심을 통해 학문적 지향을 설정하려고 했음을 확인할 수 있었다. 차후 이글에서 확인한 침산의 시적 정감의 맥박을 좇아 (침산이라는) 산자락을 굽이굽이 찾아가 그 속에서 푹 젖어보기를 희망해본다.

제10장

침산枕山 이수인李洙仁의 인간담론과 인물 표현

1. 인간담론

이 글은 본래 침산枕山 이수인李洙仁의 학적 지향과 인간에 대한 태도를 점검하기 위하여 준비되었다. 논제를 따른다면 침산의 학적 지향을 앞서 서술하고, 그와 연계되는 인간에 대한 태도를 제시하는 것이 마땅할 것이다. 그러나 논제와 관련하여 침산의 글을 재독하면서 생각의 축을 바꾸게 되었다. 그의 학적 경험은 대개 10세에 대계大溪 이승희李承熙의 문하에서 수학을 시작하여, 29세에 대계를 좇아 블라디보스톡으로 건너가 독립운동에 투신하면서 중단된다. 즉 학문의 세계에서 실제 행위를 하는 실천의 세계로 들어선 것이다. 이후 5년 뒤 대계가 세상을 떠나고, 그 또한 40세에 파리장서에 연명하였다고 하여 대구 감옥에 수감되었다가 나와서는 두문杜門하고 개인의 세계로 침잠하였던 것으로 알려져 있다. 대계의 죽음과 동시에 전수傳受에 의한 학문은 멈추고, 이후 스스로 세상과 접하면서 낙수화落穗化된 학문적 축적만 가진 채 살아갔던 것으로 짐작된다.

그의 경학담론을 일별하면, 대체로 서書를 통해 자신의 경학담론을 진행하고 있는바, 별지別紙를 붙여서 질문하거나 혹은 〈우又〉로 편지를 써서 재차 혹자의 질문에 대답을 하기도 하는 등 대단히 활발하게 자신의 의난疑難을 해결하고자 애쓰고 있다. 편지의 전후맥락을 명확하게 파악하기 어려워 단편적인 이해에 그치는 것이 아쉽기는 하지만 그래도 그가 관심을 보이는 주제는 비교적 일관된 흐름이 어렴풋하나마 포착되는 듯하다. 사서四書 속의 주요한 논쟁점들, 이를테면 성性과 정情, 리理와 기氣, 인심人心과 도심道心 등등에 대해 묻고 답하면서 자신의 경학적 견해를 다듬어가고 있었던 것이다. 이를 보면 그의 학적 지향은 성리학의 근저에서 노닐고 있었다고 확인된다. 그렇다면 주로 젊은 시절에 이뤄진 논전論戰을 통해 이뤄진 학적 지향은 그의 삶 전체를 관통하고 있었을까? 관통하고 있다면 그 질적 수준은 어느 정도일 것으로 평가할 수 있을까? 사실 지금으로선 또렷한 결론을 제시하기 어려운 실정이다. 그의 경학담론은 의외로 비교적 풍부한 편이지만 경학에 대한 체계적 논의를 개진한 적은 눈에 띄지 않기 때문이다. 이른바 논변류論辨類는 드물며 예리하게 경학주제를 천착한 글도 보이지 않는다. 그렇지만 문답을 통한 사유의 편린들은 흡사 잘게 나뉜 퍼즐처럼 하나씩 꿰어맞추어 주기를 기다리고 있다고 할 수 있다. 이를 위해서는 별고別稿가 필요하다고 하겠다.

또 하나의 문제가 있다. 그의 경학담론이 곧바로 그의 작품세계를 해명할 수 있는 근거가 될 수 있을 것인가? 이는 경학담론을 추출하여 그 의미를 살펴보는 작업과는 별도의 작업이다. 사실 본고의 최초 주제는 경학담론의 추출과 의미부여, 작품세계에 흐르는 인간에 대한 태도 점검이란 두 가지 별개의 사안을 같이 엮어놓았던 셈이다. 또한 후자의 테마도 침산의 작품에 과연 인간관이 뚜렷하게 포착되는가,

특별히 인간이란 무엇인지에 대하여 규명해놓은 글이 있는가 묻는다면 여전히 물음표라고 대답할 수밖에 없는 형편이다. 의론적으로 인간에 대한 태도를 밝힌 적이 없기 때문이다. 결국 작품을 찬찬히 들여다보는 가운데 그의 인간에 대한 태도를 돋우어내는 방법을 취할 수밖에 없는 노릇이다.

그 덕분에 본고는 다음과 같이 진행하고자 한다. 우선 침산이 다양한 문학장르 속에서 보여준 인간에 대한 생각을 이른바 '인간담론'으로 잠칭暫稱하기로 한다. 학술용어로 정해진 것은 아니지만, 인간(사람)에 대한 관점을 보여주는 논의를 모아서 본격 논의하기 위해서이다. 우선 침산이 마음으로 따랐던 대계와의 기억을 좇아가는 것으로 시작하여 인물전의 입전立傳태도, 제문祭文 혹은 만시挽詩 등을 통해서 주목한 인간에 대한 국면들을 살펴보기로 한다. 이를 통해 확인된 인간에 대한 견해는 침산이 불의한 세상, 특히 외세에 의해 억압된 조국의 광복을 위해 투신하게 된 근거 가운데 하나가 되었을 것으로 생각한다. 아울러 이는 그의 학문적 수련 과정에서 터득한 경학관(즉 이것은 세계를 이해하는 태도일 것이기에)과 관련되었을 것으로 생각한다. 우리는 이 가운데 첫 번째 문제에 집중해서 살펴보도록 한다.

논의에 앞서 침산이 블라디보스톡으로 건너가 지내던 30대 초반에 목우인木偶人을 보고 지은 작품을 들어본다. 목우인임에도 그 안에 들어있는 심성을 읽어내고 있다는 점에서 주목을 끈다.

> 그 몸 홀로 서고 또 어질기만 하니
> 긴 허리는 굽히지 않아 완악할 듯하네.
> 사람을 맞이하느라 염량을 다 겪었고
> 세월을 겪어 형상은 모두 파리하네.

항상 대도를 견지하고 조용함을 지키며
매양 행인들에게 백서를 가져가라 하네.
평생에 원유의 물건이 되지 않고
오직 하늘과 땅이 나의 집임을 믿는구나[1]
特立其身又廣居　長腰不屈似頑疏
炎凉備喫將迎裡　形骨全瘦閱歷餘
恒持大道守玄默　每戒行人帶白書
平生不作園囿物　只信乾坤做我廬

제1구의 '특립特立'·'광거廣居', 제2구의 '장요불굴長腰不屈'은 목우인의 외형을 일차적으로 스케치해준다. 그는 남들과 어울리지 않은 채 홀로 우뚝하게, 넓은 집으로 표상되는 인자仁者의 얼굴을 하고, 완악할 듯이 보일 정도로 뺏뺏하게 곧추 서 있다. 제3구는 세파에 시달려온 모습을 표현하고 있다. 염량세태 속에서 모든 것을 경험하고 오랜 세월을 살아오느라 몰골은 삐쩍 여위었다.

제5구에서 전환이 일어난다. 제5구와 제6구의 '항恒'과 '매每'는 짝을 이루면서 변치 않는 심성을 가진 존재임을 부각시키고 있다. 사실 목우인에게 무슨 대도大道가 있으며 현묵玄默을 고수하는 자세가 있겠는가? 그러나 침산은 목우인에게서 대도大道의 견지와 현묵玄默을 지키는 태도를 읽고 있다. 아울러 이런 태도는 혼자만 간직하는 특징으로 남지 않고 자신의 앞을 지나는 행인을 계도하는 실천적 면모까지 가지고 있었다. 죽은 목우인이 살아있는 행인을 일깨우는 생사生死의 반전을 이루는 셈이다. 그래서 미련에서 보듯이 목우인은 원유물園囿物이 되지 않은 채 건곤乾坤을 아려我廬로 삼는 스케일의 〈인간〉

1 李洙仁, 〈木偶人〉, 『枕山隨錄』 卷1.

이 된다. 목우인에게서 삶의 규모를 지닌 단독자로서의 인성人性을 읽어내고 있는 것이다.

생각해보면, 이는 침산이 꿈꾸는 인간일지도 모를 일이다. 아직은 젊은 나이로 독립운동의 포부를 지닌 채 이국의 낯선 땅을 다니고 있는 혈기 있고 의리를 지녔던 침산이었다. 비록 불의한 세상을 만나 제 뜻을 오롯하게 펴지 못하는 상황이요 아주 파리하고 위축된 처지였지만, 자신의 가슴에는 스승으로부터 배운 대도와 이를 지키려는 고궁固窮의 정신이 들어있었다. 특히 제7구의 '원유물園囿物'과 제8구의 '건곤주아려乾坤做我廬'의 대조는 흡사 침산의 포부와, 그것을 이룰 수 없는 안타까운 현실 사이의 극명한 공백을 보여준다. 이 공백은 침산에게 늘 긴장을 주는 계기이기도 했다. 이제 그가 스승인 대계를 어떻게 그려내고 있는지 확인해보도록 한다. 생명이 없는 대상에서 생명을 읽어냈던 그는 죽은 망자에게서 살아있는 역사와 삶의 이유를 들여다보고 있다. 어쩌면 대계는 그에게 또 하나의 목우인이었으리라.

2. 대계大溪를 위한 만시挽詩 : 죽음에서 인간을 읽다

침산은 대계를 위한 만시로 8수를 짓고 있다. 이는 대계의 삶을 차근하게 요약하고 있는바, 제1수는 퇴계退溪의 의발, 제2수는 한주寒洲의 심전心詮, 제3수는 서산西山의 학통, 제4수는 대계大溪와 임천, 제5수는 대계와 고조高鳥, 제6수는 대계와 명정冥程, 제7수는 대계와 고상翶翔, 제8수는 나의 슬픔 등으로 주제를 제시할 수 있다. 만시이니만큼 망자에 대한 안타까움과 생자의 슬픔을 주主된 정조情調로 삼고 있음은 물론이다. 제1수에서 제3수는 퇴계, 한주, 서산의 학통을, 제4

수에서 제7수는 대계의 삶과 이상理想을 향한 여정을, 제8수는 애도하는 침산 자신의 심정을 노래하고 있다. 우리는 이를 통해 침산이 생각하는 인간, 특히 학자로서의 모습과 누군가를 떠나보내는 후학의 슬픔이 사적 관계를 넘어선 지점에서 하나의 인간을 자리매김하고 있음을 짐작할 수 있다. 이제 시들을 차례로 보도록 한다. 이 작품은 대계가 서거한 1916년, 침산의 나이 37세에 지어졌다.

〈제1수〉
하늘이 우리나라에 진정한 학문을 열어주사
군현이 배출되어 관민을 이었네.
퇴계 선생 가신 후에 서로 의발을 전하여
몇 개의 문정을 지나 다시 사람을 기다렸어라.[2]
天啓吾東學有眞　群賢輩出繼關閩
陶翁去後相傳鉢　歷幾門庭更待人

'오동吾東'에 관민지학關閩之學, 즉 주자학이 전해졌고 퇴계가 전해받았지만 그마저 떠난 뒤에 세상에서 의발을 전하며, 그것을 이어받을 누군가를 기다렸다고 했다. 동전東傳한 주자학이 퇴계를 거쳐 정착되면서 전수傳授의 학통을 이루었음을 말하고 있다. 결구의 '경대인更待人'을 통해 제2수에서 등장할 사람에 대한 기대를 자아내고 있다. 이 시는 침산이 추구하는 학문적 지향을 시적으로 제시한 것이기도 하다. 그는 『소학』을 공부하면서 시를 짓거나 같이 공부하던 친우들과 주고받은 내용 가운데도 자신의 학문적 거처가 주자학을 향하고 있음을 누차 언급한 바 있다. 특히 이 시는 대계의 학통이 퇴계로부터

2 李涑仁, 〈韓溪先生挽詞〉, 『枕山隨錄』 卷2.

이어지고 있음을 서시로 밝히고 있다는 점에서 주목된다. '경대인更待人'의 '인人'은 제2수는 한주를, 제3수는 서산을, 제4수는 대계를 거론하지만, 실은 그들을 이어받아 침산 자신이 그 학통을 잇고 있음을 자부하는 마음도 살짝 담아놓았다.

〈제2수〉
한주께서 큰 병몽을 창립하사
정밀하게 심전을 부치고 또한 공을 세웠지.
여러 경서를 분석하여 어둠을 열어주어
당년에 영남에서 하나의 촛불처럼 밝았어라.
洲爺刱立大帲幪　密付心詮又有功
群經部析昏矇启　南服當年一燭紅

제1구의 '대병몽大帲幪'은 한주가 열어보인 학문의 세계를 뜻한다. 한주는 대계의 부친이자 스승이며, 특히 군경群經을 분석하여 무지한 이들에게 의리의 학문을 열어주었다. 특히 제4구에서 보듯이 '남복南服' 즉 영남에서의 사상적 위치를 분명하게 비정하고 있음이 눈길을 끈다. 학통이 '군경群經'에 대한 해석을 통하여 이뤄진다는 점도 확인시켜 주고 있다.

〈제3수〉
정세에 어느 별이 다른 꿈을 보였더뇨
규성의 정령이 내린 것이 분명하도다.
방주에 밝은 달 뜨는 것 좋이 보았더니
서산의 세학이 다시 이름이 높았어라.
丁歲何星異夢呈　奎精知是降分明
好看蚌洲明月出　西山世學更高名

제4구의 '서산西山'은 김흥락金興洛을 가리킨다. 대계는 김흥락의 제자이기도 하다. 제1구의 '정세丁歲'는 서산이 태어난 정해년(1827)을 가리킨다. 이 시는 대계의 학통을 보여준다. 제1구의 '하성何星', 제2구의 '규정奎精', 제3구의 '명월明月'에서와 같이 일련의 천체天體를 통하여 서산의 학문을 뚜렷하게 초점화하고 있다. 제2수의 '대병몽大𠘧幪'과 제3수의 '규정奎精'과 '명월明月'은 제4수의 제1구로 모아져 '성장成章'을 이룬다. 제4수를 보도록 한다.

〈제4수〉
정밀히 다듬은 옥채는 밝게 문채를 이루어
다른 때 독에 간직하기를 기다렸네.
좋은 값을 낼 사람 결국 이르지 않아
하늘이 낸 보배를 임천에 늙게 하였구나.
精硏玉彩煥成章　留待他時蘊櫝藏
善賈無人終不到　謾令天寶老林岡

제1구는 퇴계, 한주, 서산을 거치며 전해진 '관민지학關閩之學', '학유진學有眞'(제1수)이다. 즉 학문의 정수는 새로운 '독櫝'을 준비하기 시작하였고, 그 '독櫝'으로 선택된 이가 바로 대계였다고 말한다. 제3구의 '유대留待'는 제1수의 '경대인更待人'과 호응을 이루면서, 적절한 인간을 기다려온 하늘의 마음을 넌지시 말해준다. 기다림은 참으로 중요하다. 특히 그 대상이 '어떤 인간'이라는 점에서 그러하다. 세상의 모든 이치는 사람을 통하여 구현되며 어떤 인간이 나타나는가에 따라 하늘이 마련한 안배가 실현되는 법이다. 제1수에서 제4수까지 시맥詩脈이 흐르면서 끊임없이 누군가를 기다려왔다는 기대감을 증폭시켜 왔다. 그런 점에서 제4수의 제3구와 제4구가 보여주는 전환은 가슴 아프다. 오랜 시간 기다려왔던 만큼 이 전결轉結이 주는 아쉬움은 허망하기까지 하다. 그래서 제4구의 첫 자로 '만謾'을 두었다. 부질없이, 허망하게, 공연스레 등등 믿기지 않는 결과가 나온 것이다. '천보天寶'는 바로 대계를 가리킨다.

〈제5수〉
산하는 갑자기 옛 모습을 고치고
대의는 이 땅에서 허용되기 어려웠네.
듣자니 동해에 높이 나는 새와 짝하여
천추에 나의 한심한 마음을 먼저 알았다네.
山河忽改舊時顔　大義難容此地間
聞道東溟高鳥伴　千秋先獲我心寒

〈제6수〉
쓸쓸히 나는 기러기 한 마리 어두운 길을 가니
만 리의 가을하늘은 그저 맑기만 하구나.
뉘 알리오, 그 속에 양성이 따름을
강남을 보며 나의 짝이 되어 달라고 우는구나.
蕭蕭一鴈擧冥程　萬里秋天獨帶晴
誰知箇裡隨陽性　爲向江南我侶鳴

제5수와 제6수는 모두 대계를 〈새〉로 표상하고 있다. 제5수에는 '동명고조반東溟高鳥伴'이라고 했고, 제6수에서는 '일안거명정一鴈擧冥程'이라고 했다. 하나는 '고조高鳥'로, 다른 하나는 '일안一鴈'으로 표상되었는데 의미는 약간 차이가 난다. '고조高鳥'는 지금 세상과 다른 세상을 찾아야 하는 그래서 남다른 포부와 이상을 지닌 존재를 뜻하고, '일안一鴈'은 앞이 보이지 않는 어두운 만리길을 떠나야 하는 외로운 존재를 뜻한다. 그렇다고 이들이 나약한 표상으로 떨어지진 않는 듯하다. '고조高鳥'(사실은 고조高鳥와 짝한 존재)는 누구보다 '아심한我心寒'을 조감鳥瞰할 줄 알며, '일안一鴈'은 가을 하늘 속에 '양성陽性'이 조만간 돌아올 것임을 알고 있다. 음陰이 무거워지는 즈음에 양陽이 초생하는 복괘復卦를 연상하게 한다. 대계가 '구시안舊時顔'을 잃어버려서 이젠 대의가 허용되지 않는 '차지此地'를 피하여 이국으로 넘어가게 되었음을, 그러면서 독립의 희망을 버리지 않았음을 표현하고 있다. 침산은 '명정만리冥程萬里' 속에서 '양성陽性'을 읽어내고자 했던 것으로 보인다.

〈제7수〉
탄식할 사, 건곤에 밤은 이미 깊어져
금계가 새벽빛을 알릴 곳이 없구나.
하늘의 상제 참다운 조화를 맡았으니
좋이 쭉정이 쓸고 함께 날아가고저.
歎息乾坤夜已長　金鷄無處報晨光
尊天大宰司眞化　好掃粃糠與翺翔

을사늑약 이후 수년이 지난 1908년, 우리나라는 그저 '건곤야이장乾坤夜已長'일 뿐이었다. 금계金鷄가 울고 싶은 새벽은 오지 않는 때 침산은 거의 막막함을 맞이하고 있었다. 경술국치 이후 8년이 지난 어느 날, 대계는 세상을 떠나고 말았다. 침산은 이국 봉천奉天에서 돌아가신 스승의 치상治喪을 위하여 달려갔고, 그에게 '고상翺翔'하시라고 축원한다. 제5수, 제6수에 보았던 새의 이미지가 일관되고 있음을 볼 수 있다. 살아서 얽매였던 여한을 저승에서 푸시도록 대계의 넋을 〈새〉의 이미지로 표상한 것이리라. 사실 제2구의 '금계金鷄'도 새라는 점에서 침산이 주목하는 새의 의상意象은 주의 깊게 살펴볼 필요가 있을 듯싶다.

〈제8수〉
통곡하나니 인간의 만사는 서러울시고
산과 대들보 무너지니 나는 어디에 의지할까나.
다시 응당 영령은 밝게 위에 계시리니
하토를 혼미한 길로 가지 말게 하소서.
慟哭人間萬事悲　山摧樑折我安依
也應英靈昭在上　其令下土不迷歸

침산은 제8수에 와서야 자신의 감정을 유감없이 터뜨린다. 제1구의 '통곡慟哭', 제2구의 '아안의我安依'가 그것이다. 그러나 그는 스승이자 삶의 푯대였던 이의 죽음을 목도하면서 인간에 대한 자신의 태도를 조금씩 벼려내고 있었던 듯하다. 침산의 시선이 처음 닿은 곳은 대계의 학자로서의 면모였다. 누구의 아들이기 이전에 누구의 학맥을 이었는가를 제시하고 있는 점은 침산이 대계를 바라보는 착목처가 학적 지향과 닿아있음을 암시한다. 즉 사적 영역으로서의 인간보다는 공적 영역에서의 인간으로 읽고 있다. 끝까지 대계에 대하여 '하토下土'를 돌봐 주십사 간청하는 데서, 그가 대계를 잃은 슬픔을 나약한 개인적 정조로 끝내지 않고 있음을 볼 수 있다. 이를 통해 대계는 나의 스승에서 하토의 보호자가 되는 것이다.

대계를 추모하는 시이니만큼 대계를 그리워하고 칭송하고 안스러워하고 기대는 마음이 있음은 물론이다. 다만 의례적인 만시를 8수의 연작시로 그려내면서 개인적 서사를 완성하고 있다는 점은 특기할 만하다. 8수가 각각 의미를 가지면서도 전체가 유기적으로 연계되면서 대계의 인간상을 학자이자 공적 인간으로 만들고 있다. 특히 산만하게 흩어질 수 있는 대계의 이미지는 〈새〉의 다양한 현현顯現으로 구체화하면서 자유와 이상을 향한 여정을 떠나기를 원하는 희망을 담아 놓고 있다. 침산은 죽음을 통해서 생명에의 희망을 읽고 담아 전하고 있는 것이다.

사실 『침산수록枕山隨錄』에 전하는 한시 가운데 만시가 분량상 거의 반을 이룰 정도로 많다. 이는 일제강점기를 전후로 한문을 사용했던 근현대 지식인의 문집에서 항용 확인되는 바이기도 하다. 그런 점에서도 특별히 침산만의 시적 특징으로 간주하기는 쉽지 않을 듯하다. 그렇지만 의례적인 만시를 통해 하나의 서사를 이루어내는 것은 다소 특이한 것만은 사실이다. 추후 그의 시 가운데 만시가 차지하는 몫에 대한 의미를 살필 필요도 있을 것이다. 그러나 이 자리에서는 대계의 죽음에 바쳐진 만시를 통해서 그가 죽음 속에서 인간에 대한 존중과 희망의 관점을 읽고 있다는 것을 확인하는 데서 그치도록 한다.

3. 일제하의 삼강三綱의 제기와 의미

침산은 모두 3편의 인물전을 남기고 있다. 〈효자김용억전孝子金容億傳〉·〈유인박씨전孺人朴氏傳〉·〈의사이경환열부배씨합전義士李慶煥烈婦裵氏合傳〉[3] 등이 그것이다. 김일손金馹孫의 후손인 김용억金容億의 전기를 통하여 부모를 지극정성으로 받든 〈효〉를 드러내었고, 부족한 남편을 돌보고 먼저 간 남편을 대신하여 집안을 일구어낸 〈열〉을 현창했으며, 일제하에서 옥고를 치르다 죽은 남편의 뒤를 따

3 이상 모두 『枕山隨錄』(卷6)에 수록되어 있다.

라 죽은 열부의 〈충〉·〈열〉·〈효〉를 보여주었다. 전기 하나하나가 일화 중심으로 흥미롭게 서술되어 있어서 흡사 드라마 같은 면모를 보여준다는 점에서 특기할 만하다. 이 가운데 이경환과 그의 아내 배씨의 삶과 죽음을 기록하고 있는 의열합전은 시대적 색채가 선명한 글이라는 점에서 입전의식이 남다르다. 이를 간략히 검토하면서 침산이 구현한 인간상과 그 이념을 추론해 본다.

이경환과 그의 아내 배씨는 모두 1902년에 태어나 부부가 되어서 1928년 3일 간격으로 남편이 먼저 세상을 뜨고 다음에 아내가 돌아갔다. 같은 해에 태어나서 같은 해에 돌아갔으니, 참으로 인연이 아닐 수 없다. 침산은 입전의도를 이렇게 말하고 있다.

> "예법으로 헤아려본다면 마땅히 태상의 숭포崇褒가 있어야 하지만, 싫어하는 사람이 압제하는 때를 만났으며 또한 나라에 떳떳한 전례가 없어져 찬양하지 못하고 있다. 그러나 무릇 이성彝性을 지닌 사람이라면 뉘라서 답답한 마음을 갖지 않겠는가? 임천의 장보章甫들이 각각 붓을 잡고 혹은 찬贊을 짓고 혹은 전傳을 지어 야사野史가 되어 있고, 본가에서도 집을 짓고 돌을 세워 정려旌閭의 포창褒彰을 대신하여 명銘을 새긴다. 포창은 비록 국전國典에는 없어도 풍성風聲을 세워 무너지는 세상의 풍속을 가다듬어 천년의 후세에 전하여 구원九原의 영령을 위로하는 것이니, 어찌 아름답지 않겠는가? 향당鄕黨에서 내가 일족의 대열에 있어 그 일을 매우 소상하게 안다 하여 입언할 책임을 돌리거늘 사양하지 못하고 드디어 의열합전을 지었다."[4]

4 李洙仁, 〈義士李慶煥烈婦裵氏合傳〉, 『枕山隨錄』 卷6, "揆以禮法 宜有太常崇褒 而時値嫌人壓禁 今亦國無常典 不能揚闡 然凡有彝性者孰不齎鬱 林下章甫 其各秉管 而或贊或傳 書爲野史 本家亦以閣以石 代旌褒而爲銘 褒則雖無國典 亦可以樹風聲而勵頹世之俗 垂千禩而慰九原之靈也 豈不美哉 鄕黨以余在族列 知其事甚詳 歸言責 不可辭也 遂爲義烈合傳"

〈싫어하는 사람이 압제하는 때를 만났다는 점〉·〈나라에 떳떳한 전례가 없다는 점〉·〈무릇 이성을 지닌 사람은 답답해 한다는 점〉, 이 세 가지가 침산이 입전하게 된 이유였다. 첫째는 일제식민지하라는 시대적 특징을 말하고 있다. 입전했을 당시 침산은 이미 칩거에 들어간 지 거의 10여 년이 되어가고 있었다. 스승도 돌아가셨고 자신도 기미운동과 파리장서사건으로 인한 옥중생활을 경험했으며, 이후로 두문杜門하고 있던 차였다. 그런 점에서 이 글은 그의 시선이 여전히 세상과 소통하고 있었음을 확인시켜준다. 즉 결사結社를 통하거나 해외에서 독립 운동하는 것과는 다르지만 시대의 압제를 거슬러 저항하는 이들에 대하여 따스한 시선을 거두지 않고 있었음을 확인할 수 있는 것이다. 나라의 떳떳한 전례상 이성彛性을 지닌 사람으로서 의사열부義士烈婦에 대한 소회가 없을 수 없었다는 것이다.

> "경환은 성산백星山伯 능일能一의 후손으로 아버지는 상우相雨이며 어머니는 백씨白氏이다. 고종 임인년(1902) 6월 초8일에 성주의 대가면 율포 세장世庄에서 태어나 모상貌相이 단정하고 성품이 침정沈靜하며 말을 적게 하고 재주가 민첩한데, 경사經史를 대략 섭렵하여 조금 일을 살필 즈음에 나라의 종사宗社가 사옥社屋에 앉아 생령이 초췌하게 되는 것을 보고, 마음에 분한 뜻을 품고 일본에 들어갔으니 그때가 신유(1921)년으로 나이가 겨우 20세였다. 경제학에 종사한 지 8년에 일왕이 움직이는 기회를 잡아 금禁함을 무릅쓰고 청사請事를 진술하려 하였으니, 그것을 '직소直訴'라고 이름했다.
>
> 그 큰 뜻인즉슨, '<u>한일 양국이 본래 같은 인종으로 이웃나라에 살면서 마땅히 교의가 친밀하고 국세를 공고히 하여 외양外洋의 업신여김을 막아내며, 총독부를 폐지하고 한국의 국권을 돌려주어 지금과 같은 문명세계에 각각이 자주독립주의를 행하여 국가가 부강한 연후에 문명을 받</u>

> 아들여 대우하고 양국이 각각 스스로 국산장려회國産奬勵會를 조직하고, 국내에 선포하여 백성들로 하여금 스스로 행하게 하며, 스스로 자작자급自作自給하는 주의를 행하여 신선한 생활을 기대하는 것이 옳을 것이니, 하필 나라를 합해 백성을 보호하겠는가?'라고 했다.
>
> (그는 덧붙이기를) 하나는 빼앗으려는 뜻이 있는 것이며, 하나는 속박하려는 뜻이라고 했고, 기타 차항장車航場의 차별대우와 교육계의 학과 등 몇 가지 조목의 말을 썼다가 체포되어 영어囹圄에 갇히고 말았다. 일본 신문사 보도에 '온순하여 말이 없는 여자와 같은 기질을 가진 남자'라고 했으니, 대개 그의 사람됨을 말한 것이었다."[5]

이경찬이 '직소直訴'한 내용은 민족자결주의에 입각하여 대한의 독립을 강조하는 논리였다. 한국과 일본이 각각 자주독립을 이루고, 산업도 자작자급自作自給하는 것을 제기하는 것은 물론이요, 실제 행해지고 있는 차별대우에 대한 논의 등은 이른바 독립지사들의 생각과 맞닿아 있다고 하겠다. 그렇지만 그는 겉으로 보기엔 나약한 여인과 같다고 했으니, 묵묵히 실천하는 사람이었던 것이다. 그 내용이 일본의 신문에 보도될 정도였으니 제법 이름을 날릴 만한 일이었던 셈이다.

---

5 李洙仁, 〈義士李慶煥烈婦裵氏合傳〉, 『枕山隨錄』 卷6, "慶煥星山伯 諱能一之后 父曰相雨 母曰白氏 高宗壬寅六月八日 生于星州大家面栗浦世庄 而相貌端潔 性沉靜 少言語 才調敏妙 畧涉經史 稍省事見 宗社坐屋 生靈被痒 內懷憤志 投入日邦 時則辛酉年才二十也 從事經濟學 居八載 日王動蹕機會 冒禁有陳請事 名曰直疏 其大意則 韓日兩國 自來同人種 居隣國 當交誼親密 國勢鞏固 可御外洋凌侮 總督府廢止 韓國國權還付 居今文明世界 各行自主獨立主義 國家富强 然後 可以受文明待遇 兩國各自國産奬勵會組織 宣布國內 使民人咸行自作自給主義 以期新鮮生活可也 何必合其邦 護其民 一則有攘奪之意 一則有束縛之意 其他車航場待遇差別 教育界學課等有累條言書 入被逮繫圄 日社報紙揭 溫順無口內氣男子 概稱其爲人也"

> "무릇 9개월 동안 굴하지 않으니, 저들은 그를 내보내고 법사法司에게 국령國令을 내려 그의 행동을 살피게 하고 출입을 막았다. 경환이 울분을 머금고 말하기를 '처음 내가 바다를 건널 때 뜻을 이루지 못하면 돌아오지 않겠다고 맹세했는데, 이제 여기에 이른 것은 운명이다'라 하고 틈틈이 슬프게 울었다. 아버지가 생병이 날까 두려워하여 부부를 부산항에 가서 살도록 하였으니, 그것은 울적함을 해소하기 위함이었다. 경환이 명을 받고 석전石田(왜관)의 차점車店에 이르러 아내 배씨에게 말하기를 '내가 볼 일이 있소. 여기서 볼 일을 마치고 즉시 따라 내려갈 것이오, 그대는 먼저 내려가오'라고 하니, 배씨가 그대로 따랐다. 드디어 (그가) 낙동강 연안의 부곡釜谷 나무 아래에 가서 스스로 목숨을 끊으니, 이때가 기사년(1928) 10월 15일이다. 다음 날 그 일이 본가에 알려져 주검으로 돌아왔다."[6]

감옥에 간힌 9개월 동안 일본의 회유에도 굴하지 않았다는 점은 흡사 안중근이 여순旅順 감옥에서 겪었던 일과 비슷하다. 일수日數로는 안중근을 넘어선다. 김택영의 〈안중근전〉에 의하면,[7] 안중근이 훌륭한 점은 이토 히로부미를 저격한 것도 그렇지만, 무엇보다 2백여일의 회유를 이겨낸 것이라고 하였다. 이경찬이 무려 270여 일간의 회유를 이겨낸 것은 그의 나라에 대한 충심이 본정에서 나온 것임을 증명해 준다. 또한 스스로 목숨을 끊었던 것도 절망과 무력감에서였던 것으로, 이 또한 경술국치에 관아 뒤편에 목을 매어 자결했던 홍범식洪範

6 李洙仁, 〈義士李慶煥烈婦裵氏合傳」, 『枕山隨錄』 卷6, "凡九閱月而不屈 被放逐送國 令法司伺其動止 防其出入 慶煥懷鬱怫曰 始吾渡海志不成 誓不返 今至此命也 間有悲泣 父慮其生病 命夫妻同就釜港住 蓋爲其消積也 慶煥承命至石田車站 謂裵氏曰 吾有所觀於此 觀畢當卽追下 其先下 裵氏從之 遂就洛岸釜谷樹下自裁 是己巳十月十五日也 越翌日 事聞本家 以喪歸"

7 金澤榮, 〈安重根傳〉, 『韶濩堂全集』 卷15.

植의 경우와도 흡사하다.[8] 이경찬의 불굴과 죽음의 무게를 짐작할 수 있다.

"배씨는 등암선생藤菴先生 상룡尙龍의 9세손 상규相逵의 따님이다. 어머니가 그녀를 낳았던 것은 경환과 같은 해로서 날은 4월 23일이었다. 법문法門에서 자라나 규범에 유염濡染하였다. 경환과 혼인하였는데 부인의 도리를 다하며, 시부모를 섬김에 예의를 다하였고 집안의 산업을 다스림에 규모가 있어, 가난하여도 슬퍼하지 않으니, 문중에서 모두 그의 어짊을 칭송하였다.

경환의 부음을 듣고 돌아오는 길에 사람을 세내어 남편이 죽은 곳을 찾아가 보고, 집에 도착하여 다만 일곡으로 그치고는 상자를 열어 실을 찾아 수의를 손수 지으며 남의 손을 허락하지 않았다. 빈소를 차린 날 저녁에 어린 여식을 안고 울며 말하기를, '네 아비가 비록 몸은 집으로 돌아왔으나, 혼백은 응당 낙동강 연안에 머물고 있을 것이다. 내 장차 그곳으로 따라갈 터인데, 네가 외로운 몸을 어디에 붙이겠는가'라 하니, 집안사람들이 듣고 두려워했다. 그녀는 위로하며 일깨우기를 '지극한 슬픔이 마음에 있어 우연히 이런 말을 하였다'고 하고, 밤이 깊어 사람들이 조용할 때 남몰래 나서니, 때마침 풍설이 매서운데 오히려 홑적삼만 입고 있었다. 겨우 군郡의 성황당에 이르러 하늘이 밝아오니, 낙동강가에 미치지 못하여 집안사람들이 따라올 것을 생각하고, 드디어 지름길로 성산백星山伯의 보사단報祀壇 가의 나무에 목매어 죽으니, 바로 경환이 죽은 3일째였다. 그의 나이 경환과 함께 28세였다. 듣는 이들이 모두 측은히 슬퍼했다. 그해 11월 6일에 살던 마을 용전龍田 뒷산 선영 계좌癸坐의 언덕에 장사하니, 조문에 모인 사람이 수천 인이었다. 우리나라의 다른 지역에 있는 이들도 눈물을 실어 조사弔辭를 지어 보냈으니 모두 떳떳한 충심을 느꼈던 것이리라."[9]

---

8 金澤榮, 〈洪範植傳〉, 『韶濩堂全集』 卷15.

이경환의 아내 배씨가 남편의 뒤를 따라 죽는 것은 흔한 열부烈婦의 공식과 같다. 그런 점에서 그리 특이한 사적으로 보이지는 않는다. 문제는 이런 죽음이 이보다 앞선 조선시대의 열녀의 죽음과 어떤 측면에서 차이가 날까 하는 것이다. 조선시대의 열녀는 국속國俗에 의하여 혹은 가문의 이름으로 강요당한 사례도 있었다고 했다. 모든 경우는 아닐지라도 열녀로 인한 가문의 유지와 흥기를 도모했던 사례도 보고되느니만큼 열녀의 죽음은 좀 찬찬히 살펴볼 필요가 있다고 하겠다. 즉 열녀의 죽음은 어떤 보상이 주어졌을까? 위 기록에 의하면 국가든 가문이든 특별한 보상을 해주거나 받은 것은 없는 듯하다. 다만 남편의 뜻을 받들었고 남편과 같이 살고 죽었다는 점, 그 이상도 이하도 아니었다. 대가 없는 죽음을 통해 남편의 죽음이 갖는 의미를 재확인하고 있는 셈이다. 그렇다면 그녀의 죽음은 남편의 뜻에 동조한다는 것 이외에 달리 해석할 여지는 없다. 즉 배씨의 죽음은 남편 이경환의 뜻인 일제에 대한 저항과 맞닿아있는 셈이다. 그녀의 열烈은 남편의 충忠의 자장 안에 있다. 그런데 침산은 다소 다르게 이해한다. 그 점을 들어본다.

9 李洙仁, 〈義士李慶煥烈婦裵氏合傳〉, 『枕山隨錄』 卷6, "裵氏 藤菴先生尙龍九世孫相逵女 母氏其生 與慶煥同年 而日四月二十三也 長於法門 擩染閨範 及歸慶煥 甚得婦道 事舅姑有禮 治家產有規 貧無嗟慽 門堂咸稱其賢 及承慶煥訃歸路 貰人審其地 到家只一哭而止 開箱搜線帛自裁 襚具不許人手 既殯之夕抱幼嬌飲泣曰 汝爺雖體返乎家 魂應留洛岸 吾將之其處從焉 汝奈孤寄 家人聞懼而喩慰 則曰至痛在心 言偶至此 及夜深人靜 潛身挺出 時雪風甚獰 猶着單衫 纔到泊郡隍 天欲曙 度不及洛岸 而家人跟止 遂徑就星山伯報祀壇邊樹縊絶乃慶煥後三日 其年與慶煥俱二十八 聞者咸惻然興傷焉 越十一月六日 合堋于所居龍田 從先阡癸原 會弔者數千人至 如吾人之居殊邦異域者 多齎淚送誄 皆彛衷所感也"

"야사씨野史氏는 말한다. 죽음은 사람이 가장 꺼리는 것이다. 만약 실제로 삶이 죽음만 못하다는 것을 깨달은 것이 아니라면 그렇게 할 수 없을 것이다. 이제 이 부부는 나라를 위하고 남편을 위해 죽음에 나아가기를 평지와 같이 여겼으니, 어찌 다만 의리만 알고 자신이 있는 것은 몰랐던 것이 아니겠는가? 이런 일을 이루는 것은 사람마다 할 수 있는 것인가? 부모를 버리고 급히 의리를 취했다고 말하지 말지니, 의리가 진실로 바르다면 효도는 자연 그 속에 있으리라. 부모가 주신 몸으로 이런 영명英名을 이루어 부모를 드러내었으니, 또한 효자의 도리가 아니겠는가? 순국은 충성이요, 남편 위해 죽은 것은 열녀라. 능히 그 일을 분별했으니 효도로다. 삼강三綱이 함께 있으니, 백세에 전하여 보일 것이로다."[10]

순국의 의미는 충忠이요, 남편을 위해 죽은 것은 열烈이며, 충과 열로 부모를 드러내었으니 효孝라고 했다. 이른바 삼강의 윤리가 이 일화 속에 모두 들어있는 셈이다. 충열의 기저에 효가 전제되어 있다는 논리는 흥미롭다. 흔히 충과 효가 밖과 안으로 표리를 이루는데, 부부간의 충과 열이 효를 전제로 이뤄지고 있다는 것이다. 여기서의 충은 망한 한국의 독립을 위한 충이고, 열은 그런 마음을 지닌 남편의 뜻을 뒤따르는 열이며, 효는 이들의 충과 열이 제몸을 잊고 의리만 알 뿐이요, 제몸의 헌신을 통해 몸을 주셨던 부모의 이름을 드러내는 것을 뜻한다. 비록 효가 충과 열의 전제가 되지만, 가장 중요한 고리는 남편의 충이었다. 즉 일제하 식민지에서 충은 망한 조국에 대한 자주독립

10 李洙仁, 〈義士李慶煥烈婦裵氏合傳〉, 『枕山隨錄』 卷6, "野史氏曰 死人所最忌 如非實見得生不如死 不可致 今此夫婦 爲國爲夫 就死如平地 豈非只知有其義 不知有其身 成此人人所來歟 莫曰捨父母而徑取義 義苟正矣 孝自在其裡 以父母之身成此英名 以顯父母 亦非爲孝之道理歟 殉國忠也 殉夫烈也 能辨其事孝也 三綱幷存 百世可垂示"

의 의지였다. 침산이 의사열부합전을 지었던 뜻은, 전통적 의미의 의리를 강조하기 위해서가 아니라, 그런 외피 안에 자주독립의 이상을 담아내었던 것으로 이해된다. 전통적 이념이나 유산은 시대적 소명에 부응할 때 아름다운 이름으로 다시 소환될 수 있다. 그렇지 않으면 낡은 이념의 부질없는 재생에 지나지 않을 것이다. 침산은 입전을 통하여 전통적 이념이 새로운 시대의 소명 안에서 새로운 모습으로 부활할 수 있을 것임을 보여주었다. 침산은 시대와 소통하며 연계하는 정신(이념)을 갖춘 인간의 모습을 찾고 있었던 것이다.

4. 우녀牛女 — 허구에서 경사經史에 근거한 천문으로

고전지식인들은 논論을 통하여 자신의 철학적, 역사적 견해를 드러내곤 했다. 침산은 비록 현대까지 살았지만 그의 입론 표현방식은 고전지식인의 그것을 따르고 있었다. 『침산수록』(권5)에 수록된 논을 보면 〈왕패론王覇論〉·〈요명곤치수론堯命鯤治水論〉·〈기자봉조선론箕子封朝鮮論〉·〈조참불치사론曹參不治事論〉·〈직불의론直不疑論〉·〈우녀론牛女論〉 등 6편이다.[11] 그 내용을 보면, 〈왕패론王霸論〉은 패자의 인간상을 비판하고 있고, 〈요명곤치수론堯命鯤治水論〉은 남의 의견을 따르지 않고 제뜻만을 우기다가 일을 그르친 곤鯤의 인간상을 논의하고 있으며, 〈기자봉조선론箕子封朝鮮論〉은 홍범을 진술하여 세상의 안정을 도모했던 기자箕子가 무왕武王에게 봉해질 리 없다는 사실을 말하고 있고, 〈조참불치사론曹參不治事論〉은 재상의 도리를 진술하고 있으며, 〈직불의론直不疑論〉은 소리小利를 추구했던 직불의를 직필하

11 이는 모두 『枕山隨筆』(卷5)에 수록되어 있다.

고 있고, 〈우녀론牛女論〉은 견우와 직녀에 대한 이야기였다. 앞의 5편이 실제 역사 속의 인물에 대한 의론이라면, 〈우녀론〉은 신화적 인물에 대한 논이라는 점에서 약간 층위가 차이난다. 이 글은 비역사적 인물인 견우와 직녀를 다루고 있는 〈우녀론〉에 대한 점검을 통해서 침산이 갖고 있는 인간(인물)에 대한 태도를 우회적으로나마 짐작하고자 한다.

> "세상의 우녀牛女를 논하는 이는 두 가지의 논리가 있는데, 모두 황탄하고 만족스럽지 않아 일소에 붙인다. 하나는 부부의 설화이다. 그 근거로 『형초세시기荊楚歲時記』에서 '견우가 직녀에게 장가들어 천제天帝의 2만 전을 취하여 세상에 내려와 오래도록 돌아가지 못하였기 때문에 내몰려 집을 경영하게 되었다'라고 했다. 또 이르기를 '칠월 칠석, 한 해에 한 번씩 만나는데, 6일에 비가 오면 수레를 씻는 비가 되고, 7일에 오는 비는 눈물을 씻는 비'라고 했다. 『제해齊諧』에 '선인仙人 무정武丁이 칠석에 견우에게 불려나가 잠깐 은하에 갔다'라고 했다. 대저 초나라의 풍속은 방언이 많았고, 『제해』는 괴이한 일을 기록한 것이다. …(중략)… 다른 하나는, 직녀는 천녀天女의 후손이요, 영성靈星의 딸로서 일찍이 올곧은 자태를 타고 태어나 무리를 떠나 외로이 살았으니 견우의 배필이 될 리가 없다는 것이다."[12]

견우와 직녀의 고사에 대한 논의이다. 세상 사람이 거론하는 바는 두 가지로 요약된다. 하나는 견우와 직녀가 부부로서, 이들의 애틋한

12 李洙仁, 〈牛女論〉, 『枕山隨錄』 卷5, "世之論牛女者 有兩說 俱皆荒誕不滿 一笑 一則夫婦之說 其源出於荊楚歲時記 有曰牽牛娶織女 而取天帝二萬錢下禮 久不還 故被驅在營室 又曰七月七夕 歲一相見 而六日雨爲洗車 而七日雨爲灑淚 齊諧有仙人武丁者 當七夕 被召牽牛 而暫詣銀河 是楚俗多稗俚之語 齊諧是志怪之書也…(中略)…其一則 織女是天女之孫 靈星之女 夙稟貞姿 離群索居 萬無指配於牽牛之理"

이별을 상상하는 것이다. 다른 하나는 직녀의 신분을 천녀의 후손으로 잡고 혼자 살았던 인물로 보는 것이다. 견우가 등장하지 않는다. 여하간 이런 논의는 뒷날 문학가들의 상상력을 자극하여 유종원柳宗元은 〈걸교문乞巧文〉이란 글을 지었고, 장뢰張耒는 〈칠석영七夕詠〉을 짓기도 했다. 견우와 직녀 간의 슬프고도 애틋한 로맨스로 만든 것이다. 이에 대해 침산은 경사에 근거하여 그런 이야기들이 황탄하다고 했다.

> "내가 〈천관서天官書〉를 보니, 하늘 은하수 동녘에 빛나는 별이 삼성參星과 같이 나오는 것을 '견우'라 하고, 은하수 서쪽에 미미하게 저성氐星 아래에 있는 것을 '직녀'라고 한다. 견우가 희생犧牲을 주장主掌하여 다리를 관장하고 직녀는 고과苽果를 주장하여 일찍이 혼인한다는 말은 없었다. 『시경』에 '환한 저 견우는 수레를 끌지 않고, 발돋움하는 저 직녀는 종일 일곱 번을 바꾸네'에서 '수레를 끈다'고 한 것은 우자牛字에서 뜻을 취한 것이며, '일곱 번을 바꾼다'는 것은 일곱 번이란 뜻으로 기계機械(베틀)의 이름으로 해석한 것은 없다."[13]

침산은 『사기』의 〈천관서〉, 『시경』의 시를 살펴서, 견우직녀는 별자리일 뿐이라고 해명한다. 근거 없는 황탄한 이야기에 빠지기보다는 경사經史에 입각하여 그 실체의 근거가 적실한지 검증하자는 것이다. 상상 이전에 실상에 근거한 이해를 전제한 것이다. 사실 우리는 견우와 직녀가 실제 인간이라고 생각하지는 않는다. 누구도 실존했다고 생각하지도 않는다. 다만 상상을 통해 인간 세상에서 갖고 싶은 슬픔

13 李洙仁, 〈牛女論〉, 『枕山隨錄』 卷5, "余觀天官書云 天河之東有星煌煌 與參俱出 謂之牽牛 天河之西有星微微 在氐之下 謂之織女 牽牛主犧牲關梁 織女主苽果 而未嘗有嫁娶之說 詩之云睆彼牽牛 不以服箱 跂彼織女 終日七變 服箱是取義於牛字也 七變是七次之義 而未有機名之釋"

이며 기쁨이며 아쉬운 감정을 느끼고 싶어할 뿐이다. 한 해에 한 번 만난다고 했으니 얼마나 애틋할 것이며, 남은 364일을 떨어져 지내야 하니 얼마나 아쉬울 것이겠는가? 감정의 절실함과 사무치는 그리움을 감수感受하기 위하여 이런 이야기를 꾸며냈을 것으로 생각한다. 그런데 침산의 생각은 이에 대해 냉정했다. 그 이유를 다음에 밝혀놓았다.

> "혹자가 말하기를 주자의 시에 '두 개의 부채가 있어 물을 건너니, 오히려 인간처럼 가서 돌아오지 않는 것보다 낫구나'라고 한 글귀는 무엇인가? 내가 말하건대 시는 가요다. 비록 현인군자라고 해도 혹여 당시의 성설成說을 보고 그 뜻을 붙이는 경우도 있다. 차라리 붓을 잡고 논의를 세울 즈음에 그릇됨과 올바름을 밝히고 옳고 그름을 분석하여 뜻을 만드는 것이 낫다. 어찌 주자가 참으로 이런 말을 믿었겠는가?"[14]

'주자의 시'라고 인용된 것은 당나라 이영李郢의 〈칠석七夕〉이란 시를 절록해서 만들어진 구이다. 침산의 착오로 보인다. "오작교두쌍선개烏鵲橋頭雙扇開, 연년일도과하래年年一度過河來. 막혐천상희상견莫嫌天上稀相見, 유승인간거불회猶勝人間去不回.(欲減烟花饒俗世, 暫煩烟月掩妝臺. 別時舊路長清淺, 豈肯離情似死灰)"에서 제1구 '쌍선雙扇', 제2구의 '과하過河'(도하渡河), 제4구의 '유승인간거불회猶勝人間去不回'를 뽑아 만든 것이다. 여하튼 주지는 이렇다. 시는 현인군자라고 해도 그 당시에 이미 이루어져서 통용되는 논의를 활용하여 의미를 붙이는 경우가 종종 있는 법, 위 시의 작자(침산은 주자로 간주하고 있다.)인 주자가 그것을 진짜로 믿었겠는가? 그냥 노래였을 뿐이다. 그러니 이른바

---

14 李洙仁, 〈牛女論〉, 『枕山隨錄』 卷5, "或曰 朱詩亦有雙扇渡河猶勝人間去不回之句 何哉 曰詩者歌謠也 雖賢人君子 亦或有因見時成說 以寓其義者 非若秉筆立論之際 以明私正析是非爲義者也 豈朱子而眞信是說哉 此不足多辨"

견우직녀라는 것을 실제의 일로 이해해서는 곤란하다고 했다.

견우직녀에 대한 논평에서 간취할 것은 침산의 시선이 경사적經史的 이해를 향하고 있다는 점이다. 문학적 상상력으로 이해될 수 있음에도 견우·직녀에 대한 논의를 경사를 동원하여 이를 실상으로 믿고 있는 저간의 논의들을 비판하고 있다. 이 작품이 언제 지어졌는지는 확인할 수 없다. 침산이 왜 이런 이야기를 했는지는 좀 더 점검해보아야겠지만, 그가 허구적 상상의 이야기를 경사에 근거한 천문天文으로 이해하자고 하는 것만은 분명하다. 이 점은 그의 시문이 실제 일어난 일을 중심으로 창작되고 있는 일련의 특징과도 상통한다. 그래서 시를 보면 정확하게 수답과 증별의 상황에 지어진 경우가 많으며 만시처럼 실제 있었던 의례적儀禮的 상황에 쓰인 시가 많다. 실용적 차원에서 시 창작이 이뤄진 것이다. 간혹 산에 올라 감회를 드러내는 경우조차도 상상적 낭만성을 읽기에는 다소 무리가 있는 경우도 많다. 그의 인간에 대한 태도가 허구적 상상의 세계와 다른 지점에 서 있음을 짐작할 수 있다.

5. 생활경학의 단서들

이상에서 우리는 침산의 시문에 보이는 인간에 대한 태도를 점검할 수 있었다. 편폭의 한계상 비교적 침산의 태도를 읽을 수 있는 자료에 한정하여 찬찬히 들여다보았다. 우리가 추출한 인간담론과 그 속에 보이는 인간에 대한 태도는 여타의 시문에서도 확인되어야 좀 더 설득력을 확보할 수 있을 듯하다. 그는 만시挽詩를 통해 망자의 삶을 재구하여 인간적 면모를 읽어보려고 했고, 입전立傳을 통해 삼강윤리를 제시하되 당대 시대적 문제와의 상관도가 높은 인간적 면모에 주목했으며, 하다못해 허구적 상상의 인물에 대해서도 경사經史에 근거한 증명 가능한 실사를 확인하고자 하는 태도를 견지했다. 그가 사람에 대하여 인간 자체가 가진 논리를 존중하며 시대적 과제와 맞물리는 과제를 도출할 수 있는 사실적實事的 입장임을 짐작할 수 있다.

우리는 지역고전을 바라보면서 하나의 습관을 갖고 있다. 이른바 경화세족들이 보이는 화려한 학문과 인맥, 지역의 유력한 몇몇 지식인-그러나 그들의 경우도 중앙에서 활동했던 경험을 갖고 있는-의 학맥과 저서 등을 우선하는 것도 그 습관에 연유한다. 즉 이른바 대학자를 중심으로 논의를 펼치기 일쑤인 것이다. 현존 자료나 활용 가능성에 비춰보면 타당하며 적절한 방법이다. 그럼에도 아쉬운 것은 대학자들에 가려진 이른바 소학자小學者들이나 지역고전인들에 대한 안배가 인색하며 더러 폄하의 시각을 띠기도 한다는 점이다. 흔히 지역에서 간행되거나 제출된 19세기 내지 20세기 문집들에 대한 연구가 소졸疏拙한 것도 바로 이에 기인한다.

특히 지역 고전인의 경학 담론과 관련하여 어떻게 평가할 것인가는 다소 난감한 처지에 놓이곤 한다. 자료는 상대적으로 비교적 풍부한 편이지만 경학담론의 수준이 비교적 평범해 보이기 때문이다. 이 부분을 어떻게 이해할 것인가? 특히 침산처럼 근대기를 지나면서 일제치하를 경험했던 지식인들의 경우 이들의 학문적 단절(학맥의 차원에서)을 냉정하게 바라보고 말 것인가? 특히 근대기를 거치면서 한문학은 근대학문에 밀리고 식민치하 및 해방 이후 낡은 학문으로 치부되는 이중의 난맥을 만나면서, 이른바 한학의 맥은 위축되고 미미해진 상황에서는 더더욱 고민되는 문제이다.

한주寒洲에 비해 대계大溪의 학문이, 대계에 비해 침산枕山의 학문이 그 성숙도에서 소졸한 것은 당연하다고 생각한다. 그러나 한주든, 대계든, 침산이든, 이들은 모두 당대의 문제를 해결하는 과정(학문적 이론으로든, 사회적 실천으로든)을 거쳤고 정화淨化된 산물로 경학담론을 일구었다고 생각한다. 이 점은 주의할 필요가 있다. 세족적 지역적 학통적 맥락에 서 있지 않은 지역고전인의 경학담론을 이해하는 데에 의미 있는 시사점이 될 것이기 때문이다.

이른바 〈생활경학生活經學〉으로서의 성격을 환기할 필요가 있다.[15] 차후 침산을 거쳐 대계로 되짚어가면서 지역고전인의 경학담론을 전면적으로 점검할 필요가 있다고 생각한다. 특히 근대접속기의 지역고전학은 생활학과 닿아있는 접면이 많은 듯하다. 침산의 인간에 대한 태도를 점검하면서 그것의 기저에 놓인 경학담론의 생활성 검토를 제안하면서 마무리를 짓는다. 추후 지속적 연구가 이어지기를 기대해 본다.[16]

---

15 '生活經學'은 학술적으로 공인된 개념은 아니다. 여기서는 특정한 시기에 학문적 성격보다는 생활적 성격(혹은 생활윤리로서의 성격)이 강한 경학 태도나 담론을 부르는 말로 暫稱하기로 한다.

16 시문의 번역은 강희대가 옮긴 『국역 침산선생문집』(성주문화원)을 참조하였다. 또한 이 글은 졸고 「침산 이수인의 삶과 시세계에 대하여」(영남학 74, 2020)의 후속 논문이다. 前稿가 지식인으로서의 삶을 주목하였다면, 본고는 그의 인간에 대한 태도에 집중하였다. 사상적 차원의 학적 지향은 인간에 대한 관점으로 표상된다고 생각하기 때문이다. 이의 근원적 검토를 위해 앞으로 그의 경학담론의 성격을 근현대기 고전지식인과의 관계 속에서 본격적으로 규명하고자 한다. 특히 그의 書簡과 정치담론에 대한 논의가 병행되어야 할 것으로 생각한다.

제11장

혁재赫齋 서진영徐鎭英의 김택영 비판 변증辨證

1. 창강학滄江學의 새로운 진전을 위하여

이 글은 간재艮齋 전우田愚의 문인인 혁재赫齋 서진영徐鎭英이 쓴 〈독김택영문수필讀金澤榮文隨筆〉자료를 소개하고 그 안에 담겨 있는 논제들을 들추어냄으로써, 비판자의 시각에서 창강 김택영의 학문과 사상을 조망할 가능성을 확보하기 위하여 준비되었다.

창강이 한국학계에 본격적으로 거론된 지도 거의 반백년을 넘어간다. 근대적 학문체계를 갖추기 시작하고 한문학과가 하나의 학과로 독립한 그즈음부터 창강은 시야에 들어왔음에도 그는 늘 비주류였다. 그의 삶 자체가 그렇기도 하지만 창강을 논의하는 학자의 시선도 그다지 따스하진 않았다. 이는 커다란 학맥과 학단을 파악하고, 대표적인 인물을 중심으로 노둣돌을 놓아서 하나의 사적 흐름을 파악하고 그려내기에 급급했었던 저간의 학계 사정에 기인한다.

우리 학계가 창강의 문제의식을 활용하되 그의 삶과 저작에 대한 본격적인 이해가 소홀했던 데에는 그의 젊은 시절 삶터였던 개성이 북한에 속한다는 점, 그의 노년을 담아준 남통이 중국의 도시라는 점을 지적할 수 있다. 덕분에 그의 저작을 온전하게 파악할 수 있었던 것도 근래의 일이고, 후반부 삶의 근거인 남통과 그곳 사람들과의 교류를 실물로 확인하게 된 것도 근래의 일이며, 학술시야가 동아시아로 옮겨지면서 한중간 지식인의 교류의 하나로 논의의 장에 올리게 되면서 주목받게 된 것도 근래의 일이다. 그의 '잡언雜言'이나 '한사경韓史綮'이 고전시대 역사와 문화에 대한 새로운 시각을 보여주었음에도 문집의 온전한 번역이 이뤄진 것은 아주 최근의 일이다. 그렇지만 우리는 요즘 창강 연구에서 주요한 주제의 부각을 목도하고 있다.

첫째, 창강의 시공간 파악: 송도－한양－남통
둘째, 창강의 저작물에 대한 파악: 시문집의 간행, 창강의 편간물
셋째, 창강의 문집 번역
넷째, 창강의 생평 재구 시도(미未)
다섯째, 창강을 둘러싼(전후前後한) 근대지식지형도의 파악(미未)
여섯째, 창강의 유물 및 유묵에 대한 췌편萃編(미未)
일곱째, 창강의 정전적正典的 평전評傳－어떤 지식인인가(미未)

이들은 모두 연동되어 있어서 어느 하나 중요하지 않은 것이 없다. '미未'라고 표시해놓은 것도 사실은 부분적으로 거론되고 있으니 아예 성취가 없다고 할 수도 없다. 이들은 모두 창강의 삶과 생각을 복원하고, 어떤 지식인의 모습을 하고 있는지를 평가하는 작업(굳이 지적한다면 일곱째)으로 수렴되리라 생각하나 꼭 그렇지만도 않다. 특정한 인물의 연구가 특정한 시기, 특정한 필자의 평전 집필로 완성될 수 없을 것이기 때문이다. 늘 특정한 인간에 대한 평가는 상대적이기 때문이다. 그런 점에서 객관적인 자료의 정돈을 통해 '무미건조하게' 드러내

는 연보가 더 인물의 모습을 정직하게 보여주는 지도 모르겠다.(창강의 시문을 씨줄로 하고, 주요 교류인물 및 역사사적을 날줄로 촘촘하게 엮는 연보年譜의 재구로서 네 번째가 그것이다.) 필자는 십여 년 전부터 이 작업을 진행해 오고 있지만 하나의 어려움을 만났다. 창강의 저작물을 통한 삶의 구성은 그리 어려운 바가 아니었다. 창강은 작품마다 간지를 붙여놓았고, 찬찬히 들여다보면 선후를 짐작할 수 있는 단서를 남겨놓았기 때문이다. 그러나 '창강측'만의 자료로 그를 들여다보는 작업은 창강을 객관적인 공인으로 복원하는 데에는 다소 부족한 바가 있었다. 오히려 창강을 비판하는 목소리를 통하여 그의 스탠스를 비정批定해 주지 않는다면, 창강의, 창강을 위한, 창강의 연구에 그칠 우려가 있었던 것이다. 그런 점에서 '한사경'을 둘러싼 사학계의 논의를 재차 점검할 필요가 있다. 역사에 대한 두 가지 시각의 충돌을 제3자로서 확인하지 않으면 안 될 듯하다.

본고는 이런 고민의 과정에서 만난 자료의 일부를 소개하고, 그를 통해 차후 창강학 연구의 과제가 무엇일지에 대하여 공명共鳴하는 기회로 삼고자 한다. 간재艮齋의 제자인 혁재赫齋 서진영徐鎭英은 『소호당집』에 대한 비판적 독서를 시도했고, 13조목의 비판적 소견을 밝혀놓았다. 혁재의 비판을 통하여 창강을 둘러싼 비판적 논의의 일단을 짐작할 수 있으며, 나아가 창강학이 '창강의 학'을 넘어서 '창강을 프리즘으로 하여 펼쳐지는 근대초기 지식인과 지知의 문제'라는 점을 환기시킬 것으로 기대해 본다. 사실 논문을 준비하면서 혁재로 그치지 않는 간재와의 만남은 버거운 것이었고, 급기야 자료의 제시로 만족할 수밖에 없는 능력부족에 대하여 아쉬워할 뿐이었다. 공부는 끝이 없는 길이었다.[1]

2. 혁재 서진영의 생애와 저작

혁재赫齋 서진영徐鎭英(1886~1929)은 자가 명옥明玉, 호는 혁재赫齋, 본관은 이천利川이다. 간재艮齋 전우田愚의 문인이다. 그의 저서로 간행(석인본)된 것은 『혁재유고赫齋遺稿』(건곤 2책본)인데, 이 책은 김해 월봉서원에 소장되어 있다. 이밖에 친필 초고본 및 간행을 위해 정사된 판본도 월봉서원에 같이 소장되어 있다. 그의 시문과 관련된 자료는 월봉서원에만 고스란히 보관된 것으로 보인다. 그의 일생을 알 수 있는 자료도 그다지 충분하지 않은데 『월헌집月軒集』에 전하는 〈제혁재서공문祭赫齋徐公文〉, 〈재제문再祭文〉, 『혁재유고』에 수록된 월헌月軒 이보림李普林의 서문, 화재華齋 이우섭李雨燮의 발문, 혁재의 장남 서수원徐洙元의 발문 등이 있을 뿐이다. 아쉽게도 혁재의 행장이 전하지 않아 그의 삶을 오롯하게 복원할 수는 없다.

혁재는 본래 뛰어난 자질을 지녔던바, 간재 전우에게 십 수 년을 배우면서 아주 독실했었다. 한결같이 스승의 가르침을 따라서 기거동작은 물론이거니와 천인성명의 이치를 논하고, 몸소 실천하여 의리를 징험하였다. 그의 덕성과 학문은 아주 훌륭했던 것이다. 그러나 간재가 세상을 떠난 뒤 진계眞溪에서 강학을 하였고, 그곳에서 월헌 이보림을 맞아 같이 학문을 닦았다. 월헌도 역시 스승을 잃은 슬픔 속에서도 다행히 동문 가운데 선진이었던 혁재를 만나, 그에게서 자신이 『대학』과 『논어』를 읽다가 가졌던 의문을 중심으로 토론을 하였고, 그것

---

1 이 글은 혁재 서진영 및 그의 〈독김택영문수필〉을 소개하는 데 중점을 두었다. 특히 제3장은 창강과 혁재의 글을 견주면서 논의를 하고 있는바, 그 비교 과정에서 번거로움을 피하기 위해 굳이 원문을 번역 제시하지 않았음을 양해 부탁드린다. 그 대신 밑줄을 그어 주의할 대목을 표시하여 글의 논지를 제시하고 둘 사이의 논점을 확인할 수 있도록 하였다.

이 『대학강의大學講義』와 『논어강의論語講義』로 엮어지게 된다.

뒷날 혁재는 김해金海 화산정사華山精舍로 와서 기문記文을 지어주고 그곳에서 강학활동을 하였지만, 얼마 안 있어 세상을 떠나고 말았다. 이즈음 혁재는 44세였고, 그의 아들 서수원은 9세였다. 서진영이 평소에 집필했던 글들은 오롯하게 월헌에게 남겨졌다. 이것이 친필본 『혁재사고(사초)』 및 『혁재집』류 들이다. 월헌은 이들 가운데 글을 정선하여 간행하고자 했다. 그리하여 간문艮門의 문집편찬 방식에 따라 서書를 앞에 두고 시詩를 말미에 두는 체제로 『혁재유고』를 엮었다. 그러나 월헌은 시절이 원만치 못해 간행하지 못했다. 이후 월헌은 세상을 떠나기 전에 아들 화재에게 친필본 초고인 『혁재사고』를 비롯해 초고 정리본 『혁재유고』를 맡기면서 간행할 것을 유명으로 남겼고, 화재는 혁재의 아들 서수원에게 연락하여 같이 『혁재유고』를 석인본으로 간행했다. 석인본 『혁재유고』는 월헌 이보림이 정선한 초고 정리본 『혁재유고』와 동일하되, 혁재의 초상과 유묵이 앞에 수록되어 있고, 화재 이우섭과 서수원의 발문이 책의 맨 끝에 추가되어 있다. 내용은 동일한 초고정리본이 2종 남겨진 셈이다. 화재는 혁재가 세상을 떠난 뒤 47년이 지났을 때 책으로 간행하였다.

월헌의 기억에 의하면 간재 전우와 혁재 서진영의 관계는 마치 공자와 70제자처럼 고제자로서 가까웠다. 혁재는 행실과 학문이 아주 엄격하여 조금도 흐트러짐이 없었고, 더러운 태도를 용납하지 않았다고 한다. 월헌의 후손이나 화재의 제자가 전하는 혁재의 모습도 춘추대의에 입각한 엄정한 학자였다. 특히 월헌은 간재 전우가 세상을 떠난 뒤, 학문적 귀의처가 없을 때에 약 7년 정도 혁재를 좇아서 스승 전우의 학문을 이어받았던 듯하다. 경례經禮이든 의리이든 개결한 자질이든 정성스러운 품성과 가르침에 대해서 아름답게 추억하고 있었다. 혁재는 자신에 대하여 “나는 타고난 품성이 거칠고 뻣뻣해서 세상의 변화에 따를 수 없었다. 오직 평소에 옛사람의 책을 읽기를 좋아했던바, 그 찌꺼기라도 얻어서 나의 거친 기운을 바꾸고자 했지만 아직 그럴 수는 없었다(余性麤而直, 不能與世俯仰, 而惟雅好讀古人書, 欲得其糟粕, 或變麤氣而未能焉)”(『혁재사고』 4책, 〈우기偶記〉)라고 한 바 있다.

월헌이 남긴 〈제혁재서공문祭赫齋徐公文〉에 보이는 혁재의 모습을 통해 그의 품성과 학덕을 짐작할 수 있다. 그 내용을 들어둔다.

> “아, 슬프다. 공은 진정 있고 미더운 자질을 갖고 신중한 공업을 두었다. 그의 가슴은 한줄기 차가운 얼음처럼 더러운 티끌조차 묻히지 않았고, 그의 진취는 엄정한 군진의 용맹한 장군처럼 삼군을 두려워하지 않았다. 책을 읽으면 내용을 깨우치지 않고는 그 책을 손에서 놓지 않았으며, 의리를 논의하면 실천하지 않고는 언급조차 하지 않았다. 생각은 근리했고 질문은 사무쳤으며, 몸으로 체득하고 마음으로 의리를 구하되 원칙과 승묵을 따랐으니, 그를 보면 묻지 않아도 단아한 사람 올바른 선비라는 것을 알 수 있으리라. 그가 간재 스승을 좇은 뒤로, 학문의 조예는 더욱 깊어졌고 덕성의 성취도 더욱 훌륭해졌다. 천인성명의 은미한 자취에 침잠하여 리理를 원천의 주재로 여기고, 움직이고 고요하며 안과 밖의 사이에서 존심 성찰하되 경敬을 생명의 가계로 삼았다.
>
> 먹든 쉬든 잠을 자든 혹여 잊지 않았고, 엎어지고 뒤집어지는 극히 찰나의 순간에도 혹여 게으른 적이 없었다. 환히 밝고 쇄락한 경계에서 뛰놀았을즉, 이는 비루하고 식견이 낮은 이들이 감히 헤아릴 바가 아니었다. 오직 그가 일용지간에 드러난 것을 보면, 움직일 때면 번번이 그리워하고 말할 때마다 번번이 눈물을 흘리니 나약한 그리움의 진실함을 가지고 있었고, 정성스레 저 마음을 열고 진심을 내보이니 다른 사람을 대우함이 조화로움을 지니고 있었으며, 잘 타이르며 재주에 맞추어 독실하게 가르치니, 남을 지도함에 부지런한 모습을 갖고 있었다.

내가 책 상자를 끼고 문하에 이른지 이제 일곱 해가 되었다. 나는 외람되이 공의 총애를 입었거니와 항상 제일의로 나를 북돋워 주었다. 비록 나는 재주가 없어 그 가르침을 당해낼 수 없었지만, 공이 나에게 기대하는 것과 내가 공을 우러르는 것은 진실로 낮은 정도는 아니었던 것이다. 그러나 누가 생각이나 했던가, 공은 하루아침에 나를 남겨둔 채 떠나고 말았다. 아, 슬프다. 옛날 간재 선생이 돌아가신 뒤로 도술道術이 장차 망할 것을 가슴 아프게 생각하며 우리 유자의 허망함을 탄식했고, 우두커니 황망한 채로 귀의할 곳이 없었다. 그런데 다행히도 동문의 선진 가운데 공처럼 덕성과 학식을 지닌 이가 있어서 그를 의지하고 따라서 미처 끝내지 못했던 학업을 마치고자 했었거늘 오늘 간재 선생의 봉분 흙이 마르기도 전에 공이 다시 뒤이어 세상을 떠나니, 나는 이제 간장에 좀이 슬거나 심장이 썩지 않고자 한들 통곡을 어이 그만둘 수 있겠는가?

아아, 슬프다. 아아, 아프다. 우매하고 답답한 생각을 뉘라서 열어 안내할 것이며, 세상의 갈림길에 뉘라서 지남거가 되어 줄 것인가? 경례經禮를 깊이 깨우침을 뉘라서 강론해 밝힐 것이며, 의리의 정미함을 뉘라서 변석해낼 것인가? 개결한 자질, 정정한 논의를 다시 볼 수 없으리로다. 간절한 정성과 부지런한 가르침도 더 이상 볼 수 없으리로다. 끝났구나, 끝났구나. 통곡한들 무슨 소용이랴. 짧은 제문, 소졸한 제수로 충정을 다 드러낼 수 없으리라. 아, 슬프다."[2]

---

2 李普林, 〈祭赫齋徐公文〉, 『月軒集』, "嗚呼 惟公以忠信之質 有淵氷之功 其胸懷也 如一條寒氷不受點穢 其進取也 如嚴陣猛將不畏三軍 讀書焉不得不措 論理焉不踐不言 思之近而問之切 體之身而求諸心 周旋乎規矩繩墨之中 見之不問可知爲端人正士 及其從艮翁先師也 學之所造者益深 德之所就者益崇 沈潛乎天人性命之微而以理爲源頭主宰 存察乎動靜表裡之間而以敬爲命脈家計 不以食息夢寐而或忘 不以造次顚沛而或怠 馴致乎昭曠灑落之域 則此非蒙陋淺識之所敢蠡測者也 惟其見於日用者 則動輒思慕 語輒涕泣 孺慕之誠也 懇懇乎其開心見誠 接人之和也 諄諄乎其因材隨篤 誨人之勤也 普林之挾策門屛 七年于玆 猥蒙寵愛 常勗之以第一義 雖普林之無似不足以當此 公之所以期望於普林普林之所以仰成於公者 實非淺淺 而孰意一朝公乃敎我不卒棄之如遺也耶 嗚呼 自昔年山頹之後 痛道述之將亡 歎吾儒之無祿 倀倀然踽踽然無所依歸 而惟

참고로 월봉서원月峰書院 소장 초고본初稿本 『혁재집赫齋集』류의 서지사항을 밝히면 다음과 같다.

제목 표제: 혁재사고赫齋私稿
혁재집赫齋集(답신성재答申誠宰)
혁재집赫齋集(답모인答某人)
혁재집赫齋集(여배사온與裵士蘊)
혁재사고赫齋私稿(백이열전변伯夷列傳辨)
혁재유고赫齋遺稿(상上/하下) a
혁재유고赫齋遺稿(건乾/곤坤) b

권수제: 혁재사고赫齋私稿
혁재집赫齋集(답신성재答申誠宰)
혁재집赫齋集(답모인答某人)
혁재집赫齋集(여배사온與裵士蘊)
혁재사고赫齋私稿(백이열전변伯夷列傳辨)
혁재유고赫齋遺稿(상上/하下) a
혁재유고赫齋遺稿(건乾/곤坤) b

저자 서진영徐鎭英(1886~1929)

판사항 혁재사고赫齋私稿 친필 필사본
혁재집赫齋集(답신성재答申誠宰) 친필 필사본
혁재집赫齋集(답모인答某人) 친필 필사본
혁재집赫齋集(여배사온與裵士蘊) 친필 필사본

幸同門先進有如公之德學 則庶望是依是從 以卒其未卒之業矣 今先師墳土未乾 而公又繼逝 則普林於此雖欲不肝蝕心腐 而痛哭安可得也 嗚呼哀哉 嗚呼痛哉 顓矇壙垣 有誰而爲開導也 世路多岐 有誰而作指南也 經禮之深得 有誰而講明也 義理之精微 有誰而辨析也 介潔之資 精切之論 不可得而復覩也 懇懇之誠 諄諄之誨 不可得而復聞也 已矣已矣 痛哭何及 短辭菲奠不足以盡衷情也 嗚呼哀哉"

혁재사고赫齋私稿(백이열전변伯夷列傳辨) 친필 필사본
혁재유고赫齋遺稿(상上/하下) a 필사본(정사본)
혁재유고赫齋遺稿(건乾/곤坤) b석인본

연대 혁재사고赫齋私稿 미상
혁재집赫齋集(답신성재答申誠宰) 미상
혁재집赫齋集(답모인答某人) 미상
혁재집赫齋集(여배사온與裵士蘊) 미상
혁재사고赫齋私稿(백이열전변伯夷列傳辨) 미상
혁재유고赫齋遺稿(상上/하下) a정축(1937)
혁재유고赫齋遺稿(건乾/곤坤) b을묘(1975)

형태사항 혁재사고赫齋私稿: 6책. 제1책 19.3×28.8, 42장
제2책 19.2×27.8, 48장
제3책 18.9×27.4, 38장
제4책 20.5×29.6, 42장
제5책 18.9×27.7, 44장
제6책 18.9×27.0, 54장
혁재집赫齋集(답신성재答申誠宰): 1책 17.9×29.5, 74장
혁재집赫齋集(답모인答某人): 1책17.5×25.7, 68장
혁재집赫齋集(여배사온與裵士蘊): 1책 19.1×27.9, 31장
혁재사고赫齋私稿(백이열전변백이列傳辨): 1책 18.5×26.0, 28장
혁재유고赫齋遺稿 a: 상하上下 2책. 제1책 19.4×28.2, 82장
제2책 19.4×28.8, 94장
혁재유고赫齋遺稿 b: 건곤乾坤 2책. 제1책 19.4×28.2, 84장
(서진영徐鎭英의 초상肖像/유묵遺墨)
제2책 19.4×28.8, 96장
(이우섭李雨燮/서수원徐洙元의 발跋)

혁재가 44세의 이른 나이로 죽은 뒤 그의 사초(사고)가 월헌에게 남겨졌고, 문집으로 간행이 늦어진 탓에 혁재는 간문 가운데 별도의 제자를 둘 수 없었을 듯하다. 『화도연원록華島淵源錄』를 보면 〈관선록觀善錄〉의 506번째에 "서진영徐鎭英, 자명옥字明玉, 고종병무생高宗丙戌生, 이천인利川人, 절효릉후거부안節孝稜後居扶安"으로 나와 있으니, 간재의 제자로 등재된 것을 확인할 수 있다.[3] 그러나 그와 동문수학하였던 석농石農 오진영吳震永 등이 별도의 문하를 이루고, 그에게 배웠던 후배 월헌月軒 이보림李普林도 문하를 두었던 것에 비해(이는 〈사숙록私淑錄〉을 통해 확인할 수 있다.), 그가 별도의 문하를 이루었는지는 확인할 수 없다. 그의 삶에 대한 기억은 거의 월헌의 기록에 의존할 뿐이며, 다소 산만한 사고들과 정선된 유고를 통해서 짐작할 수 있을 뿐이다.

그의 저작 가운데 『혁재사고』(6책본의 제2책)에 〈독김택영문수필讀金澤榮文隨筆〉이 들어있다. 이 글은 『혁재사고』(백이열전변)에도 들어 있다. 본래 후자에 수록된 글을 『혁재사고』(6책본)를 엮으면서 다시 정리해놓았으니, 혁재로서는 남다른 의미를 두었음을 짐작할 수 있다. 그러나 월헌이 정선한 『혁재유고』에는 이 글이 누락되어 있는바,

---

3 간재는 『秋潭別集』(권2)에 〈答徐鎭英〉(경신)을 남겨놓았고, 그의 견해에 대한 자신의 생각을 〈答金正斯〉에서 피력한 바도 있다. 간재 제자들의 문집 속에도 혁재에 대한 흔적은 남아 있다. 玄谷 柳永善의 『玄谷集』(속편, 권1)에는 〈答徐明玉〉(을묘) 〈答徐明玉〉(경신)이 들어 있고, 顧齋 李炳殷의 『顧齋集』(권11)에는 〈答徐明玉〉(정사)가 들어 있으며, 陽齋 權純命의 『陽齋集』(권3)에도 〈答徐明玉〉(경신)이 들어 있고, 石農 吳震永의 『石農集』(권8)에 〈答徐明玉〉(을묘), 〈答徐明玉〉(경신) 〈答徐明玉〉(계해) 〈答徐明玉〉(갑자) 등이 들어 있다. ○간재를 비롯한 간재학파에 대한 논의는 학계에 많이 제출되어 있다. 우선적으로 참조할 만한 것은 금장태/고광식의 『유학근백년』(박영사), 『속 유학근백년』(여강출판사)을 비롯해, 박학래의 「간재 전우와 간재학파 연구 현황 및 과제」(『공자학』 30, 2014) 「간재학파의 학통과 사상적 특징－학문연원, 교육 및 문인 분포를 중심으로」(『유교사상문화연구』 28, 2007) 등이다.

이는 혁재의 뜻과는 무관할 듯하다. 혁재는 이 글 속에서 창강의 문집을 읽은 뒤, 13개의 조목을 제시하며 자신의 의견을 개진한다. 그 내용은 다음 절에서 살펴보도록 한다.

3. 〈독김택영문수필讀金澤榮文隨筆〉과 비판 13칙

혁재가 열독한 창강의 시문집은 『소호당집韶護堂集』으로 판단된다. 『창강고滄江稿』에는 수록되지 않은 글을 거론하고 있고, 그의 생평을 고려하면 이 무렵 그가 목도한 것은 『소호당집』으로 보는 것이 적절할 듯하다. 그래서 당연하게도 현재 학계에 자주 인용되는 『합간소호당집合刊韶護堂集』에 수록되지 않은 글도 수록되어 있다. 더러는 원문이 다소 차이 나는 경우도 있다. 창강이 자신의 글을 수없이 수정보완하고 산삭하기도 했던 데에 연유한다.

그가 거론한 창강의 글을 대략적으로 보면 다음과 같다. 혁재는 창강의 글을 한 자字 아래로 내려서 표제로 내세우고, 그에 대한 자신의 견해를 쓰고 있다. 표제로 제시된 창강의 글과 그 글이 수록된 『소호당집』(괄호 안은 『합간소호당집』 권수)을 들면 다음과 같다.

제1칙. 疑說云云, 을묘(1915), 『소호당집』 권10(문집 권7).
제2칙. 雜言4, 朱子中庸注所謂盛水不漏者也, 『소호당집』 권10(문집 권8).
제3칙. 其本亂而末治者否矣, 而其所厚者薄所薄者厚未之有也解, 『소호당집』 권10(문집 권7).
"大學本末厚薄節解"
제4칙. 後格物解, 『소호당집』 권10(무).
제5칙. 答洪永敦崔翼煥河萬台三君書, 『소호당집』 권15(무).

제6칙. 呈南通縣官請入籍書, 『소호당집』 권6(무).
제7칙. 年略, "乙未四十六, 爲內閣參書官", 『소호당집』 권15(무).
제8칙. 祭李寧齋學士文, 『소호당집』 권11(문집 권10).
제9칙. 儒道無用於競爭之世論, 『소호당집』 권10(문집 권7).
제10칙. 答洪永敦問目, 『소호당집』 권15(무).
제11칙. 答洪永敦問目, 『소호당집』 권15(무).
제12칙. "故韓讓帝隆熙三年云云"
제13칙. "澤榮文中又有所謂崧陽耆舊傳"

혁재의 글은 모두 13칙, 24장으로 이뤄져 있다. 『소호당집』 가운데 주로 논論, 해解, 설說, 서書 등에 들어있는 논설류에 대하여 주목하고 있다. 덕분에 우리는 혁재를 통해 거꾸로 창강의 사상적 담론을 역추적할 수 있는 기회를 포착하게 되었다. 아직 창강의 글이든 혁재의 논리이든 그것이 갖고 있는 사상적 차원의 성취를 논의할 단계까지 논의를 진행할 수준은 못 된다. 아쉽게도 여기서는 혁재의 비판을 각 조목별로 드러내 보이고 간단한 코멘트를 덧붙이는 데에서 그칠 뿐이다. 오히려 이 과정에서 창강의 학문과 사상에 대하여 재론할 자극을 받게 되었음을 고백해 둔다. 각 조목의 순서가 별도로 있지는 않은 듯하다. 문집 권수를 보듯이 읽은 순서대로 적은 것도 아니다. 그러나 대체로 경학담론을 비판의 중심에 놓고 창강의 논의에 대한 자신의 비판적 견해를 개진하고 있다. 이는 간재학파가 성리설의 궁구를 장처로 하고 있음과 관련이 있을 듯하다.

□제1조목(제1칙). 도심과 사단, 인심과 칠정.
〈창강〉
疑說云云

〈혁재〉

四端七情, 均屬於心, 而原於性. 發者氣也, 所以發者理也. 理氣元是混淪無間, 靜則俱靜, 動則俱動. 氣之發也, 理乃乘之也. 何可分屬四七於理氣, 有若人道心之待對竝立, 不可相混者耶? 所以退翁之訓之有合商量者, 而栗翁之有此七情包四端在其中, 不可謂四端非七情. 非四端之說, 蓋因其地頭而提起立論, 非昧認二者混爲一物, 而無所別也. 今澤榮乃敢掉舌於其間, 豈不痴獃乎? 其說曰, "道心四端純乎善者也, 其道一. 人心七情非純善純惡, 而在於將善將惡之間者也, 其道二." 此最近似而又有不然. 道心四端, 人心七情, 本體則聖凡皆同, 而及其氣拘欲蔽, 凡之所發必不如聖. 試以救井孺子言之, 是出於道心惻隱, 而凡人則或未免要譽納交, 則此果純乎善而爲一者乎? 此所以農翁道心有過不及之論之爲精也. 過不及非便是惡, 而所謂惡未必不原於過不及, 不當羞惡而羞惡, 不當辭讓而辭讓, 凡人之情多有是矣. 此果純乎善而爲一者乎? 求之以孟子立言之本意, 則四端只擧其善一邊者也. 雖謂之純善可也, 若泛言則四端自有過不及, 而道心亦然矣. 人心七情也, 有善也有惡. 在聖則爲純善而其道一, 在凡則或善或惡, 其道或一或二矣.

창강의 〈의설疑說〉은 『창강고』·『소호당집』을 비롯해 『소호당전집』에 모두 수록될 정도로 창강이 마음에 두었던 글이다. 율곡 이이의 학설 가운데 "인심人心과 도심道心은 상대하여 이름을 붙인 것이니, 이미 도심이라고 하면 인심이 아니요, 이미 인심이라고 하면 도심이 아니다. 칠정 같은 경우는 사단을 그 속에 포함하고 있으니, 사단은 칠정이 아니라거나 칠정은 사단이 아니라고 말할 수 없다."(『율곡전서栗谷全書』 권10 〈답성호원答成浩原〉 제1서)에 대하여 의문을 제기한 창강의 논의에 대하여 혁재는 다른 글에 비하여 상대적으로 길게 비판하고 있다.

혁재는 사단과 칠정은 모두 심에 속하고 성에 근원하며, 리와 기는 원래 혼윤무간한 것임을 밝히고, 사단/칠정을 각각 리/기에 나누어 구분하려는 창강의 태도를 비판한다. 창강은 사단은 리발理發이고, 칠정은 기발氣發이라고 했던 퇴계를 비판한 율곡을 너무 심하다고 했던 바, 혁재는 창강이 은연중에 사단과 리, 칠정과 기를 연계하고 있다고 이해했던 것이다. 곧 사단과 칠정을 별개로 나누어 보고 있다고 생각한 것이다.

특히 창강은 도심道心과 사단四端을 순선한 것으로, 인심人心과 칠정七情은 순선純善/순악純惡이 아니라 장선장악將善將惡의 사이에 있다고 보았다. 현실 속에서 발현되는 국면을 두고 말한 것이다. 이에 대해 혁재는 성인과 범인을 상정하고, 인심/칠정의 경우에도 성인은 순선하되 범인은 혹선혹악하다고 한다. 그 논리적 근거로 농암農巖의 과불급론過不及論을 대고 있다. 창강의 학설에는 성인과 범인의 차이를 전제하지 않는다. 무엇보다 인심/칠정에 보다 주안점을 두고 있었다. 인심이 도심과 다르듯이 칠정은 사단과 한데 섞어서 논의할 수 없다는 것이다. 그리고 인심과 칠정은 이름은 달라도 실정은 같다고 본다.

□제2조목(제2칙). 경敬과 성誠, 그리고 물物

〈창강〉

朱子中庸注所謂盛水不漏者也, 而其可疑者有二. 戒懼愼獨, 雖是二而實則一也. 以戒懼存養之心爲愼獨省察之工, 是之謂誠. 誠立則可以致中和. 此中庸一書, 以誠爲主者也. 朱子何於此, 但言敬而不及於誠乎? 誠者自成云云. 誠者物之終始云云. 上下二節, 所以明先成己後成物之次第, 則誠者自成句之注, 曰: "誠者人之所以自成." 而

今乃曰: "誠者物之所以自成." 徑洩物字, 以奪成己之秩序, 此豈是刻板之有誤耶?

〈혁재〉

泛言則誠敬雖是一物, 若細分則懸別. 敬是戒愼恐懼之謂也. 誠是眞實無妄之謂也. 敬是入誠之工, 非敬直是誠也. 中庸一書, 雖主於誠, 然欲以一誠字盡掃上下章句, 則豈可乎? 首章之敬畏是君子之常存此心欲保天理之本然, 而入於中庸之道也. 二十章之誠者是聖人之渾然天理, 不待勉强而自盡中庸之意也. 其條理脈絡自不可亂矣. 若以誠字徑攙於首章, 則豈非鶻崙呑棗儱侗無分者乎. ○誠者自成之誠字, 卽以心言. 天下萬物莫不有此心, 何獨有於人而無於物乎? 此所以朱子之必下物字以示其包之甚廣. 但道之當行, 物則不能, 而人獨能之. 故下句又提起人字也. 此物字卽下節經文物之終始之物字, 人字卽君子誠之爲貴之君子也. 此上下二節, 是泛言誠之無物不有, 而下文始言成己成物. 此文理之井井秩秩, 而章句之金枰稱來者也.

〈잡언〉 4에 수록된 글이다. 혁재가 인용한 창강의 원글은 현전 『소호당집』 속 해당 글과 약간 차이가 나지만 대의는 같다.[4] 혁재에 의하면, 창강의 문제제기는 두 가지다. 『중용』은 '성誠'을 위주로 하는데, 왜 서두에서 '경敬'을 거론하고 '성誠'은 거론하지 않았는가이다. 다른 하나는 성자자성誠者自成은 성기成己, 즉 인人과 관련된 것일 터인데, 주에 물物, 곧 성물成物에 해당할 언급을 하고 있으니 주희가 잘못한 것이 아닐까 하는 의문을 제시했다.(판각의 오각이라고는 했지만.)

---

4 金澤榮, 〈雜言〉 4, 『韶濩堂集』 卷10, "朱子中庸注所謂盛水不漏者也, 而其可疑者有二. 中庸一書, 精神在於誠, 而愼獨節之註, 何不表出誠字耶? 誠者自成云云. 誠者物之終始云云. 上下二節, 所以明先成己後成物之次序, 則誠者自成句之注, 宜曰: "誠者人之所以自成." 而今乃曰: "誠者物之所以自成." 徑洩物字, 以奪成己之秩序, 此豈是刻板之有悞耶?"

혁재는 '경敬'은 입성入誠의 공부로서, 이를 상존하고 천리의 본연을 보전할 수 있다면 중용의 도에 들어갈 수 있는 것이라고 하였다. 경과 성의 조리條理를 제시한 것이다. 그리고 성자자성誠者自成의 성誠은 심心을 두고 말한 것으로, 인人이든 물物이든 모두 갖고 있는바, 주희는 '물物'자字로 포괄해낸 것이라고 말했다. 주희의 주석에 대한 의문을 허용하지 않는 태도를 엿볼 수 있다. 사실 창강은 『대학』을 주석하면서 텍스트는 고본을 택하되 주석방식은 주희식을 선택하면서, 자신의 독자적 입장을 밝힌 바 있다. 이런 태도와 관련되어 있을 듯하다.

□제3조목(제3칙). 본本과 말末, 소후所厚와 소박所薄

〈창강〉

大學章句於其本亂而末治者否矣云云一節, 以厚屬於家, 以薄屬於國天下, 愚常讀而疑之云云. 以厚薄之意屬于家國天下, 則向之修身爲本一節大書特書者, 却歸於虛設.

〈혁재〉

朱子之以厚屬家, 非薄於國天下而不足治平也, 又非廢修身一事也. 其理初未嘗不同, 而但以身對天下國家, 則身爲本, 天下國家爲末, 以家對國與天下, 則家爲厚, 而國與天下爲薄. 今乃曰歸於虛設, 無乃類於醉漢之瞑目亂楚於人者歟?

제목이 〈기본란이미치자부의其本亂而末治者否矣, 이기소후자박소박자후미지유야해而其所厚者薄所薄者厚未之有也解〉이다. 『합산소호당집』(문집 권7)에는 "대학본말후박절해大學本末厚薄節解"라고 되어 있다. 내용은 동일하다.[5] 이 부분은 본本과 말末, 소후所厚와 소박所薄을

---

5 혁재가 인용한 부분은 아래의 밑줄 친 부분이다. 중략은 '云云'으로 표시했다. "大

해석한 논문이다. 창강은 '본'을 수신修身으로, '말'을 제가齊家 이하로 보며, '소후'를 신身으로, '소박'은 가家/국國/천하天下로 보았다. 주희가 '본'은 신身으로, '소후'는 가家로 해석한 것과는 다르다.[6] 혁재는 주희의 학설을 옹호한다. 주희가 소후를 가家로 보았다고 해서 국國/천하天下를 소박으로 보아 치평할 만하지 못한 것으로 본 것은 아니며, 아울러 수신을 폐기한 것도 아니라고 했다. 그러면서 신을 천하/국/가와 맞세우면, 신이 본이고 천하/국/가가 말이 되며, 가를 국/천하와 맞세우면 가가 후가 되고 국/천하는 박이 된다고 했다. 사실 창강은 경문의 "자천하이지어서인自天子以至於庶人, 일시개이수신위본壹是皆以修身爲本"을 염두에 두었던 것인데, 주희가 소후를 가로 본다면, 끝내 대전제는 허설虛設이 아닌가 하는 의문을 던진 것이다. 경문의 대전제에 의거한다면 본本도 수신修身이요, 소후所厚는 신身이어야 하는 것이기 때문이다.

□제4조목(제4칙). 대학의 격물格物, 중용의 공부工夫. 지知와 행行

學章句 於其本亂而末治者否矣 而其所厚者薄所薄者厚未之有也一節 以厚屬於家 以薄屬於國天下 愚常讀而疑之 夫大學三綱之下立物有本末一節 以提起誠意正心修身齊家治國平天下六物之目 既將六物之本末倒言正言以反覆之 則獨抽修身一事大書特書 如立擎天之大柱曰 自天子以至於庶人 壹是皆以修身爲本 誠以人之所患在於不能修身 身苟能修 則家國天下之齊治平自然隨之也 故以本亂末治一句結之 既結之矣而又恐其意尙有不足 申擧厚薄一句 以極其趣所謂咏歌之不足而嗟歎之 嗟歎之不足而淫泆之者也 今也以厚薄之意屬于家國天下 則向之修身爲本一節大書特書者 却歸於虛設 而無所謂精神氣力條理脈絡之可言也 是不近於適楚者忽舍楚而之越哉"

6 창강이 수행한 경학연구는 문학과 역사에 비해 소졸한 편이다. 그래서 창강의 경학을 논구한 성취도 드물다. 그런 점에서 최석기의 「창강 김택영의 대학 해석」(『한문학보』 22)은 귀한 논구이다. 창강의 학술적 성취를 경학차원에서 논의할 근거를 하나 확보했기 때문이다. '대학'은 창강이 가장 가깝게 여겼던 경서였다.

〈창강〉

意旣誠, 則正心以下自然如水之趨下而滔滔也.

〈혁재〉

君子之自修, 雖誠意爲首, 然誠意之前自有格致之工, 誠意之後又有正修之工. 若如此說, 則聖人之必立八條之目, 倒言正言反覆提掇者, 徒亂其工夫階梯耶? 朱子於傳七章章下注分明說, 但知誠意而不能密察此心之存否, 則無以直內而修身. 又於語類答意誠則心正之問曰, 譬如一竿竹, 雖只是一竿, 然其間又有許多節. 意雖誠了, 又不可不正其心. 豈澤榮未曾得見於此, 而乃發此說耶? 可笑也已.

〈후격물해後格物解〉이다. 이 글은 『창강고』(권14)와 『소호당집』(권10)에만 수록되어 있고, 『합간소호당집』 및 『소호당전집』에는 수록되어 있지 않다. 혁재가 추출한 표제는 아주 일부에 속하지만,[7] 홍미로운 부분을 건들고 있다. 추출된 논지는 의意가 성誠하면 정심正心 이하의 일은 자연히 물이 흐르듯 도도하게 진행된다는 것이다.

혁재는 이렇게 반박한다. 군자의 자수自修는 성의誠意를 처음으로

7 金澤榮, 〈後格物解〉, 『韶濩堂集』 卷10 "曩余釋格物致知之義, 而一時之說有未盡者. 誠意正心修身齊家治國平天下之物事, 自非生知之聖人不可以一朝遽能, 故須用博學審問愼思明辨之工, 以窮格其誠正修齊治平, 物事之大頭腦大肯綮, 日摩月漸, 孜孜不輟, 以致吾之眞知, 然後意可誠矣. 意旣誠, 則正心以下自然如水之趨下而滔滔也. 然格物雖是知之工, 而實亦包行之工, 何則? 方其格物也, 未有全然不行如土木偶人者. 必也知以資其行, 行以驗其知, 知行交互, 然後其知始致于極. 然則中庸之博學審問愼思明辨篤行, 卽大學之格物, 而二書相爲表裏焉耳. 或曰, 格物致知知之事也. 誠意以下行之事也. 今何可以行之事攙入于知之事, 而紊其位次乎? 曰, 格物致知之知, 誠意以下之行, 槩以本末終始之條理, 而定其先後之位次耳. 其實則知之時何嘗全無行, 行之時何嘗全無知?"

삼되 성의 이전에도 격치의 공부가 있고, 성의 이후에도 정수正修의 공부가 있어서 차근하게 순서를 밟아나가는 것이거늘, 성의誠意 하나로 정심正心 이하의 공부를 담보한다는 것은 문제가 있다는 것이다. 학문의 공부순서를 생각하면 타당한 지적이다.

그런데 창강의 이 글은 성의誠意 하나에 공부 전체를 내맡기자는 것은 아니었다. 〈후격물해〉는 격물치지格物致知의 지知와 성의誠意 이하의 행行이 별개로 구분되는 것이 아니라, 지知의 때에 행行이 없을 수 없고 행行의 때에 지知가 없을 수 없음을 제기한 것일 뿐이다. 그리하여 중용의 공부로 대학의 격물을 수행하면 나의 진지眞知를 이룩하게 되고 의意가 성誠해지는바, 이는 지知/행行의 공부가 아울러 이뤄진 것으로 볼 수 있다는 것이다. 성의誠意를 좀 더 깊게 들여다보고 있는 셈이다.

□제5조목. 세 가지 질문

－제1항(제5칙). 구군舊君에게 복을 입는가

〈창강〉

(洪永敦崔益煥河萬台問: 亡國之君不諱, 爲臣民者服其君, 有古禮可據歟? 答曰) <u>觀孟子寇讎何服之說, 於舊君之服尙無定禮, 況(於)亡國之君爲宗廟社稷之罪人者乎?</u> 然此或有以義創起者, 其君如周世宗之賢明毅宗之烈, 則爲其遺民而不仕新朝者服之可也. 雖不能如二君, 舊臣受恩者情有不忍而服之, 如蔡邕之哭董卓, 亦一義也. 但此二人之服似宜以日代月, 未知如何?

〈혁재〉

<u>今世一種無識輩, 每以孟子此說爲據, 然近日之事何嘗寇讎於我也. 孟子之說又何嘗直指吾君爲寇讎耶?</u> 宋欽宗奉表降虜不能殉義, 而甘受庶人之廢, 其獲罪於宗廟社稷極矣. 當時諸賢皆服三年, 高宗

之忘君父母妻之讎, 而稱臣於讎虜, 此亦萬古難容之罪, 而朱子必尊以不祧臣子, 用情之厚固如是矣. 君一也, 而服不服自用吾意, 則是天叙天秩, 不足爲經豈道也哉? 蔡邕之證陋矣不足道. 以日代月, 古禮則或然, 然不可援證於今日大一統之禮矣.

제목은 〈답홍영돈최익환하만태삼군서答洪永敦崔益煥河萬台三君書〉이다. 이 글은 『창강고』 『소호당집』에만 수록되어 있다. 혁재는 이 글에서 모두 3조목을 뽑아내었다. 처음의 글은 망국지군을 위해 복을 입을 수 있는가에 대한 질문을 받은 창강이 구군을 위해 복을 입는 정례는 없고, 더구나 망국지군은 종묘사직의 죄인이니 복을 입을 수 없다고 지적한다. 이 일은 당시 유림에게 큰 논란거리였다. 조선이 망한 뒤 조선의 구군을 위해 복을 입을 것인가, 그렇지 않을 것인가의 문제였기 때문이다.

혁재의 답은 단호하다. 『맹자』의 구수하복寇讎何服[8]을 가져와서 논거를 댄 창강을 두고, '오군吾君'이 '구수寇讎'냐고 반문한다. 혁재의 어조는 대단히 거칠지만, 창강이 '구수寇讎'에 빗댄 부분은 다소 지나친 느낌이 없지 않다. 흥미로운 것은 창강의 이 글은 간재도 언급한 바 있다는 점이다. 간재학파가 절의節義를 제기하는 데에 있이시 구군유복舊君有服은 아주 중요한 문제였기 때문이다. 간재의 언급을 참조자료로 아래에 들어둔다. 그런데 간재의 발문은 혁재와 어조가 다

8 『孟子·離婁下』 3章, "孟子告齊宣王曰, 君之視臣如手足, 則臣視君如腹心. 君之視臣如犬馬, 則臣視君如國人. 君之視臣如土芥, 則臣視君如寇讎. 王曰, 禮爲舊君有服, 何如斯可謂服矣? 曰, 諫行言聽, 膏澤下于民. 有故而去, 則君使人導之出疆, 又先于其所往. 去三年不反, 然後收其田里. 此之謂三有禮焉, 如此則爲之服矣. 今也爲臣, 諫則不行, 言則不聽, 膏澤不下于民. 有故而去, 則君搏執之, 又極之于其所往. 去之日, 遂收其田里. 此之謂寇讎, 寇讎何服之有!"

르게 느껴진다.

> 此書以寇讎何服起頭, 其下申之以宗社罪人之句, 則可謂斷案矣. 然則更無可問者, 而其曰如蔡邕之哭董卓而服之, 宜以日代月, 則此可謂君服乎? 雲坡之謂此書歸宿於當服, 未詳何故也. ○雲坡與金書, 擧儀禮爲舊君服一節, 問其何以處之, 則金答云, 禮有明文, 謹當遵行. 雲坡據此, 以爲必無不服之理, 似然也. 然其曰儀禮舊君服, 曰禮有明文者, 未知指何句而云歟?[9]

－제2항(제10칙). 심心

〈창강〉

問心之一字, 或以理言, 或以氣言, 或以兼理氣言, 當何適從. ○答愚嘗謂性是理, 而不離於氣, 心是氣而不離於理, 未知如何.

〈혁재〉

此答固好, 但心有合理看處, 或專氣看處.

같은 글인데 홍영돈은 '심心'을 어떻게 이해해야 하는지를 창강에게 물었다. 창강은 성性은 리理이되 기氣와 떨어지지 않으며, 심은 기이되 리와 떨어지지 않는다고 했다. 창강의 학설에 대한 혁재의 비평이 오랜만에 긍정적이다. 다만 '심'은 리와 합쳐서 볼 곳도 있고 기만 오롯하게 하여 살펴야 할 곳도 있다고 했다. 혁재의 비판이 '비난'에 가까울 정도로 가혹하긴 했지만, 모든 것을 그렇게 바라본 것은 아닌 것이다.

－제3항(11칙). 인성人性과 물성物性

---

9 田愚, 〈跋金澤榮答人書〉 辛酉, 『秋潭別集』 卷4. '雲坡'는 조병유인데, 창강은 그를 위해 〈華陰草堂記〉(갑인, 1914)를 써 준 바 있다.

〈창강〉

問人物之性同歟? 異歟? ○答. 性不離於氣, 故人物之性, 其始雖同出於一理, 而其終必各具其殊分, 所謂乾道變化, 各正性命者, 故曰人物之性未嘗不同, 亦未嘗同云云.

〈혁재〉

此說是洛耶湖耶? 性是在天之太極, 心是在天之陰陽. 人物之生同受此理此氣, 其始同則其終亦同, 其終異則其始亦異, 安有始同而終異之理乎? 物之雖偏而太極全體未嘗不在, 其不得全體呈露者, 局於形氣之故也. 豈始同之太極, 終乃分碎萬片, 各自不同耶? 乾道變化云云, 是爲萬物性同之證, 而今援爲異殊之證, 可笑也已.

같은 글이다. 조선의 성리학 논쟁 가운데 인성/물성이 동이同異한가에 대한 질문을 받은 창강은, 인人/물物이 모두 일리一理에서 나왔으되 끝내 수분殊分을 갖게 되었다고 말했다. 창강과 혁재는 모두 동론同論의 입장에 서 있는 듯하다. 문제는 물物 가운데 편협된 바가 있을 수는 있지만 태극 전체가 갖추어져 있지 않은 것이 없으며, 그 전체가 드러나지 않는 것은 형기形氣에 위축되었기 때문이라고 했다. 창강의 답변에 비해 혁재의 설명이 더 풍부하다. 그러나 '건도변화乾道變化' 운운의 경우 창강은 각자 달라지는 근거로 제시하지만, 혁재는 이것이야말로 만물성동萬物性同의 증거라고 제시한다. 창강은 후천적 변화에 방점을 두었고 혁재는 선천적(본래적) 동질에 방점을 두었던 것이다.

□제6조목(제9칙), 유도儒道의 유용有用과 성인의 마음

〈창강〉

人之言曰儒道無用於競爭之世, 豈儒者之所講非所用歟? 曰, 三代以後, 儒者不得其位, 故不能消競爭於未形之間, 而及夫競爭已形之後, 則彼以暴而不可與之俱暴, 彼以詐而不可與之俱詐, 此所以不能濟也. 遏人欲存天理, 儒之宗旨也. 苟有秋毫涉於暴詐也, 雖百戰而百勝之, 其害天理矣, 惡得曰儒云云.

〈혁재〉

此論却可喜, 而但下文所引孔子武侯事, 又却未安. 孔子夾谷事, 不少槩見於上下經傳, 而但出於史記世家, 則此必馬遷之傅會. 方其齊人之設優戲也, 孔子當路焉, 則必有從容善處之道矣. 何必暗以兵行出其不意也哉? 暗出以兵, 一擧而得齊國, 聖人必不爲也. 況夾谷之會未必有他慮乎? 武侯取劉璋事, 已有程子定論, 而今反以此爲權, 而與孔子事同歸於一揆之天理, 則過矣. 行一不義殺一不辜得天下不爲, 是聖人之心法也. 以此爲理, 則是不惟不知聖人, 亦不知權與理也.

〈유도무용어경쟁지세론儒道無用於競爭之世論〉이다. 이 글은 『소호당전집』까지 수록되어 있다. 창강은 혹자가 유학이 지금 현실에서 무용하다는 지적에 대하여, 그렇지 않음을 이야기해준다. 그리고 원문에서는 제나라 경공이 노나라 정공과 협곡에서 회합할 적에 제나라가 노나라를 얕보고 망신을 주려했지만, 공자의 기지로 제나라가 오히려 낭패를 보고 노나라 땅까지 돌려주었던 일을 말하면서(『춘추좌씨전 · 정공 10년』) 공자의 권도를 이야기한다.

또한 제갈무후가 유장을 취했던 일도 권도라고 언급하면서, "아, 위로는 능히 공자의 권도를 알지 못하고 다음으로는 무후의 권도를 행하지 못하면서 한갓 고루하게 '내가 지키는 것은 경도이다.'라고 하면서, 내면에만 치우치고 적막한 데 가까워 천하에 한번 경쟁이 생기면 임금과 부모 형제와 처자, 붕우와 동포의 만백성을 모두 원수 같은 적에게 주어 사로잡히고 도륙되는 대로 놓아두고, 오직 명예와 절개로 자신의 몸만 깨끗하게 할 뿐이니, 남들이 유가의 병통을 '경쟁에 무용하다.'라고 하는 것에 괴이할 것이 없다. 아, 한심하도다."[10]라고 끝을 맺는다.

유도儒道의 유용론을 주장하면서, 공자와 무후의 행위를 권도라고 했던 데 대하여 혁재는 전자는 반색을 보이되, 후자의 경우 성인의 마음을 이해하지 못한 것이라고 반박한다. 무후의 일을 공자와 같은 반열에서 언급하는 것도 문제지만, 하나의 무고한 이도 죽이지 않는 성인의 심법을 알지 못한다면 권權도 리理도 알 수 없는 것이라고 하였다. 그러나 창강의 핵심은 마무리 부분에 있었다. 즉 권權이라고 했지만 제 몸만 개결하게 갖는 게 정당한가를 묻고 있는 것이다. 서로 주목하고 있는 부분이 달랐던 것이다.

□제7조목. 창강의 처신과 예법

제1항(제6칙). 망명亡命

〈창강〉

故朝鮮國民金澤榮呈請入籍云云. 伏念朝鮮自箕子子孫以來, 世爲中國蕃民者已三千年. 以澤榮今日所遭, 尤願附中國編民沐共和新化云云.

〈혁재〉

<u>澤榮每以去國自以爲罔僕之義, 而今乃區區稱民於彼, 願入其籍而沐其新化, 此豈認彼爲父母之國而然歟?</u> 新舊雖殊, 而其爲讎則均矣. 形相雖異, 而其爲夷則一矣. 不可恥於新而喜於舊審矣. 嗚呼! 丁丑下城, 實千古難洗之恥也. 何忍言? 何忍言? 其爲蕃民是出於甘心耶?

---

10 金澤榮, 〈儒道無用於競爭之世論〉, 『韶濩堂集』 卷10, "嗚呼 上之不能知孔子之權 次之不肯爲武侯之權 徒硜硜然曰吾所守者經 偏於向裏 近於枯寂 天下一有競爭 則以君上父母與兄弟妻子與朋友與同胞之萬姓 擧以遺仇讎之賊 任其俘縶刳屠 而惟以名節自潔其身而已 無怪乎人之病儒曰無用於競爭也 嗚呼噫嘻"

抑力之所制耶? 讀之未半, 不覺眦裂而髮衝也.

〈정남통현관청입적서呈南通縣官請入籍書〉이다. 창강은 1911년 이후 중국 국적을 취득한다. 이를 위해 쓰인 글인데, 『소호당집』 이후로는 산삭되었다. 혁재는 이를 두고 늘 '거국去國'으로 자신의 의리를 삼았던 창강이 끝내 이국에 칭민稱民하는 것이 바람직한가를 묻고 있다. 다만 혁재는 아직도 중국을 청으로 이해하고 있는 모습이 보인다. '정축하성丁丑下城'은 청나라에 항복했던 것을 말하는바, 중국이 공화정을 시작했음을 아직 이해하지 못한 것이 아닐까 한다. 즉 창강이 언급했던 공화의 의미를 온전하게 이해했을 지는 의문이다.

제2항(제7칙). 삼불三不

〈창강〉

乙未四十六, 爲內閣參書官. 十一月, 因朝令削髮. 丙申正月, 復長髮. 丁酉四十八, 遭父喪. 戊戌四十九, 正月, 應史禮所委員. 九月, 自上有停史禮之命, 與張志淵私成, 十二月畢.

〈혁재〉

右澤榮之手筆也, 眞可謂善畵出其像, 十目所視, 何敢誣也? 朝令之可從者尙矣. 若其難從者則當爭之. 爭之不從則當去之. 決不可黽勉而曲從? 嗚呼, 澤榮年已五十矣. 將何所求而乃爾耶? 不義而富且貴, 於我如浮雲, 白首蠅營, 知進不知退, 此果爲讀書者耶? 尸位竊祿, 不義也. 起復從仕, 不孝也. 違上命而私撰史, 不忠也. 有一於此, 固難齒於人, 況三者乎? 眞夫子所稱鄙夫之惟患失者也. 其區區文藝不過爲糞土之朽, 枯骨之文繡何足稱哉? 又聞渠近撰東史, 向我英廟直開不忍開之口, 又於先輩長者一辭罵破, 無少忌諱云. 此痴凱漢之本狀, 又何足道哉?

〈연략年略〉의 일부이다. 창강은 자신의 행적 가운데 주요한 것을 '연략'이란 제목 아래에 기록해두었다. 혁재는 그가 적은 행적 가운데 을미년 민비 시해 당시에 벼슬한 점, 부친의 삼년상을 마치지 못한 점, 어명이 없이도 역사서를 찬술한 점 등을 들어서 불의, 불효, 불충으로 규정하고 있다.

> 제3항(제8칙)
>
> 〈창강〉
>
> 維歲次戊戌云云. 前弘文院侍講李公卒于江華摩尼山之第, 崧陽金澤榮身有喪服, 不能奔哭, 越幾月, 始爲文形哀, 齎錢若干致于公之弟云云.
>
> 〈혁재〉
>
> 古人居喪言不文. 蓋哀戚之心勝之不能文也. 此朱夫子譏責王近思語也. 而可以爲萬世不易之經, 爲士者何敢犯之? 而今澤榮安而行之, 靦然無恥, 筆之于其稿, 印布天下, 若此者何足以責人道也哉.(尤翁於愼齋有師友之厚, 而其方居憂, 只奔哭而無操文致奠之節, 此可爲法.)

〈이영재학사문李寧齋學士文〉의 일부이다. 창강은 이건창이 죽었을 때 자신도 상중이었기에 분곡奔哭할 수 없던 차, 수개월 뒤에 제문을 지어서 보내주었다. 혁재는 이것이 상례에 어긋난다고 지적하고 있다. 주희가 〈답왕근사서答王近思書〉에서 그런 행위를 꾸짖었음을 들고, 우암과 신재 사이에 있던 일을 같이 거론하고 있다. 이 제문은 창강과 영재寧齋 사이의 우의를 보여주는 글로서, 『정간소호당집』, 『합간소호당집』, 『중편소호당집정』, 『소호당전집』 모두에 수록되어 있다. 혁재가 이 글을 문집에 뻔뻔하게 싣느냐는 질책이 무색하리만큼 창강에겐 중요한 글이었던 것이다.

제4항(제12칙) 연호年號

〈창강〉

故韓讓帝隆熙三年云云

〈혁재〉

立君之號, 或在史官, 或在勝國, 或在後世史筆, 安有身爲本國之臣民, 而又無史職者, 敢向吾君自號自貶, 有若後世修史者然之道耶? 其不忠無將之罪不容於誅矣.

창강은 자신의 글에서 '융희○년'하는 방식으로 시기를 표시했다.[11] 혁재는 군호를 세우는 것은 사관의 직책에 있는 자이어야 하는데, 사직도 없는 사람이 마음대로 군호를 사용했다면서 질책하고 있다.[12]

제5항(13칙). '선생先生'과 '공公', 그리고 도통道統

〈혁재〉

澤榮文中又有所謂崧陽耆舊傳,而於徐花潭金勝齋(斗文)金堯泉(憲基)車五山(天輅)青寧耐(臣俊)林崧岳(昌澤)韓石峰(濩)韓市隱(舜繼)諸公皆稱先生, 而獨於退栗二先生稱公(堯泉傳論說), 又於麗季忠臣逸事傳中稱公於圃隱, 此三先生之學, 豈不及彼諸公而然歟? 所貴乎史筆者公平正直也. 今觀其筆, 不過隨其臭味向背而俯仰之矣. 其心術之陰險眼目之偏孤, 何可以欺尺童哉?

혁재는 창강의 『숭양기구전崧陽耆舊傳』·『고려계세충신일사전高麗

11 이를테면, 창강은 〈崔宇淳傳〉에서 "崔宇淳者字舜九 家固城 好讀書喜施予 韓讓帝隆熙四年 日本滅韓 宇淳痛甚 指其舍東門罵曰 咄讐在彼東 則命家人撤門移于西 遂自號曰西扉"라고 했다.

12 이와 관련해서 간재는 〈答金正斯〉(『秋潭別集』 卷1), 〈答徐鎭英〉(卷2) 등에서 약간 뉘앙스가 다른 듯한 대답을 하고 있다. 다시 찬찬히 살펴볼 문제이다.

李世忠臣逸士傳』에서 퇴계, 율곡, 포은을 '공'으로 부르고 있는 데 대하여 의문을 제기한다. '선생'과 '공'을 구분함이 흥미로운데, 혹시 그 내면에 학문적 도통관과 관련된 것이 깔려있지 않을까 한다. 『화도연원록華島淵源錄』의 〈도통연원록道統淵源錄〉에는 조광조趙光祖－이황李滉－이이李珥－김장생金長生－송시열宋時烈－김창협金昌協－김원행金元行－박윤원朴胤源－홍직필洪直弼－임헌회任憲晦로 이어지고 있기 때문이다. 이 학통은 임헌회의 도통관에 의거해 간재의 문인들이 작성한 것으로, 사승관계를 통해 기호 낙론계 학통을 이어받았음을 명시적으로 드러낸 것이다. 그러나 이를 의식하지 않더라도 혁재가 보기에 포은/퇴계/율곡이 송도의 문사나 서예가보다도 낮은 칭호로 불리워야 할 이유가 없기 때문이다. 그래서 결국 창강의 저술은 자신의 취향에 맞는 사람을 골라서 집필했을 뿐이요 공의는 아니라는 점을 넌지시 비판하고 있다.

혁재의 창강 비판은 주로 성리설에 대한 이해와 관련되어 있다. 이는 학술 논쟁(비록 서로 토론이 진행되었다는 흔적은 찾기 어렵지만)이라고도 부를 수 있을 듯하다. 창강의 경학담론에 대하여 혁재의 의론만큼 찬찬하게 진행된 경우도 거의 없는 것으로 보인다. 여기서 우리가 창강을 주로 '문사文士'로만 기억하는 것을 떠올려볼 필요가 있다. 그의 장처를 두고 문학적 담론과 비평, 창작 등을 주목하는 것은 저간의 사정과 자료의 실존이 증명해주고 있기에 부정할 수는 없다. 사정이 그렇다하더라도 이제껏 창강의 학술사상을 본격 논의한 논구가 매우 드물다는 점은 참으로 당황스러운 상황이 아닐 수 없다. 비록 온전하게 전작형태로 제시된 것은 아닐지라도(아니 논문형식의 글도 있다.), 우리는 혁재를 통하여 창강의 성리설이 다소 남다르게 보일 수 있는 부분이 있음을 재발견하게 된다.

이밖에 본장의 후반부에 모아서 제시하였지만, 창강의 행실에 대한 원론적인 비판이 주는 무게도 가볍지만은 않다고 여겨진다. 혁재의 창강 비판은 예리하면서도 냉정하며 엄정하다. 그러나 그의 시각은 창강을 '밖'으로부터 재차 점검할 것을 환기시켜준다는 점에서 오히려 역설적으로 건조하지 않고 따스해 보인다. 우리는 영혼 없는 존경에 지쳐있지 않았던가 하는 반성을 해본다.

4. 근대초기 지식지형의 프리즘, 김택영

주로 경학사상에 치중했던 혁재의 비판과 달리 창강의 시에 대한 비판을 내놓고 있는 간재艮齋 문인門人이 있어서 눈길을 끈다. 양재陽齋 권순명權純命은 창강이 이등박문에게 준 시를 들면서 이렇게 말하고 있다.

> "天地經綸一手摩, 扶桑重奠舊山河. 不須斐築麒麟閣, 萬國生綃寫已多.
> 金澤榮當國家喪亂之日, 去官入中州, 人稱志節之士. 旣而有謂金構勉庵崔公爲小人, 及編國史也誣先王以凶說. 余曰, 焉有去國之臣, 而有此凶孼乎? 只可附之歐臾也. 余於昨秋遊嶺外, 得閱其印行文集, 有稱伊藤以天地經綸扶桑重奠之詩. 嘻, 是何言也? 堪與啓超所謂哲后治臣幷案耳. 夫以弑君立國爲哲后治臣天地經綸, 則所謂亂臣賊子人人得誅之義於是晦熄, 而忠孝綱常不復可立於世間耶? 而況伊藤於我邦有萬世必報之讎, 乃敢爲此凶說而著之書傳之後乎? 是可忍也, 孰不可忍也? 向所謂誣先王構忠賢者, 吾知澤榮之必有此凶孼, 而不惟不可爲志節之士, 眞可謂亂賊之血黨也, 吁!"[13]

13 權純命, 〈題金澤榮贈伊藤博文詩〉, 『陽齋集』 卷11.

양재에 의하면, 창강은 나라가 상란喪亂하는 날을 맞아 벼슬을 버리고 중국으로 들어가 세상 사람들에게 '지절지사志節之士'로 불렸다고 했다. 양재는 창강의 문집을 열독한 뒤에 특히 양계초梁啓超를 존칭한 점,[14] 최익현崔益鉉이 임금에게 항소抗疏를 낸 것을 들면서 이른바 난신적자를 주벌해야 하는 이치가 점차 잦아지고, 충효강상의 덕목이 세상에 다시 세워지지 않음을 안타까워하고 있다. 특히 이등박문의 경우는 우리나라에 있어 반드시 복수할 원수이거늘, 이렇게 그에게 보내는 시를 책에 적어두고 후세에 전할 필요가 있는 것인가 묻고 있다. 양재의 창강 비판은 그만의 생각은 아니었다. 앞서 혁재의 생각을 간재가 같이 논의해주었듯이, 양재도 자신의 생각을 간재에게 조회했었던 듯하다.

> "權顧卿錄得金澤榮集中代人贈日本伊藤大臣一絶云, 天地經綸一手摩扶桑重奠舊山河. 不須斐築麒麟閣萬國生綃寫已多. 此其見識心法何如? 宜其爲先帝無服之說也. 天於彼輩獨不賦以人理耶? 噫, 彼青賊一受金也之指敎, 而不自知其陷於凶逆之科, 哀哉!"[15]

간재의 평가는 냉혹하다. 양재는 창강을 비판하는 데에 머물고 있다면, 간재는 더 나아가 심재 조긍섭의 선제무복설先帝無服說과 연동

14 간재학파를 이해하는 데에 '양계초'는 주요한 핵심 논제가 될 수 있다. 간재(〈梁集諸說辨〉, 『秋潭別集』 卷3 〈與吳震永兼示子孫與諸生〉(戊申), 『秋潭別集』 卷2)를 비롯해 그의 제자들은 양계초의 『秋潭別集』 卷4를 열독하고, 그것에 대하여 조목조목 살피며 비판하고 있다. 예를 들면, 裕齋 宋基冕의 〈妄言〉(『裕齋集』 卷3), 玄谷 柳永善의 〈新書論〉(『玄谷集』 卷9) 등이 그러하다. 한국의 근대를 관통하면서 양계초는 비판과 추앙의 변주를 경험하고 있었던바, 이제 균형 있게 양계초를 독해할 필요가 있을 듯하다.

15 田愚, 〈與鄭寅昌〉 卷2, 壬戌, 『秋潭別集』.

시키고 있다. 이는 창강과 심재가 사상적으로 연계되어 있다는 전제 아래에 그 연계의 표현으로 간주하고 있는 것이다.

창강의 시는 1898년에 쓴 〈대인증일본이등대신代人贈日本伊藤大臣〉이다. 이 시는 『소호당집』(권3)에 수록되어 있고, 뒷날 『합간소호당집보유』(권1)에 제1수만 수록되었다.

> 天地經綸一手摩, 扶桑重奠舊山河. 不須斐築麒麟閣, 萬國生綃寫已多.
> 萬里秋風一船輕, 山川人物入遐情. 樽中十斗青梅酒, 論到當時幾輩英.

같은 해 창강은 〈대인화일본인미계영잔형代人和日本人米溪咏殘螢〉(『창강고』 권3)을 짓기도 한다. 대인작代人作이라는 점에서 이 시에 노정된 감정과 의식을 모두 창강의 것으로 소환할 수는 없을 듯하다. 그래서 양재나 간재의 비판은 다소 지나친 감이 있다. 게다가 당시 사회적으로 일본인과의 교류가 많을 수밖에 없는 상황을 염두에 두면, 창강의 시에 일본인과의 교류를 보여주는 시가 나타나는 것에 대하여 굳이 탓할 이유도 없을 듯하다.

특히 1909년에는 〈응일본인촌매창구시應日本人村梅窓求詩〉, 〈제공전이등박문어괘궁정견초諸公餞伊藤博文於掛弓亭見招, 부차이등운赴次伊藤韻〉, 〈증일본시인삼괴남대래贈日本詩人森槐南大來〉(이상 『소호당집』 권4) 등 일련의 시가 지어진다. 눈길을 끄는 것은 두 번째 시이다. 이는 이등박문이 1909년 2월 조선통감직을 사임하고 일본으로 돌아갔다가 같은 해 7월, 잠시 한국에 다니러 왔을 때 종로 가회동 취운정翠雲亭에서 송별연이 열렸는데, 그즈음 지어진 시인 듯하다. 취운정은 삼청동, 가회동, 계동 꼭지점에 있는 정자로서 당시 궁성 주위의 명승지였다. 이등박문이 관직을 그만두고 야인으로 돌아간다는 의미로서 '창랑조도滄浪釣徒'란 필명으로 칠언절구를 짓자, 그 뒤를 이어서 이재면, 김윤식, 조중응, 유길준, 정만조, 여규형 등을 비롯해 조선의 명사 53명, 일본인 2명(이 가운데 1인이 괴남槐南 삼대래森大來이다.) 이 시를 짓고 두루마리 3축에 수록해 놓았다. 이것이 『취운아집翠雲雅集』이다.[16] 여기에 창강은 44번째로 시를 쓰고 있다. 창강의 시는 『창강고』·『소호당집』에는 수록되지만, 이후로는 산삭되었다. 시제의 '괘궁정掛弓亭'은 창덕궁 후원의 신선원전新璿源殿에 있는 정자 이름으로 보인다.

이처럼 양재와 간재가 보여주는 모습을 통해, 앞서 본 혁재의 창강 비판이 혁재만의 비판이 아니라, 간재학파에 제법 알려진 이슈였음을 알 수 있다. 물론 간재학파는 창강만을 비판하지는 않았다. 보수적 유학파로서 전통학설에 기반한 사회인식과 실천을 보여주었던 이들은 신문물에 친화적이었던 개화파 혹은 다른 유학그룹들과는 나름의 스탠스를 갖고 학문적으로 사회적으로 움직였다. 이른바 한말 도학파[17] 가운데에서도 간재학파는 은둔을 통해 전통의 고수와 학문의 수호에 전념하였던바, 이들의 창강 비판은 그런 사상 실천과 맥이 닿아있다고 할 수 있다. 즉 창강에 대한 취향적 호불호好不好를 떠나 근대초기 사상적, 지성적 차원의 비판 작업이었던 것이다.

사실 근대초기 창강에 대한 비판적, 우호적 목소리는 어렵지 않게 찾아볼 수 있다. 문집 속에 창강이 산견散見되는 자료들을 스쳐보더라도 적지 않은 분량이다. 비록 편언척자에 불과하더라도 당시 '창강

16 이 책은 2010년 고서경매에 나온 적이 있다. 소장처는 미상이다.

17 금장태의 『유학근백년』 『속유학근백년』 등을 참조할 만하다.

(을 둘러싼) 담론'을 구성하는 데에는 보탬이 될 것으로 생각한다. 일단 그 내용을 구별하거나 성격을 분변하지 않고 그 일부를 제시하면 다음과 같다.

작가	문집	작품명	비고
金壽五(1721~1795)	『南厓遺集』	序(金澤榮)	
金憲基(1774~1842)	『初庵全集』	年譜	1901
李晩用(1792~미상)	『東樊集』	跋(李源昇)	1909
姜瑋(1820~1884)	『古歡堂收艸』 卷13	北遊續草題詞(金澤榮)	1885
許元栻(1828~1891)	『三元堂集』	答曺仲謹書略金滄江澤榮/墓表(金澤榮)	
崔宇淳(1832~1911)	『西扉先生文集』	書事(金澤榮)	
金允植(1835~1922)	『雲養集』	雲養集跋(金澤榮)	1930
安鍾悳(1841~1907)	『石荷集』 卷3	雲坡旺山諸詩伴再會于白鹿洞金滄江(澤榮)亦來寔數十年久要也	
田愚(1841~1922)	『艮齋集』	答徐柄甲/與吳震泳	1927
盧近壽(1845~1912)	『渭皐集』 卷2	與黃雲卿(玹) 丁未	
郭鍾錫(1846~1919)	『俛宇集』	答李器汝/答安子精/答李器汝丙申/答安子精丙辰	1925
鄭冕圭(1850~1916)	『三畏齋文集』 卷4	與權道敏(斗熙)	
安孝濟(1850~1916)	『守坡文集』	傳(金澤榮)	
申箕善(1851~1909)	『陽園遺集』 卷7	大韓歷代史畧序	
李建昌(1852~1898)	『明美堂集』	序(金澤榮)/明美堂集跋/跋(星州李燁明集)	1917
黃玹(1855~1910)	『梅泉集』	序(婺源江謙敬持)/序(黃開基)/本傳(花開金澤榮)/梅泉黃公墓表/先兄梅泉公事行零錄/歲暮懷人諸作－金滄江澤榮	1913
李沂(1848~1909)	『李海鶴遺書』	哭海鶴(金澤榮)	
盧相稷(1855~1931)	『小訥先生文集』	李子翼墓碣銘幷序	
金相頊(1857~1936)	『勿窩先生文集』 卷4	與曺仲謹(丁巳)	

李道復(1862~1938)	『厚山先生文集』 卷7	再辨/金史辨誤 金澤榮韓史繄	
李圭直(1863~1911)	『玉下文集』	墓碣銘 竝序	
朴泰亨(1864~1925)	『艮嵒文集』 卷5	答李道唯	
安昌濟(1866~1931)	『松隱遺稿』 卷2	與夏靈峯先生/與金滄江(澤榮)/與侄渭相稷相	
河鳳壽(1867~1939)	『栢村先生文集』	讀金滄江誄安重根詩因次其韻/閑中偶讀金滄江黃梅泉二子詩集賦此示斗山寬寮	
崔道燮(1868~1933)	『聽江集』 卷2	與金滄江	
李觀厚(1869~1949)	『偶齋文集』 卷2	晩翠逸稿序	
曺庸相(1870~1930)	『弦齋集』 卷2	與金滄江澤榮(甲寅)	
河謙鎭(1870~1946)	『龜岡詩草』	金滄江訃自淮南至遙寄二诗弔之	
河謙鎭(1870~1946)	『晦峯先生遺書』	韶濩堂集序丙辰/謝李泰規熏浩來訪/金滄江澤榮訃自淮南至遙寄二詩弔之/梅泉詩集序/精舍揭扁記(壬戌)/書安義士傳後	
權鳳鉉(1872~1936)	『梧岡文集』	與崔雲齋(壬戌正月)/與濫溪書院僉氏(壬戌正月	
曺兢燮(1873~1933)	『巖棲集』	挽金滄江/答金都事/昌寧成君墓碣銘	
金永蓍(1875~1952)	『平谷先生文集』	行狀	
金季潤(1875~1951)	『明溪遺稿』	答金正哉/答金景一	
權道溶(1878~1959)	『秋帆文苑』	秋帆先生座前(金澤榮)/與金滄江 澤榮 論韓史書 丙辰/呈金滄江二十四韻/讀金滄江詩集/眞庵先生李公行狀	
柳潛(1880~1951)	『澤齋集』	寄呈金滄江(澤榮) 四首/閒居雜題 十六首/與金滄江(澤榮)	
李教宇(1881~1944)	『果齋先生文集』	二首○拜小序/與權松山 乙卯	

이 목록은 앞으로 검증하고 보완되어야 한다. 일단 그 대강을 보이기 위해서 제시할 뿐이다. 여하튼 이들은 우리에게 새로운 과제를 부

여하고 있다고 보인다. 그간 우리는 창강의 시문집을 정리하고 복원하며 번역하는 데에 노력을 경주해왔다. 그 사이 창강의 문집 속에 드러나는 것으로만 그를 이해하고자 하였다. 그 결과 알든 모르든 우리는 창강의 언술에 의지하고, 나아가 그를 옹호한 혐의도 갖지 않았을까 한다. 이를테면 문학사에 대한 창강의 관점은 그대로 한국한문학사를 이해하기 위해 거쳐야할 과목이었다. 그러나 이제 우리는 학문으로서의 창강학을 준비할 시기가 되었다고 본다.

하나의 학으로 '창강학'이 성립되기 위해서는 많은 노력이 필요하다. 이제껏 '창강학'에 대한 명확한 정의가 내려진 적도 없었다. 일단 '창강의 학문과 사상 및 그의 문하 및 교유자들을 통하여 계승되고 전파된 학풍 및 이와 관련된 활동 내용 일체'를 창강학으로 부르기로 하자. 창강에게는 뚜렷한 족적을 남긴 제자가 없었지만, 그의 생각을 따르는 학자나 학생(?, 이를테면 최익한崔益翰의 경우)들은 많았던 듯하다. 또한 그와 교유를 하면서 창강과의 기억을 남긴 자취들도 드문하지는 않았다. 하나의 학맥으로 존재하진 않지만 그의 학문과 사상을 복원하고 살펴볼 여지는 '실존'하는 셈이다.

혁재(및 간재학파의 학자들이)가 던져준 사상적 논제들과 역사적 관점들은 창강의 학문적, 사상적 스탠스를 확립해 가는 데에 일정한 역할을 했을 것으로 보인다.(혁재가 지적했던 글 가운데 후속 문집에 수록되지 않았던 것들, 시가 재록再錄되지 않았던 것들이 그 방증은 되지 않을는지) 좋은 학자는 추종자들을 통해 성장하는 것이 아니라 비판자들의 생각을 통해 건강하게 자란다고 생각한다. 혁재(및 간재학파의 학자들)는 창강의 시문집에 대한 성실한 독자였고 비평자였다고 평가할 수 있을 듯하다. 근대초기 수많은 학자들의 담론은 한국의 근대초기 지성사를 구성하기 위한 논단論壇을 이루었고, 특히 '창강'은 그들에게 선택과 성찰을 강요하였던 존재였다. 이제 '학문으로서의 창강학'을 준비하는 것이 우리 후학에게 맡겨진 몫이 아닐까 조심스레 생각해 본다.[18]

18 이 글의 발표 당시에 토론을 맡았던 김진균 선생은 창강의 사유가 지닌 복고적 성격을 지적하며, 근대기 사상적 스펙트럼에 비추어 여타 지식인들과의 비교 속에서 객관적으로 평가할 것을 요구했다. 이 글도 창강에 대한 당대 학술사상사에서의 객관적 위치를 비정하기 위한 데서 출발하였지만 아직은 평가 단계에 들어서길 주저하고 있다. 선생의 문제제기에 고마운 마음을 드린다. 아울러 익명의 심사위원들의 소견도 소홀하게 지나칠 수 없어 이곳에 부기해두고자 한다. 심사위원들은 혁재와 창강 사이의 경학적 견해의 차이를 더욱 정밀하게 분석하고, 각각의 논리 기저에 놓인 학맥적 맥락을 탐색해 줄 것을 요구했다. 심사위원들의 정성어린 요청에 대하여 후고로 대답하겠다고 약속드리고자 한다. 하나의 논고가 이뤄지기까지 자료의 제공을 비롯해 토론 및 심사를 맡아준 분들의 많은 도움이 있었다. 이 자리를 빌려 진심으로 감사의 말을 전한다.

제12장

소파小坡 오효원吳孝媛의 시학과 의경

1. 소파를 읽는 방법

이 글은 근현대기 여류 시인인 소파小坡 오효원吳孝媛(1889~?)의 한시에 들어있는 '마음'의 일단을 읽고, 그 의경의 구성을 심미적으로 이해하고자 시도한 글이다. 특히 '원怨'의 의경을 구성하는 방식을 살펴보고, 그 의미를 추려보고자 한다.

소파에 대한 성과들은 이미 주지하듯이, 다양한 측면에서 제출되었다. 근래 박사학위논문까지 제출된 것을 보면 제법 연구력研究歷은 쌓였다고 할 수 있다.[1] 최근 신익철 교수에 의하여 『소파여사시집』의 역주본이 간행되었다. 이 책은 소파의 한시 원전에 대한 정확한 접근을 가능하도록 한다는 점에서 지금까지와는 다른 학술성과를 기대하게 해준다. 게다가 생애와 관련하여 모호했던 부분을 가능한 한 밝히고 있다는 점에서 소파의 삶에 대한 실증적 연구의 기초를 닦았다고 평가할 수 있다.

그런데 소파 연구는 기본적으로 자료의 한계를 지니고 있다. 그 덕

1 소파 오효원에 대한 연구성과는 『소파여사시집』 역주본의 해제로 붙어있는 신익철 교수의 〈소파 오효원의 생애와 시세계〉를 참조할 만하다.

분에 무엇보다 소파의 생평에 대한 연보학적 검토가 이뤄지지 않고 있다. 최근 한 박사논문[2]에서 생애별로 검토한 바 있지만 여전히 미흡한 부분이 적지 않다. 실제로 소파의 삶을 재구할 수 있는 자료들은 『소파여사시집』의 모두에 붙어있는 서문 4편, 즉 이수원李壽源의 〈소파시집서〉, 오시선吳時善의 〈서〉, 오지영吳芝英의 〈제소파여사오군시집題小坡女士吳君詩集〉, 오효원의 〈자서自敍〉 등과, 시 가운데 삶의 편린을 확인할 수 있는 시들(시제를 통하여) 및 후손들의 단편적인 기억만이 있을 뿐이다. 그런 점에서 소파 연구는 기본적으로 한계를 갖고 있다. 소파의 삶에 대한 재구는 물론이요, 그녀의 의식에 대한 역사적, 사회적 접근이 용이하지 않은 이유가 바로 이것이다. 더구나 소파의 시학을 규정할 만한 비평자료가 없음에랴. 덕분에 우리는 새로운 방법의 모색이 필요하다. 즉 시를 통한 시학(논리)의 재구이다. "이론적 자료가 없을 경우, 시를 통해 이론을 제시할 수 있다."[3]

그럴 때 소파가 남긴 자료의 대부분이 '한시'라는 점을 주목할 필요가 있다. 시는 작자의 서정을 주된 물적 자산으로 하여 이뤄진다. 그래서 무엇보다 명징하지 못하다. 산문이 주는 메시지의 전달성을 상대적으로 시는 열악하게 갖고 있다. 중의적이며 함축적이어서 무엇을 말하는 지 모호하기도 하다. 그러나 그 덕분에 시는 나름의 장점을 갖는다. 즉 인간의 감정이란 것이 뭐라고 정확하게 짚어낼 수 없는 측면이 있는바, 이런 인간의 감정을 표현할 수 있는 장르로서는 시가 주목받을 수밖에 없다. 소파가 남긴 산문은 현재로서는 『시집』에 전하는 '자서'에 불과하다. 소파의 시를 탐색하는 데 있어서 이 〈자서〉는 재

2 김인택, 「오효원의 한시 연구」, 중부대 박사논문, 2017.

3 程千帆, 『桑榆憶昔』, 북경대출판부, 2015.

차 곱씹어볼 필요가 있다.

아울러 시를 다룰 방법적 고민이 필요하다. 이 글은 소파의 마음의 논리를 주목한다. 이를 위해 시의 관건어를 들여다본다. 관건어를 중심으로 모아지는 마음의 결을 찾아서 그것의 구성 원리를 살펴보고자 한다. 관건어는 이른바 주제나 표현 국면의 풍격을 표현하는 술어와 연관되기는 하지만, 그렇다고 반드시 동일하지는 않다. 작가의 내면은 대단히 복잡하고도 미묘하다. 마치 수면에 가라앉은 빙산처럼 그 일각만을 시어로 보여줄 뿐이다. 시어 자체가 작가의 내면 전체일 리 만무한 이유가 바로 여기에 있다. 그러나 그의 내면을 들어가기 위해서는 그 '일각'에 의존하지 않을 수 없는 노릇이다. 시어로 엮어내어진 시맥詩脈을 파악하지 못하면 시의 독해는 불가능하기 때문이다. 시어는 독해를 위한 유일한 길이지만 거꾸로 방해하는 장애물이기도 하다. 작가는 항용 자신의 내면을 감추는 도구로 시어를 활용하기 때문이다. 관건어는 시안과 유사하다. 그러나 시안보다 좀 더 열려있고 관계적이다. 시안이 해당 작품만을 해명하는 눈이라면, 관건어는 작가의 다른 작품들, 동질이거나 같은 범주로 다룰 수 있는 작품들을 논리적으로 엮을 수 있는 벼리[강유綱維]이다.[4]

이런 방법적 고민을 통해 읽어가는 것을 '마음독법'으로 부르고자 한다. 아직 명료하게 정의되기 어렵고, 내포와 외연이 불분명한 점이 있다. 그런 점에서 대체적인 호명으로 이해해주길 바란다. 이 글은 이런 모색을 통해 소파의 작품을 통관하는 시적 세계가 비추悲秋와 연춘憐春, 회고懷古와 개혁改革, 객수客愁와 술회述懷 범위를 지나고 있

4 졸고, 「용헌 이원의 한시에 나타난 몇 가지 마음에 대하여」, 『동양한문학연구』 42, 동양한문학회. 2015.

으며, 이를 통해 읽혀진 소파의 마음(감성感性, 감정感情, 정감情感, 심태心態, 심곡心曲 등과 유사하다.)은 '원怨'의 의경으로 향하고 있음을 짐작할 수 있었다. 특히 소파는 감정을 갈래 짓고 정면으로 응시한다는 점에서 주목된다.

그러나 아직은 시론적 성격에 머물고 있음을 미리 고백한다. 특히 소파를 둘러싼 외부환경에 대하여 가능하면 닫고, 소파 내면의 목소리를 듣고자 했음을 일러드린다. 그 이유는 이렇다. 가능하면 소파 한시가 갖고 있는 감정의 결을 읽고 싶었기 때문이다. 앞서 말했듯이, 한시는 즉흥적이고 인상적이다. 그래서 논리화하기가 어려운 점이 있다. 그러나 오히려 역설적으로 사람의 마음이 갖는 '순간적 진실'을 가장 정직하게 보여주는 문학 갈래이기도 하다. 비록 동일한 사람이 지은 작품들이라도 혹은 밋밋하고 혹은 날카로우며, 혹은 부드럽거나 거칠어서 어느 하나의 단일한 특징을 포착하여 서술하기 어렵다. 그래서 우리는 늘 외부의 논리에 시의 감정을 꿰어 맞추는 경향이 있었다. 그 점을 탓하진 않는다. 나름의 한계를 넘어서고, 시가 갖고 있는 정성적情性的 성격의 주관적 한계를 벗어나 객관적인 위치를 지워주고 싶었던 생각에서 나온 것이기 때문이다. 그간 소파 연구는 그런 경향이 짙었다. 아울러 소파 한시를 특정한 개념과 이론으로 규정하려고도 했었다. 그런 경향도 의미 있는 결과를 도출할 수 있었을 것이다. 다만 이 글에서는 그런 외부와 다소 단절된 '진공상태의 소파'를 들여다볼 것을 시도하려고 한다. 그런 점에서 이 글은 위태롭다. 특히 시를 지은 시기의 특정한 상황을 자세히 들여다 볼 수 없다는 점에서 더욱 그렇다.

비록 위태롭기는 하나, '마음'이 소파의 시를 이해하는 통로가 될 수도 있겠다는 가능성을 보여주는 시를 하나 들어둔다. 이 시는 수많은 감정들, 하많은 생각들을 하나씩 엮어서 비단을 짰지만 여전히 감정도 생각도 많다는, 그래서 더욱 정리整理하기 어려운 마음의 모습을 보여준다. 특히 감정의 갈래를 짓고 난 뒤 마무리하듯이 제시된 시라는 점에서 심상한 시로 보이진 않는다.

> 옛 실 내버려두고 또 새 실을 짜니
> 한 땀 한 땀 어이하여 만 가닥의 실을 이루었나.
> 남몰래 마음의 베틀로 밤새도록 짰는데도
> 비단 북 위에는 천만의 실이 아직도 남았구려.
> 舊絲棄置又新絲　一點何如萬縷絲
> 暗使心機終夜織　繡梭千萬尙餘絲[5]

2. 시인과 감정의 시학

우리는 시적 진실성을 믿는다. 찰나적으로 현실을 포착하는 시 장르를 통해 시인이 세계와 이뤄낸 일치一致, 정신적 교합巧合, 상상과 비유를 통한 세계의 재해석을 이룬다고 신뢰한다. 적어도 진지하고 성실하며 정직한 시인이라면 그러할 것으로 믿는다. 시는 또 하나의 창조된 세계이기 때문이다. 그런 점에서 소파의 시는 우리의 기대를 저버리지 않았다. 소파 역시 시를 지으면서 그렇게 생각했던 듯하다. 소파는 〈자서〉 끝에서 인위적 공교로움으로 이뤄진 '공工'과 견주면서, 시가 세상과 마주치며 이뤄낸 또 하나의 세계 창조를 '조화'로 정리해내고 있다.

---

5 吳孝媛, 〈心絲織〉, 『小坡女士詩集』 下編.

> "오호라! 시를 어찌 공교롭게 짓겠는가? 아마도 사람의 조화로운 솜씨 이리라!"[6]

소파의 목소리를 더 듣기 전에 다른 사람의 이야기를 들어본다. 1923년 소파시집이 엮인 뒤 수차례 간행된 소파시집은 53년 뒤 재차 간행되었다. 물론 그 사이 수차례 간행되었지만, 소파의 막내동생인 향원香園 오정애吳貞愛는 재차 서문을 붙여서 간행하고자 신재信齋 이수원李壽源에게 서문을 부탁하였다. 이수원은 서문에서 흥미로운 발언을 한다.

> "아! 세상에서 이른바 시인이라 부르는 자들은 문장에 구속되고 자구에 얽매이는 데 급급하여 맑고 밝으며 한적하고 드넓은 세계가 있다는 것을 모른 채, 시세時勢만 좇고 일상의 쓰임에 어려움을 겪으며 수고롭게 애쓰고만 있다. 시의 참된 뜻이 사무사思無邪와 언지言志에 있다는 것을 모르기에 절차탁마하는 내실이 없이 읊어 댄 시편들이 모두 한철 귀뚜라미나 벌레의 울음소리에 지나지 않아 취할 만한 것이 부족하다.
>
> 소파小坡의 시는 이와 달라서 칠정七情의 감정들이 시를 읊고 노래하는 가운데 드러나 그 마음속 뜻이 흥건히 전달되고 그 성정이 시원스레 펼쳐지며 자구字句와 성운聲韻의 말단에 구속되지도 않았다. 그러면서도 여러 시체詩體를 모두 갖추고 있어 절로 일가를 이루었다. 그러므로 그녀의 시를 읽어보면 문자 너머의 고결한 품격을 능히 느낄 수 있으니 시인들의 추숭을 받는 것이 진실로 마땅하다 하겠다."[7]

---

6 吳孝媛, 〈自敘〉, 『小坡女史詩集』, 上編, "嗚呼 詩豈工之哉 其人之造化也夫"

7 李壽源, 〈小坡詩集序〉, 『小坡女史詩集』, 上編, "噫 世之所謂爲詩者 拘束於鉛槧 桎梏於字句汲汲焉 不知有昭朗閒曠之界 趍向於時勢 困難於日用勞勞焉 亦不知詩主思無邪而言志之義 故無切磋琢磨之實 所詠篇什 同歸於蛩唫虫唧 則不足有取也 小坡之詩則異於是 而七情之所感 發於諷詠唱和 貽蕩其心志 暢叙

이수원은 소파의 시세계 연원을 『시경』의 '사무사思無邪'와 '시언지詩言志' 전통에 끌어올리고 있다. 이 부분은 소파의 시가 동양시학의 전통에 서 있다는 지적이지만, 다소 의례적인 언급으로 보이기에 크게 주목을 끌기는 어렵다. 그러나 소파의 시를 규정하면서 '칠정七情' 운운하는 부분은 눈여겨 볼 필요가 있다. 사실 '언지言志'와 '언정言情'은 별개의 문학전통이다. 메시지나 의사의 전달 및 주제사상의 표현을 주로 하는 언지의 시학과 인간의 감정을 좇아 다양한 정감의 빛깔의 표현에 주의하는, 오히려 이를 본원으로 하는 언정言情의 시학은 흡사 『시경』과 『초사』의 거리만큼이나 떨어져 있다. 그런데 이수원은 이 둘을 하나의 서문 안에서 거론하고 있다.

그러나 찬찬히 들여다보면 나름의 이유를 발견할 수 있다. 곧 그는 시를 자구나 조탁 안에 가두고, 시세와 일용의 쓰임에 연연하는 작풍에 대하여, 시 자체의 본원적 가치로서 사무사와 언지의 시학전통이 있음을 거론하고, 그런 시학전통의 맥락 안에 소파의 시가 놓여있음을 말하고자 했다. 한시는 전근대사회에서, 혹은 근대사회 초입에서도 많은 부분 일상적 메모나 사회적 교류나 관계 맺기를 위한 도구로서 기능해 왔다. 흔히 연보처럼, 생활일기로서의 시가 나름의 역할을 수행해왔던 것이다. 창작의 신비로운 과정에 대한 수많은 담론들이 있음에도 불구하고, 현실 사회 속에서는 상당부분 자신의 한문재주를 펼치는 수단이 되었고, 얼마나 시학전통의 주류에 가까운지 그렇지 않은가에 따라 그 수준의 평가가 이뤄져 왔다. 늘 도잠陶潛이나 두보杜甫와 같은 이들의 시경詩境을 자신의 시 속에 녹여내고, 그것을 천

其性情 不規規於字句聲韻之末 而衆體具備 自成一見 故讀其詩 而能知高潔品格於文字之外 則爲詩人之所推重 固當然也"

연스레 표현하며, 그 와중에 다른 사람을 감동시킬 정도의 다양한 표현방식을 구사할 수 있다면, 더더욱 고평高評을 얻을 수 있었다. 한때는 장옥문학場屋文學처럼 과시科詩의 입격기준에 얼마나 가까이 가는가에 따라 시적 재주가 평가되기도 하였다. 윗글의 서두는 간단한 언명에 불과하지만, 이에 대한 재고를 환기하고 있는 것이다. 더구나 20세기 후반의 글이라는 점을 염두에 두고 보면, 이 무렵까지 한시를 향유하는 계층들의 존재가 있고, 이들의 작풍이 어느 정도 시학전통과 거리가 있었는지(아니 시경 전통에서 비판받을만한 거리에 있었는지)를 확인할 수 있다. 어쩌면 이 시기 한시의 생명은 겨우 교유의 수작酬酌과 완농玩弄의 호흡으로 유지되고 있었을 지도 모르겠다.

다시 이수원의 목소리로 돌아가 보자. 그는 소파의 시를 "칠정지소감七情之所感, 발어풍영창화發於諷詠唱和, 이탕기심지貽蕩其心志, 창서기성정暢叙其性情"이라고 요약한다. 창작의 기반에 '칠정七情'이 놓여 있고, 이를 바탕으로 자신의 심지를 펼치고, 성정을 노래했다는 것이다. 시에 대한 당연한 언급처럼 보이지만, 우리는 이로부터 소파의 시를 이해할 수 있는 단서를 확보하게 된다. 소파의 시를 주마격走馬格으로 열독하더라도, 그의 시에 드러나는 감정의 풍부함에 놀라게 된다. 여하튼 그런 점에서 이수원의 지적은 기억해둘 필요가 있다. 그럼 이제 소파가 갖고 있는 시에 대한 생각은 무엇일까?

> "시에 대해 말하기란 그 얼마나 어려운 일인가!『시경』이래로 본질보다 꾸밈을 중히 여겨서 시법이 거의 사라졌는데, 진晉나라 때에는 우아함을 얻었고, 당나라 때는 부유함을 얻었으며 송나라 때에는 기묘함을 얻었다. 이에 시를 배우는 자들이 으레 삼대三代를 추숭하면서 간혹 화려한 재주를 드러내 보이거나 자질구레한 찌꺼기를 좇다가 시법을 잃기

> 도 하였다. 먹줄을 따라 먹선을 긋고 관습에 따라 법도를 준수함을 더할 나위 없이 하면서, 간혹 삼대三代 사람들의 감정을 새롭게 변용하여 자신의 감정으로 삼기도 하였다. 그렇지만 아! 시가 어찌 모방하여 지을 수 있는 것이겠는가? 대개 인문人文이 같지 않고 풍속 또한 자주 바뀌어서 사람들의 감정도 아침저녁으로 달라지는 법이다. 하물며 시란 감정에 민감한 것이거늘 지금 사람이 옛 사람의 감정을 훔치고 본떠서 포로蒲盧처럼 할 수 있는 것이겠는가?"[8]

소파도 시학의 연원을 『시경』에서부터 시작하고 있다. 소파는 진晉의 우아함, 당唐의 부유함, 송宋의 기묘함을 시학의 사적 전개로 이해하고, 후세 작시자들이 표준으로 삼았다고 하였다. 창작의 준거로서의 진, 당, 송의 선택과 흡수는 크게 문제될 것은 아니다. 으레 전통시학에서 거론되었던 연원이기에! 그러나 문제는 시법의 준수 너머에 자리한 근본적인 창작의 원칙이 무너지고 있었다. 소파는 후세 학시자들이 "이삼대인지감정以三代人之感情, 위기지감정爲己之感情"하는 경향이 있었음을 지적하고 있다. 보통 사람의 감정도 아침저녁으로 바뀌거늘, 시란 특히 '민어감자敏於感者'인데, 그것을 짓는 시인은 더욱 '민어감자'일 터인데, 어떻게 예전의, 남의 감정으로 자신의 시를 쓸 수 있을까? 그래서 소파는 이렇게 단언한다. "아, 시가 어찌 모방하여 지을 수 있는 것이겠는가?(噫 詩豈襲之哉)"

소파의 말을 다시 음미하자. "하물며 시란 감정에 민감한 것이거늘

---

8 吳孝媛, 〈自叙〉, 『小坡女史詩集』, 上編, "言詩其難矣哉 風雅之後 繪勝於素 幾乎失矣 而晉得其雅 唐得其富 宋得其奇 學之者 便以三代相尙 或失於才華 殆窮於糟粕 緣墨從繩 遵軌襲套 莫之或創 以三代人之感情 爲己之感情 噫 詩豈襲之哉 蓋人文不同 俗尙多革 人之感情 朝暮且異 況敏於情者 時人其可偸情襲感而如蒲盧爲哉"

지금 사람이 옛 사람의 감정을 훔치고 본떠서 포로蒲盧처럼 할 수 있는 것이겠는가?" '포로蒲盧'는 나나니벌이다. 뽕나무벌레의 새끼를 가져다가 자기 새끼로 만드는 놈이다. 『시경』 소아 〈소원小宛〉에 유래한다. 본래 정치가 백성을 변화시키는 효험의 신속함을 보여주는 선례善例인데, 이를 오히려 도습蹈襲과 같은 창작의 불건강한 현상을 비유하는 데에 사용하였다.

그럼 소파는 어떤 시학을 추구하였을까? 〈자서〉를 제외하고 자신의 생각을 알 수 있는 자료로 우리가 갖고 있는 것은 그녀의 시뿐이다. 시가 본래 서정 장르이긴 하지만, 소파의 시는 유독 감정에 세밀하게 접근하고 있다. 가장 눈에 띄는 작품을 들어보면 다음과 같다.

시제	시
緣三首	春深院裡百花盈, 驀見風流古愛卿. 欲語羞人還巧笑, 姸姸嬌態萬般生 皓齒丹唇又美眸, 超群玉貌物之尤. 慇懃如有懷春意, 八字青山月樣鉤. 頻送秋波情半含, 芳心脉脉似春蚕. 玉手纖纖花下拂, 屋邊楊柳綠層三.
恨三首	難堪一日似三秋, 情緒頻從眼角留. 環佩時聞聲更遠, 心寃飄忽思悠悠. 千條楊柳垂垂低, 遊絮隨風落滿閨. 飛入墻頭人不見, 纖纖月色夜俙微. 苦思不見復何爲, 百計商量無奈其. 徙倚欄干天欲曙, 鷄鳴風雨五更時
情三首	裁得十封錦字回, 文詞况復薛濤才. 洞房紅燭深深夜, 萬疊春愁頃刻灰. 月襯窓紗花氣暖, 錦衾香漬意相交. 巫山雲雨陽臺夢, 萬念人間盡也抛. 灩瀲琪筵映瑪瑠, 舞衣乍動彩雲收. 曉來推枕燈前坐, 鴉黛紅粧眉更修.
悵三首	紅粧對樹悄無言, 雨打櫻桃晝掩門. 春草深深人不到, 空階花落沒無痕. 前溪春雨夜生波, 楊柳千絲織錦梭. 征馬翩翩留不得, 黃昏愁黛暗青蛾. 睡短話長夢未闌, 亂鷄逼迫忽驚寒. 摻手牽裳難別處, 百忙不負暫相看.
思三首	憶君遙似在殊方, 翡翠衾寒夜正長. 却憐好夢緣偏重, 頓覺羅衫一半香. 生憎黃鳥聲偏小、大吗不能驚我寃. 寃夢若令歸未返, 與君長對說離怨. 悄然獨立可憐人, 愁殺空庭月色新. 若識深閨長夜恨, 簾間休復喚眞眞.
愁三首	心懷如柳不禁斜, 愁對黃昏落晚霞. 玉顏正似弦前月, 夜夜爲君减彩華. 强欲催眠下繡簾, 不堪愁思倍新添. 紅庭夜露花鬚冷, 似怕東風蝶翅黏. 露下虛庭月上梧, 依依殘夢有耶無. 香散金爐人臥病, 遲遲銀燭淚工夫.

夢三首	細隨蝴蝶出香閨, 白馬郎君載我歸. 兩兩飛來春院裡, 落花深處却依微. 遼西怪在玉欄邊, 漢月深閨倍覺圓. 道是阿郎今夜返, 新粧滿面更加臙. 一身飛到戍漁陽, 握手悲歡淚滿裳. 欲問歸期因不見, 鳴鍾十二響丁當.
怨三首	相思勞苦不思宜, 强欲消愁唱短詞. 一去春緣無處問, 梨花纖月滿空枝. 落葉滿階莫掃紅, 朱顔憔悴已秋風. 早知如此離情苦, 初不當年刻意中. 憶昔離家秋以期, 蕭蕭落葉使人悲. 金鴨香消紅袖冷, 五更無語淚垂絲.

위 시제 및 형식을 생각할 때, 이들은 같은 시기, 적어도 비슷한 시기에 쓰인 것으로 보인다. 특히 '연緣'·'한恨'·'정情'·'창悵'·'사思'·'수愁'·'몽夢'·'원怨' 등으로 구분된 감정의 갈래가 흥미롭다. 이 가운데, '한恨'·'정情'·'창悵'·'사思'·'수愁'·'원怨' 등은 감정의 갈래로 간주할 수 있는데, '연緣'과 '몽夢'이 포함된 것은 의외이다. 사실 '정情'도 흔히 감정으로 번역되는 말인데, '한恨' 등과 같은 반열에 있다는 점도 뜻밖이다. 이를 어떻게 이해할 수 있을까? 일단 '연緣'은 인연, 특정한 외부의 상황으로 인하여 누군가와 만나게(접하게) 되는 것을 말하는데, 이 순간 만난 당사자들 사이에 관계의 감정이 시작된다고 볼 수 있다. 소파는 관계 속에서 겪는 다양한 순간 속의 감정들을 모두 '감정의 갈래' 안에 포함한 것이다. 그럴 때 '몽夢'도 이해된다. 꿈속에서 만나는 것은 하나의 상황이지만, 일상 속의 만남보다 더 절절하다. 그런 점에서 '감정의 갈래'에 넣는 것은 일견 타당하다.

그럼, 시 몇 수를 들어, 소파가 '갈래지은' 감정의 결을 확인해 보도록 하자. 쉽지 않은 일이겠지만. 이들을 꼭 순서대로 읽을 필요는 없을 듯하다. 그래도 시집의 안배순으로 읽으며 각각 감정의 갈래들 사이의 '다름'을 찾아보고자 한다. 물론 이것이 절대적이거나 객관적인 근거를 갖고 있는 것은 아니다. 주의할 것은 각 시들의 내부 논리와 감정 흐름의 포착이다.

봄이 깊은 뜨락에 백화 만발한데
지난날 그대 멋진 풍류 문득 떠오르네.
말로 하자니 남부끄러워 그저 빙긋 미소 짓는데
곱디고운 자태 온갖 모습 생겨나네.
春深院裡百花盈　驀見風流古愛卿
欲語羞人還巧笑　妍妍嬌態萬般生[9]

봄날에 피어난 꽃들은 옛날 '애경愛卿'을 떠올리게 만든다. 그렇다고 '백화百花'와 '애경愛卿'이 비유관계도 아니며, 흡사 『시경』의 흥興과 같다. '연緣'은 인연, 즉 나와 그대 사이의 관계를 말한다. 사람의 감정은 서로의 인연을 따라 시작되고 이어진다. 제3, 4구는 제2구로 인하여 만들어진 '환상' 혹은 '추억'의 화면들이다. 내가 그대를 보면서 수줍게 돌아서고 미소 짓던, 그때 아름다웠던 기억을 보여주고 있다.

흥미롭게도, 연緣은 여기서 다시 시상의 발전을 의미하면서 새로운 의미도 확보한다. 곧 제1구의 '백화百花'에서 '연緣'하여 '고애경古愛卿'이 떠오르고, '고애경古愛卿'을 '연緣'하여 둘 사이에 있었던 수줍던 기억이 되살아난다. '연緣'은 나와 그대 사이의 감정의 시작이요 진행이다. 이 연이 끝나는 지점에서 둘의 관계도 마무리될 것이다. 여하튼 소파의 연작시는 '애경愛卿'과의 추억으로 시작되었다. 앞으로 나올 감정의 갈래시들은 '애경愛卿'과의 감정을 표현한 것으로 봐도 좋지 않을까.

애절한 그리움에 만나볼 수 없나니 무엇을 할 수 있으랴
이리저리 백방으로 헤아려도 어찌할 수가 없구려.

---

9 吳孝媛, 〈緣〉 第1首, 『小坡女士詩集』 下編.

난간 맴돌며 기댄 채 있자니 하늘 밝아오려 하는데
비바람 속 닭울음소리 오경을 알리네.
苦思不見復何爲　百計商量無奈其
徙倚欄干天欲曙　鷄鳴風雨五更時[10]

‘한恨’은 원하는 임과 만나지 못하는 데서 촉발되는데, 무엇보다 백방으로 노력해도 어쩔 수 없는 순간 발출되는 감정이다. 제1구에서 보듯이, ‘한恨’의 출발은 ‘사思’였다. 그것도 ‘고苦’라고 했으니, 마음 아프고 애절하도록 생각하고 생각한 뒤에 사무치는 그리움 속에 헤매고 있다. 제1구의 ‘부하위復何爲’의 ‘부復’는 무엇도 할 수 없는 상황, 아무것도 해볼 수 없는 마음을 보여준다. 그래도 주인공은 노력해 본다. 제1구의 속설없는 행위가, 제2구에서는 ‘백계상량百計商量’으로 확장된다. ‘부復’의 반복적 행위가 ‘백百’으로 무한 확장되는 만큼, 애절한 감정도 무한히 증폭된다.

‘상량商量’만으로 끝나지 않고, 난간을 기대어서 그리워하는 사이 날이 밝아온다. 주인공은 밤 내내 임을 그리워한 것이다. 그뿐 아니라. 제4구의 ‘풍우風雨’는 주인공의 감정 상태를 밖의 경물로 대변한 것인바, 무한히 확장된 그리움이 요동치고 휘몰아치고 있음을 보여준다. ‘한恨’은 아프고, 안타깝고, 한스럽고, 자학하는, 다소 내향적인, 아래로 가라앉는 저향적低向的 감정이다. 그러나 소파는 조용한 그리움에서 ‘고苦’로 심도深度를 키우고, 가만있을 수 없어 온갖 궁리하여도 어쩔 수 없는 무력감으로 표현하더니, 어느새 날이 밝아올 때까지 시간적 장도長度로 그리움이 지속되었음을 보여주고, 그 조요하던 감정이 풍우가 되어 휘몰아치고 있음을 그려내었다. ‘한恨’을 극도의 동적

10 吳孝媛, 〈恨〉 第3首, 『小坡女士詩集』 下編.

인 감정으로 승격시켜 놓았다. 이 부분은 소파가 살아온 모습과 관련될 터이나 굳이 서술하지 않는다. 우리는 시의 내면의 감정, 그 변화와 증폭된 과정에 집중하기 위해서이다.

> 달빛이 사창에 스치고 꽃기운 따스한데
> 비단 이불에 향기 스미니 마음만 서로 얽혀있네.
> 무산운우巫山雲雨의 양대陽臺의 꿈에
> 인간사 온갖 상념을 모두 던져 버린다오.
> 月襯窓紗花氣暖　錦衾香漬意相交
> 巫山雲雨陽臺夢　萬念人間盡也抛[11]

'정情'을 노래한 시이다. 흔히 감정, 정감 정도로 옮길 수 있는 단어이지만, 소파의 '정情'은 남다르게 느껴진다. '월月'과 '창사窓絲' 사이에 '친襯'으로 관계를 설정함으로써, 달과 사창, 그리고 그 안에 들어 있을 사람 사이에 묘한 긴장관계가 생성된다. '친襯'은 곁에 바짝 다가서 붙어있는 것을 가리킨다. 달빛은 사창을 투과하지 않는다. 투과하는 것은 뜻밖에 '화기花氣'이다. 화기의 따스한 기운을 느끼는 것은 방 안의 사람이다. 시인은 꽃을 직접 이야기 하지 않는다. 꽃이 뿜어내는 기운, 느낌만을 말할 뿐이다. 즉 환한 달빛은 따스한 기운으로 사창을 넘어와 시인을 덮고 있는 비단 이불에 스며든다.

제2구의 '의상교意相交'는 주인공의 마음이 이래저래 온갖 상념으로 오가는 것을 가리킨다. 그렇게 알 수 있는 이유는 사실 제4구에서 확인할 수 있다. '만념인간萬念人間'으로 인하여 싱숭생숭하던 마음을 씻어 주는 것은 바로 제3구의 '무산운우양대몽巫山雲雨陽臺夢'이다. 순서상

---

11 吳孝媛, 〈情〉 第2首, 『小坡女士詩集』 下編.

으로 본다면, 인간사 온갖 상념을 던지고 무산의 꿈을 꾼다는 것인데, 시인은 이를 도치시켰다. 주지하듯이 꿈은 바로 무산의 운우가 되어 양대에서 어우러지겠다는 무산신녀와 초나라 회왕의 아름다운 고사가 그 기원이다. 여기서 노래되는 '정情'은 따스한 느낌을 준다. 비록 혼자 있는 밤이지만, 아름다운 꿈으로 마음은 포근해진다. 무산의 꿈을 꿀 수 있기에 구태여 인간사 상념에 매일 필요도 없다. 소파의 '정情'은 아련한 희망 속에서 따스하게 맺힌다. 사실 '정情'의 사전적 개념은 희·노·애·락·애·오·욕과 같은 감정 일반이지만, 남녀 간의 사랑하는 감정을 오롯하게 가리키기도 한다. 소파는 후자를 지향한다. 따라서 이 '정情'을 옮긴다면 '사랑의 감정' 정도가 적절할 듯하다.

이처럼 우리는 소파가 각각 감정에서 무엇을 주목하고 어떻게 표현했는지 부분만을 거론하기로 한다. 우리는 이를 통해 소파가 감성을 갈래짓고, 이들을 섬세하게 표현한 시인이라는 것을 확인할 수 있을 것이다. 다음에서 흔히 애절함으로 읽히는 '창悵'·'사思'·'수愁' 등을 보기로 한다. '원怨'은 다음 장에서 다룰 예정이다.

> 미인은 근심에 잠겨 말없이 정원을 마주하고
> 빗줄기 앵두나무를 때려 낮에도 문을 닫았네.
> 봄풀 무성히 덮여 가는데 사람은 이르지 않아
> 빈 계단 낙화에 묻혀 찾아볼 길 없구나.
> 紅粧對樹悄無言　雨打櫻桃晝掩門
> 春草深深人不到　空階花落沒無痕[12]

'창悵'은 서글픔 정도로 옮겨진다. 소파는 '창悵'을 표현하면서 일군

12 吳孝媛, 〈悵〉 第1首, 『小坡女士詩集』 下編.

의 시어를 활용하였다. 제1구의 '초무언悄無言', 제2구의 '주엄문晝掩門', 제3구의 '인부도人不到', 제4구의 '몰무흔沒無痕' 등이 그러하다. '초悄'는 근심에 진지해진 모습이다. 근심으로 말조차 잊어버렸기에, 낮에도 문은 닫아두었다. 아니 찾아오는 이가 없기에 닫혀 있다. 어느새 봄은 익어가건만, 여전히 찾아오는 사람은 없고, 결국 사람이 다녀야 할 섬돌은 진 꽃에 파묻혀 어디 있는지 확인할 길이 없을 정도이다. '창悵'의 원인은 찾아오는 이가 없다는 것이다. 즉 기다림 속에서 마주한 공백들, 그 허망함을 담은 것이 '창悵'이다. '초悄'의 이유도 바로 찾아오는 이가 없다는 것이다. 그래서 소파는 그리워한다. '사思'는 임의 부재로부터 시작된다. 앞서 '한恨'에서 지나쳤던 감정이다. '한恨'은 '고사苦思' 끝에 만난 감정이라면, '사思'는 문득 돌아보니, 혹은 그저 떠올려보니 생각나는 감정이다. 다음 시를 보자.

> 그대 떠올리니 아득히 먼 이역에 계신 듯
> 비취색 이불 차갑고 밤은 유난히도 길었다오.
> 꿈속의 좋은 인연 너무나도 소중해 도리어 애달프고
> 비단적삼에 향기 반쯤 남아 있음 깨닫는다오.
> 憶君遙似在殊方　翡翠衾寒夜正長
> 却憐好夢緣偏重　頓覺羅衫一半香[13]

이 작품은 제1, 2구와 제3, 4구가 서로 도치되어 있다. 곧 내가 자고 있는 이불이 차갑고 밤도 유난히 길게 느껴지는 것은 '군君'이 부재해서이다. 그래서 생각해보니 아뿔사 아득한 이역에 있음을 확인하게 된다. 곧 '사思'는 곁에 없음을 확인하는 데서 오는 아쉬움을 노래한

---

13 吳孝媛, 〈思〉 第1首, 『小坡女士詩集』 下編.

다. 제4구처럼 나의 비단적삼에 그대의 향기가 아직 가시지 않았으니, 잠시나마 그대와 만난 것이 너무 고맙고 애틋하게 느껴진다. 일종의 상상속의 만남(몽夢)을 통해서 그리움의 감정을 증폭시키고 있다. 꿈을 꿀 때는 만났겠지만, 꿈에서 깨어나면 다시 '부재를 확인'할 수밖에 없다. 더욱 그리움은 배가 되어버리는 것이다. 사실 이 시는 제1구의 첫 자인 '억憶'이 시상 전체를 관통하고 있다. 눈에 보이지 않기에 '요遙'라 했고, 그리움이 이어지니 '야정장夜正長'이라고 했으며, 꿈에서라야 볼 수 있으니 더욱 꿈이 '각련却憐'한 것이다. 이 그리움이 지속되면 '수愁'가 되어 병이 된다.

> 이내 심사 버들 같아 기울어짐 금할 수 없어
> 시름에 잠겨 황혼녘 저녁노을 바라보네.
> 옥 같던 얼굴 참으로 초승달처럼 야윈 것은
> 밤마다 그대로 인해 고운 빛 잃어서라오.
> 心懷如柳不禁斜　愁對黃昏落晩霞
> 玉顔正似弦前月　夜夜爲君減彩華[14]

위에서 주목할 부분은 제3, 4구이다. 소파는 '수愁'에서 그리움이 지속되어, 끝내 그리워하는 이가 아프게 되는 모습을 읽어낸다. '옥안玉顔'이 초승달처럼 야위었다. 그 이유는 제4구에서 보듯이 '야야夜夜'와 같이 밤마다 님을 그리워한 탓이다. 밤뿐만은 아니었으리라. 야위면서 '감채화減彩華'하였다. 주인공의 생명력이 소진되어버린 것이다. 이는 〈수愁〉의 제3수에서도 똑같은 방식으로 표현된다.

---

14 吳孝媛, 〈愁〉 第1首, 『小坡女士詩集』 下編.

이슬내린 빈 뜰 오동나무에 달 떠오르는데
아련한 남은 꿈 있는 듯 없는 듯하네.
금향로 향기 흩어지고 사람은 병들어 있는데
느릿느릿 타는 촛불만 하염없이 흘리네.
露下虛庭月上梧　依依殘夢有耶無
香散金爐人臥病　遲遲銀燭淚工夫[15]

마찬가지로 제3, 4구를 주의할 필요가 있다. 이제 주인공은 '와병臥病'하였고, 그 모습은 흡사 하염없이 불에 타서 녹아내리는 촛불의 눈물(촛농) 신세일 뿐이다. 제4구는 누워있는 주인공의 곁에 잦아지는 등불을 그린 것인지만, 실상은 와병한 사람의 타들어가는 심정과 생명력의 소진을 비유한 것이다. 주인공의 배경으로 등장하는 공간－제1구의 '허정虛庭'과 시간－제2구의 '잔몽殘夢'도 시상을 쇠잔하고 허망한 감정으로 유도한다. '잔몽殘夢'이 그러한 이유는 〈몽夢〉이 주로 님과의 만남을 가능하게 하는 희망의 공간이기 때문이다. "요서의 그리운 님, 어이타 옥란玉欄 가에 있느뇨?/깊은 규방에 뜬 장안의 밝은 달 곱절로 둥글어라./지아비 오늘 밤 돌아온다고 말하기에/얼굴가득 새로 화장하고 연지 또한 찍었다네.(遼西怪在玉欄邊, 漢月深閨倍覺圓. 道是阿郎今夜返, 新粧滿面更加臙)"(〈몽夢〉 제2수)

이처럼 소파는 시에서 '감정'을 본위로 생각하였고, 자신이 직접 실천했다. 감정의 갈래를 제시하고, 그 갈래마다 시를 지어 표현했던 것은 남다르게 다가온다. 다만 기존의 한시가 지닌 감정적 표현이나, 당대 작가와의 거리가 얼마나 될는지에 대해서는 더욱 살펴볼 필요가 있다. 그 거리만큼이나 소파의 시적 성취의 객관적 평가가 가능할 것

15 吳孝媛, 〈愁〉 第3首, 『小坡女士詩集』 下編.

이기 때문이다. 그러나 그 평가에 앞서 우리는 우선 소파가 어떤 시학적 근거를 자기 안에 갖고 있었을까 하는 데에 관심을 두었다. 소파가 지닌 이런 시학적 특징을 '감정의 시학'으로 부르기로 한다. 소파는 자신을 시인으로 의식하고 있었고, 창작의 주축이 감정이라는 점을 자각하고 있었으며, 이를 근거로 감정의 갈래를 세밀하게 들여다보고 시로 지어냈다. 소파가 여성이어서 감정의 결을 정교하게 포착할 수 있었으리라는 추정은 피하도록 하자. 남녀를 불문하고 감정을 좇아 시를 짓는 것은 가능한 일이고, 더러 남성 가운데에도 여성보다 더욱 예민한 사람을 찾을 수도 있다. 이 글에서 소파를 두고 시인으로서의 자의식을 논하고 감정의 시학을 거론하는 까닭은 바로 단편적이지만 〈자서〉에 보이는 자술과 실제 그의 시에서 눈에 띄는 지점들이 확인되기 때문이다. 그럼, 이제 이를 바탕으로 소파가 시 속에서 의경을 어떻게 구성했는지를 확인해보도록 하자. 이를 특히 감정의 갈래 가운데 도드라지게 나타나는 '怨(원)'을 통해 살펴보도록 한다.

3. 의경으로서의 '원怨'의 구성방식

소파가 시로 표현한 감정의 갈래 가운데 가장 눈에 띄는 감정은 '원怨'이다. 이 '원怨'은 감정에 머물지 않고 소파의 시 속에서 하나의 주요한 의경으로 자리 잡는 것으로 보인다. 실제 그의 시를 통관해보면, '원怨'을 시제로 올리거나 시 속에서 언급한 작품은 23수가 된다. 아래에 그 시들을 들어본다.

시 제	시
落花六首	其一 留約花姑百日遲, 時時點檢戒枝枝. 居然一夜飛如霰, 却向東風**怨**別離.
	其二 花姑宿約惣成空, 物理元無十日紅. 開落有時分造化, 不須怊悵**怨**東風.
	其三 凄凉駘蕩尙餘香, 消盡詩愁又斷腸. 風雨無情須莫**怨**, 落來仍作滿庭芳.
搗衣**怨**	塞雨邊風易砭身, 深閨猶是暖衣人. 手懸月影分高下, 聲入鴻鳴發**怨**嗔. 此夜襟懷徒脉脉, 舊時絺綌已陳陳. 倚砧堪借遼西夢, 凉露凄凄浥短巾.
裁衣**怨**	情絲縷縷繡歸緣, 秋夜迢迢自不眠. 刀尺乍停悲蟋蟀, 紝縫還擲把書箋. 搖落吳天同看月, 蒼茫楚鴈又經年. 君邊衣到君應見, 針線難裁意萬千.
玉階**怨**	解語花薄命, 春風枉折枝. 欲投花下宿, 畏被小鸚猜.
怨意	文章未及粉何郞, 雲雨空期老楚王. 獨夜殘燈咳不宿, 枕邊妬殺繡鴛鴦.
閨**怨**二首	其一 慵向鏡前畫翠眉, 小姑嘲我老娘姿. 欄頭徒倚看春雪, 不拾雲鬟玉瑱墮.
	其二 疊愁微恙惡春寒, 盡日羅帷鎖翠鸞. 小女爭誇新月好, 恐添幽思不耽看.
怨三首	其一 相思勞苦不思宜, 强欲消愁唱短詞. 一去春緣無處問, 梨花纖月滿空枝.
	其二 落葉滿階莫掃紅, 朱顔憔悴已秋風. 早知如此離情苦, 初不當年刻意中.
	其三 憶昔離家秋以期, 蕭蕭落葉使人悲. 金鴨香消紅袖冷, 五更無語淚垂絲.
閨**怨**	一端錦綺嫁時藏, 繡出鴛鴦寄玉郞. 誰識閨中情表物, 栽爲燕燕合歡裳.
宮詞二首	其二 夢裡君王河漢遠, 秋來金殿獨垂帷. 年年長信無**怨**意, 始覺班姬是女師.
擬蘭雪軒韻	春風解意落簾鉤, 起擲金刀懶上樓. 柳笛新添關塞**怨**, 菱歌淸唱曲江愁. 鏡鸞獨向粧臺舞, 籠鳥空傷歲月流. 百結心腸何處訴, 悄然無語倚箜篌.

自敘	細雨曉頭愁思凝, 舊騷新屑疊層層. 園遊那得陶彭澤, 塞**怨**空添杜少陵. 何日百方求劒士, 今年兩度訪山僧. 傍人莫笑携枯竹, 不杖盤旋倚樹藤.
霧中聞鴈	江南九月始聞鴈, 未及晨衣急上城. 濃霧霏微連塞接, 朝陽隱暎認秋晴. 消息遙憐千里外, 音書應帶故人情. 寄聲報爾尋常客, 不是瀟湘訴**怨**淸.
怨別	懷人無奈可安居, 駭覺帶衣緩尺餘. 愁緖難繙旣結後, 夢痕長在別離初. 一團心鏡留樑月, 萬疊情梭織錦書. 寸腸輒斷尋常地, 休說楓窓夜雨踈.
怨恨曲	那將月姥上天去, 憑訴人間惡夢多. 鸞凰胡爲終失侶, 鴛鴦却是不同波. 三生自信懷中玉, 今日愁看鏡裡花. 此事元然皆適否, 滿腸**怨**淚哭如歌.
花薄命	莫道東風花信重, 殘紅不待滿旬支. 杏飄驚雨淸明節, 梅瘦衝寒雪月時. 一笑一嚬西子態, 半開半落太眞姿. 如嗔如**怨**慘無語, 溫冷春心惣莫知.
短歌行	月到天心自有時, 風來水面不多日. 君不見長風萬里捲秋雲, 月輪洗出秋江窟. 風作惡風作緣, 纔解水面還呼月, 世人莫須**怨**造物.
擬唱虞美人二首	其二 擁爐背坐眉如斧, 非**怨**亦非怒. 花枝兀的出宮墻, 畏被春風費盡十分香. 小寃輕恨九腸裂, 咽咽飮紅血. 殘邊香信薄還憎, 莫作樓臺歌舞片時朋.
春雪**怨**	玉梅花底春寬薄, 嫩雪輕輕風吹白. 莫向鬢邊侵, 生憎卓女吟. 昏迷無氣力, 不省儂偎側. 殘月隱眉彎, 淚珠落枕斑.

위 표는 일단 '원怨'이 노출된 시들을 추린 것이다. 실제 의경 상으로 '원怨'을 구현하지 않은 것도 있다는 제한점은 있지만, '원怨'을 활용하여 지은 시가 제법 많음을 확인할 수 있다. 적어도 시제 상으로 '원怨'이 제시된 작품들은 의경으로 구현되었다고 짐작할 수 있을 듯하다. 우리는 이 가운데 오언절구로 쓰인 〈옥계원玉階怨〉을 활용하여 소파의 의경구성 방식을 이해해 보고자 한다.

'옥계원'이란 시제는 본래 악부시제로서, 여인의 고독, 적막, 애원哀怨을 표현하고 있다. 주제의 차원에서 '옥계원'이란 시제를 지닌 작품들은 대부분 크게 다르지 않다. 문제는 어떻게 의경을 구성해 나갔는가이다. 소파의 〈옥계원〉에 대한 이해를 위하여 먼저 중국의 남조 제나라의 우염虞炎, 사조謝朓, 당나라의 이백李白 등의 〈옥계원〉을 간단하게 살펴보도록 한다. 물론 이 가운데 이백의 〈옥계원〉이 가장 잘된 작품으로 알려져 있지만, 그 역시 왜 그 시가 훌륭한 지에 대해서는 그다지 확인된 바 없다. 다소 우회하지만, 먼저 우염의 〈옥계원〉을 들어본다.

> 보랏빛 등덩굴이 꽃나무를 건들고
> 노란 새가 푸른 가지를 지나네.
> 님 그리워 탄식하노라니
> 쓰린 눈물 정녕 떨어지누나.
> 紫藤拂花樹　黃鳥度靑枝
> 思君一嘆息　苦淚應言垂

시의 제1, 2구에 나오는 '자등紫藤'·'화수花樹'·'황조黃鳥'·'청지靑枝' 등은 모두 아름다운 형상이다. 시가 형상으로 말한다고 할 때, 이 시는 나름 좋은 재료를 가진 셈이라고 할 수 있다. 그런데 '자등紫藤'과 '화수花樹'의 사이에 '불拂'자를 썼지만 이 글자가 시상을 집중시키는 역할을 수행하지는 못한 채, 각각 별개의 형상으로 존재하게 된다. 등나무는 친친 휘감는 것이지, 나부끼며 무언가를 건들지는 않기 때문이다. 게다가 제2구의 '도度'도 적절하지 못하다. '도度'는 눈으로 사물이 천천히 지나가는 것을 보는 것인데, 황조가 어떻게 천천히 '도度'할 수 있을까? 새는 그저 '비飛'할 수 있을 뿐이다. 아름다운 시어를 구사했어도 관계를 맺게 만들지 못한다면, 즉 조직해내지 못한다면 성공했다고 말할 수 없다. 즉 화려한 형상의 제시만으로는 의경을 성취할 수 없는 것이다.

다음으로 사조의 〈옥계원〉을 보도록 하자.

> 황혼이 깃든 전각에 주렴이 내리고
> 반딧불이 날거니 쉬거니 돌아다니네.
> 긴긴 밤 비단옷을 짓노라니
> 님 생각은 어이해 이다지 하염없느뇨.
> 夕殿下珠簾　流螢飛復息
> 長夜縫羅衣　思君此何極

이 시의 '석전夕殿'은 황혼이 깃든 궁전이다. 이 안에 이미 시인이 표현하고 싶은 여인의 고독을 담아내었다고 말할 수 있다. 날은 저물었는데, 그녀가 기다리는 님은 오지 않아, 오늘 다시 마음 가득 품었던 희망이 꺾이고 마는 것이다. '하下'는 내리다는 뜻이고, '주렴珠簾'은 진주를 꿰어서 만든 아름다운 발이다. 주렴을 말아 올릴 때에는 그래도 기대와 희망이 있지만, 날이 어두워지고 주렴이 내려지는 것은 기다리던 사람이 이젠 오지 않음을 뜻한다. 제2구 '유형비부식流螢飛復息'은 어둠 속에서 반짝이는 반딧불이가 날다가 꽃나무에 멈추는 것을 표현한 것이다. 고요한 어둠 속의 빛 반짝거림은 독자의 눈길을 사로잡아 이끌면서, 제3, 4구로 옮아간다. 여인은 적막하고 길게만 느껴지는 칠흑 같은 밤에 비단옷을 짓고 있다. '봉縫'의 행위는 한 땀 한 땀 섬세하고 하염없는 감정이 배어있는바, 반딧불이가 반짝이며 움직이는 순간마다 그녀 마음속의 그리움이 명멸하고 바느질 한 땀 한 땀 지날 적마다 애틋한 감정이 친친 감아올려진다. '석전'에서 시작된 여인의 고독감은 제4구에서 '사군'이었음이 재확인되면서 시상은 하나로 꿰어진다.

> 하얀 섬돌에 이슬방울 자라더니
> 밤이 이윽하자 비단버선 젖누나.
> 되레 수정발을 내리고는
> 영롱한 발 사이로 가을 달 쳐다보네.
> 玉階生白露　夜久侵羅襪
> 却下水晶簾　玲瓏望秋月

이 시는 이백의 〈옥계원〉이다. '옥계玉階'·'백로白露'·'나말羅襪'·'수정렴水晶簾'·'영롱玲瓏'·'추월秋月' 등의 형상들이 모두 빛나고 깨끗하며 영롱하고 차다는 동일한 질감을 띠고 있다. 하나하나의 형상과 단어, 글자의 자질이 모두 집중되고 있다. 제1구의 '옥계생백로玉階生白露'의 경우, '생生'자를 사용하며, 뭔가 증가한다는 의미를 통해 밤늦게 기온이 하강하여 이슬이 더욱 많아지고 더욱 젖어가며 더욱 축축해지는 모양을 표현하고 있다. '생生'한 것은 이슬이요, 그 속뜻은 원망하는 마음이다. 제1구는 제2구와 이어지며, 이슬은 버선발을 적시더니 어느새 버선 안으로 스며온다. 게다가 주인공은 수정렴을 통해 '영롱망추월玲瓏望秋月'하고 있다. 수정렴 자체도 영롱할 뿐 아니라 하늘 위 둥근 가을달도 영롱한 바, 이를 통해 반짝반짝 하얗고 투명하면서 차가운 느낌을 내뿜고 있다. 위 세 수를 합해보면, 모두 '원怨'을 표현하고 있는데, 우염은 '사군일탄식思君一嘆息'이라고 하고, 사조도 '사군차하극思君此何極"이라 하여 그립다고 말한다. 그런데 이백은 아무 말도 하지 않은 채 '망望'하는 행위로 '원怨'의 마음을 표현하고 있는 것이다. 사실 이 부분은 눈여겨 볼 필요가 있다.[16]

이제 소파의 〈옥계원〉을 보도록 하자.

해어화는 명이 짧아
봄바람에 원통하게 가지 꺾인다네.
꽃 아래 머물고 싶으나
작은 앵무새 질투할까 두렵다오.
解語花薄命　春風枉折枝
欲投花下宿　畏被小鸚猜[17]

이 시도 '옥계원' 시제의 다른 시처럼 여인의 고독과 원망을 표현하고 있다. 제1구의 '해어화박명解語花薄命'을 어떻게 읽어야 할까? 소파에겐 '화박명花薄命'이란 시제의 시가 또 있다.[18] 봄바람에 쉽게 떨어지는 꽃의 박명함을 들면서 춘심의 마음을 알기 어렵다고 했었다. 이 시의 시상도 그와 비슷하다. '해어화解語花'는 박복하게도 '춘풍春風'이 가지를 끊어버린다. 봄바람이 불고, 꽃이 지는 계절이다. 이백의 가을과 다르고, 우염의 한여름과도 다르다. 시간적으로도 분명하게 제시되진 않았지만, 사조의 저녁과도 다르다. '원怨'을 표현하기 위하여 가장 좋은 계절, 시간은 언제일까? 으레 이백의 가을, 사조의 저녁

16 葉嘉瑩(2008). 예자잉은 意境을 이해함에 있어서 시의 형상성을 주목한다. 虞炎, 謝朓, 李白의 〈玉階怨〉에 대한 논의는 그녀의 논의에 기댔다.

17 吳孝媛, 〈玉階怨〉, 『小坡女士詩集』 下編.

18 吳孝媛, 〈花薄命〉, 『小坡女史詩集』, 下編. "봄바람의 꽃소식 소중하다고 말하지 마소/ 남은 꽃 채 열흘도 부지할 틈을 주지 않는다오./ 살구꽃은 청명절 내리는 비에 놀라 떨어지고/ 매화는 눈 내리는 달밤 추위에 수척하네./ 한번 웃고 한번 찡그림은 西子의 모습 같고/ 반쯤 피고 반쯤 떨어짐은 太眞의 자태라오./ 성난 듯 원망하는 듯 애처로움 말로 다할 수 없으니/ 따스했다 차가웠다 봄의 마음은 늘 알 수 없다네(莫道東風花信重 殘紅不待滿旬支 杏飄驚雨淸明節 梅瘦衝寒雪月時 一笑一嚬西子態 半開半落太眞姿 如嗔如怨慘無語 溫冷春心惣莫知)"

이 적절할 듯하다. 소파의 계절과 시간은 그렇지 않다는 점에서 낯설다. 게다가 애써 아름다운 형상을 그려내지도 않았다. 곧장 '해어화解語花'라는 주인공을 드러냈다. 사실 '해어화解語花'는 그 존재부터가 상호모순이 된다. 사람이되 사람대접을 받지 못하는 존재, 존재와 존엄이 어긋난다. 존엄을 상실당한 존재가 갖는 아픔이 시의 모두부터 전해지는 것이다.

흡사 산문적 진술처럼 '해어화박명解語花薄命'은 시의 주제를 제시하는데, 뜻밖에 그 원인이 춘풍이라는 점에서 충격적으로 다가온다. 춘풍은 꽃눈을 틔우고 싹을 돋우는 게 아니었던가? 소파의 눈에 비친 '춘春'은 익히 알고 있던 '춘春'이 아니었다. 그래서 이 시의 제1, 2구는 낯설다. 그런데 '해어화解語花'가 바람에 꺾이듯, 그도 꽃이라는 점을 역설적으로 보여주고 있다는 점에서 서툴지는 않다. '해어화解語花'에 이중의 의미를 담아 놓았으니 말이다. 그런데 다시 제3, 4구에 오면, '해어화'는 사람이 된다. 제3구의 '화하숙花下宿'은 해어화가 머물고 싶은 또 하나의 공간이다. 여인이 꽃을 찾아 머물고 싶은 것은 자연스러운 현상이다. 그러나 그것은 쉽게 허락받지 못한다. 곧 편안한 마음마저 부자연스럽게 만드는 데서 우리는 갈등이 잠복해있음을 짐작하게 된다.

한편, 소파는 춘풍이 '왕枉'했다고 표현했다. '왕枉'은 자신의 도를 굽혀서 방문하는 것을 말한다. 소파는 '왕림枉臨'해준 춘풍에 다소 냉소적이다. 이 마음은 '소앵小鸎'에 대한 두려움, 사시斜視로 전이된다. 즉 이 시에는 '해어화解語花'를 둘러싸고 '춘풍春風'과 '소앵小鸎'은 위협적이고 두려운 존재로 등장한다. 꾀꼬리와 같은 작은 새나, 따스하게 불어오는 봄바람은 아름다운 봄날을 직조하는 형상들이건만, 여기서는 주인공을 '절折'하고 '시猜'하는 존재일 뿐이다.

이 시는 '원怨'을 표현하기 위해 원망하거나 고독하거나 슬프다는 언급을 전혀 하지 않았다. 이는 이 시만 그런 것은 아니다. 위의 표를 일별하면, 쉽게 확인할 수 있다. '원怨'을 시제로 올려놓은 작품 안에 '원怨'자가 노출된 경우는 거의 없다. 그런 점에서 앞서 3인의 〈옥계원〉 가운데 형상으로만 마음을 표현했던 이백의 〈옥계원〉의 미덕을 갖추었다. 더욱이 봄날을 노래하되, 봄날을 구성해온 '춘풍春風' '소앵小鶯'이 오히려 주인공의 봄 마음을 방해하고 질투하고 있으니, 기존 이미지의 전복이라 할 수 있다. 그렇다고 소파가 봄날의 형상 이외의 것을 제출하고 있지도 않다. 시경詩境을 하나의 의경으로 구성하기 위해서는 형상의 일관성, 집중성이 요구된다. 그런 점에서 소파는 어느 정도 성취했다고 보인다. 여기서 더 나아가 형상의 일관성을 유지하면서도 그 내포를 전복하고 있다는 점에서 사조나 이백이 보인 형상 운용과 다른 면모까지 갖추었다고 할 수 있다.

이 시는 존재와 존엄이 괴리된 주인공을 통하여 자신이 가진 불완전한(혹은 불안한) 처지를 보여주고, 눈에 보이는 세상의 시물時物을 그대로 수용할 수 없게 되었음을 내포가 전복된 형상을 통하여 드러냈다. 기실 '원怨'은 바로 이처럼 자아와 세계의 화해할 수 없는 갈등, 주체와 객관의 조화 상실, 희망의 속절없는 좌절, 기대했던 보상의 어처구니없는 망실 등에서 빚어지는 감정이다. 소파는 하나의 감정을 표현하면서, 더 나아가 그런 감정이 소용돌이치는 의경을 지어냈다. 위 표에서 보듯이 '원怨'에 대한 편집적 표현은 어쩌면 소파의 시가 추구했던 의경일는지도 모르겠다.

그렇다고 소파가 '원怨'을 표현한 시가 모두 위 〈옥계원〉처럼 전복적이진 않다. 앞서 확인했듯, 소파는 감정을 갈래짓고 응시하며 작시하는 가운데 '원怨'을 두고 연작시를 지은 바 있다. 〈옥계원〉과 달리 소파는 자신의 마음 속 원망을 폭발하며 절제하지 않는다. 심지어 옛날의 어떤 좋았던 기억마저 부정한다. 대단히 직설적이어서 눈물까지 터뜨리고 만다.[19] 감정의 과잉과 노출이 적나라하기도 하다. 계절도 이백의 〈옥계원〉처럼 가을이다. 쇠락해진 자신의 모습을 드러내면서 이별로 인한 아픔을 직서하고 있다. 〈옥계원〉과는 사뭇 다른 느낌이다. 소파가 지닌 또 하나의 모습인 셈이다.

> 섬돌에 가득한 붉은 낙엽 쓸지 마소
> 곱던 얼굴 초췌해져 이미 가을바람 맞았다오.
> 진작 이별하는 마음의 괴로움 알았더라면
> 애당초 그때 마음에 새기지 않았으리.
> 落葉滿階莫掃紅　朱顔憔悴已秋風
> 早知如此離情苦　初不當年刻意中[20]

4. 주체의 모색과 좌절의 변주

지금까지의 논의를 정리하면서 맺음말을 시작하도록 하자. 이 글은 소파의 한시를 읽기 위하여 마음독법을 제시하였다. 시 속의 관건어를 엮어서 시인의 마음을 엮어내는 방법으로, 오롯하게 시 속의 감정과 논리를 주목하기 위한 방법적 전략이었다. 아울러 소파의 자술自述

---

19 吳孝媛, 〈怨〉 第3首, 『小坡女史詩集』, 下編, “지난 날 집 떠나며 가을에 돌아오겠다 했는데/우수수 떨어지는 낙엽소리 사람을 슬프게 하네./金鴨엔 향 스러지고 붉은 소매는 차가운데./오경 무렵 말없이 눈물만 줄줄 흘리누나.(憶昔離家秋以期, 蕭蕭落葉使人悲. 金鴨香消紅袖冷, 五更無語淚垂絲)”

20 吳孝媛, 〈怨〉 第2首, 『小坡女士詩集』 下編.

을 더욱 신뢰하면서, 시에 있어서 감정에 예민하고 나 자신의 감정에 주목해야 한다는 논의를 추려내었다. 아울러 감정의 갈래를 짓고 그 감정들의 결을 읽어내려 한 소파의 시를 찬찬히 검토한 뒤, 소파의 시학을 감정의 시학으로 정리했다. 비록 감정의 시학이란 이론을 제시하진 않았지만, 시를 통해 재구성하고자 하였다. 이 또한 실존하는 자료가 불러들인 방법적 모색이었다.

소파는 마음을 중심에 놓고 수많은 감정과 생각들을 직조하며 시를 지었다. 이 가운데 그녀가 가장 정성을 기울였던 감정은 '원怨'이었고, 다양한 형상을 통해 하나의 의경으로 제시되었다. 과연 그 의경으로서의 '원怨'은 어떻게 구성되었을까? 이를 〈옥계원〉을 통해 기존의 방식을 준용하되 내포의 전복을 통하여 새로운 의미를 창출하였음을 확인하였다. 물론 모든 시가 그렇게 구성되었다는 것은 아니었다. 공교롭게도 동제의 다른 시인들과 비교할 경우, 소파가 전래의 주제나 구성방식을 그대로 수용하기보다는 나름의 방식으로 낯설되 서툴지 않게 의경을 그려냈던 것이다.

이제 소파는 이를 통해 무엇을 말하고자 했을까? 우리는 앞서 〈심사직心絲織〉이란 시를 거론한 적이 있다. 시의 제3, 4구를 상기하면 이렇다. 남몰래 '심기心機'로 밤이 새도록 베를 짜내었고, 그 사이 천만 번 북이 오갔지만 아직도 심기에는 실이 많이 남아 있다고 했다. 수많은 마음의 가닥들이 '심사心絲'이고, 그 '심사心絲'를 엮어내는 무대가 '심기心機'였다. 결국 심기는 심사를 배겨내지 못할 것이었다. 시를 지어내는 행위를 '직織'으로, 시로 지어지는 감정들은 '심사心絲'로, 눈에 보이지 않는 마음 속 감정을 엮어서 눈에 보이도록 만드는 것을 '심기心機'로 비유한 것이라고 보면, 참으로 절묘하지 않을 수 없다.

소파에게 시를 짓는다는 것은 마음을, 감정을 엮어내는 작업이었다.

하나의 의문이 든다. 소파를 천만 번 심사心梭를 던지도록 만들었던 마음은 어떻게 생겨난 것일까? 앞서 살펴보았듯 소파는 감정의 갈래를 나누어 연작시를 지었었다. 이는 그녀가 자신의 감정을 되들여다 보면서, 찬찬히 자신을 반추하고 성찰했음을 짐작하게 해준다. 〈자서〉에서도 말했듯이, 시는 다른 사람의 감정을 도습하여 지을 수 있는 것이 아니었다. 자신의 감정에 얼마나 예민한가, 그리고 그것을 정직하게 표현해내는가에 시의 성패가 달려있었던 것이다. 이제 소파가 끊임없이 자신에게 물었던 내용이 무엇이고, 자신을 어떻게 보고 있었는지를 확인하도록 하자. 시집 전체에서 '자自(자신)'를 목적어로 하는 시가 별로 없다는 점에서 귀한 시이다. 어쩌면 소파에게 시는 모두 자신을 드러내는 것이었기에 '자신'을 굳이 표현대상으로 제시할 필요가 없었을 듯하다. 그래서 '자신'을 돋우어서 드러낸 시가 눈에 밟힌다.

> 내 믿는바 다른 이 아니라 오직 나였는데
> 나조차 믿지 못하고 또한 나를 의심하게 되었네.
> 나도 오히려 이러하거늘 남이 어찌 나를 믿으랴
> 남을 탓할 것 없기에 다만 나를 한탄한다오.
> 所恃無人所恃吾　吾猶無恃亦疑吾
> 吾猶如是人何恃　不必尤人只恨吾[21]

시제부터가 의미심장하다. '자의自疑'는 나 자신에게 의문한다, 나 자신을 의심하다, 내가 누구인지 묻는다와 같이 옮겨질 수 있다. 소파는 웬일인지 '오吾'를 믿지 못한다. 신뢰할 수 없는 이유는 시 속에 나와 있지 않다. 그렇다고 무작정 특정 사안을 들이댈 수도 없다. 시가

---

21 吳孝媛, 〈自疑〉, 『小坡女士詩集』 中編.

마치 희학시戲謔詩처럼 같은 시어를 반복하면서 흘러가기에 얼핏 보면 장난스러워 보인다. 그러나 이 시는 대단히 심각한 시이다.

오시선吳時善의 기억에 의하면(〈서〉), 소파는 일찍부터 글을 익혔다. 그것도 자신이 원해서였다. 집안에 문제가 생겼을 때에도 14세의 어린 나이로 타지로 가서 그곳의 명망가를 만나서 도움을 요청할 정도로 맹랑하기도 했다. 일본이든 상해로 가든 모두 직접 갈 수 있는 길을 열었고, 정혼자가 죽은 뒤에는 더 이상 결혼하지 않은 채 혼자 살면서 세상에 교육으로 선업을 쌓았다. 자신의 시를 부친에게 정리해서 간행할 것을 요구하기도 했으니, 자의식이 강한 시인이었음을 짐작할 수 있다.

그런 점에서, 위 〈자의自疑〉의 내용은 소파의 내적 갈등과 불평을 역으로 보여준다. 이처럼 강단있게 살아내고 있는 자신에게, 너는 누구인지를, 과연 너는 너 자신을 믿고 있는지를 끊임없이 확인하고, 성찰했던 것이다. 자신을 자술했던 다른 시에서도 소파는 이상적 자신과는 공백이 있는 세상 속의 자신에 대해 불만스러워한다.

> 가랑비 내리는 첫 새벽 시름이 엉겨 붙어
> 오랜 근심이 새롭게 일어나 겹겹으로 쌓이는구나.
> 동산에 노니지만 어떻게 도팽택의 삶을 따를 것이며
> 전란을 원망하지만 헛되이 두소릉의 뜻을 더럽힌다오.
> 어느 날에야 백방으로 검사劒士를 구할 수 있을까?
> 올해만 두 차례나 산승山僧을 방문했다오.
> 사람들이여! 마른 대 짚고 다닌다고 웃지 마소
> 지팡이 없이 돌아다니면 등나무에 기대야 한다오.
> 細雨曉頭愁思凝　舊騷新屑疊層層
> 園遊那得陶彭澤　塞怨空添杜少陵

何日百方求劒士　今年兩度訪山僧
傍人莫笑携枯竹　不杖盤旋倚樹藤[22]

이 시는 이개칠합二開七合의 율시 구조를 갖추고 있다. 1, 2구에서 '추사愁思'가 집중되고 있고 지나버렸다고 믿었던 근심까지 새록새록 쌓이는, 걷잡을 수 없는 마음속 상황을 제시한 뒤 자신이 꿈꾸면서 무언가를 실행한들 원하는 성취로 이어지지 않음에 다급하고 불안한 모습을 보여준다. 그리고 나서 7구에서 자신이 마른 대를 쥐고 숲속을 헤매는 모습이 남의 비웃음을 살까 걱정하는 마음으로 끝을 맺는다. 남에 눈에 비쳐지는 것을 신경쓸 정도로 자존감이 낮아진 상태이다. 14세로 타지에서 명망가를 찾아 부친의 구원을 요청했던, 그런 젊은 모습과는 다소 거리가 있는 듯하다.

사실, 이 시가 좀 더 뒷날 쓰인 것인지는 확실하지 않다. 앞서 '진공 상태의 소파'를 염두에 두고 시를 읽겠다고 했던바, 창작시기에 대한 논의는 잠시 접어두도록 허락해 준다면, 우리는 이 시를 이렇게 이해할 수 있으리라. 곧 소파가 시를 쓰는 순간마다 내면은 이상과 현실 사이의 충돌과 붕괴, 희망과 절망의 변주, 신분적 한계와 극복의 노력 사이의 괴리 등으로 감정이 폭발적으로 휘몰아치고 있었을 것이다. 이즈음에서 우리는 소파가 시를 지으면서 무엇에 주목했고 어떤 감정에 더 기울었는지를 떠올릴 필요가 있다.

시는 풍격이다. 시는 직서하든 우회하든 작자의 내면을 드러내준다. 이는 소파가 한 말이기도 하다. 소파의 시 속에서는 자신을 찾고자 했던, 다시 말해 주체를 모색하였던 모습을 확인할 수 있다. 비록

---

22 吳孝媛, 〈自敍〉, 『小坡女士詩集』 下編.

관습적인 시도 있고 수답酬答을 위한 의례적 시도 있으며 습작 수준의 시도 있지만, 소파는 이를 통해 자신의 상처를 위로하고, 자신의 의지를 다져나가고 있었다. 순간마다 휘몰아친 감정 탓에 애상적 정조로 가라앉는 듯이 보이다가도 끝내는 성찰과 분노를 오가는 역동적 면모도 보여주었다. '원怨'은 그런 점에서 매우 동적인 의경이다. 결핍과 미성취에서 오는 불안이 저상적沮喪的 나락으로 떨어지지 않았음은 세세하게 사람의 감정을 되짚는 성실한 태도에서도 확인할 수 있다. 소파가 모색했던 주체의 확인, 허나 그것의 좌절로 겪어야 했던 아픔들, 이들이 간단없이 지속되면서도 멈추지 않는 모습은 '원怨'을 일시적 감정을 넘어 시적 의경으로 승화시키면서 소파의 시는 또 하나의 시세계를 갖춰가고 있었다.

이 글은 소파의 시들이 갖고 있는 다양한 주제적 국면을 관류하는 핵심 감정의 장악에 치중했다는 점에서 전면적이지 못하다. 『소파여사시집』을 열독하면서 추려낸 특징적 국면들을 크게 몇 가지로 나눠 보았을 뿐이다. 사실 소파가 창작하는 순간마다 이를 의식하고 작시했을 가능성은 없다. 시는 찰나의 산물이고, 상황마다 다른 내용과 표현을 갖고 있기 때문이다. 따라서 이 글의 논의는 소파의 의도와는 무관할지도 모른다. 그럼에도 소파의 한시를 전면적으로 이해할 작정이라면, 일군의 시들이 묘한 길항관계를 유지하는, 대조적 주제 변주를 통해 형성되는 시경詩境을 발견할 수 있다. 봄과 가을의 절서節序를 통해 시간의 흐름과 엇걸리는 인간사를 노래한 '비추悲秋와 연춘憐春', 역사적 고적을 찾아서 돌아본 과거를 반추하며 오히려 미래의 비전을 찾아나서는 '회고懷古와 개혁改革', 조선은 물론 일본, 상해 등지의 여행을 통한 자기발견과 끊임없는 자기 확인을 보여주는 '객수客愁와 술회述懷'가 그것이다. 이제 그들을 엮고, 그 안에 담겨 있을 소파의 마음을 읽어볼 차례이다. 이들은 대체로 소파의 자의식과 시학에서 연원하였듯, 대단히 주정적主情的으로 그려지고 있다. 이제 우리는 소파의 시를 이해하는 길에 들어섰다.[23]

23 이 논문을 살뜰하게 검토해준 심사위원들에게 감사의 인사를 드린다. 특히 감성시학의 계보 및 한국 '玉階怨'에 대한 계보적 탐색에 대한 요구는 차후 과제로 남겨둔다. 이 글은 이현정 선생과 공동으로 작성되었다. 선생의 양해를 얻어 이곳에 수록한다.

‖ 참고문헌 ‖

▌원전자료原典資料

姜　瑋,『古歡堂收艸』

郭鍾錫,『俛宇集』

______,『俛宇先生文集』

權鳳鉉,『梧岡文集』

權純命,『陽齋集』

金季潤,『明溪遺稿』

金克成,『金先生憂亭集』

金相頊,『勿窩先生文集』

金世弼,『十清軒集』

金壽五,『南厓遺集』

金安國,『慕齋先生集』

金安老,『希樂堂文稿』

金永著,『平谷先生文集』

金允植,『雲養集』

金澤榮,『韶濩堂集』

______,『韶濩堂全集』

______,『崧陽耆舊傳』

______,『滄江稿』

______,『合刊韶濩堂集』

______,『高麗季世忠臣逸士傳』

金憲基,『初庵全集』

盧近壽,『渭皐集』

盧相稷,『小訥先生文集』
柳永善,『玄谷集』
柳 潛,『澤齋集』
朴泰亨,『艮嵒文集』
徐鎭英,『赫齋私稿』
______,『赫齋遺稿』
______,『赫齋集』
宋基冕,『裕齋集』
申箕善,『陽園遺集』
安鍾悳,『石荷集』
安昌濟,『松隱遺稿』
安孝濟,『守坡文集』
魚得江,『灌圃詩集』
吳震永,『石農集』
吳孝媛,『小坡女士詩集』
李觀厚,『偶齋文集』
李建昌,『明美堂集』
李敎宇,『果齋先生文集』
李圭直,『玉下文集』
李 沂,『李海鶴遺書』
李道復,『厚山先生文集』
李曼勝,『槐堂先生文集』
李炳殷,『顧齋集』
李洙仁,『枕山隨筆』, 筆寫本.
李洙仁,『枕山先生文集』(筆寫本)
李荇,『容齋先生集』
李滉,『退溪集』
林養正,『守分窩集』(林永柱 家藏 筆寫本)
林汝松,『虛齋遺稿』(林永柱 家藏 筆寫本)

林汝栢, 『反求堂集』(林永柱 家藏 筆寫本)
林柱爽, 『梅岳堂集』(林永柱 家藏 筆寫本)
林柱翊, 『玉山堂輓祭集』(林永柱 家藏 筆寫本)
林眞怤, 『林谷集』
林台煥, 『睡語』(林永柱 家藏 筆寫本)
田 愚, 『艮齋集』
______, 『秋潭別集』
鄭冕圭, 『三畏齋文集』
丁壽崗, 『月軒集』
曺兢燮, 『巖棲集』
曺庸相, 『弦齋集』
崔道燮, 『聽江集』
崔宇淳, 『西扉先生文集』
河友賢, 『豫菴集』
河謙鎭, 『晦峯先生遺書』
河鳳壽, 『栢村先生文集』
許元栻, 『三元堂文集』
초서본 『頤齋亂藁』 권1~권57, 황병관씨댁 소장. 1736~1791년.
탈초본 『頤齋亂藁』 전10책, 한국학중앙연구원, 1994~2004년.
목판본 『頤齋遺藁』, 26권 13책, 1829년(한국문집총간 246)
석판본 『頤齋先生遺藁』, 조선춘추사, 1943년.
______ 『頤齋先生遺藁續』
영인본 『頤齋全書』, 3책, 경인문화사, 1975년.(석판본, 資知錄, 洋琴新譜 포함)
영인본 『頤齋先生文集』, 5책, 경인문화사, 1999년. (한국역대문집총서본)

논저 및 역서

강동욱, 「恩津 林氏家門의 계승과 변천」, 『瞻慕堂 林芸과 林谷 林眞怤의 삶과 학문』, 2018.
강연석·김남일. 「한국 『黃帝內經』 연구 약사」. 한국의사학회지. 2008.

강이수, 「일제하 여성의 근대 경험과 여성성 형상의 의미」, 『사회과학연구』 13, 서강대 사회과학연구소, 2005.
강정화, 「林谷 林眞怤의 삶과 시세계」, 『瞻慕堂 林芸과 林谷 林眞怤의 삶과 학문』, 바오, 2018.
강지은, 「20세기 초 한국 儒者의 시대인식 – 석곡 이규준의 '正心' 해석에 대한 역사적 고찰」, 한국문화, 2016.
강희대 역, 『국역 침산선생문집』, 성주문화원, 2019.
이수인·강희대 역, 『국역 침산선생문집』(상하 2책), 성주문화원, 2019.
具珍成, 「知命堂 河世應의 학문과 학자적 위상」, 『남명학연구』 68, 경상대 남명학연구소, 2020.
권오민, 「석곡의 한의학이론」. 『석곡 이규준의 현대적 의미와 학제간 모색』. 부산대 전통의학지식사업단 제1회 심포지움 발표자료, 2013.
______, 「이규준의 心氣哲學과 부양론의 연관성 연구」, 경희대 석사논문, 2003.
______, 「이규준의 심기철학과 부양론의 연관성 연구: 『석곡심서』와 부양론을 중심으로」, 한국한의학연구원논문집, 2004.
______, 「석곡 이규준의 인간관과 의학론 연구」, 경희대 박사논문, 2010.
______, 「석곡의 의사학적 의미」, 『석곡 이규준의 현대적 의미와 학제간 모색』, 부산대 전통의학지식사업단 제1회 심포지움 발표자료, 2013.
______, 「석곡 선생의 유학사상이 의학에 미친 영향」, 『석곡 이규준선생의 학문과 사상』(제12회. 경북역사인물학술발표회 자료집). 경상북도문화원연합회. 2014.
권오민·차웅석·김남일, 「석곡 이규준의 철학사상과 의학론의 연관성 연구: 『石谷心書』와 扶陽論을 중심으로」, 한국의사학지, 2004.
권오민·박상영·안상영·한창현·안상우, 「이규준의 생애와 사상적 경향」, 한국의사학지, 2009.
권오민·박상영·안상영·한창현·안상우, 「석곡 이규준의 『石谷散稿』 번역연구(1)」, 대한한의학원전학회지, 2009.
권오민·남성우·안상영·박상영·한창현·안상우, 「석곡 이규준의 『石谷散稿』

번역연구(2)」, 대한한의학원전학회지, 2009.

권오민·박상영·한창현·안상영·김진희·안상우, 「『醫鑑重磨』의 판본 및 구성에 관한 연구」, 한국한의학연구원논문집, 2010.

권창호, 석곡의 지역문화적 의의, 『석곡 이규준의 현대적 의미와 학제간 모색』, 부산대 전통의학지식사업단, 제1회 심포지움 발표자료, 2013.

권오민·남성우·김진경 옮김. 『국역 석곡산고』, 한국한의학연구원, 2009.

금장태·고광식, 『유학근백년』, 박영사, 1984.

금장태·고광식, 『속 유학근백년』, 여강출판사, 1989.

금종철, 석곡심서를 통해 본 석곡의 철학사상, 『석곡 이규준과 21세기 마음의학』, 부산대 전통의학지식사업단 제2회 심포지움 발표자료, 2014.

김남일, 「Lee Kyu-joon's study on Hwangdineijing in the late Choson era」, 대한원전의사학회지, 1996.

______, 「한국한의학의 학술유파에 관한 시론」, 한국의사학회지, 2004.

김성진, 석곡의학에 대한 양생론적 접근, 『석곡 이규준과 21세기 마음의학』, 부산대 전통의학지식사업단 제2회 심포지움 발표자료, 2014.

김승룡, 「豫菴 河友賢의 삶과 시세계의 일 국면」, 『남명학연구』 68, 2021.

______, 「容軒 李原의 한시에 나타난 몇 가지 마음에 대하여」, 『동양한문학연구』 42, 동양한문학회, 2015.

______, 「枕山 李洙仁의 삶과 시세계에 대하여」, 『영남학』 74, 영남학연구원, 2020.

______, 「灌圃 魚得江 시세계의 한 국면-자아와 공간을 중심으로」, 한국고전연구, 2012.

______, 「槐堂 李曼勝의 한시에 대하여」, 동양한문학연구 49, 2018.

______, 「反求堂 林汝栢의 학적 지향과 시세계의 일 국면」, 남명학연구 62, 2019.

______, 「豫菴 河友賢의 持敬의 삶과 경학에 대한 태도」, 남명학연구 71, 2021.

______, 「石谷 李圭晙 연구의 성찰과 모색」, 대한의사학회 31, 2018.

______, 「晦峰 河謙鎭의 현실인식을 위한 시론」, 남명학연구 76, 2022.

______,「枕山 李洙仁의 인간담론과 인간에 대한 태도」, 대동한문학 69, 2021.
______,「赫齋 徐鎭永의〈讀金澤榮隨筆〉에 대하여」, 한문학보 38, 2018.
______,「小坡 吳孝媛 한시의 마음에 대하여–怨의 의경을 중심으로」, 근역한문학 49, 2018.
김인택,「오효원의 한시 연구」, 중부대 박사논문, 2017.
김재효, 과학으로서의 의학; 구원으로서의 의료,『석곡 이규준과 21세기 마음의학』, 부산대 전통의학지식사업단 제2회 심포지움 발표자료, 2014.
김적·홍원식,「이규준의 생애와 학설에 관한 고찰」, 대한한의학지, 1978.
김 적,「이규준의 생애와 학설에 관한 고찰」, 경희대 석사논문, 1979.
______,「한국 최근세 동양의학의 학술적 특성에 관한 연구」, 경희대 박사논문, 1981.
김중한,「이규준의『素問大要』에 나타난 독창성」, 대한원전의사학회지, 1991.
______,「『소문대요』의 저작동기와 석곡의학의 득실」, 대한원전의사학회지, 2004.
김지용,「소파 오효원의 사회활동과 시작」,『아세아여성연구』 17, 숙명여대 아세아문제연구소, 1978.
김창건·윤창열,「『黃帝素問大要·題誌』에 대한 연구」, 대전대 한의학연구소 논문집, 2006.
김창건,「『黃帝素問大要』의 편제에 대한 연구」, 대전대 석사논문, 2007.
김창택, 마음에 대한 심리학적 연구방법론,『석곡 이규준과 21세기 마음의학』, 부산대 전통의학지식사업단 제2회 심포지움 발표자료, 2014.
김태국,「『내경』의 임상응용」(1~62). 민족의학신문. 2011~2012.
______, 석곡의 임상학적 의의,『석곡 이규준의 현대적 의미와 학제간 모색』, 부산대 전통의학지식사업단 제1회 심포지움 발표자료, 2013.
김태우, 석곡 이규준에서부터 소문학회까지,『석곡 이규준선생의 학문과 사상』(제12회. 경북역사인물학술발표회 자료집), 경상북도문화원연합회, 2014.
김현진,「未惺 河夾運의 시세계 연구」,『진주 사곡마을의 역사와 인물(2)』, 경상대 남명학연구소 학술대회 발표자료집. 2020.
文艶釪,「顧齋 河景賢의 삶과 학문경향」,『남명학연구』 68, 경상대 남명학연구소, 2020.
박상영·한창현·안상영·이준규·권오민, 「석곡 이규준의 『浦上奇聞』과 석곡의 대서양 인식」, 한국한의학연구원논문집, 2010.
박학래, 「간재학파의 학통과 사상적 특징－학문연원, 교육 및 문인 분포를 중심으로」, 『유교사상문화연구』 제28호, 한국유교학회, 2007
______, 「간재 전우와 간재학파 연구 현황 및 과제」, 『공자학』 30, 한국공자학회, 2014.
성호준, 「조선후기 석곡 이규준의 유학과 의학」, 동양철학연구, 2009.
______, 「조선후기 儒醫 이규준의 心에 관한 연구」, 동양문화연구 9, 영산대 동양문화연구원, 2012.
______, 「儒醫 이규준의 『대학』 이해」, 퇴계학논총 20, 부산퇴계학연구원. 2012.
______, 「儒醫 이규준의 『중용』 이해」, 동양문화연구 19, 영산대 동양문화연구원, 2014
______, 석곡 이규준의 유학사상, 『2017 석곡 이규준 재조명 학술 포럼 자료집』, 소문학회, 2017.
葉嘉瑩, 『好詩共感賞』, 中華書局, 2008.
신상구, 석곡 이규준의 삶과 시세계, 『석곡 이규준선생의 학문과 사상』(제12회. 경북역사인물학술발표회 자료집), 경상북도문화원연합회, 2014.
______, 석곡 이규준의 시문을 통해서 본 학문과 현실인식, 한민족문화연구, 2015.
______, 석곡의 학문탐구와 실천적 지향－匡正을 위한 글쓰기, 『2017 석곡 이규준 재조명 학술 포럼 자료집』, 소문학회. 2017.
신익철 옮김, 『역주 소파여사시집』, 의성군청, 2017.
안상우, 석곡 이규준의 저술과 학문세계, 『석곡 이규준선생의 학문과 사상』(제12회. 경북역사인물학술발표회 자료집), 경상북도문화원연합회, 2014.
안상우·권오민·노미주 옮김. 『국역 의감중마』(목판본), 한국한의학연구원, 2009.
안상우·권오민·김진희 옮김. 『국역 의감중마』(필사본), 한국한의학연구원,

2009.
안상우·이규필·전병철 옮김. 『국역 석곡심서·포상기문』, 한국한의학연구원, 2009.
안상우·정창현·백유상·장우창 옮김. 『국역 소문대요』, 한국한의학연구원, 2010.
오재근, 부양학파; 한국 전통의학 학술유파의 탄생과 전승, 『석곡 이규준과 21세기 마음의학』, 부산대 전통의학지식사업단 제2회 심포지움 발표자료, 2014.
______, 「조선 의서 수재 藥性歌에 대한 연구」, 대전대 박사논문, 2010.
______, 「부양학파, 한국 전통의학 학술 유파의 탄생과 전승: 이규준, 서병오, 이원세 그리고 소문학회」, 의사학, 2014.
오재근·윤창렬, 「『醫鑑重磨』의 藥性歌에 대한 연구」, 소문학회지, 2009.
______, 「本草經校正(필사본)의 서지학적 고찰 및 내용 분석」, 대한한의학원전학회지, 2009.
尹浩鎭, 「松亭 漢詩의 희작적 경향과 그 지향에 대하여」, 『남명학연구』 68집, 경상대 남명학연구소, 2020.
李美珍, 「容窩 河晉賢의 일상의 기록, 한시」, 『남명학연구』 68집, 경상대 남명학연구소, 2020.
이상재, 어떻게 마음을 다스릴 것인가: 한의학적 접근과 방법, 『석곡 이규준과 21세기 마음의학』, 부산대 전통의학지식사업단 제2회 심포지움 발표자료, 2014.
이성호, 「오효원 한시의 현실인식 및 여성정감의 특징」, 『한국한문학연구』 27, 한국한문학회, 2001.
이영숙, 「晦峰 河謙鎭의 和陶詩와 首尾吟 연구」, 경상국립대 박사논문, 2012.
이준규, 「석곡 이규준의 한시 연구」, 한국한의학연구원논문집, 2012.
______, 「석곡저술의 문헌학적 의미」, 『석곡 이규준의 현대적 의미와 학제간 모색』, 부산대 전통의학지식사업단 제1회 심포지움 발표자료, 2013.
이혜순, 「여성 한시작가의 전기적 고찰」, 『한국고전여성작가연구』, 태학사, 1999.
임보연, 「소파 오효원의 수학시 한시에 나타난 주체적 여성인식」, 『어문논집』

45, 중앙어문학회, 2010.

張祐彰, 「『黃帝內經素問·生氣通天論』의 陰陽體用觀에 대한 시론」, 대한한의학원전학회지, 2010;.

정석태, 『退溪先生年表月日條錄』, 퇴계학연구소, 2001.

정수경, 「석곡 부양론의 한방부인과 임상응용을 위한 의사학적 고찰」, 동국대 석사논문, 2006.

정승호, 「허난설헌과 오효원의 한시 비교 연구」, 중부대 박사논문, 2017.

정의영, 「소파 오효원 연구」, 성신여대 교육대학원 석사논문, 1993.

程千帆, 『桑榆憶昔』, 북경대출판부, 2015.

錢超塵, 「『素問大要』 연구」, 대한한의학원전학회지, 2006.

조순애, 「소파 오효원 여사의 한시 연구」, 고려대 교육대학원 석사논문, 1981.

최석기, 「창강 김택영의 대학 해석」, 『한문학보』 22, 우리한문학회, 2012.

______, 「관포집 해제」, 『남명학연구』 6, 경상대 남명학연구소, 1996.

______, 『조선시대 中庸圖說』, 보고사, 2013.

崔昇孝 편역, 『梅泉遺墨』

최재남, 「어득강의 쌍계팔영과 그 차운시에 대하여」, 『지역문학연구』 1, 경남지역문학회, 1997.

______, 「어득강의 삶과 시의 특성에 대한 일고」, 『한국한시연구』 11, 2003.

하우봉, 「재 황윤석의 사회사상」, 『頤齋 黃胤錫－英正시대의 호남실학』, 민음사, 1994.

허권수 옮김, 『역주 괴당집』, 의령문화원, 2012.

______, 「安義縣의 학문전통과 瞻慕堂 林芸 가문의 형성과 전개」, 『瞻慕堂 林芸과 林谷 林眞怤의 삶과 학문』, 바오, 2018.

허미자, 「근대화 과정의 문학에 나타난 성의 갈등구조 연구」, 『인문과학연구』 12, 성신여대 인문과학연구소, 1992.

黃萬起, 「東寮 河載文의 생애와 시」, 『남명학연구』 68집, 경상대 남명학연구소, 2020.

황원덕, 「석곡 이규준의 扶陽論에 대한 연구」, 대한원전의사학회지, 1996.

______, 「석곡 이규준의 부양이론에 관한 연구」, 동의생리병리학회지, 2004.

______, 「「天元紀大論」 중 上下周紀에 대한 석곡 이규준의 校訂에 관한 고찰」, 대한한의학원전학회지, 2009.

______, 「석곡 이규준의 의학사상에 관한 소고」, 소문학회 학술발표회 발표자료, 2006.

James Flowers, Reconfiguring East Asian Modernity, 『2017 석곡 이규준 재조명 학술 포럼 자료집』, 소문학회, 2017.

실학자 이규준의 100년만의 부활(HCN 창사 16주년 다큐 제작), 경북일보, 2009.

‖ 찾아보기 ‖

▌인명

ㄱ

ㄹ

ㅁ

ㅂ

ㅅ

▌서명

ㄱ

김승룡

김승룡(金承龍)은 부산대학교 한문학과 교수로서, 고려대학교에서 국문학을 전공하고 한문하으로 박사학위를 받았다. 지식인, 고전학, 동아시아학, 지역학 등을 시야에 두고 고전이 어떻게 하면 시대와 인간의 문제와 소통할 것인가에 대하여 계속 고민하고 있다. 잊힌 지역 고전을 찾아 번역하여 균형 잡힌 지성사를 도모하는 지역고전학총서를 뜻있는 학인들과 같이 기획하고 있다. 저서로 『한국 한문학 연구의 새 지평』(공저, 2005), 『새 민족문학사 강좌』(공저, 2009), 『옛글에서 다시 찾은 사람의 향기』(2012) 『고려 후기 한문학과 지식인』(2013), 『한국학의 학술적 전망』(공저, 2014), 『청춘문답』(공저, 2014), 『동아시아 지식인 문학의 지평을 탐색하다』(공저, 2019), 『남명학파의 지역적 전개』(공저, 2019), 『이재 황윤석의 새로운 모색』(공저, 2020), 『이재 황윤석의 서행일력과 과거』(공저, 2021), 『근현대 중국의 지식인들_인간을 묻다』(공저, 2022), 『진주 마진마을과 재령이씨가 고문서』(공저, 2023), 『청춘위로』(공저, 2024), 『고전치유학을 위하여』(2024), 『소호당 김택영과 송도인의 발견』(2024) 등이 있고, 역서로 『송도인물지』(2000), 『악기집석』(2003), 『우봉잡억』(공역, 2005), 『유미유동』(공역, 2006)을 비롯해 근래 『잃어버린 낙원, 원명원』(2015), 『능운집』(2016), 『문화수려집』(2017), 『새로 풀어쓴 동의수세보원』(2022), 『가암시집』(2022), 『데제시선』(2023), 『예임시신』(모두 공역, 2023) 등이 있다. 『악기집석』으로 제5회 가담 학술상(2003)을 수상했고, 베이징대 초빙교수를 두 차례(1997, 2008) 지냈다.

선학재총서 ❶
지역고전학의 시각
2025년 2월 10일 초판 1쇄 발행

지은이 : 김승룡
펴낸이 : 김병환
펴낸곳 : 학자원
주　소 : 서울시 강동구 천호대로 1121
전　화 : 02) 6403-1000
팩　스 : 02) 6338-1001
E-mail : hakjaone@daum.net
등　록 : 2011년 3월 24일 제2011-14호

ISBN 979-11-6247-293-4 94810
979-11-6247-277-4 (세트)
값 29,000원